utb 4750

Eine Arbeitsgemeinschaft der Verlage

Böhlau Verlag · Wien · Köln · Weimar
Verlag Barbara Budrich · Opladen · Toronto
facultas · Wien
Wilhelm Fink · Paderborn
Narr Francke Attempto Verlag · Tübingen
Haupt Verlag · Bern
Verlag Julius Klinkhardt · Bad Heilbrunn
Mohr Siebeck · Tübingen
Ernst Reinhardt Verlag · München
Ferdinand Schöningh · Paderborn
Eugen Ulmer Verlag · Stuttgart
UVK Verlag · München
Vandenhoeck & Ruprecht · Göttingen
Waxmann · Münster · New York
wbv Publikation · Bielefeld

Grundwissen DaF/DaZ

herausgegeben von Claudia Riemer

Susanne Horstmann · Julia Settinieri ·
Dagmar Freitag

Einführung in die Linguistik DaF/DaZ

unter Mitarbeit von Susanne Rummel

Ferdinand Schöningh

Die Autorinnen:

Susanne Horstmann ist wissenschaftliche Mitarbeiterin (Lehrkraft für besondere Aufgaben) im Fach Deutsch als Fremd- und Zweitsprache an der Universität Bielefeld. Ihre Schwerpunkte liegen in den Bereichen Didaktik der Linguistik, Sprache und Kulturalität, Gesprochene Sprache im DaF- und DaZ-Unterricht, Nutzung ganzheitlicher Lerntechniken (insbesondere theaterpädagogische Aspekte) und Integration der Mehrsprachigkeit der Lernenden durch Sprachvergleiche im Unterricht.

Julia Settinieri arbeitet als Professorin für Deutsch als Zweit- und Fremdsprache an der Universität Paderborn. Ihre Lehr- und Forschungsschwerpunkte liegen vor allem in den Bereichen Sprachdiagnostik, Forschungsmethodologie, L2-Ausspracheerwerb und -didaktik sowie Durchgängige Sprachbildung.

Dagmar Freitag leitet die Sprachschule der AWO Bielefeld und ist für die Koordination und Begleitung der Deutschkurse verantwortlich. Außerdem ist sie wissenschaftliche Mitarbeiterin im Bereich Deutsch als Zweitsprache an der Universität Paderborn. Ihre Schwerpunkte liegen hier vor allem in den Bereichen L2-Aussprachedidaktik sowie Language Awareness in der Lehrerausbildung.

Online-Angebote oder elektronische Ausgaben sind erhältlich unter **www.utb-shop.de**

Bibliografische Information der Deutschen Nationalbibliothek
Die Deutsche Nationalbibliothek verzeichnet diese Publikation in der Deutschen Nationalbibliografie; detaillierte bibliografische Daten sind im Internet über http://dnb.d-nb.de abrufbar.

Internet: www.schoeningh.de

Printed in Germany.
Herstellung: Brill Deutschland GmbH, Paderborn
Einbandgestaltung: Atelier Reichert, Stuttgart

UTB-Band-Nr: 4750
ISBN 978-3-8252-4750-8

Inhalt

Online-Anhang

www.utb-shop.de/9783825247508

Vorwort

Dieses Buch entstand, weil wir eine wirklich anwendungsorientierte Einführung in die Linguistik für Menschen, die im Bereich Deutsch als Fremd- und Zweitsprache tätig sein wollen oder sind, schreiben wollten. Es sollte lesbar sein für Studierende, die mit dem Thema Linguistik ein erstes Mal in Berührung kommen, und es sollte sie für das Thema und seine Teilgebiete interessieren. Wir hoffen aber, dass auch erfahrenere DaF- und DaZ-Lehrende interessante und neue Einblicke in manche Themenbereiche gewinnen können. Die Einführung enthält die Basisinformationen über Sprache, Sprechen und Schreiben, die unbedingt notwendig sind, wenn man als Sprachmittler*in[1] tätig sein will. Gleichzeitig sollte das Buch auch Anwendungsaspekte enthalten, zum einen, damit die Leser*innen erkennen können, wofür sie sich die – manchmal auch mühevoll zu lernende – Theorie aneignen sollen, zum anderen aber auch, um für praxisrelevante Fragen zu sensibilisieren. Die Ausgangspunkte der Texte bilden meist Erfahrungen und Materialien aus Kursen, in denen die Autorinnen selbst gelehrt haben.

Zahlreiche Personen haben geholfen, das Buch zu dem zu machen, was es geworden ist:

Eike Breustedt hat die Bilder in Kapitel 2 zur Reflexion der Kommunikationswege aufgenommen. Und eine ganze Menge Menschen haben sich dafür fotografieren lassen!

Houda Bouamar und Christin Krüsselmann haben einen Teil der Lernerdaten, mit denen wir im Buch immer wieder arbeiten, erhoben.

Christine Barwisch-Demetrescu, Magdalena Can, Leonard Demetrescu, Olga Dohmann, Mengjing He, Nazan Gültekin-Karakoç und noch viele andere mehr haben bei Fragen zu den unterschiedlichen Sprachen geholfen.

Tina Claußen, Aleksandra Cwiék, Johannes Gereons, Silke Ghobeyshi, Antje Hey, Lutz Köster, Elke Langelahn, Lisa Otto, Meinolf Schumacher, Pat Skorge, Tetyana Vasylyeva, Anke Walpert, und Hongyu Zhu haben immer wieder und intensiv Korrektur gelesen und wertvolle inhaltliche und formale Rückmeldungen gegeben.

Ihnen allen danken wir sehr herzlich!

Ganz besonders danken wir Susanne Rummel, die nicht nur „geholfen“ hat, sondern die Entstehung des Buches von Anfang an begleitet und – nicht nur formal – unterstützt hat. Sie hat regelmäßig immer wieder geduldig die Kapitel gelesen, ihre Rückmeldung dazu gegeben und Verbesserungsvorschläge gemacht, Musterlösungen vieler Übungsaufgaben und einige Übungsaufgaben insgesamt sowie das Literaturverzeichnis erstellt. (Man glaubt gar nicht, wie lange so etwas

1 Wir haben uns bemüht, durch die Schreibweise mit * alle Gender anzusprechen. Wenn uns dies nicht durchgängig an allen Textstellen gelungen ist, so ist dies keine böse Absicht.

dauert und wie mühsam es ist...) Sie hat die Kapitel immer wieder „in Form gebracht“, die Verlagsdateien vorbereitet und wusste immer, wo was in welchem Ordner zu finden war – und was noch zu tun ist. Ohne sie wäre dieses Buch nie fertig geworden.

Im September 2018 kam dann noch Jessica Wunder ins Team. Neben dem Korrekturlesen und der Aufgabe, das Buch sowohl sinnvoll als auch leserfreundlich „durchzugendern“, hat sie insbesondere in der letzten heißen Phase viele Stunden geopfert, um Formatfragen konsequent zu lösen, Dokumente zusammenzufügen, eine „letzte Version“ zu erstellen und die dann immer noch einmal vom Verlag geforderten formalen Änderungen einzuarbeiten. Auch ihre Mithilfe ist unschätzbar. Und schließlich möchten wir auch allen Lernerinnen und Lernern ganz herzlich danken, die uns für diese Einführung ihre Sprachdaten zur Verfügung gestellt haben und uns so die Gelegenheit geben, aus ihnen zu lernen.

Möglicherweise enthält das Buch trotz der sorgfältigen Arbeit vieler Beteiligter noch Fehler. Für diese sind selbstverständlich wir, die Autorinnen, verantwortlich. Melden Sie sich gerne!

Und nun viel Spaß mit dem Buch. Wir hoffen, Ihr Interesse an der Linguistik zu wecken – und wir hoffen, Ihnen damit ein Handwerkszeug zu geben, mit dem Sie in der Praxis bestehen können.

Susanne Horstmann, Julia Settinieri und Dagmar Freitag

1. Einleitung: Menschliche Sprache und die Ebenen der Linguistik. Und warum überhaupt Linguistik?

Der menschlichen Sprache liegt ein hochkomplexes System zugrunde: Wir alle kommunizieren täglich kompetent in unserer ersten und in weiteren Sprachen. Andere verstehen uns, reagieren auf das, was wir kommunizieren, und wir reagieren wiederum auf deren Äußerungen. So können wir einen neuen Handy-Tarif aushandeln, uns mit unseren Mitbewohnern*innen über den Abwasch streiten und abends in der Kneipe mit Freunden über unsere Pläne für die nächsten Semesterferien reden oder einer Freundin von einem Streit mit dem Freund am letzten Wochenende erzählen. Wir können über unsere eigenen und die Gefühle anderer sprechen und auch über Sprache und Kommunikation selbst, beispielsweise indem wir bemerken, dass wir eine Äußerung als unfreundlich oder besonders schön empfunden hätten, oder indem wir über die Interpretation von Texten diskutieren. Weiterhin können wir z. B. in Antwortbriefen Bezug nehmen auf Themen, über die der andere geschrieben hat, und in Hausarbeiten auf Vorangehendes oder später folgende Inhalte verweisen.

Wie schaffen wir es, uns über so viele verschiedene Themen, über Vergangenes und Zukünftiges und sogar über die Sprache selbst zu verständigen?

1.1 Warum können Menschen über alles Mögliche sprechen? Die Ebenen der Linguistik

Was zeichnet menschliche Sprache beispielsweise gegenüber den Kommunikationsmöglichkeiten von Hunden oder Bienen aus? Auch Hunde können Gefühle ausdrücken; allerdings nicht die Gefühle, die sie vor einem Monat hatten. Sie können Bedürfnisse ausdrücken, nicht aber Wege zur Erfüllung dieser Wünsche aushandeln. Zur Kommunikation stehen ihnen Körpersprache, Jaulen und Bellen zur Verfügung. Auch wir Menschen nutzen – unter anderem – Körper und Stimme, um Botschaften zu senden. Bienen wiederum nutzen Bienentänze und Duftstoffe, um anzuzeigen, wo Futterquellen zu finden sind. Zwei verschiedene Tänze stehen ihnen zur Verfügung: Liegt die Futterquelle bis ca. 100 Meter entfernt, macht die in den Stock zurückkehrende Biene einen „Rundtanz", der anzeigt, dass Futter in der Nähe ist. Über Fühlerkontakt untereinander werden außerdem die Duftstoffe der Futterquelle weitergegeben, so dass sich die anderen Bienen beim Ausschwärmen an diesem Geruch orientieren können. Liegt die Futterquelle weiter entfernt, wenden Bienen hingegen den „Schwänzeltanz" an: Dabei „tanzt" die Biene, die Futter gefunden hat, in einer Art Acht zwei aneinander liegende Halbkreise. Immer, wenn sie sich auf der Mittelachse befindet, schwenkt sie ihr Hinterteil hin und her. Die Mittelachse ist in einem bestimmten Winkel zum Sonnenstand ausgerichtet, und dieser Winkel gibt die Richtung der Futterquelle an. Je langsamer sie tanzt, desto weiter ist die Futterquelle entfernt.

Der „Schwänzeltanz“ hat also zwei verschiedene Ebenen, mit deren Hilfe die Biene zwei verschiedene Informationen ausdrücken kann, die zum Finden des Futters miteinander kombiniert werden müssen:

1. Der Winkel der Mittelachse des Kreises im Verhältnis zum Sonnenstand zeigt die Richtung der Futterquelle an.
2. Die Frequenz der Hinterleibsbewegung weist auf die Entfernung der Futterquelle hin.

Denkpause 1

Auch menschliche Sprache lässt sich in verschiedene größere und kleinere Einheiten auf unterschiedlichen Ebenen zerlegen. Eine mittelgroße Einheit wären beispielsweise **Wörter**. Welche Analyseebenen fallen Ihnen noch ein?

Was ein **Wort** ist, davon haben wir ein intuitives Verständnis. Wir sprechen (und schreiben) aber nicht in Einzelwörtern, sondern eher in **Sätzen.** Hier fällt die Definition schon schwerer: Ist als Antwort auf die Frage *Wann sollen wir tanzen gehen?* die Antwort *Gerne morgen.* schon ein Satz? Wohl eher nicht, da es sich um eine reduzierte Form einer Antwort handelt. Wir sprechen also nicht nur in Sätzen, sondern auch in kürzeren Formen, wie immer wir sie nennen wollen. Auch ein Satz steht üblicherweise nicht alleine, sondern bezieht sich auf andere zuvor oder anschließend geäußerte Sätze. Solche Sätze bilden einen **Text**. Wenn keinerlei Bezug zwischen den Sätzen besteht, handelt es sich nicht um einen Text. So bilden Satzfolgen wie

(1) *Gestern war ich im Kino. Die Tomaten sind reif. Lila ist seine Lieblingsfarbe.* usw.

keinen Text, da sie keinerlei inhaltlichen und grammatischen Zusammenhang besitzen. In der Satzfolge

(2) *Gestern war ich im Kino. Im Film ging es um reife Tomaten und um einen Mann, dessen Lieblingsfarbe Lila ist.*

hingegen sind solche Zusammenhänge gegeben.

Wir haben nun bereits drei analytische Ebenen der menschlichen Sprache ausgemacht: Texte, Sätze und Wörter. Doch auch die Wörter setzen sich aus noch kleineren Einheiten zusammen, in einer Art Baukastenprinzip: So enthalten die

Wörter *tanzen, tanze, Tanz, Standardtanz, Tanzerei* alle das Element *tanz*, aber auch noch andere Bausteine: das Wort *Standard* und Endungen wie *-erei* und *-e*, die alle etwas bedeuten. Ein *-erei* hinter einem Wort bedeutet beispielsweise oft, dass der/die Sprecher*in die benannte Tätigkeit nicht gut findet und nicht respektiert (*Tanzerei, Schreierei, Schreiberei, Kocherei*). Solche Bausteine werden fachsprachlich als **Morpheme** bezeichnet. Die Morpheme selbst bestehen wiederum aus noch kleineren Einheiten, nämlich aus Lauten. Es gibt sehr viele verschiedene mögliche menschliche Laute. Aus diesem Inventar wählt jede Sprache eine begrenzte Anzahl aus, die sie für die Bildung der größeren Einheiten (Morpheme und Wörter) verwendet. Für die Bildung von Morphemen und Wörtern sind die Laute einer Sprache, die bedeutungsunterscheidend sein können, besonders wichtig: So sind im Deutschen beispielsweise *h* und *m* am Wortanfang bedeutungsunterscheidend. Dies sieht man daran, dass die Wörter *Haus* und *Maus* Unterschiedliches bedeuten. Ob das *r* in *Rose* mit der Zungenspitze gerollt oder im Rachen gebildet wird, spielt hingegen für die Wortbedeutung keine Rolle – das Wort bleibt immer dasselbe und verständlich, obwohl die Laute verschieden sind. Jede Sprache hat ein anderes und nur ein begrenztes Arsenal von bedeutungsunterscheidenden Lauten. Diese werden fachsprachlich als **Phoneme** bezeichnet. So gibt es Sprachen, in denen das Schnalzen mit der Zunge ein solcher bedeutungsunterscheidender Laut ist; dieser Laut ist aber nicht Bestandteil des Aussprachesystems der deutschen Sprache.

Die menschliche (**verbale**) Sprache ist also aus fünf Ebenen aufgebaut: aus Phonemen, Morphemen, Wörtern, Sätzen und Texten.[1] Kombinationen von Einheiten der kleineren Ebene bilden eine Einheit der nächsthöheren Ebene: Aus einer begrenzten Anzahl von bedeutungsunterscheidenden Lauten einer Sprache (Phoneme) werden bedeutungstragende Bausteine (Morpheme) zusammengesetzt. Auch die Anzahl dieser bedeutungstragenden Bausteine ist nicht unendlich, sondern durchaus noch begrenzt. Die Morpheme hingegen können nun schon zu unendlich vielen Wörtern kombiniert werden. Laufend entstehen neue Wörter, und jeder Mensch kann neue Wörter erfinden, die andere verstehen (z. B. *Linguistiklust* für ‚Lust an der Linguistik' oder ‚Lust auf die Linguistik'). Die unendlich vielen Wörter werden zu unendlich vielen Sätzen und diese zu unendlich vielen Texten bzw. Gesprächen kombiniert. Man kann sich die menschliche Sprache wie ein Legosteinmodell® vorstellen: Kleine Einheiten werden zu größeren Einheiten zusammengesetzt und diese wiederum zu noch größeren Einheiten. Dadurch entsteht eine unendlich große Anzahl von Ausdrucksmöglichkeiten.

1 Mit nicht-verbalen Sprachen wie Gebärdensprachen, die übrigens auch aus mehreren ineinander verschachtelten Ebenen bestehen, beschäftigen wir uns hier nicht. Bei Interesse ist Basisinformation zu diesen Sprachen nachlesbar unter http://www.visuelles-denken.de/Schnupperkurs5.html (02.09.2019) und unter http://www.gebaerdenlernen.de/index.php?article_id=26 (02.09.2019).

Um über menschliche Sprache und über einzelne Sprachen differenziert nachdenken zu können, um Texte von Lernenden analysieren zu können und um Sprache fundiert unterrichten zu können, ist es wichtig, diese fünf Ebenen auseinanderzuhalten. Deshalb verwenden wir für jede der Ebenen Fachwörter. **Phonetik** und **Phonologie** (Lautlehre) beschäftigen sich mit Lauten allgemein (Phonen) und mit bedeutungsunterscheidenden Lauten einzelner Sprachen (Phonemen) sowie mit weiteren lautlichen Phänomenen. Hinzu kommt, auf derselben Ebene liegend, sekundär noch die Schrift mit ihren Buchstaben sowie den Regeln des Schreibens, die **Orthographie** (Rechtschreibung), die gewissermaßen ein schriftliches Abbild der Aussprache darstellt. Analog zu Phon und Phonem in der Phonetik/Phonologie ist in der Orthographie von **Graph** und **Graphem** die Rede. In der **Morphologie** (Formlehre) geht es um die kleinsten bedeutungstragenden Einheiten einer Sprache, die **Morpheme**. Innerhalb der Morphologie werden zwei größere Teilbereiche unterschieden: die Wortbildung und die Flexion. Die **Wortbildung** ist hauptsächlich wichtig im Bereich der Wortschatzarbeit, die **Flexion** im Zusammenhang mit dem Bau von Sätzen. In der **Lexik** geht es um die Bedeutung (**Semantik**) von Wörtern (**Lexemen**). Lexeme finden wir z. B. im Lexikon. In der Lexik geht es um die Beziehungen zwischen Wörtern und Dingen einerseits und um die Beziehungen zwischen Wörtern untereinander andererseits. Dieser Bereich wird auch Wortsemantik/Wortschatz genannt. Die **Syntax** (Satzlehre) beschäftigt sich mit der Reihenfolge von Wörtern und Wortgruppen in Sätzen. Morphologie und Syntax werden häufig auch unter dem Begriff **Grammatik** zusammengefasst. Schließlich beschäftigen sich **Pragmatik** (Lehre vom Sprachhandeln) und **Textlinguistik** (Lehre vom Text) mit komplexeren mündlichen und schriftlichen Texten. Bei der Pragmatik geht es letztlich um erfolgreiches Handeln durch und mit Sprache, also um Kommunikation zwischen Menschen. Die Textlinguistik befasst sich mit der Frage, wie aus einzelnen linguistischen Elementen ein zusammenhängender Text entstehen kann und was unterschiedliche Textsorten (z. B. E-Mail, Kündigungsschreiben, Kochrezept, Roman) charakterisiert.

Tabelle 1 fasst die Teilbereiche der Linguistik überblicksartig zusammen. Der Pfeil symbolisiert die zunehmende Komplexität der Einheiten.

Tab. 1: Ebenen der menschlichen Sprache

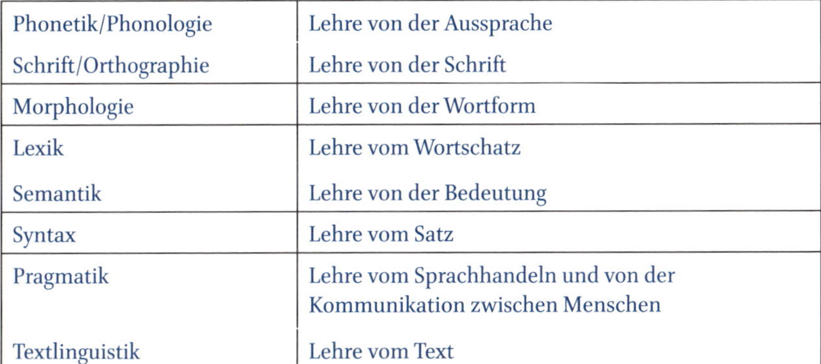

Phonetik/Phonologie	Lehre von der Aussprache
Schrift/Orthographie	Lehre von der Schrift
Morphologie	Lehre von der Wortform
Lexik	Lehre vom Wortschatz
Semantik	Lehre von der Bedeutung
Syntax	Lehre vom Satz
Pragmatik	Lehre vom Sprachhandeln und von der Kommunikation zwischen Menschen
Textlinguistik	Lehre vom Text

In der Linguistik kann man also ein und dasselbe Phänomen aus verschiedenen Perspektiven reflektieren: Interessiert das *a* in *ahistorisch* als ein Laut, benötigt man das Fachvokabular aus der Phonetik und Phonologie. Spricht man über dieses *a* als Morphem, nutzt man Fachbegriffe aus der Morphologie usw. Diese Ebenen analytisch auseinanderzuhalten, ist in einer Einführung in die Linguistik eines der wichtigsten Ziele. Um sich und anderen zu jedem Zeitpunkt zu verdeutlichen, auf welcher Denk-Ebene man sich gerade befindet und wovon man spricht, ist es notwendig, die fachsprachlichen Begriffe aus dem jeweiligen Bereich zu wählen. Diese Fachbegriffe werden wir in diesem Buch nach und nach einführen.

Gleichzeitig ist die menschliche Sprache natürlich fortwährend im Wandel. Neue Wörter entstehen, während andere aus dem Gebrauch geraten, aber auch die Sprachstrukturen, die wir verwenden, entwickeln sich ständig fort. Das fällt uns im Alltag nicht immer unmittelbar auf. Vergleicht man jedoch unterschiedliche Textdokumente einer Sprache, die im Laufe der Jahrhunderte entstanden sind, so erscheinen die Veränderungen riesig. Ein Text aus althochdeutscher und selbst mittelhochdeutscher Zeit lässt sich heute ohne Hintergrundwissen kaum noch lesen. Mit diesen älteren Sprachstufen (z. B. des Deutschen) beschäftigt sich die **diachrone Linguistik**, die insbesondere auch Veränderungen und Übergänge in den Blick nimmt. Die **synchrone Linguistik** hingegen befasst sich mit dem Sprachstand zu einem bestimmten Zeitpunkt, wobei der Begriff in der Regel auf den aktuellen, heutigen Sprachstand bezogen wird. Im Rahmen der vorliegenden Einführung werden wir uns ausschließlich mit Aspekten der synchronen Linguistik auseinandersetzen, da die diachrone für Spracherwerb und -didaktik nicht unmittelbar relevant ist.[2]

2 Trotzdem kann die diachrone Betrachtung von Sprache interessante Erkenntnisse bringen und zu einem tieferen Verständnis bestimmter sprachlicher Phänomene und ihrer Entwicklung führen. Die Beschäftigung mit unterschiedlichen Entwicklungsstufen des Deutschen kann beispielweise für Gemeinsamkeiten und Unterschiede hinsichtlich anderer Sprachen sensibilisie-

Des Weiteren wird die deutsche Sprache nicht an allen Orten gleich gesprochen: In Deutschland, Österreich, der Schweiz und Luxemburg existieren verschiedene nationale Standardvarietäten. Deshalb spricht man auch vom Deutschen als plurizentrischer Sprache. In allen vier (und einigen weiteren) Staaten werden darüber hinaus jeweils regionale Varietäten, Dialekte, gesprochen. Uns ausführlich mit diesen verschiedenen Varietäten auseinanderzusetzen, würde den Rahmen dieser Einführung sprengen. Daher beschränken wir uns in unseren Überlegungen auf das, was auch die meisten Lehrwerke primär vermitteln, das Standarddeutsch in Deutschland. Gute Sprachlehrende werden die Vielfalt und insbesondere die ggf. jeweils am Ort gesprochene Sprache in ihren Unterricht einbeziehen. (Einige weitere Reflexionen zum Thema finden sich in Kapitel 10, Mündlichkeit und Schriftlichkeit.)

Die **Linguistik** stellt von Beginn an eine der festen Teildisziplinen des Deutschen als Fremd- bzw. Zweitsprache (DaF/DaZ)[3] dar. Diese auch als Sprachwissenschaft, also als Lehre von der Sprache, bezeichnete Fachwissenschaft beschäftigt sich mit der Beschreibung und der theoretischen Modellierung sowie der Anwendung von Sprache(n). Abgegrenzt wird die Linguistik in unserem Arbeitsbereich in der Regel von Zweitsprachenerwerbsforschung, Didaktik, Literatur- und Kulturwissenschaft sowie Forschungsmethodologie und Sprachpraxis. Während linguistische Gegenstände zu Beginn der Fachgeschichte traditionell einen großen Anteil an den Studieninhalten ausmachten, ist die Linguistik in den letzten Jahren vielerorts beschnitten worden, u. a., um interkulturellen Themen mehr Platz einzuräumen. Umso relevanter wird die Frage, welche linguistischen Gegenstände in der gegebenen Kürze der Zeit die für DaF/DaZ tatsächlich einschlägigen sind. Deren Relevanz leitet sich dabei in der Regel daraus ab, dass sie für das Lehren und Lernen des Deutschen, also für die Didaktik und die Zweitsprachenerwerbsforschung, eine unterstützende Funktion bzw. einen Erklärungswert haben. Besonders wichtig ist uns dabei, Ihnen Werkzeuge an die Hand zu geben, damit Sie selbstständig über Sprache und Kommunikation reflektieren können.

---

ren und Zusammenhänge aufzeigen. Auch zeigt eine diachrone Beschäftigung mit Sprache den dynamischen Charakter von Sprache auf und illustriert so, dass Sprache nichts Statisches ist, sondern sich vielmehr kontinuierlich weiterentwickelt.

3 Wir verwenden die Fachtermini „L1/Erstsprache" und „L2/Zweitsprache" sowie „Fremd- vs. Zweitsprache", sofern die Abgrenzung inhaltlich notwendig erscheint. Wie allgemein üblich, bezeichnen wir eine Sprache dabei als L1, wenn sie von Geburt an erworben wurde, während eine L2 zu einem späteren Zeitpunkt im Leben (nach dem 3. Lebensjahr) und in aller Regel dann auch außerhalb des familiären Umfelds erworben wird. „Fremdsprachenlernen" findet wiederum üblicherweise gesteuert, d. h. in einem Unterrichtskontext und außerhalb des Zielsprachenlandes, statt, wohingegen eine „Zweitsprache" grundsätzlich im Alltagsleben innerhalb eines Landes, in dem diese Sprache auch als Verkehrssprache genutzt wird, in natürlicher Kommunikation, also ungesteuert, erworben wird. Letzteres schließt möglichen zusätzlichen Unterricht in der Zweitsprache selbstverständlich nicht aus. Als Oberbegriff für „Fremd- und Zweitsprache" verwenden wir zur Vermeidung von Ambiguität grundsätzlich den Terminus „L2".

1.2 Basiswerkzeug zum Nachdenken über Sprache: Paradigma und Syntagma

Wie bilden wir Sätze? Zunächst entscheiden wir uns, worüber wir sprechen wollen, beispielsweise über *das Wetter*, *die Arbeit* oder *die neue Wohnung*. Wir suchen also immer zuerst Elemente in Abwägung gegeneinander aus. Dann entscheiden wir, was wir darüber sagen wollen, und wählen wieder aus verschiedenen Möglichkeiten aus (*schlecht, schrecklich, grauenhaft, schön*). Und schließlich kombinieren wir die ausgewählten Elemente nach bestimmten Regeln und bilden so einen grammatisch und inhaltlich möglichen Satz des Deutschen (*Das Wetter ist grauenhaft.*). Genau diese Techniken (Auswählen und Kombinieren) nutzen wir auch, wenn wir systematisch über Sprache nachdenken wollen:

Unser wichtigstes Handwerkszeug besteht in der **paradigmatischen Ersetzung**.

Bei der **paradigmatischen Ersetzung** (auch **Kommutation** oder **Minimalpaarbildung** genannt) ersetzt man einzelne Elemente einer jeweiligen Ebene durch einander, lässt die Umgebung dabei aber gleich und schaut, ob sich durch den Austausch Bedeutungsveränderungen ergeben haben. Wenn dies der Fall ist, handelt es sich um **Minimalpaare**.[4]

In der Phonologie kann man auf diese Weise zum Beispiel herausfinden, welche Laute in einer Sprache bedeutungsunterscheidend sind: In dem Fall setzt man Wörter gegeneinander, die sich nur in einem einzigen Laut unterscheiden, z. B. *Haus – Maus, Hund – bunt, Oma – Opa, Tisch – Tick,* und überlegt, wie sich die Bedeutung eines Wortes nur durch den Austausch des Lautes verändert. Interessieren uns Morpheme, so ersetzen wir diese (*kaufen – verkaufen, verkaufen – vertreiben, Lust – lustig*) und vergleichen die Wortpaare hinsichtlich ihrer Bedeutung. So lässt sich beispielsweise herausfinden, was *ver-* in *verkaufen* bedeutet, und dass das *-ig* in *lustig* aus einem Substantiv/Nomen ein Adjektiv macht.

Auf der Ebene der Syntax ersetzen wir Wörter oder Wortgruppen in einem Satz. In *Ich küsse Hans am Bahnhof.* können wir *Hans* durch *den schönen Mann* ersetzen, nicht aber durch *schönen* allein. *Den schönen Mann* ist also eine Wortgruppe, die eng zusammengehört. *Am Bahnhof* ist ersetzbar durch *täglich*. Beide Elemente scheinen folglich etwas gemeinsam zu haben. Weiterhin kann man *am Bahnhof* oder auch *täglich* weglassen, alle anderen Elemente aber nicht (**Weglassprobe** =

4 Ursprünglich wird dieser Begriff lediglich im Bereich der Phonologie, also bei der Beschäftigung mit den bedeutungsunterscheidenden Lauten einer Sprache benutzt. Tatsächlich ist der Mechanismus aber, wie unten ausgeführt, auf allen Ebenen der Linguistik zum Erkenntnisgewinn einzusetzen. Deshalb benutzen wir nicht nur den Grundgedanken, sondern auch den Begriff „Minimalpaar“ in allen linguistischen Teilbereichen.

Abb. 1: Paradigmatische Ersetzung

Deletionstest). Auch die Weglassprobe liegt auf der paradigmatischen Ebene, da sie quasi etwas durch nichts ersetzt. Auf diese Weise finden wir heraus, was unbedingt zu einem Satz gehört und was nicht. Elemente, die einander ersetzen können, gehören demnach zum selben **Paradigma**, d. h. zum selben Muster (s. Abb. 1).

Umgebungen bzw. Kontexte von jeweils interessierenden Elementen genauer anzuschauen, ist unsere zweite wichtige Perspektive, das **Syntagma**: In der Phonetik und Phonologie geht es dabei um die Lautumgebung und damit beispielsweise um Fragen wie: Kann in einer Sprache ein bestimmter Laut oder eine Lautkombination an verschiedenen Stellen im Wort vorkommen? Oder kann ein Laut z. B. nur am Anfang, in der Mitte oder am Ende eines Wortes oder einer Silbe stehen? Vor oder nach welchen anderen Lauten kann dieser Laut auftreten? Den Laut [ŋ] (*ng*) beispielsweise finden wir im Deutschen nur am Ende von Silben, nicht aber am Anfang. Davor steht außerdem immer ein Vokal (*K-l-a-ng*, *[5]*Ng-a-l-k*). Weiterhin finden wir etwa am Silbenanfang zwar die Lautkombination *gr*, nicht aber die Kombination *rg* (*g-r-au*, **r-g-au*).

In der Morphologie beziehen sich syntagmatische Überlegungen auf die Umgebung von Morphemen. Welche Morphemkombinationen sind möglich? Wörter wie *Kind-chen, Schläf-chen, Hünd-chen* können problemlos gebildet werden, ebenso wie *Hünd-lein* usw.; es scheint immer um etwas Kleines oder um wenig von etwas zu gehen. **Schreib-chen* und **du-chen* hingegen sind keine möglichen Wörter des Deutschen, auch wenn die angesprochene Person klein ist oder nur wenig schreibt. Auf der Ebene der Syntax wiederum geht es um die Frage, welche Wörter und Wortgruppen in einem Satz miteinander kombiniert werden können: So kann man im Deutschen z. B. sowohl *das Auto meines Vaters* als auch *meines Vaters Auto*, nicht aber **das meines Vaters Auto* sagen. Manchmal sind feste Verbindungen von Wörtern miteinander vorgegeben: Man *schlussfolgert* etwas *aus* etwas anderem. Die Präposition *auf* wäre hingegen grammatisch falsch (s. Abb. 2).

---

5 *= Asterisk heißt hier: Das, was folgt, ist in der betreffenden Sprache nicht möglich bzw. nicht grammatisch korrekt.

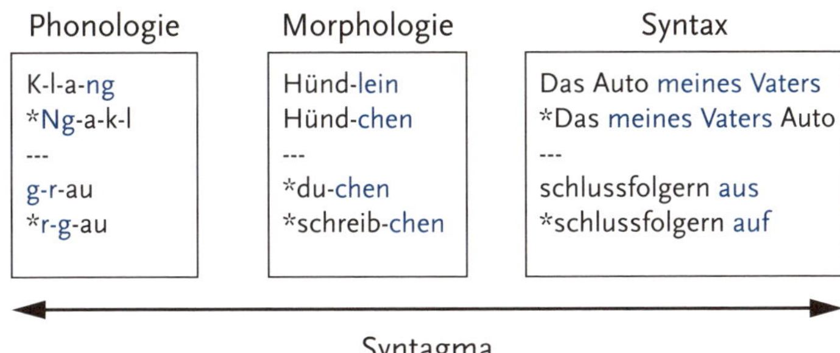

Abb. 2: Syntagmatische Beziehungen

Syntagmatische Beziehungen zeigen an, welche Elemente in welchen Positionen miteinander verknüpft werden können, um in der Zielsprache grammatisch richtige Einheiten zu bilden.

Die beiden Werkzeuge, die ursprünglich aus dem Strukturalismus (s. Auer 2013: 31-34) stammen, sind prinzipiell simpel. Die Herausforderung liegt darin, zu lernen, wann welches von ihnen angewendet werden kann, um die jeweils gestellte Frage zu beantworten. Dies braucht ein bisschen Übung. Im Laufe dieser Einführung werden Sie dazu immer wieder Gelegenheit bekommen.

1.3 Zielsetzung dieser Einführung

Primäre Zielsetzung dieser Einführung ist es, den Aufbau genau derjenigen fachspezifischen linguistischen Kompetenzen zu unterstützen, die es ermöglichen, lernersprachliche Äußerungen auf Grundlage fundierter linguistischer Kenntnisse zu analysieren, um daraus diagnostische und didaktische Schlussfolgerungen ziehen zu können, da dies eine wichtige Kernkompetenz des Berufsbildes eines DaF-/DaZ-Absolventen darstellt. Zum Einstieg in diese Einführung in die Linguistik für DaF/DaZ möchten wir Ihnen daher vier ganz unterschiedliche Lerneräußerungen zur Analyse vorlegen (s. Tab. 2).[6]

6 Um Lerner*innen zu Äußerungen zu motivieren, die eine gute Grundlage zur sprachdiagnostischen Analyse bieten, lassen sich ganz unterschiedliche Verfahren einsetzen. Da diese sprachliche Äußerungen hervorrufen sollen, nennt man sie *Elizitierungsverfahren* (lat. *elicere*, ‚entlocken', ‚hervorbringen').

Tab. 2: Übersicht über die in der Einführung verwendeten Lernerdaten

Elizitierungs-verfahren	Kurzbeschreibung	Datentyp	Sprecher*in/ Schreiber*in[7]
„Der Sturz ins Tulpenbeet" (Gantefort und Roth 2008)	Profilanalytisches Verfahren für den Übergang vom Primar- zum Sekundarbereich mit Fokus auf Erzählkompetenz	Schriftliche Erzählung auf Basis einer Bildergeschichte	**Zuzanna** ist 10 Jahre und drei Monate alt. Sie lebt seit 13 Monaten in Deutschland und besucht in Schleswig-Holstein die 4. Klasse einer Grundschule. Ihre L1 ist Polnisch.
„VERA-8"[8]	Verfassen eines Leserbriefs (Textmuster „Argumentieren")	Schriftliche Stellungnahme (Verfassen eines Leserbriefs in Reaktion auf einen anderen Leserbrief)	**Önder** geht in die 7. Klasse einer Hauptschule. Zu Hause spricht er ausschließlich seine L1 Türkisch, mit seinen Freunden vor allem Deutsch.
„Map-Task" (Richter 2008)	Kooperative Aufgabe	Quasi-spontan-sprachliche mündliche Interaktion zwischen zwei Personen	**Yu** und **Malik** besuchen einen Deutsch-Kurs auf B1-Niveau an einer Universität in Nordrhein-Westfalen. Yu ist 22 Jahre alt und sie spricht als L1 Chinesisch (Mandarin), Malik ist 25 Jahre alt und seine L1 ist syrisches Arabisch.
„Nordwind und Sonne" (http://prowiki.ids-mannheim.de/pub/AADG/KorpusTeile/LesetexteV1_1.pdf) (05.09.2019)	Lautes Vorlesen einer Fabel	Leseaussprache	**Can** ist 24 Jahre alt und bereitet sich in einem Deutsch-Kurs auf B1-Niveau auf ein Studium in Deutschland vor. Seine L1 ist Türkisch; in der Türkei ist er auch aufgewachsen.

7 Alle in dieser Einführung verwendeten Namen sind frei erfundene Pseudonyme, um die Anonymität der Sprecher*innen zu wahren.

8 Herzlichen Dank an Uta Quasthoff, Elke Wild und Madeleine Domenech, die uns diesen Lernertext aus dem Projekt FUnDuS (Die Rolle familialer Unterstützung beim Erwerb von Diskurs- und Schreibfähigkeiten in der Sekundarstufe I; vgl. z. B. Wild et al. 2012; Domenech et al. 2017) freundlicherweise für die Zwecke dieser Einführung zur Verfügung gestellt haben.

Die Lerner*innen sind zum einen unterschiedlichen Alters und sprechen unterschiedliche Erstsprachen auf verschiedenen Kompetenzniveaus. Zum anderen liegen sowohl schriftliche als auch mündliche Datensätze vor, die mit verschiedenen Methoden erhoben wurden, wobei diese von relativ offenen und tendenziell natürlichen Äußerungssituationen (wie dem Map-Task) hin zu sehr stark gesteuerten, in natürlichen Kommunikationssituationen kaum vorkommenden Elizitierungsverfahren (wie dem Vorlesen) reichen. So können Sie nebenbei auch einen Eindruck davon gewinnen, welche Art von Daten welche diagnostischen Erkenntnisse liefern können.

Die handschriftlich verfassten Texte wurden eins zu eins abgetippt und mit Zeilennummern versehen, und die mündlichen Erzählungen wurden ebenfalls verschriftet, um sie für die Zwecke der Einführung leichter analysieren zu können. Eine solche **Transkription**, also die Abbildung einer mündlichen Äußerung durch einen schriftlichen Text, kann nach ganz unterschiedlichen Konventionen erfolgen. Wir haben hier GAT 2 gewählt (http://www.gespraechsforschung-ozs.de/heft2009/px-gat2.pdf, 02.09.2019), ein in unserem Fachgebiet häufig eingesetztes Verfahren. Die Transkriptionskonventionen finden sich im Anhang. Unter Einbezug dieser Informationen müsste der Text relativ problemlos lesbar sein. Aussprache zu transkribieren, erfordert hingegen ein spezielleres Zeichensystem, wie z. B. das internationale phonetische Alphabet (IPA, vgl. https://www.internationalphoneticassociation.org/). Zusätzlich können Sie die beiden gesprochenen Texte aber auch online anhören, und zwar unter http://www.utb-shop.de/einfuhrung-in-die-linguistik-fur-daf-daz-9470.html.

Denkpause 2

Lesen bzw. hören Sie die vier folgenden Lerneräußerungen. Markieren Sie Abweichungen von der Zielsprachennorm und andere Auffälligkeiten und überlegen Sie, was für eine Art von Rückmeldung Sie den Lernenden geben würden. In welchen sprachlichen Bereichen sehen Sie Stärken und Schwächen der Lerner*innen? Wo würden Sie im Sprachunterricht Übungsschwerpunkte für diese Lernenden setzen?

Bewahren Sie diese ersten Analysen auf. Im Laufe dieser Einführung werden wir immer wieder auf diese vier Texte zurückkommen und Hinweise zu weiteren Analysemöglichkeiten geben. Am Ende der Einführung werden Sie die Gelegenheit haben, die Äußerungen auf Grundlage Ihres zusätzlich erworbenen Wissens erneut zu bearbeiten, um so für sich einen Eindruck davon zu gewinnen, welche linguistischen Konzepte sich aus Ihrer Sicht für die Analyse als besonders hilfreich erwiesen haben, welche vielleicht auch eher nicht und welche Fragen noch offen geblieben sind. Die Texte stellen für Sie somit eine Art Prüfstein Ihres Kompetenzerwerbs dar.

„Sturz ins Tulpenbeet" von Zuzanna

Aufgabe

Sieh dir die Bildfolge genau an und schreibe die Geschichte auf. Dabei soll zu jedem Bild etwas geschrieben werden. Bei dem Fragezeichen ist ein Bild verloren gegangen. Schreibe hierzu auf, was nach deiner Meinung passiert ist.

Der Sturz ins Tulpenbeet
bild1: Am einen Sonnigentag hate
Bapa Martin eine gute idee das
sie in Bark gehen. Nun sind sie
gegang mit Luca und Anna.
bild2: Sie haben sich auf die Bank hinsetzen.
Aber dann ist ein Hund gegang.
Anna hate angst von denn
Hund. Anna hat so schneel
gelaufen. bild 3: Der Hund hat
~~Sie~~ er hinterheer gelauft.
Aber dann ist der Hund sten
gebliben und Martin ist in die Leine
getreten. bild Und ist in Tulpen
gebüsch gewallen. bild 5: Anna
hat Foto gemacht und alle
haben gelacht.

Abb. 3: *„Sturz ins Tulpenbeet" von Zusanna*

„VERA-8" von Önder

Hallo christian

ich bin deine freund wir machen di-
eses yahr mit bei schulfest
es ist schade das du nicht
kommen kannst, weil ich habe ge-
hört das du krank bist gute be-
sserung wönsche ich dir. Wenn du
dieses yahr mit machs glaube mir
das macht sehr sehr spaß und wir k-
önnen geschenke gutscheine usw. krigen
ich würde mal an dein stelle ko-
mmen ich weiß das du krank bist
aber du kannst mit einem Roll-
stuhl kommen glaub mir es
wir sehr schön bis morgen

Viele Grüße ....

Abb. 4: „VERA 8" von Önder

„Map-Task" von Yu und Malik

Da das Transkript des Map-Tasks insgesamt sieben Seiten umfasst, drucken wir hier in der Einleitung nur die erste Seite ab. Das vollständige Transkript findet sich im Anhang.

Speakertable

Yu (L1 = Chinesisch), **Sex:** f **Moderator** **Sex:** f

Malik (L1 = Arabisch), **Sex:** m

[1]

	0 [00:00.0] 1 [00:11.4] 2 [00:19.9]
Yu [v]	mh: erste (---) stätte ist mh:: (---) in AH start (---) und then?
Malik [v]	(---) ja ICH

[2]

	.. 3 [00:21.1] 4 [00:21.7]
Malik [v]	rede ja? ok (verstehe) °h äh:: wenn du:äh: spaziertst äh:: kannst du:äh:: (-
Moderator [v]	hm.

[3]

	..
Malik [v]	-) am (.)am START anfangen und danach kannst du: (--) eine schwar ein

[4]

	.. 5 [00:37.4] 6 [00:38.4]
Yu [v]	[(--)hm:-]
Malik [v]	schwarZ::er einen SCHWARzen vogel sehen. [(--)äh:-] (.) das ist äh:: (---) am

[5]

	.. 7 [00:45.8]
Yu [v]	eh mh:
Malik [v]	LINKS von dich (-) und kannst du: danach äh spazieren (-) weiter.

[6]

	.. 8 [00:48.9] 9 [00:49.8] 10 [00:56.2]
Yu [v]	schwarzer vogel an LINKS? (--) hm:: (3.4) hier (-) hm:: (--) hm::
Malik [v]	ja LINKS ich.

[7]

	.. 11 [00:58.0] 12 [01:01.6] 13 [01:02.9]
Yu [v]	[SCHWARZ-] fing äh: VOgel (--) hm:: linkeäh stätte.[LINKS ja.]
Malik [v]	[(da da)-] [LINKS ja.]LINKS von

[8]

	.. 14 [01:05.0] 15 [01:05.3]
Yu [v]	ja.
Malik [v]	dich (-) von DIR (-). äh - danach du äh:: du spazieren WEITER (-) du

[9]

	..
Malik [v]	weiter sparzierst (--) äh: (1.1) mh (--) weiter spazieren danach gehst du äh:: (-)

[10]

	.. 16 [01:20.9] 17 [01:21.2]
Yu [v]	hm:-
Malik [v]	LINKS auch (---) gibt es ein weg links (1.3) gehst du links. und weiter

[11]

	..
Malik [v]	zwischen äm:: (--) äh:: HIMmelblau fabrik und äh: (-) dieäh: HOhen alpen.

„Nordwind und Sonne“ von Can

[ˈnɔrtˌvint ʔund ˈzɔːnɛ
ʔainst ˈʃtritən ziʃ ˈnɔrtvint ʔund ˈzɔːnɛ vɛr fɔn ˈʔiːnən ˈbaɪdan voːl dɛɐ̯ ˈʃtɛrkərɛ waɪ ˈveːre ʔals ʔ ʔaɪn ˈvandɛˌrɛɬ dɛr ʔin ˈʔainan ˈvarmɪn ˈmantil gəˈhol gəˈhylt var dɛs dɛs ˈveːˌgəs daˈhɛːrˌkam ziː ˈvurdən ˈʔaɪniʃ das dɛrʒeːnigəˈrɛ fyr dɛn ˈʃtɛrkɛrɛa̯n ˈgɛltɪn ˈzoltɛ dɛr dɛn ˈvandɛˌrɛɬ ˈsviŋgən ˈvʏrdɛ ˈzaɪnən ˈmantɪ ˈlapsuːneːm dɛɐ̯ ˌnɔrtˈvint beˈliːs mit ˈʔalɛɬ maxt ˈʔabɐ jə mɛːɐ̯ jə mɛːɐ̯ ʔalv beˈliːs ˈdɛsto ˈfɛsta ˈhyltɛ ziʃ dɛr ˌvandɛˈrɛɬ ʔin ˈzaɪnən ˈmantɛl ʔaɪn ˈʔɛndliʃ gap dɛr ˈnɔrtˌvint dɛn ˈkampn ʔaʊf nun ʔɛrv ʔɛrˌvɛɐ̯mˈtɛ diː ˈzɔːnɛ diː luːft mit ˈʔiːrən ˌfrɔɪndliˈʃən ʃəˈtə ˈʃtraxˌlɪŋ ʔun tʃoːn nax ˌveːniˈgən ˈʔaʊgənbliːkən zoːg dɛr ˈvandɛrɛɬ ˈzaɪnən ˈmantə laʊs daː ˈmustə dɛr nɔr ˈnɔrtvint zuˈgeːbən das di ˈzɔːnɛ fɔn ˈʔiːnən ˈbaɪdan dɛr ˈʃtɛrkɛrɛ vaɬ]

1.4 Aufbau des Buches

Diese Einführung orientiert sich an den oben skizzierten linguistischen Teilebenen und greift an verschiedenen Stellen auf die im letzten Punkt vorgestellten Lernertexte zurück. Kapitel 2 (Pragmatik) beschäftigt sich zunächst damit, was – außer Wörtern, Sätzen und Texten, also der verbalen Ebene der Kommunikation – noch alles zur menschlichen Kommunikation gehört, wie diese funktioniert und wie Missverständnisse entstehen können. Eng damit zusammen hängt die Frage, wie man Menschen, die Deutsch als Fremd- oder Zweitsprache lernen, dabei unterstützen kann, in der Zielsprache angemessen (und damit erfolgreich) zu handeln. Es geht also um die größte der eben herausgearbeiteten Ebenen, um Gespräche/Texte, für die alle anderen Teilbereiche der Linguistik relevant sind. In den darauf folgenden Kapiteln werden diese weiteren Teilbereiche behandelt: Wir beginnen in Kapitel 3 mit den kleinsten Einheiten verbaler Sprache, den Lauten (Phonetik/Phonologie). Auch in Kapitel 4 (Orthographie und Schriftspracherwerb in der Fremd- und Zweitsprache) geht es, wie in Kapitel 3, um kleinste Einheiten, diesmal nicht hinsichtlich des Sprechens, sondern des Schreibens. Die Kapitel 5, 6 und 7 thematisieren die Bereiche Morphologie und Lexik. Kapitel 5 liefert dabei zunächst das Basiswissen, um sich mit Morphemen grundsätzlich auseinandersetzen zu können. Kapitel 6 beschäftigt sich mit der Wortbildung, also damit, wie in der deutschen Sprache Wörter aus anderen Wörtern abgeleitet werden, wie neue Wörter gebildet werden und, damit verzahnt, mit der Wortschatzarbeit im Unterricht. In Kapitel 7 geht es um den anderen großen Teilbereich der Morphologie, die Flexion, also die Wortformenlehre. Dieser Teilbereich ist wichtig, um das Herstellen von grammatischen Relationen zwischen Wörtern zu verstehen. Daran knüpft Kapitel 8 (Syntax) direkt an. Es geht um Sätze, zusammenhängende Elemente in Sätzen und insbesondere um das Verb, das im Zentrum der Satzkonstruktion steht. In Kapitel 9 (Textgrammatik) begeben wir uns wieder – wie bei der Pragmatik – auf eine übergreifende, alles umfassende Ebene, diesmal allerdings schwerpunktmäßig in Bezug auf die Frage, wie man aus einzelnen Sätzen zusammenhängende Texte herstellen kann. Kapitel 10 wirft noch einmal einen Blick auf Sprache als Ganzes und untersucht, von welchen Einflüssen sprachliche Formen geprägt werden und wie stark sie tatsächlich variieren können. Dies wird insbesondere im Vergleich schriftlicher mit mündlichen Äußerungen deutlich, aber auch mit Blick auf sprachliche Anforderungen, die z. B. die Schule im Gegensatz zum Alltagsleben an Sprecher*innen stellen kann. Im abschließenden 11. Kapitel erfahren wir mehr über die Analyse von Lernersprachen und überprüfen, inwiefern wir durch die Lektüre des Buches und die Bearbeitung der Übungsaufgaben die in der Einleitung vorgestellten Texte und Produkte der Lernenden nunmehr tiefergehend analysieren können. In diesem Kapitel geben wir weiterhin einige Basisinformationen zur Unterrichtsvorbereitung, zur Förderung von Sprachbewusstheit und zum Umgang mit Mehrsprachigkeit – Themen, die an Ihr linguistisches Wissen und Können anknüpfen.

In die Kapitel haben wir „Denkpausen" (s. o., Denkpausen 1 und 2) eingebaut, eine Art Knobelaufgaben, mit denen Sie sich zunächst selbstständig beschäftigen können, bevor Sie weiterlesen. Diese Denkpausen bereiten entweder das darauf Folgende vor oder aber sie ermöglichen, zuvor Erklärtes anzuwenden (s. Kap. 5.4.2, Induktivität und Deduktivität).

Des Weiteren arbeiten wir immer wieder mit Beispielen aus verschiedenen Sprachen. Dabei war es uns wichtig, nicht nur gängige Fremdsprachen wie Englisch und Französisch zu integrieren, sondern auch Sprachen, die ganz anders funktionieren. Die Wahl fiel auf Arabisch, Aserbeidschanisch, Chinesisch (Mandarin), Dänisch, Englisch, Französisch, Griechisch, Hebräisch, Kiswahili, Niederländisch, Persisch, Polnisch, Rumänisch, Russisch, Spanisch, Türkisch und Vietnamesisch. Diese Sprachen weisen sowohl im Vergleich zum Deutschen als auch untereinander teilweise große Unterschiede auf – es lassen sich aber auch (manchmal unerwartete) Gemeinsamkeiten finden (Kapitel 5 gibt einen Überblick über Sprachtypologie – so nennt man die Wissenschaft vom Klassifizieren und Vergleichen von Sprachen, um Gemeinsamkeiten und Unterschiede herauszufinden). Zum Teil haben wir die Sprachen aber auch gewählt, weil wir sie beherrschen, die Beispielauswahl uns also leichter fiel. Selbstverständlich kommen nicht immer alle Sprachen vor. Dann hätten wir keine Einführung in die Linguistik DaF/DaZ geschrieben, sondern eine Einführung in die linguistische Typologie. Als zukünftige DaF-/DaZ-Lehrende werden Sie aber mit einer großen Vielfalt an Herkunftssprachen konfrontiert, und darum ist es sinnvoll, mit solch einer Vielfalt umgehen zu lernen und mal über die eine, mal über die andere Sprache zu reflektieren.

Schließlich finden sich im Anschluss an jedes Kapitel Übungsaufgaben, deren Lösungen im Anhang zu finden sind. Für einige der Aufgaben benötigt man Audio- oder Videodateien. Diese sind unter http://www.utb-shop.de/einfuhrung-in-die-linguistik-fur-daf-daz-9446.html herunterzuladen.

Im Laufe der Lektüre dieser Einführung wird immer wieder deutlich werden, dass alle Versuche, Sprache zu beschreiben und zu analysieren, an ihre Grenzen stoßen. Dies gilt umso mehr für die Analyse der Äußerungen mehrsprachiger

Sprecher*innen und Schreiber*innen, da diese noch mehr Einflüssen ausgesetzt sind als die Äußerungen einsprachiger. Es gilt, wie Volmert (2005: 149) es formuliert: „Der Untersuchungsgegenstand Sprache ist nicht in allen seinen Erscheinungsformen so strukturiert, dass er in ein widerspruchsfreies Regelsystem gefasst werden könnte." Nichtsdestotrotz lassen sich viele Regeln, Regularitäten und Tendenzen ausmachen, die eine Hilfe dabei darstellen können, den Irrgarten der deutschen Sprache zu durchqueren, ohne sich allzu sehr zu verlaufen. In diesem Sinne wünschen wir Ihnen eine spannende Entdeckungsreise durch die Welt der Sprache(n)!

▶ Literaturtipps

Crystal, David (1993): Die Cambridge-Enzyklopädie der Sprache. Bearb. der deutschen Ausgabe: Stefan Röhrig. Frankfurt/Main: Campus-Verl. Dieses Buch ist geeignet, um zu stöbern und weitere Ideen zu bekommen, warum Sprache so spannend ist.

Hoffmann, Ludger (Hrsg.) (2019): Sprachwissenschaft: Ein Reader. 4., aktualisierte und erweiterte Aufl. Berlin u. a.: De Gruyter. In diesem Buch sind viele wichtige linguistische Original-Basistexte abgedruckt.

Aufgaben nach diesem Kapitel

Aufgabe 1: Teilbereiche der Linguistik

Wenn man Sprachen neu lernt, kann man auf allen oben dargestellten Ebenen Fehler machen. Können Sie mit Ihren neu erworbenen Fachtermini „Phonologie", „Orthographie", „Morphologie", „Semantik", „Syntax", „Pragmatik", „Textlinguistik" die Fehler bzw. Fehlerebenen in den folgenden Sätzen klassifizieren?

(1) Sein Fahrad ist rot.
(2) Bitte entschuldige, dass ich zu spät komme. Ich habe den Bus vermisst.
(3) Bist du Frau Müller?
(4) Das Pony kommte angerannt.
(5) Gestern wir sind ins Kino gegangen.
(6) Siehst du die Auto da drüben?
(7) Möchtest du noch etwas Suppe trinken?
(8) Ich habe ihm es gesagt.
(9) Ich tannze gern.

Aufgabe 2: Syntagma und Paradigma

Bitte bilden Sie aus den vorgegebenen Elementen möglichst viele im Deutschen mögliche, d. h. grammatisch richtige Sätze (Syntagma) und schreiben Sie diese so in die vorgegebene Tabelle, dass paradigmatisch äquivalente Elemente übereinanderstehen. Wie viele Sätze können Sie bilden?

ich, du, schaue, schaust, nicht, gerne, häufig, Fernsehen, in die Ferne
Ein möglicher Satz wäre:

1	ich	schaue	nicht	häufig	Fernsehen

Überlegen Sie anschließend, welche der Sätze Minimalpaare sind, sich also nur in einem Element unterscheiden. (Hinweis: Ein Element kann auch in einer Wortgruppe bestehen.)

Aufgabe 3: Syntagma und Paradigma

Welche der beiden Denkebenen wird in den folgenden Beispielen angesprochen? Gibt es manchmal Argumente für beide?

(1) *Heiterkeit* kann man sagen, *Heiterheit* nicht.

(2) *Das Buch ist auf dem Tisch.*
Das Buch ist unter dem Tisch.

auf dem Tisch und *unter dem Tisch* müssen also enger zusammengehören, weil sie insgesamt ausgetauscht werden können.

(3) Wenn ich herausfinden will, welche Wortart *gebackene* in *Ich mag gebackene Brötchen.* ist, ersetze ich es durch ein anderes Wort, z. B. *schön*: *Ich mag schöne Brötchen*. Dann weiß ich: *gebackene* ist ein Adjektiv.

(4) Mögliche Sätze des Deutschen sind:
- *Vorgestern bin ich zwei Stunden spazieren gegangen.*
- *Zwei Stunden bin ich vorgestern spazieren gegangen.*

* *Vorgestern, zwei Stunden bin ich spazieren gegangen.* hingegen ist kein möglicher Satz des Deutschen. Deshalb markieren wir ihn mit einem Asterisk.

(5) Das R am Wortanfang kannst du schon gut sprechen, das R nach anderen Konsonanten in Kombinationen wie *kr, spr, str, tr* musst du noch üben.

(6) Du kannst zur Verabschiedung *Tschüss* oder *Auf Wiedersehen* sagen. Das eine ist formeller, das andere informeller.

2. Kommunikation, Pragmatik und Semiotik

Wir werfen zunächst einen Blick auf die Komplexität menschlicher Kommunikation: In der Einleitung wurde festgestellt, dass die menschliche (verbale) Sprache auf fünf verschiedenen, miteinander vernetzten Ebenen operiert. Daneben gibt es die Körpersprache, die Zeichen unterschiedlicher Art beinhaltet, Zeichen, die wir innerhalb unserer Kommunikationskultur entschlüsseln und einsetzen. Das folgende Teilkapitel 2.1 zeigt genauer, welche Kommunikationswege wir nutzen und wie komplex das Zusammenspiel dieser verschiedenen Zeichen ist. Aus diesen Überlegungen ergeben sich folgende Fragen: Wie funktioniert Kommunikation zwischen Menschen? Wie kann gegenseitiges Verstehen hergestellt werden – und wie entsteht Missverstehen (2.2)? Die Perspektive auf Sprechen als sprachliches Handeln ermöglicht hierzu genauere Reflexionen. Diese Perspektive, deren Grundzüge in den 1950er Jahren entwickelt wurden, werden wir im Kapitel 2.3 nachvollziehen. Seither hat es vielfältige Entwicklungen in der Linguistik gegeben, und unter anderem weiß man jetzt, dass die Menschen ganz anders und viel „unvollständiger" (unterdeterminierter) sprechen als zunächst angenommen. In Kapitel 2.4 sehen wir uns an, wie Menschen tatsächlich (miteinander) sprechen, und in 2.5 gehen wir genauer darauf ein, wie viel und welche Art von Implizitem dabei eine Rolle spielt. Auf dieser Basis überlegen wir abschließend, was alles dazu gehört, wenn man in einer Sprache kommunikativ kompetent werden will, und wie man diese kommunikative Kompetenz seitens der Lehrenden, d. h. von der Sprachmittlerseite aus, fördern kann (2.6).

2.1 Kommunikationswege

Denkpause 1[1]

Sehen Sie sich die unten aufgeführte Fotoserie an. Wie wirken die Personen, und woran könnte das liegen? Aufgrund welcher körpersprachlichen Merkmale sind Sie zu Ihrer Interpretation gelangt? Die zusammengestellten Bilder unterscheiden sich jeweils in mindestens einem uns interessierenden Element.

1 Bei weiterem Interesse an Körpersprache in Bildern lohnt ein Blick in die Serie „Sagen Sie jetzt nichts…" der Süddeutschen Zeitung, z.B.: http://sz-magazin.sueddeutsche.de/texte/anzeigen/45780/Sagen-Sie-jetzt-nichts-Bill-Kaulitz, 05.09.2019.

Abb. 1a und 1b: Kopfhaltung, Blickkontakt, Gesichtsausdruck (Mimik)

Auf Bild 1a sehen wir einen jungen Mann, der mit leicht gesenktem Kopf nach unten blickt. Sein Mund ist ein Stück geöffnet, er lächelt nicht. Seine Augen sind von der Brille verdeckt und kaum zu sehen. Bild 1b zeigt eine junge Frau, die lächelnd nach oben blickt. Beim Lächeln ist der Mund etwas geöffnet. Sie scheint Blickkontakt mit einer anderen Person zu haben. Der Kopf ist nach hinten geneigt und der Blick nach oben gerichtet. Während der Mann eher ernst und neutral wirkt, strahlt die Frau Offenheit und Freundlichkeit, evtl. sogar Bewunderung aus. Durch die **Mimik** (= Gesichtsausdruck) werden von beiden Personen sehr unterschiedliche Botschaften kommuniziert.

Abb. 2a und 2b: Gestik, Raum einnehmen, Körperhaltung

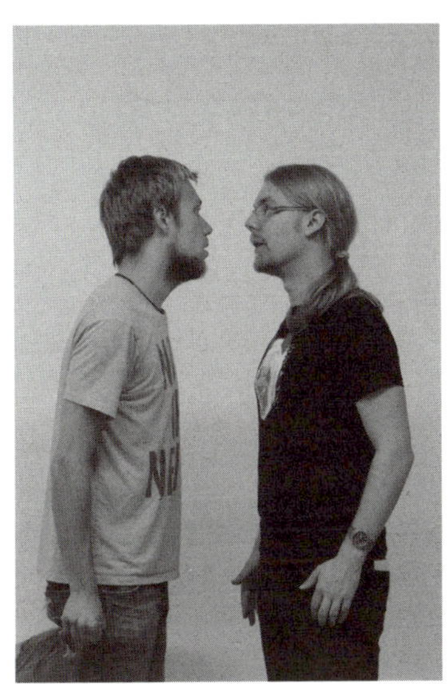

Abb. 3a und 3b: Proxemik horizontal

Beim Vergleich zwischen Bild 2a und Bild 2b rückt die **Gestik** (in diesem Fall Handhaltung und Hand- bzw. Armbewegungen) in den Fokus der Aufmerksamkeit: Die Person auf Bild 2a nimmt durch die Benutzung von Armen und Händen, aber auch durch deren Abstand vom Körper Raum ein. Dieses Raum-Einnehmen trägt zum Ausdruck der Selbstsicherheit bei. Im Vergleich dazu macht sich die (eigentlich große) Person auf Bild 2b eher klein. Der Rücken ist leicht gebeugt, die Arme sind sehr nah am Körper und die Hände zusammengelegt. Sie wirkt dadurch eher unsicher, und das, obwohl der Kopf leicht nach unten geneigt und die Blickrichtung gerade ist. Die zusammengelegten Hände vermitteln in Kombination mit den anderen körpersprachlichen Merkmalen fast Unterordnung. Auch Hände zusammenlegen, sich durchs Haar streichen oder andere Selbstberührungen werden in Interaktionssituationen vom Gegenüber interpretiert. Und schließlich ist auch der Abstand, den Personen zueinander einnehmen, bedeutsam (s. Abb. 3a und 3b).

Das Paar auf Bild 3a scheint sich nicht allzu gut zu kennen. Es nimmt einen Abstand zueinander ein (an der engsten Stelle ca. 50 cm), der zumindest in der westeuropäischen Kommunikationskultur als neutral gilt. Das Paar steht einander auch nicht frontal gegenüber, sondern bildet eher ein geöffnetes Dreieck in ca. einem 45-Grad-Winkel. Dadurch wird dem Gegenüber Raum gelassen, Raum, der auch zum Ausweichen genutzt werden kann. Der Kopf der Frau auf Bild 3a ist leicht (horizontal) nach links geneigt, während der des Mannes diese horizontale Neigung weniger aufweist. Das Vorhandensein von horizontaler Kopfneigung ist ebenfalls ein Mittel, um sich selbst kleiner zu machen. Ganz anders ist die Botschaft von Bild 3b: Die Interaktanten stehen einander frontal gegenüber, sie nehmen Blickkontakt miteinander auf, und der Abstand ist etwas geringer als der in

Abb. 4: Proxemik vertikal

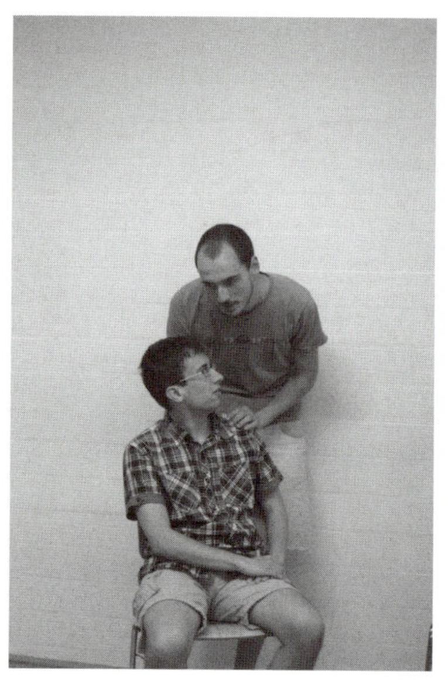

Abb. 5: Zusammenwirken verschiedener nonverbaler Zeichen

der hiesigen Gesellschaft neutrale. Beide Köpfe sind leicht erhoben und die Person links hat die rechte Hand zur Faust geballt. Hier handelt es sich augenscheinlich um eine Streitsituation.[2]

Abstand zwischen Sprecher*innen spielt aber nicht nur auf der horizontalen, sondern auch auf der vertikalen Ebene eine Rolle: Auf Abb. 4 sitzt eine Person am Tisch und schreibt etwas, während die andere Person danebensteht und mit dem Finger auf das Blatt deutet. Die sitzende Person blickt ebenfalls auf das Blatt. Zwischen den beiden scheint eine Hierarche zu bestehen, wir interpretieren recht schnell eine Lehrer*innen-Schüler*innen-Situation in das Bild hinein. Dazu trägt unter anderem bei, dass der Kopf der einen Person sich auf einer höheren Ebene als der der anderen befindet. Auch durch **Proxemik**, also horizontalen und/oder vertikalen Abstand von Personen zueinander, werden Zeichen gesendet.

Für die Interpretation der nonverbalen Zeichen in Interaktionssituationen sind also u. a. folgende Gesichtspunkte relevant: Wie viel Raum nimmt ein/eine Sprecher*in ein? Und wie positioniert er/sie sich zu anderen Interaktanten? Wo sind Hände und Arme und was machen sie? Ist die Gestik eher raumgreifend oder eher eng am Kör-

---

2 Dieses sowie auch die folgenden Bilder wurden bei einer Improvisationstheatergruppe aufgenommen; es handelt sich also um ein Spiel. Das in die Gruppe hineingegebene Thema lautete „Hierarchie".

per, und ist die Handhaltung offen oder geschlossen? Finden Berührungen des eigenen oder des Körpers des Gesprächspartners bzw. der Gesprächspartnerin statt? Wie ist die Kopfhaltung (vertikal und horizontal), und wohin ist der Blick gerichtet? Findet Blickkontakt statt? Existiert eine (räumliche) Hierarchie zwischen den Sprecher*innen bzw. wird diese durch Kopfhaltung und Blickrichtung hergestellt?

Bei der Interpretation von Interaktionssituationen legt niemals nur ein Parameter allein eine bestimmte Interpretation nahe – es wirken immer mehrere Parameter zusammen. Je nach Kombination dieser Parameter werden von den Interaktanten unterschiedliche Botschaften hineininterpretiert.

Denkpause 2

Sehen Sie sich nun Bild 5 an. Was könnten die Personen zueinander sagen? Skizzieren Sie zunächst einige mögliche Gesprächsvarianten, und überlegen Sie dann, welches Verhältnis die beiden Personen zueinander haben könnten. Um Ihre Annahme/n zu belegen, nutzen Sie bitte alle Ihnen nun bekannten nonverbalen Parameter.

Die stehende Person A auf Abb. 5 befindet sich zwar vertikal über der sitzenden Person B, beugt sich aber sehr zugewandt vor. A nimmt wenig Raum ein und hält den Kopf leicht nach links geneigt. Die Hand liegt auf der Schulter der sitzenden Person B. A blickt B an. A spricht vermutlich eher leise, der Mund ist fast geschlossen. Person B hingegen sitzt aufrecht und blickt A auf Abb. 5 nicht an, der Kopf ist leicht nach hinten geneigt, die Hände sind auf dem linken Oberschenkel zusammengelegt. In dieses Bild kann man eine gewisse Vertrautheit der beiden hineininterpretieren (Hand auf der Schulter), aber kein eindeutiges Hierarchieverhältnis zwischen der stehenden und der sitzenden Person. Möglicherweise könnte sogar die sitzende Person der stehenden hierarchisch übergeordnet sein. Denkbar wären natürlich zahlreiche Dialoge in unterschiedlichsten Kontexten. Ein Satz wie *Schatz, ich habe vergessen, den Abwasch zu machen.* wäre möglich oder auch *Es tut mir leid, ich habe bei der Bürgerberatung noch nichts erreichen können.* oder auch *Findest du nicht, dass es gut wäre, wenn du heute Abend einmal zu Hause bliebst?*

Auf unseren Bildern haben Kleidung, Hauttönung, Statur selbst keine besondere Rolle gespielt. Tatsächlich gehören aber auch diese Faktoren zu den Größen, die wir (unbewusst) immer mit interpretieren.

Denkpause 3

Sehen Sie sich einmal in einem Ihrer Universitätsseminare um: Wer von den Anwesenden ist wohl außergewöhnlich sportlich? Sie werden problemlos Personen identifizieren können. Warum denken Sie von jemandem, er oder sie sei sportlich?

Bei Ihren Überlegungen werden die eben genannten Größen wie z. B. vorhandene Muskeln, Sonnenbräune bzw. Blässe und die Wahl der Kleidung eine Rolle spielen. Auch diese Größen sind also als Zeichen zu interpretieren.

Die bisher genannten Aspekte lassen sich bereits statischen Bildern entnehmen. Noch sehr viel mehr Parameter spielen in tatsächlicher Interaktion, in der Bewegung (Art und Weise, Schnelligkeit) und Stimme hinzutreten, eine Rolle: Mit welcher Melodie spricht jemand? Wie laut, leise, langsam oder schnell, deutlich oder undeutlich, hoch oder tief? Mit zitternder oder fester Stimme, lachend oder ernst, standardsprachlich oder dialektal? All diese Größen spielen eine Rolle bei der Interpretation von (bewusst oder unbewusst ausgesandten) Botschaften. Da diese Aspekte innerhalb eines gedruckten Buches nicht genauer zu reflektieren sind, haben wir zu den paraverbalen Kommunikationswegen vier kurze Aufnahmen und dazugehörige Übungen in den Online-Übungsteil integriert.

Das, was innerhalb einer Äußerung zwar über die Stimme transportiert wird, aber nicht direkt den Inhalt der Wörter und Sätze betrifft, nennt man **paraverbal**, alle Kommunikationswege ohne Einsatz von Stimme bezeichnet man als **nonverbal**.

Selbstverständlich beeinflussen nicht nur non- und paraverbale Zeichen die Interpretation von Kommunikationssituationen, sondern auch **Verbales** wie die Wahl der morphologischen, lexikalischen und syntaktischen Mittel. Diese Mittel zeigen uns beispielsweise, ob ein Satz eher in einem informellen oder formellen Kontext zu interpretieren ist (dazu s. auch Kap. 10.2).

Denkpause 4

Sehen Sie sich einmal die folgenden Sätze an. Welcher der Sätze wird vermutlich eher mündlich, welcher eher schriftlich geäußert? Welchen Kontext, welche Situation stellen Sie sich dabei vor? An welchen sprachlichen Merkmalen machen Sie Ihre Interpretation fest?

(1) *Letzte Woche war ja 'n fürchterlicher Sturm. Der hat mir doch glatt das ganze Dach weggeweht.*

(2) *Am 04.10. wurde in der Bahnhofstraße in Hermannsfeld das Dach eines Hauses vollständig abgedeckt. Ursache war ein starker Sturm.*

(3) *Die Verursachung des Schadens am Objekt Bahnhofstraße 13, 33559 Hermannsfeld, ist auf den Sturm am 04.10.2014 zurückzuführen.*

Das Ereignis, auf das referiert wird, ist in allen Sätzen dasselbe. Die Art der Formulierung gibt uns aber weitere Informationen: In Satz 1 liegt die Schlussfolgerung nahe, dass hier eine Person einer anderen Person, die sie gut kennt und zu der sie in einem persönlichen und informellen Verhältnis steht, von dem Ereignis erzählt. Der/die Sprecher*in benutzt Wörter wie *ja, doch, glatt* (hier: Wortart Modalpartikel, s. Kap. 5.1.4, Wortartenbestimmung), Wörter, die zeigen, dass hier Mündlichkeit und eine eher informelle Situation vorliegen. Weiterhin benutzt er/sie den Ausdruck *fürchterlicher Sturm*, der entweder mündlich ist oder zu einer Geschichte wie einem Märchen gehören könnte. Er/sie spricht etwas undeutlich (verschliffen) (*ja 'n*) und fasst die gesamte Information in zwei kurze Hauptsätze, die im Aktiv (*war Sturm, hat ... weggeweht*) stehen (nähere Information zu Satzarten s. Kap. 8.3, zu Aktiv und Passiv s. Kap. 7.1.1). Weiterhin müssen beide Kommunikationspartner wissen, wann *letzte Woche* war und wer der Hausbesitzer ist, weil beides nicht eindeutig bezeichnet wird. In Satz 2 ist dieses gemeinsame Wissen von Sender und Empfänger nicht mehr vorhanden. Ort und Datum werden genannt. Der Satz ist deshalb kontextfrei zu verstehen. Hier finden wir eine Passivformulierung und einen Satz im Nominalstil (*Ursache war ein starker Sturm*). Es handelt sich ganz klar um eine Art Nachricht, die in der Zeitung stehen oder in den Lokalnachrichten im Fernsehen berichtet werden könnte. In Satz 3 wird diese exakte Information weiter auf einen einzigen Satz reduziert, der aber alle relevanten Informationen enthält. Wir finden Fachwörter, die auf Versicherungskontexte hinweisen (*Verursachung, Schaden*); die genaue Adresse und der Zeitpunkt des Schadens werden genannt. Des Weiteren finden wir die Infinitivkonstruktion *ist zurückzuführen auf*. Dieser Satz muss schriftlich vorliegen und gehört in einen sehr formellen Kontext.

Tab. 1: Zusammenfassung nonverbaler, paraverbaler und einiger verbaler Kommunikationswege, Ebenen, auf denen wir in Interaktionssituationen Zeichen interpretieren

Nonverbales, in der Situation direkt änderbar	Körperhaltung, dadurch u. a. Größe des eingenommenen Raums, Zuwendung zur anderen Person durch Vorwärts- oder Rückwärtsneigung
	Proxemik = Abstand zueinander (vertikal und horizontal, eingenommener Winkel zueinander)
	Kopfhaltung vertikal und horizontal
	Blickrichtung, Blickkontakt
	Gesichtsausdruck, Mimik
	Gestik, dadurch u. a. Größe des eingenommenen Raums
	Selbst- und Fremdberührungen
Weitere (dauerhaftere) nonverbale Faktoren	Kleidung, Accessoires
	Hautfarbe und Haarstruktur/Hauttönung
	Statur

Paraverbales	Stimmlage/Tonhöhe
	Timbre
	Variation in der Melodie – eher monoton oder eher mit vielen Höhen und Tiefen
	Dynamik/Pausen/Tempo
	Lautstärke insb. im Verhältnis zum Abstand der Interaktanten zueinander
	Deutliche oder verschliffene Aussprache
	Standardsprache oder dialektale Varianten (Aussprache)
	Lachen, lachend sprechen
Verbales	Wortwahl formell oder informell, standardsprachlich oder dialektal, z. B. *fürchterlich* vs. *stark*, *langsam machen* vs. *drömmeln* (u. a. ostwestfälisch)
	die Existenz von Modalpartikeln oder gerade ihre Abwesenheit
	Kontextrelevanz, um zu verstehen, wovon die Rede ist, oder eindeutige Bezeichnung dessen, worüber gesprochen wird (s. u., Exkurs Zeichenmodelle, Deixis)
	hauptsächlich Hauptsätze, kurze Sätze oder hauptsächlich komplexe Sätze
	nur Aktiv oder auch Passiv
	Nominalstil
	...

2.2 Kommunikation

Wie funktioniert nun also Kommunikation, wenn wir doch immer auf so vielen Ebenen gleichzeitig Zeichen senden, Zeichen, die ja durchaus nicht eindeutig sind und sich, wie wir in Bild 5 gesehen haben (stehende Person als potentiell in der Hierarchie niedriger stehend), sogar widersprechen können? Um zu kommunizieren und Botschaften zu entschlüsseln, interpretieren wir immer gleichzeitig Informationen auf verschiedenen Ebenen.

Kommunikation ist die (gegenseitige) Interpretation von in einer Kommunikationssituation gesendeten Zeichen auf verschiedenen Ebenen. Dabei müssen nicht all diese Zeichen bewusst oder gar intentional (= absichtlich) gesendet sein.

Dabei fungieren nonverbale und paraverbale Zeichen als Kontextualisierungshinweise.

Kontextualisierungshinweise sind in Interaktionssituationen gebrauchte para- und nonverbale Zeichen (z. B. Lachen, Zögern, Pausen, Code-Switching, d. h. Wechsel der Sprache oder der Sprachebene). Sie werden vom Rezipienten interpretiert. Diese Zeichen zeigen einerseits jeweils die Situation an, in der sich die Interaktanten befinden, sie stellen diese Situation andererseits gleichzeitig aber auch mit her. Sie zeigen also beispielsweise an, wie formell oder informell etwas verstanden werden soll und welche Beziehung zwischen den Interaktanten konstituiert wird. Der **Kontext** ist also nicht vorgegeben, sondern wird zumindest teilweise in der Interaktionssituation erst hergestellt (Stichwort: reflexiver Kontext). Kontextualisierungshinweise sind nicht eindeutig: Sie wirken immer miteinander und können so in verschiedenen Situationen Unterschiedliches bedeuten.

Die Interpretationsweise einer solchen Zeichenflut ist nicht individuell, aber auch nicht universell. Ob und wie intensiv man beispielsweise mit seinem Gegenüber im Gespräch Blickkontakt aufnimmt, kann innerhalb verschiedener Sprechergemeinschaften sehr unterschiedlich geregelt sein. Zeichen wie Blickkontakt werden aber immer vom Gegenüber registriert und interpretiert. Treffen kulturell unterschiedliche Konventionen aufeinander, so kann dies zu Missverständnissen führen.

Als Beispiel für unterschiedliche Blickkontaktkonventionen diene die folgende Anekdote:

Hukwe, ein Tansanier aus Moshi, verabschiedet sich nach dem ersten Besuch bei seiner zukünftigen deutschen Schwiegermutter, indem er ihr kurz die Hand gibt, sie nicht anschaut und ohne einen Blick weitergeht. Dies empfindet die Schwiegermutter als unhöflich. Der Tansanier hat aber den eigenen Kommunikationskonventionen entsprechend gehandelt, der fehlende Augenkontakt war für ihn ein Zeichen des Respekts.

Die hiesige westeuropäische ist eine vergleichsweise blickkontaktintensive Kultur. Interagiert man mit jemandem aus einer weniger blickkontaktintensiven Kultur, erscheint diese Person möglicherweise wenig zugewandt oder unhöflich, wenn sie keinen oder sehr wenig Blickkontakt aufnimmt. Umgekehrt erscheint häufiges direktes Ansehen einer Person aus Perspektive einer blickkontaktvermeidenden Kultur möglicherweise aggressiv, herausfordernd o. Ä. Diese gegenseitigen Einschätzungen beeinflussen den weiteren Interaktionsverlauf und verändern die Situation.

Auch Wortwahl und Satzbau, also die verbalen Kommunikationsmittel, gehören zu den Signalen an unser Gegenüber und führen zu unterschiedlichen Interpretationen hinsichtlich der kommunikativen Ebene, auf der eine Äußerung anzusiedeln ist: Ist sie als eher formell-distanziert oder als informell-vertraut einzuschätzen (s. dazu auch Kap. 10.2)?

Wir interpretieren also in Interaktionssituationen pausenlos Zeichenfluten, stellen die Zeichen in Relation zueinander und entscheiden uns für Interpretationen. Wir stellen Sinn her. Ohne diese Sinnherstellung könnten wir uns nach der betreffenden Situation an nichts erinnern. Eventuell berichtet die Schwiegermutter nach der oben geschilderten Begegnung: *Mein Schwiegersohn ist unfreundlich.* Jeder interpretiert die Zeichen also in Übereinstimmung mit seiner eigenen Kommunikationskultur. Man ist sich der Basis dieser Interpretation aber in der Regel nicht bewusst und erinnert sich an einzelne Kontextualisierungshinweise hinterher nur noch in Einzelfällen.

▶ Exkurs: Zeichenmodelle ◀

Die Grundlagen unserer linguistischen Reflexionen über Zeichen wurden zu Beginn des letzten Jahrhunderts gelegt: Damals entwickelte der Schweizer Sprachwissenschaftler Ferdinand de Saussure ein Zeichenmodell, dessen Grundgedanken noch heute gültig sind. Erweitert und modifiziert wurde das Modell von verschiedener Seite. Besonders interessant ist dabei für uns das Zeichenmodell des Psychologen und Sprachtheoretikers Karl Bühler. Zu beiden Modellen sind in diesem Exkurs Basisinformationen zu finden.

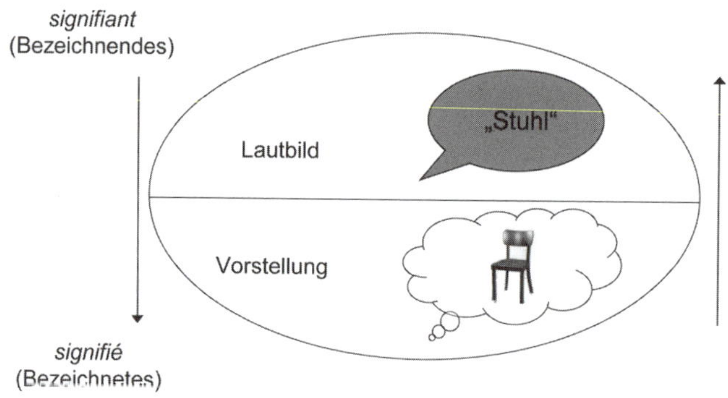

Abb. 6: Zeichenmodell nach Ferdinand de Saussure

Ferdinand de Saussure (2011 [1916]) dachte in seiner Vorlesung *Cours de linguistique générale* systematisch über verbale Zeichen nach und begründete damit die heutige Disziplin der Linguistik. Er entwickelte in seinen Vorlesungen das

bilaterale Zeichenmodell (s. Abb. 6). Wir sehen eine Ellipse, die durch eine durchgezogene Linie in zwei Felder geteilt ist. Im oberen Feld steht das Wort *Lautbild*, symbolisiert durch das Wort *Stuhl* in einer Sprechblase, im unteren Feld steht das Wort *Vorstellung*, symbolisiert durch das Bild von einem Stuhl in einer Gedankenblase. Links der Ellipse finden sich (bezogen auf das Lautbild) die Wörter ***signifiant*** (‚Bezeichnendes') und (bezogen auf die Vorstellung) ***signifié*** (‚Bezeichnetes'). Die Ellipse steht für das sprachliche Zeichen selbst, das nach Saussure immer zwei Seiten hat: das Wort und die Vorstellung (**Assoziation**) dessen, was durch das Wort bezeichnet wird, in unserem Beispiel also die Vorstellung eines Stuhls. Diese Vorstellung ist nicht individuell, sondern **konventionell**: Innerhalb einer Sprechergemeinschaft (Gruppe) besteht die Konvention, mit einem bestimmten Begriff eine in Grundzügen ähnliche Vorstellung zu verbinden. Wäre die Assoziation (rein) individuell, so wäre Kommunikation zwischen Menschen durch verbale Mittel nicht möglich.[3] Andererseits ist die Assoziation, die diese Sprechergemeinschaft hat, aber rein zufällig. Der Gegenstand selbst könnte auch anders benannt sein. Solange eine Konvention über seine Benennung von den Interaktanten geteilt wird, funktioniert die Kommunikation. Diese Zufälligkeit bzw. Willkür (**Arbitrarität**) zeigt in der Graphik die durchgezogene Linie, die die Ellipse in zwei Hälften teilt. Die links der Ellipse stehenden Begriffe besagen, dass das Wort die Vorstellung von der Sache bezeichnet.

Saussure interessierte sich bei seinen Überlegungen ausschließlich für das Sprachsystem an sich (***langage***) und für das System einzelner Sprachen (***langue***). Die tatsächliche Kommunikation zwischen Menschen (***parole***) hingegen interessierte ihn nicht. Insofern spielte der Prozess der tatsächlichen Benennung von etwas mit Hilfe von Zeichen (**Semiose**) für ihn keine Rolle.

Diese Lücke füllte Karl Bühler in seinem ca. 30 Jahre später entwickelten Zeichenmodell. Dabei ging er von folgendem Grundsatz aus: Die Sprache ist ein Werkzeug (**Organon**), mit dem **der eine dem anderen** etwas über **die Dinge** mitteilen kann (s. Bühler 1982 [1934]). Alle drei Größen finden sich in der unten stehenden Abbildung.

3 Das Gedankenspiel rein individueller Zeichen beschreibt die im Internet leicht zu findende Kurzgeschichte von Peter Bichsel (1991) „Ein Tisch ist ein Tisch".

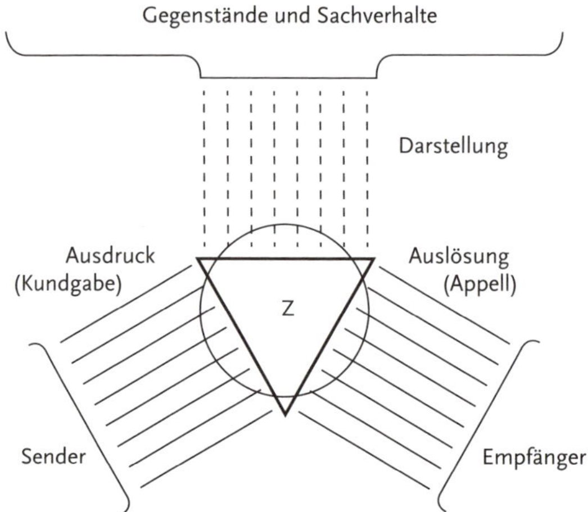

Abb. 7: Das Zeichenmodell von Karl Bühler (1982: 28)

Jedes sprachliche Zeichen weist Relationen zu all diesen drei Größen, d. h. zu Sender, Empfänger und Gegenständen/Sachverhalten, auf; es ist also nur dann ein sprachliches Zeichen, wenn es diese Relationen aufweist. Wegen des Werkzeugcharakters nannte Bühler sein Modell **Organon-Modell**. Im Zentrum der Graphik sehen wir ein auf der Spitze stehendes Dreieck, in dessen Mitte ein Z steht. Das Dreieck wird überlappt von einem mit gestrichelten Linien gezeichneten Kreis, der an einigen Stellen über das Dreieck hinausgeht. An anderen Stellen geht das Dreieck über den Kreis hinaus. Von den Seiten des Dreiecks gehen in drei Richtungen Linien ab. Zu **Sender** und **Empfänger** führen durchgezogene und zu **Gegenstände und Sachverhalte** gestrichelte Linien. An den Linien stehen jeweils Beschriftungen, über den Linien zum Sender **Ausdruck** (Kundgabe), über den Linien zum Empfänger **Auslösung** (Appell) und rechts der Linien zu Gegenständen und Sachverhalten **Darstellung**.

Das Zeichen (Z, Dreieck) wird nur kraft seiner Verbindung (symbolisiert durch die Linien) zu allen drei Größen, also zu Sender, Empfänger und Gegenständen und Sachverhalten, zum Zeichen. Möglicherweise sind die Linien zu Gegenständen und Sachverhalten deshalb gestrichelt, weil, wie wir schon bei Saussure erfahren haben, die Sprache sich nicht wirklich auf die Dinge bezieht, sondern auf unsere Vorstellungen der Dinge. Ein Zeichen ist dann ein Zeichen, wenn erstens jemand etwas damit ausdrückt (**Ausdruck**), wenn zweitens jemand (anderes) eine Botschaft empfängt und interpretiert (**Appell**) und wenn es sich drittens auf unsere Vorstellungen von der außersprachlichen Welt bezieht (**Darstellung**). Der Begriff „Appell" legt weiterhin nahe, dass der Hörer meint, etwas tun zu sollen – und sei es nur, eine bestimmte Äußerung auf eine bestimmte Art und Weise zu verstehen. Hier wird also der Prozess der konkreten Bezeichnung, die Semiose, berücksichtigt.

Wir können uns dies am Wort *ich* verdeutlichen. Wenn jemand *ich* sagt (Ausdruck), nimmt der Sprecher auf eine bestimmte Person, nämlich sich selbst, Bezug (Darstellung). Der Hörer weiß, dass der Sprecher sich selber meint (Appell). Reagiert der Hörer mit *ich* (und wird so zum Sender; Ausdruck), so bezieht sich dies wiederum auf die Person selbst, also auf eine andere Person als beim ersten Mal (Darstellung), und der oder die Hörenden verstehen, dass sich der Ausdruck jetzt auf eine andere Person bezieht (Appell). Das Wort *ich* bedeutet also für sich genommen nichts Konkretes, sondern erst im Gebrauch und durch seine Beziehung zu Sender, Empfänger und deren Vorstellung von Gegenständen und Sachverhalten wird es zum Zeichen mit einer konkreten Bedeutung.

Welche Funktion im Modell hat nun der Kreis? Er steht für das tatsächliche Schallphänomen. (Bühler denkt bei seinem Modell also an gesprochene Sprache.) An einigen Stellen geht der Kreis über das Dreieck hinaus: Nicht alles, was Teil des vom Sender gesendeten Schallphänomens ist, wird vom Empfänger als relevant für die Sinnherstellung erachtet. Kratzt beim Sprechen beispielsweise der Hals des Sprechers und macht dies die Stimme rau, wird der Interaktionspartner dies zwar bemerken, aber als nicht relevant für die Interpretation des Inhalts ansehen. Dass man bei der Interpretation immer etwas weglässt, d. h. als nicht relevant erachtet (und da gibt es in jeder Kommunikationssituation einiges, wie wir eben bei der Reflexion der Kommunikationswege gesehen haben), nennt Bühler das **Prinzip der abstraktiven Relevanz**.

An einigen Stellen geht aber das Dreieck über den Kreis hinaus: Nicht alles, was wir benötigen, um als Empfänger eine sinnvolle Interpretation herzustellen, wird tatsächlich gesagt. Interpretationen sind, wie wir bereits bei unserer Reflexion dessen, was Kommunikation ist, festgestellt haben, niemals eineindeutig. Man könnte immer auch andere Aspekte dessen, was kommuniziert wird, relevant setzen und in Verbindung mit dem eigenen Hintergrundwissen Botschaften aus dem Gesagten (und auf anderen Wegen Kommunizierten) herausinterpretieren. So hätte man mit anderem Hintergrundwissen das Verhalten des Schwiegersohns (Vermeidung von Blickkontakt) auch als besonders höflich und respektvoll interpretieren können. In jedem Fall hat man dem, was tatsächlich geschehen ist, etwas hinzugefügt. Wir fügen also als Rezipienten in Kommunikationssituationen immer und notwendigerweise Hintergrundwissen hinzu, um Sinn herzustellen. Dies nennt Bühler die **apperzeptive Ergänzung**.

Quasi als Nebeneffekt zu seinem Zeichenmodell entwickelte Bühler die **Ich-jetzt-hier-Origo**. Sie bezieht sich auf kleine Wörter, die sich auf Personen beziehen (z. B. *ich, du, mein, ihr, euer*), auf Zeit (z. B. *jetzt, gestern, morgen, übermorgen*) oder auf Orte (z. B. *hier, da, dort, da drüben*). Diese Wörter haben keine feste Bedeutung an sich; vielmehr lässt sich die jeweils konkrete Bedeutung nur im situativen Kontext erschließen. Alle an der Situation Beteiligten (und nur diese) wissen dann, was konkret gemeint ist. Wenn man hingegen den situativen Kontext einer Äußerung nicht kennt, ist keine Referenz herzustellen. Man nennt solche Wörter deshalb **deiktisch** (also ‚zeigend'), die entsprechende Teildisziplin der Semiotik **Deixis**. Die Ich-jetzt-hier-Origo besagt, dass in einer gegebenen Sprechsituation der Sprecher, wenn er deiktische Ausdrücke benutzt, Person, Raum und Zeit immer von sich selbst ausgehend beschreibt und dass alle anderen Interaktionspartner dies in der Interpretation der Äußerungen berücksichtigen – und selbst genauso handeln.

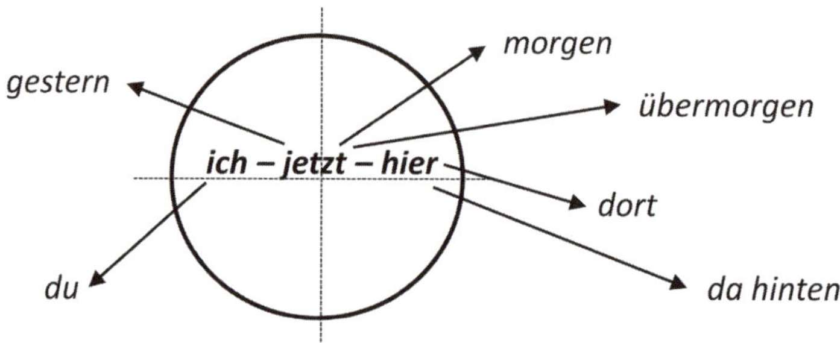

Abb. 8: Die Ich-jetzt-hier-Origo (vgl. Bühler 1982: 107)

Mit den Gedanken zu apperzeptiver Ergänzung, dem Prinzip der abstraktiven Relevanz und der Ausdrucks- und Appellidee wurden spätere Entwicklungen der Pragmatik vorweggenommen. In Deutschland stockte die bis dato dort stark vertretene Weiterentwicklung der Sprachwissenschaft während des Nationalsozialismus jedoch weitestgehend, und es dauerte bis in die 1950er Jahre, bis weitere bahnbrechende Überlegungen zur Kommunikation angestellt und breit rezipiert wurden, diesmal in den USA und von einem Sprachphilosophen namens Austin (s. Kap. 2.3, Sprechakttheorie).

Bei der Interpretation der vielen, z. T. in sich widersprüchlichen Zeichen in Kommunikationssituationen fügen wir also, um Sinn herzustellen, auch immer etwas hinzu. Das, was wir hinzufügen (= der Sinn, den wir herausinterpretieren), kann individuell und kommunikationskulturell unterschiedlich sein. Solche unterschiedlichen Interpretationen können zu Irritationen und Missverständnissen führen.

Exkurs: Missverständnisse

Wir alle haben ein Alltagsverständnis davon, was ein Missverständnis ist; genaue Definitionen des Begriffes sind aber kaum zu finden. Hinnenkamp (1998: 42-79) arbeitet einige Charakteristika heraus: Missverständnisse haben dialogische Voraussetzungen. Das heißt, zu einem Missverständnis gehören immer zwei (oder noch mehr) Personen. Sie sind zurückzuführen auf unterschiedliche Hintergrundannahmen der Interaktanten, auf unterschiedliches Hintergrundwissen, unterschiedliche Interpretationen der Situation und unterschiedliche apperzeptive Ergänzungen bzw. das Zusammenspiel all dieser Größen: Bei Missverständnissen setzt A bei B ein Wissen voraus, das B nicht hat. Sehr schön illustriert der im Anhang abgedruckte Map-Task dies. Zur Erinnerung: Malik erklärt Yu einen Weg anhand einer fiktiven Landkarte mit Abbildungen (Map). Beide haben eine Karte in der Hand, sehen die Karte des anderen jedoch nicht.[4] Sie gehen davon aus, dass sie den gleichen Weg und die gleichen Abbildungen vor sich haben. Yu ist irritiert, als sie den Begriff „gebrauchten Wagen" hört, dem sie keine Abbildung zuordnen kann. Sie bemerkt sofort, dass sie kein Auto auf ihrer Karte hat. Der den Weg anleitende Malik bietet daraufhin an, den Weg noch einmal zu beschreiben (Z. 30: *soll ich WIEderhole?)*. Yu fragt, ob sie das Wort eintragen solle (Z. 35: *ich muss hier schprei schreiben oder ha äh äh was wagen?*). Malik ignoriert die Frage. Er geht noch immer davon aus, dass Yu einfach nicht orientiert ist, und beginnt wieder, die Wegbeschreibung (in verkürzter Form) zu wiederholen. Yu probiert nun eine neue Strategie aus: Sie fragt: *und dann?* (Z. 39) und Malik beschreibt den weiteren Weg. Der gebrauchte Wagen wird aber auch hier wieder erwähnt (*der äh geBRAUCHte wagen (-) äh: RECHTS von dir*, Z. 41) und Yu wiederholt, dass sie keinen Wagen auf ihrer Abbildung hat (Z. 41ff.). Malik fragt nach (Z. 43: *du hast kein?*) und Yu versucht nun herauszubekommen, wo der Wagen eingezeichnet sein müsste. Das Missverständnis scheint insoweit ausgeräumt zu sein, dass Malik nun die Wegbeschreibung erfolgreich fortsetzen kann (Z. 48ff.). Erst im weiteren Verlauf des Gespräches gehen beide selbstverständlich davon aus, dass sie unterschiedliche Karten haben. Mit diesem neuen Hintergrundwissen läuft die Kommunikation reibungsloser.

Bei der Vielfalt an Informationen, die wir ständig alle senden, sind Missverständnisse seitens der Interaktanten nicht nur möglich, sondern wahrscheinlich. Ob in einer Kommunikationssituation ein Missverständnis vorgelegen hat, weiß man immer erst hinterher: In der Situation selbst meint man selbstverständlich, den anderen zu verstehen, sonst würde man ja nachfragen. Insofern kann man sich innerhalb einer Situation eigentlich niemals sicher sein, den anderen tatsächlich verstanden zu haben. Es gibt aber Strategien, mit denen man versuchen kann,

4 Die beiden Karten finden Sie im Anhang (Map-Follower und Map-Instructor).

Verständnis zu sichern, d. h. sich zu vergewissern, ob man den anderen „richtig" verstanden hat. Man kann beispielsweise rückfragen („Habe ich dich richtig verstanden, dass...?, „Willst du damit sagen, dass...?", „Sind wir uns jetzt einig darüber, dass...?").

Denkpause 5

Interpretieren Sie die folgende (konstruierte) Gesprächssequenz: Wie könnte das Gespräch weitergehen? Wie interpretiert die Frau die Äußerung des Mannes? Gibt es ein Missverständnis? Wenn ja, worin besteht es? Und wie könnte es zustande gekommen sein?

Frau: *Es ist grün!*
Mann: *Schreib du mir nicht immer vor, wie ich zu fahren habe!*
Frau: *Ich hab dir nur gesagt, dass grün ist ...*

Die Frau hat eine Aussage gemacht, in der vermutlich eine Handlungsanweisung versteckt war (*fahr los*). Der Mann hat diese indirekte Handlungsanweisung als Kritik an seinem Fahrstil verstanden und, weil Interpretationen oft eine Geschichte haben (d. h., vorherige Interaktionen und deren Interpretationen eine Rolle spielen, hier festzumachen an *immer*), das Ganze als Teil eines Dauerkonfliktes seinen Fahrstil betreffend interpretiert. Er hat also eine apperzeptive Ergänzung hinzugefügt. Die Frau wiederum leugnet das Zutreffen dieser Annahme – und es ist nicht wahrscheinlich, dass der sich andeutende Konflikt damit behoben ist. Wir wiederum können uns diese Situation sofort lebhaft vorstellen, fügen also auch Informationen hinzu, die unseren Erwartungen an eine solche Situation entsprechen (apperzeptive Ergänzung). Genauer beschäftigen sich mit solchen Aspekten kommunikationskulturell typischer Erwartungen die Punkte 6.3.2 (Sachfelder) und 5.1.3 (Prototypen).

Wann immer wir miteinander sprachlich interagieren, interpretieren wir sprachliche Handlungen in die Äußerung des Gegenübers hinein, d. h., wir interpretieren hinein, was der andere tut, indem er etwas sagt.

2.3 Sprachliche Handlungen

Die Idee, dass auch Sprechen eine Art von Handeln sein kann, geht zurück auf den Sprachphilosophen John Austin, der 1958 die Grundidee der **Sprechakttheorie** entwickelte. Sein Schüler John Searle, ebenfalls Sprachphilosoph, griff 1969 die Grundidee Austins auf und entwickelte sie weiter. Die Sprechakttheorie ist unter anderem deshalb noch heute für uns interessant, weil sie einen überragenden Einfluss auf die weitere Entwicklung der Linguistik hatte: Mit der von ihr ausgelösten **pragmatischen Wende** interessierte man sich nun ein erstes Mal für tatsächlich gesprochene Sprache (*parole*) (s. Exkurs Zeichenmodelle), die linguistische Teildisziplin der **Pragmatik** etablierte sich. Nun wurde tatsächliche Sprachpraxis nicht mehr als defizitär angesehen, sondern sie wurde zum Untersuchungsgegenstand: Man erkannte, dass auch die spontane mündliche Kommunikation Regelhaftigkeiten unterliegt. Viele der ursprünglichen Annahmen der Sprechakttheorie wurden später revidiert, die Grundperspektive, Sprechen als eine Weise des Handelns anzusehen, ist für Sprachunterrichtende aber nach wie vor grundlegend. Die folgenden Absätze führen diese relevanten Gesichtspunkte aus.

Die Idee Austins knüpft indirekt sowohl an die Bühler'schen Konzepte von Ausdruck und Appell als auch an seine Idee der apperzeptiven Ergänzung an: Wann immer wir mit jemandem sprechen, handeln wir. Beispielsweise fordern wir diese Person zu etwas auf (*Kannst du mir mal bitte das Salz geben?*), machen Vorschläge (*Sollen wir uns nächsten Freitag treffen?*), pflegen Beziehungen (*Scheußliches Wetter heute, nicht?*). Das, was der Sprecher (vom Hörer) will, nennt die Sprechakttheorie **Illokution**.

Sprechhandlungen (= illokutive Akte) lassen sich klassifizieren, d. h. in verschiedene Gruppen einteilen: Bitten, Forderungen, Aufforderungen und Vorschläge gehören zu den **Direktiva**: Der Sprecher will, dass der Hörer etwas tut (1).

(1) *Erklär mir bitte die Sprechakttheorie.*

Komplementär dazu liegt eine zweite Klasse von Sprechhandlungen, die **Kommissiva**. Bei kommissiven Sprechakten verpflichtet sich der Sprecher selbst zu etwas (2).

(2) *Ich kann dir die Sprechakttheorie erklären, wenn du willst.*

Die dritte Sprechaktklasse ist auf einer etwas anderen Ebene anzusiedeln: **Expressiva** dienen schwerpunktmäßig dem Gefühlsausdruck oder werden zur Beziehungspflege zwischen Sprecher und Hörer geäußert. Flüche gehören dazu, Entschuldigungen, aber auch Small Talk (z. B. ein im Fahrstuhl zu lockeren Bekannten geäußertes *Ganz schön kalt heute mal wieder.*). Schließlich gibt es noch **Deklarativa**: Mit diesen Äußerungen werden Handlungen durchgeführt, die ohne diese Äußerung nicht durchgeführt werden könnten. *Jemanden taufen* gehört dazu, aber auch *kündigen*, (institutionell) *schwören*, *Einspruch einlegen* usw. Deklarativa haben immer auch einen institutionellen Hintergrund. Die Sprechhandlung selbst ist eine Formel, also eine feste Wendung, die unbedingt eingehalten werden muss. Ohne diese Formel ist der Akt nicht vollzogen. Bei der fünften und letzten Sprechaktklasse, den **Repräsentativa**, geht es um Sätze, in denen der Sprecher seine Sicherheit oder Unsicherheit darüber zeigt, ob ein Sachverhalt zutrifft.[5] Um besser zu verstehen, was damit gemeint ist, bietet sich die folgende Aufgabe an:

---

5 Man nennt dies auch epistemische Modalität. Genaueres hierzu s. Kap. 7, Exkurs Semantische Konzepte.

Denkpause 6

Worin unterscheidet sich die Botschaft dieser Sätze? Bei welchen Sätzen weiß der Sprecher, dass Hans zu Hause ist, bei welchen vermutet er es nur? Bei welchen ist er sich nicht sicher oder vermutet gar das Gegenteil?

(a) *Hans wird schon zu Hause sein.*
(b) *Ich glaube, dass Hans schon zu Hause ist.*
(c) *Ich glaube nicht, dass Hans schon zu Hause ist.*
(d) *Vielleicht ist Hans schon zu Hause.*

Alle Sätze gehören nach Searle zu den Repräsentativa. In ihnen bestehen Unsicherheiten, ob ein Sachverhalt zutrifft. In den Sätzen (b) und (c) hält der Sprecher es für wahrscheinlich, dass der Sachverhalt zutrifft bzw. dass er nicht zutrifft. In Satz (d) hingegen ist der Sprecher neutral. Diese Unsicherheiten können durch **performative Verben**, d. h. durch Verben, die genau die Handlung bezeichnen, die gerade ausgeführt wird, ausgedrückt werden (hier: *glauben*) (b) und (c), durch Adverbien (*vielleicht*) (d) und durch Futur I- und Futur II-Formen (*wird* + Infinitiv, *wird* + Partizip II) (a) (s. Kap. 7.1.1, Modus und Modalität).

Die gerade genannten sprachlichen Mittel fungieren als **Illokutionsindikatoren**; sie zeigen an, um was für eine Art von Sprechhandlung es sich jeweils handelt. Illokutionsindikatoren sind so etwas wie Kontextualisierungshinweise der verbalen Sprache. Sie sind – wie Letztere – nicht eindeutig, sondern zeigen in Kombination jeweils an, um welchen Sprechakt es sich bei einem Satz handeln könnte.

Denkpause 7

Sehen Sie sich einmal die folgenden Sätze an. Um welche Sprechhandlungen handelt es sich und woher wissen wir das bzw. woraus meinen wir, das interpretieren zu können?

(a) *Ich verspreche dir, dass ich morgen die Wohnung putze.*
(b) *Könnten Sie mir sagen, wie spät es ist?*
(c) *Du gehst schon?*
(d) *Wenn doch bloß der Winter schon vorbei wäre!*
(e) *Komm du bloß nach Hause!*
(f) *Ich glaube, dass es einen Unfall gegeben hat.*

Satz (a) ist ein Versprechen. Es liegt das Verb *versprechen* vor und ein Nebensatz, der den Inhalt des Versprechens verdeutlicht. Dieser Inhalt liegt in der Zukunft und ist vermutlich für den Hörer positiv. Dass es sich bei Satz (b) um eine Aufforderung handelt, sehen wir an der Frageform in Verbindung mit dem Modalverb *können* im Konjunktiv II (s. Kap. 7, Modus und Modalverben). Auch Satz (c) ist eine Frage. Hier wird die Frage allerdings (schriftlich) lediglich durch das Fragezeichen bzw. (mündlich) durch die steigende Intonation gekennzeichnet. Satz (a) gehört zur Klasse der Kommissiva, Sätze (b) und (c) zur Klasse der Direktiva. Bei Satz (d) handelt es sich um einen Wunsch (Klasse: Expressiva). Dies ist zu sehen am Konditionalsatz (*wenn...*) (s. Kap. 8.4) und den Modalpartikeln *doch* und *bloß* (s. Kap. 5.1.4). Satz (e) enthält ebenfalls diese Modalpartikeln, ist aber eine Drohung. Die Verbindung der Partikel mit einer Imperativform und der in Verbindung mit Imperativen ungewöhnlichen Anrede *du* zeigt dies an. Satz (e) könnte sowohl zur Klasse der Expressiva als auch zu der der Kommissiva gezählt werden (Der Sprecher verpflichtet sich, etwas zu tun.). In Satz (f) wird die Unsicherheit über das Zutreffen des Sachverhaltes ausgedrückt. Es handelt sich also, wie auch schon in der letzten Denkpause, um eine repräsentative Sprechhandlung. Angezeigt wird dies durch die Verwendung des performativen Verbes *glauben* und einen Nebensatz, der den Sachverhalt umschreibt.

Illokutionsindikatoren sind also beispielsweise
- performative Verben, die anzeigen, welche Sprechhandlung gerade durchgeführt wird,
- die Satzform (z. B. Aussage-, Fragesatz),
- der Modus (Indikativ, Konjunktiv, Imperativ),
- Modalverben,
- Höflichkeitsformeln wie *wärst du so nett*,
- Modalpartikeln,
- Intonation (Satzmelodie) bzw. Interpunktion (Satzzeichen).

Die Interpretation von Illokutionsindikatoren ist schließlich auch abhängig vom Inhalt des Satzes. Der Satz

(3) *Ich verspreche dir, ich werde dir das Leben zur Hölle machen.*

ist beispielsweise kein Versprechen, sondern eine Drohung.

Sprechhandlungen sind dann gelungen, wenn der jeweilige Hörer versteht, was der Sprecher will. Damit sie gelingen können, müssen bestimmte Bedingungen erfüllt sein, d. h., die Handlungen müssen auf eine der jeweiligen Kommunikationskultur angemessene Art und Weise durchgeführt werden. Um sich beispielsweise erfolgreich für ein Vergehen entschuldigen zu können, muss man die passenden Redemittel nach verschiedenen Kriterien auswählen:

- Ist die Angelegenheit (das Vergehen) groß oder klein?
- Ist derjenige, dem gegenüber man sich entschuldigen will, ein Unbekannter, ein lockerer oder ein guter Bekannter?
- Steht derjenige, bei dem man sich entschuldigen will, hierarchisch höher oder niedriger als man selbst?

Die Sprechakttheorie selbst beschäftigte sich mit einzelnen Sätzen. Tatsächlich müssen wir aber, wollen wir etwas über Kommunikation zwischen Sprechern erfahren, die komplexere Interaktion zwischen Sprechern berücksichtigen. Um dazu einen Zugang zu gewinnen, sehen wir uns nun einen tatsächlichen Gesprächsausschnitt an.

2.4 Wörter und Sätze: Wie sprechen wir wirklich?

Denkpause 8

Im Folgenden sehen Sie einen Auszug aus einem Alltagsgespräch aus der Datenbank Gesprochenes Deutsch (DGD). In der Situation unterhalten sich CF und SH auf einem Hundespaziergang (H) über den Geburtstag CFs *(FOLK_E_00260, Transkript FOLK_E_00260_SE_01_T_02, Ereignis 0527-0570, im Partiturtranskript (wird abgedruckt) 0527-0573*[6]*)*. Das Transkript ist in der Partiturschreibweise gehalten, das heißt, jeder Kasten ist von links nach rechts zu lesen; alles, was innerhalb eines Kastens untereinander steht, findet gleichzeitig statt. Das Transkript ist in durchgängiger Kleinschreibung gehalten und orientiert sich am Transkriptionssystem GAT II (Konventionen im Anhang und unter dem Link http://www.gespraechsforschung-ozs.de/heft2009/px-gat2.pdf (02.09.2019) zu finden). Bitte notieren Sie: Was verstehen Sie? Was irritiert Sie?[7]

6 Wir haben hier neue Zeilennummerierungen ab Z. 1 gewählt.

7 Das gesamte Gespräch ist unter https://dgd.ids-mannheim.de/dgd/pragdb.dgd_extern.corpora?v_session_id=2FDB3F499C3BEB25AA94144BD94508E7&v_doctype=t&v_corpus=FOLK&v_doc_id=FOLK_E_00260_SE_01_T_02 (05.09.2019) abrufbar. Sie müssen sich einmalig bei der DGD registrieren. Genauere Informationen hierzu finden sich im Online-Anhang unter „Anleitung-DGD".

[1] 0527 [00:00.0] 0528[00:01.6] [00:01.8] 0529 [00:02.1] [00:02.2]
CF wissen die denn dass ich denn geburtstag hab °hh
SH h° (.) °h

[2] 0530 [00:02.4] 0533 [00:02.6] 0531 [00:03.2] [00:04.3] 0532 [00:04.4] [00:05.1]
CF (.) ((Sprechansatz)) ((stöhnt)) hh°
SH also i ch hab (.) ey ey bevor du mi ch schlägst

[3] .. [00:06.4] 0533 [00:07.3] 0534 [00:07.6] 0535 [00:08.6] 0536 [00:10.1]
SH ((kichert)) °h (.) alte ähm (0.31) °h (.) ähm (1.46) ((schmatzt)) (.) ich ha

[4] 0537 [00:10.5] [00:10.8] 0538 [00:11.1] [00:11.7] 0539 [00:11.9] 0540 [00:13.3] 0541 [00:13.5] 0542 [00:13.9] 0543
CF °h schogun lang sam h° tschuldige
SH be ge sa gt dass
(1.44) (0.39) (0.55)

[5] ..0544 [00:14.8] 0545 [00:15.6] 0546 [00:15.9] 0547 [00:16.4] 0548 [00:16.7] 0549 [00:18.6]
CF schok mann
SH dass du öh morgen geburtstag hast und sie
(0.58) (1.9)

[6] .. 0550[00:21.9] 0551 [00:22.7]
SH sich nich (.) wundern sollen wenn (0.73) es in der bar später wird und

[7] .. [00:26.7]
SH ich irgendwann ich weiß nich ne kleine kerze raushole oder so (.) °h

[8] .. [00:27.1] [00:28.5] 0552 [00:28.9] 0553 [00:29.2] 0554 [00:29.6] 0555 [00:30.0] 0556
CF h°
SH ((schmatzt)) (.) aber dass ähm h° °h dass du
(0.25) (0.4)

[9] ..0555 [00:30.6]
CF
SH nich auf deinen geburtstach angesprochen werden möchtest keine

[10] .. [00:34.7]
SH gratulationen bekommen möchtst und so weiter und dass äh dass es

[11] ..
SH auch nichts °h dass sie jetz nich irgendwie das gefühl haben sollen oh

[12] .. [00:39.6]
SH jetz müssen wir da bleiben oder so also °h (.) dass es äh einfach nur n

[13] .. 0556 [00:43.0] 0557 [00:43.4] 0558 [00:44.1] 0559 [00:44.2] 0558 [00:44.4]
CF °h
SH treffen mit freunden is hh° °h ((schnalzt)) u nd dass ich
(0.72)

[14] .. 0560 [00:45.5] 0561 [00:46.0] [00:47.4] [00:47.7]
SH vielleicht (0.45) wenn_s spät wird nach zwölf mal kurz (.) °h (.)

[15] .. 0562 [00:49.1] 0563 [00:49.7] 0564 [00:50.4] 0565[00:51.1]
CF okay °h
SH herzlichen glückwunsch sage is das so in dei nem i
(0.72)

[16] ..0564 0566 [00:52.1] [00:52.2] 0567[00:54.2]
CF hj a (ds) (.) danke dass du sie vorbereitet hast hm
SH ntresse gewe sen ja

[17] 0566 [00:54.4]
CF (.) aber hätten wir gar nischt gesacht dann hätten se auch nich gewusst

[18] .. 0568 [00:56.9] 0566 [00:57.2] 0569 [00:57.4] 0566 [00:57.8] 0570 [00:58.1]
CF dass ich ge burtsta g °h (.) h ab e und denn
SH ((schmatzt)) °h ja aber dann dann hätten d

[19] ..0566 0570 [00:58.6] 0571 [01:00.4] 0570 [01:00.5]
CF ((Sprechansatz)) h°
SH ie dann hätten sie (.) wenn ich ne kerze ra us hole

[20] .. 0572 [01:02.4]
CF da is ja der (.) da is ja der fehle
SH irgendwie gesagt oh hättste das mal ges agt und das is aber jetz un

[21] [01:03.7] [01:03.8] 0570 [01:04.0] 0573 [01:04.3] 0570 [01:05.7] [01:05.9]
CF r des sollst du ja gar nich machen
SH °h des aber jetz unangenehm

Zunächst einmal erscheint alles viel ungeordneter als zuvor angenommen. Die Äußerungen entsprechen nicht den erwarteten Satzmustern (z. B. Z. 2: *also ich hab ey bevor du mich schlägst alte ich habe gesagt dass du morgen geburtstag hast*). Die Sprecher machen Pausen, auch mitten im Satz (die Zahlenangaben in Klammern), sie unterbrechen sich selbst (z. B. Z. 2, SH) und andere, sprechen gleichzeitig (Z. 4, Z. 20/21) und auch über mehrere Dinge bzw. mit mehreren Interaktionspartnern gleichzeitig (z. B. ermahnt CF in Z. 4 ihren Hund *schogun langsam*). Und so durcheinander das Ganze auf dem Transkript auch aussieht: Wenn wir den Ausschnitt anhören, hört es sich an wie ein ganz normales Gespräch, das eben voll ist von Kontextualisierungshinweisen, von denen wir einige im Folgenden analysieren. Das Transkript ermöglicht es uns, diese genauer anzusehen und zu interpretieren:

Der Ausschnitt beginnt mit der Frage CFs *wissen die denn dass ich denn geburtstag hab* (Z. 1). SH atmet daraufhin zunächst hörbar ein, dann hörbar aus. Anschließend atmet CF noch lauter ein, SH beginnt dann aber mit *also ich hab ey* (Z. 2). Bereits jetzt wissen wir, dass die besprochene Angelegenheit heikel ist. Schon auf den Anfang ihrer Erklärung reagiert CF nonverbal (stöhnt, zeigt, dass sie etwas sagen will), denn SH reagiert wiederum darauf (Z. 2). Sie setzt dann an, weiterzusprechen (Z. 4), wird aber sofort von CF unterbrochen (*schok mann*), und es folgt eine fast zweisekündige Pause (Z. 5). Pausen über eine Sekunde Länge sind in Gesprächen der westlichen Kommunikationskultur ungewöhnlich und werden als „peinliche Stille" empfunden. Bis Z. 15 erläutert SH, was sie gemacht hat. CF reagiert mit einem *okay*, auf das wiederum eine etwas längere Pause als üblich folgt. Dieses *okay* scheint also keinesfalls reine Zustimmung auszudrücken, sondern erst einmal nur ein Zur-Kenntnis-Nehmen. Solche und noch viel kleinere Signale (z. B. *mhmh*) senden wir in Interaktionssituationen regelmäßig an unsere Partner; sie signalisieren einfach nur *ich höre dir zu und kann dir folgen*. Daraus, dass dem *okay* nichts mehr folgt, ist zu schlussfolgern, dass CF SHs Vorgehen eben nicht einfach akzeptiert und eine argumentative Auseinandersetzung folgen könnte. In Z. 16-18 führt CF dann aus, dass die Handlungen SHs nicht in ihrem Sinne waren, und ab Z. 19 überlappen sich die Äußerungen der beiden gegenseitig. SH zeigt durch die Unterbrechung in Z. 19 an, dass sie schon weiß, wie die Äußerung CFs endet, und sie führt deren Gedankengang fort. CF wehrt sich mit einem Einwand (Z. 20), während SH spricht. Der Transkriptausschnitt endet offen, im tatsächlichen Text – wie auch im wirklichen Leben – geht die Auseinandersetzung weiter, bis man sich einigt – selbst wenn man sich manchmal nur darauf einigen kann, dass man nicht einig ist.

Jede Äußerung der einen Person eröffnet der anderen Person verschiedene Möglichkeiten zu reagieren und die jeweils gewählte Reaktion eröffnet wiederum Handlungsmöglichkeiten für die erste Person. Diese nennt man auch ***Slots*** (Leerstellen). In der Analyse von Kommunikation ist es immer besonders interessant, diese Übergänge zwischen direkt aufeinander folgenden Äußerungen (***Adjacency***

***Pairs*, Paarsequenzen**) anzusehen.[8] Alles, was in einer Interaktion passiert, alles, was sich beobachten und/oder transkribieren lässt, ist funktional, d. h., es trägt bei zur möglichen Interpretation der Situation und stellt diese auch mit her.

Mündliche Kommunikation folgt also Ordnungen und Mustern, die man, genau wie die der schriftsprachlichen Kommunikation, analysieren und beschreiben kann.[9] Zu diesen Mustern gehört beispielsweise, wie oft (und wie) eine Minimalreaktion wie *mhmh* geäußert wird und mit welcher Intonation, wie viel Überlappung/Gleichzeitig-Sprechen als höflich oder sogar angemessen gilt, wie lange die Pausen zwischen den einzelnen Äußerungen sein dürfen, bis es peinlich wird, welche Melodien was anzeigen, durch welche Kontextualisierungshinweise man anzeigt, dass man das Rederecht ergreifen will usw. Diese Muster beziehen sich also auf ein implizites, zwischen den Interaktanten als geteilt angenommenes Wissen. Mit geteilten Annahmen und verschiedenen Arten des Impliziten werden wir uns im folgenden Abschnitt genauer auseinandersetzen.

2.5 Implizites

Mit den unterschiedlichen Arten von Implizitem, also dem, was Rezipienten hinzufügen, um Sinn herzustellen, hat sich bereits in den 1970er Jahren der englische Philosoph Paul Grice beschäftigt (Grice 1975). Er stellte fest, dass Menschen nur dann sprachlich produktiv miteinander interagieren können, wenn sie bestimmte Grundsätze – **Konversationsmaximen** – beachten. Diese Maximen wollen wir hier nur kurz erwähnen und uns dann ausführlicher mit von diesen ausgehenden Gedanken zum Impliziten beschäftigen. Die Grundmaxime, auf der alle anderen Maximen aufbauen, lautet: *Sei kooperativ.* Dieser Maxime hat Grice weitere untergeordnet, die besagen:

- *Sag so viel wie nötig, aber nicht mehr* (**Maxime der Quantität**).
- *Sag nur das, was wahr ist* (**Maxime der Qualität**).
- *Sag nur das, was für das Gespräch auch wichtig ist* (**Maxime der Relevanz**).
- *Sei eindeutig* (**Maxime der Modalität**).

Man kann sich die Grice'schen Maximen gut am Beispiel der Wegerklärung verdeutlichen: Fragt jemand nach dem Weg, so ist es sinnvoll, den Weg nicht lang und umschweifig, sondern so knapp wie möglich, aber eben nicht zu knapp, zu erklären (Quantität). Der Weg sollte korrekt beschrieben werden; sonst kann er nicht gefunden werden (Qualität). Nur die Wegbeschreibung und nicht z. B. der besondere Charme des Stadtviertels sollten Thema sein (Relevanz), und die Erläuterung sollte so formuliert sein, dass das Gegenüber sie versteht (Modalität).

---

8 Genauere Erklärungen dazu finden sich in Auer (2013: 231).

9 Hierzu mehr s. Kap. 10.2, 10.5 und 10.7.

Scheinbare Verletzungen von Kommunikationsmaximen, so stellte Grice fest, sind oft gar keine tatsächlichen Verletzungen, weil Implikationen vorhanden sind, Informationen, von denen angenommen wird, dass die Interaktanten sie teilen und die deshalb nicht explizit ausgesprochen werden müssen. Er unterschied verschiedene Arten von Implizitem: konventionelle Implikaturen, konversationelle Implikaturen und Präsuppositionen.

Konventionelle Implikaturen sind die Implikationen, auf die man schließen kann, selbst wenn man nur einen einzigen kontextlosen Satz hört, eben weil man sich diesen Kontext (automatisch) hinzudenkt. Sie sind konventionell, weil Sprecher einer Sprechergemeinschaft dieselbe implizite Information schlussfolgern. Konventionelle Implikaturen werden oft durch Signalwörter im Satz hervorgerufen.

Aus dem Satz

(4) *Ich war neulich im Krankenhaus, da kam 'ne Ärztin, Ausländerin, aber nett...*

geht beispielsweise als konventionelle Implikatur hervor, dass der Sprecher der Ansicht ist, dass Ausländer üblicherweise nicht nett seien. Die Implikatur wird angezeigt durch das Signalwort *aber*. Andere Beispiele sind

(5) *Sogar die Erwachsenen haben geweint.* (Implikatur: Erwachsene weinen nicht, angezeigt durch *sogar*.)
(6) *Wer kam zu spät? Hans natürlich.* (Implikatur: Hans kommt häufig zu spät, angezeigt durch *natürlich*.)

Sprecher anderer Sprechergemeinschaften sehen diese durch diese Signalwörter hervorgerufenen Implikaturen nicht oder assoziieren unter Umständen konventionell andere. Solche Assoziationen können nicht nur durch (die von Grice bedachten) Signalwörter aufgerufen werden, sondern auch durch Inhaltswörter (s. Kap. 5.3, Inhaltswörter und Funktionswörter, und Kap. 6.3.1, Denotate und Konnotate). Die Zeitschrift ZEIT titelte beispielsweise am 10.08.2015 (Hervorhebung SH):

(7) *Gabriel warnt **mauernde** EU-Staaten. Wirtschaftsminister Gabriel hat EU-Staaten **gerüffelt**, die keine oder nur wenige Flüchtlinge aufnehmen. Nicht nur verweigerten sie Hilfe, sie gefährdeten auch Europa.*

Die Inhaltswörter *mauernde* und *gerüffelt* fallen in diesem Kontext als ungewöhnlich auf: Wenn jemand mauert, verweigert er sich einer Angelegenheit, die eigentlich vernünftig ist. Der Begriff ist automatisch als negativ wertend zu verstehen. *Rüffeln* wiederum impliziert eine Hierarchie: Ein Lehrer kann seine Schüler rüffeln, ein Elternteil sein Kind, nicht aber umgekehrt.

Um die zweite Art von Impliziertem, die **konversationellen Implikaturen** zu verstehen, benötigt der Rezipient Wissen zur jeweiligen Situation bzw. zum Kontext, d. h. zur Konversation. Diese Art der Implikatur entspricht am ehesten dem, was wir auch alltagssprachlich unter „etwas implizieren" verstehen. Dass in unserem Auto-Beispiel aus Denkpause 5 der Fahrer den Satz *Es ist grün.* als Kritik an seinem Fahrstil interpretiert, ist eine solche konversationelle Implikatur.

Die dritte und grundlegendste Art von Implizitem sind **Präsuppositionen**. Sie werden so basal mitkommuniziert, dass sie existent bleiben, auch wenn man den Inhalt eines Satzes negiert. Beispielsweise bleibt in Satz (8) und Satz (9) die Information erhalten, dass es eine Königin von England gibt.

(8) *Die Königin von England hat zwei neue Hunde.*
(9) *Die Königin von England hat keine zwei neuen Hunde.*

Das Erkennen von Präsuppositionen ist durchaus alltagsrelevant: Nehmen wir die Überschrift

(10) *Gabriel kritisiert ungerechte Verteilung der Flüchtlinge in der EU* (Frankfurter Allgemeine Zeitung, 10.08.2015).

Wenn wir diesen Satz negieren, erhalten wir beispielsweise

(11) *Gabriel kritisiert ungerechte Verteilung der Flüchtlinge in der EU nicht.*
(12) *Nicht Gabriel kritisiert ungerechte Verteilung der Flüchtlinge in der EU.*

Auch bei der Negation bleiben u. a. folgende Aussagen als gültig bestehen:
- Es gibt jemanden, der Gabriel heißt.
- Es gibt Flüchtlinge.
- Es gibt die EU.
- Dieser Gabriel kann Kritik aussprechen.
- Die Flüchtlinge werden in der EU verteilt.
- Die Verteilung ist ungerecht.
- Dies kann man kritisieren.

Das Interessante an Präsuppositionen ist, dass sie kaum hinterfragbar sind. Dass die Flüchtlinge verteilt werden (und nicht frei ihren Aufenthaltsort wählen dürfen), ist genauso unhinterfragt gültig wie, dass die Verteilung ungerecht ist. Unhinterfragt Gültiges kann in Gesprächen kaum thematisiert werden, weil es als selbstverständliche Hintergrundannahme gar nicht als mögliches Thema zur Verfügung steht. Präsupponiertes ist oft dem Bewusstsein des Sprechers nicht zugänglich. Es ist Teil des kulturellen Wissens einer Gemeinschaft (s. Kap. 6.3, Sprache und Kultur).

Das Modell von Grice ist kritisiert worden, denn Menschen verstoßen gegen diese Maximen: Menschen wollen nicht immer miteinander kooperieren, beispielsweise in einer Fernsehdebatte zwischen zwei Politikern unterschiedlicher Parteien im Wahlkampf. Menschen lügen manchmal in Gesprächen (Maxime der Qualität), es gibt Menschen, die unendlich viel reden (Maxime der Quantität), Menschen, die am Thema vorbeireden (Maxime der Relevanz), usw. Dieser Kritik kann folgendermaßen begegnet werden: Wenn Menschen gerade nicht miteinander kooperieren, sondern sich streiten wollen, dann kooperieren sie zumindest darin, sich streiten zu wollen. Die Annahme der Gültigkeit der Maximen lässt sich retten, wenn man die Perspektive von der Sprecher- auf die Hörerperspektive verschiebt: Produktive Interaktion ist nur dann möglich, wenn man davon ausgeht, dass das Gegenüber kooperieren will, dass das, was er oder sie sagt, in irgendeiner Hinsicht sinnvoll ist für den Fortgang der Interaktion, und dass er oder sie die Wahrheit sagt.

Die Maxime der Quantität weist weiterhin darauf hin, dass in unterschiedlichen Kommunikationskulturen unterschiedliche Normen gelten. In Bezug auf das Thema „sich Geld leihen" heißt das beispielsweise: Mit welchem Redeaufwand, wie direkt oder indirekt kann ich wen in welcher Situation um wie viel Geld bitten? Noch immer wissenschaftlich aktuell ist die Maxime der Relevanz, die später zur Entwicklung einer weiteren Theorie geführt hat (Relevance Theory, Sperber & Wilson 1986). Diese Theorie geht davon aus, dass die Maxime der Relevanz die Grundmaxime menschlicher Interaktion darstellt: Interaktion ist nur möglich, wenn man prinzipiell davon ausgeht, dass das, was das Gegenüber sagt und macht, für die Interaktion relevant ist. Auch daraus lässt sich der gesprächsanalytische Grundsatz *Alles, was in einer Interaktion passiert, alles was sich beobachten und/ oder transkribieren lässt, ist funktional.* ableiten (s. 2.4).

Die Überlegungen von Grice zum Impliziten sind für uns aus zwei Gründen interessant: Zum einen helfen die Kategorien generell, über apperzeptive Ergänzungen systematisch nachzudenken. So können Denkmuster aufgezeigt, Irritationen beschrieben werden, die auftreten, wenn Menschen verschiedener Denkmuster miteinander interagieren. Zum anderen ist es beim Erwerb einer neuen Sprache wichtig,

- die Denkmuster der jeweiligen Sprechergemeinschaften dekodieren zu lernen,
- sich mit diesen Denkmustern im Vergleich zu den eigenen auseinanderzusetzen,
- bei eigenen Äußerungen zu lernen, welche Denkmuster beim Rezipienten üblicherweise jeweils hervorgerufen werden – und zwar, ohne dass sich dieser darüber bewusst wird.

Diese Denkmuster gehören zum jeweiligen kulturellen Wissen, und beim Spracherwerb die Muster der zielsprachlichen Kultur kennen und beherrschen zu lernen, könnte durchaus als Teil der kommunikativen Kompetenz gesehen werden.

2.6 Kommunikative Kompetenz

Die pragmatische Wende in der Linguistik wirkte sich auch auf die Konzepte der Fremdsprachdidaktik aus: Fortan war es Ziel, die Sprachlernenden zu unterstützen, in ihrer neuen Sprache kommunikativ kompetent zu werden.

Kommunikative Kompetenz umfasst die Fähigkeit, zielsprachlich angemessen kommunikativ handeln zu können und die jeweiligen eigenen Kommunikationsbedürfnisse erfüllen zu können.

Der Begriff wurde 1972 von dem Soziolinguisten Dell Hymes geprägt und enthält folgende Bestandteile, die in der tatsächlichen Sprachverwendung alle gegeben sein müssen: Es geht darum, a) grammatisch und semantisch mögliche Äußerungen zu bilden, die b) von den Sprecher*innen der Zielsprache auch als angemessen angesehen und die c) von ihnen auch tatsächlich geäußert werden.

Aspekt a) weist darauf hin, dass Grammatik- und Wortschatzarbeit als Bestandteil der Förderung kommunikativer Kompetenz zwar unerlässlich sind, aber eben immer nur eine dienende Funktion haben. Ziel ist in unterschiedlichen Situationen jeweils angemessenes kommunikatives Handeln in der Fremd- und Zweitsprache. Punkt b) und c) zeigen an, dass Selbsteinschätzungen von Sprechern*innen und tatsächliches Kommunikationsverhalten immer in einem gewissen Maße voneinander abweichen und dass es im Unterricht unerlässlich ist, nicht nur mit Lehrbuchtexten, sondern auch mit nicht didaktisierten mündlichen Quellen zu arbeiten.

Die in diesem Kapitel angesprochenen Punkte bieten verschiedene didaktische Anknüpfungspunkte, wie kommunikative Kompetenz bei Lernenden gefördert werden kann. Folgende Grundideen sind zu berücksichtigen:

(1) Die grundsätzliche Perspektive auf Sprechen als Form des Handelns im Sinne der Pragmatik ist sinnvoll. Dabei können diese Sprachhandlungen länger oder kürzer sein und sie müssen noch nicht einmal satzförmig sein.

(2) Kommunikation entsteht durch die fortlaufend wechselseitige Interpretation des Sprechhandelns der Interaktionspartner. Besonders interessant bei der Rekonstruktion dieser Interpretationen ist die Analyse von *Adjacency Pairs*, also aufeinanderfolgenden Äußerungen. Da Sprache immer unterdeterminiert ist, werden eben auch immer Informationen impliziert. Kontextualisierungshinweise geben Informationen dazu, wie Hörer*innen Äußerungen verstehen sollen, sie können also Implizites anzeigen. Die gegenseitigen Interpretationen seitens der Interaktionspartner finden ständig und auf verschiedenen Ebenen statt. Sie sind notwendig, um Sinn herzustellen. Inwieweit die Interpretationen/Entwürfe von Sprecher und Hörer miteinander übereinstimmen, hängt

stark mit dem jeweils vorhandenen Hintergrund- und Weltwissen zusammen. Je stärker diese voneinander differieren, desto wahrscheinlicher sind Missverständnisse. Interkulturelle Miss-Verständigung ist nicht qualitativ verschieden von der in intrakultureller Kommunikation.[10]

(3) Auch mündliche Kommunikation folgt Regelhaftigkeiten, allerdings anderen Regelhaftigkeiten als die Schriftsprache. Das Verständnis und zumindest teilweise die produktive Anwendung dieser Regelhaftigkeiten müssen unterrichtlich gefördert werden. Lehrwerke bieten hier einen ersten Ansatzpunkt, sind aber in der Regel zu ergänzen.

Kommunikative Regelhaftigkeiten müssen zur Förderung pragmatischer Kompetenz im Unterricht reflektiert werden (Language Awareness, s. auch Kap. 11.3.2). Dazu ist es zunächst notwendig, aufseiten der Lehrenden sprachliche Handlungen genauer in den Blick zu nehmen: Welche Teilschritte sind jeweils vorhanden und wie werden sie realisiert? Welche Kontextualisierungshinweise finden sich? Diese Schritte und Kontextualisierungshinweise sowie Redemittel können anschließend anhand der kleinschrittigen Reflexion von Audio- und Videoinput thematisiert werden. Dazu gehört z. B. auch, kurze Videosequenzen zunächst ohne Ton anzusehen und zu überlegen, was man schon ohne Wörter versteht – und woran man das festmachen kann. Sinnvoll ist es, dabei immer vergleichend zu erfragen, was die Lernenden jeweils individuell „richtig" und „normal" finden, und nach Gemeinsamkeiten mit und Unterschieden zu Kommunikationskonventionen in der Zielkultur zu suchen (s. auch Horstmann 2017a).

In einem zweiten Schritt müssen fremdkulturelle Interaktionsmuster eingeübt werden. Ohne Bewusstmachung und Einüben bleiben pragmatische Handlungsmuster in der Zielkultur unangemessen. Die folgende Anekdote illustriert diese Schwierigkeit am Beispiel der Frage, wie man in einer größeren Gruppe das Rederecht ergreifen kann:

> *Vor einiger Zeit fiel einer meiner (SH) seit mehreren Jahren in Deutschland lebenden internationalen Studierenden in seiner Arbeitsgruppe innerhalb eines Seminars negativ als extrem passiv auf. Wir besprachen das Problem unter vier Augen und holten dann eine weitere Person dazu, um ein Rollenspiel durchzuführen, bei dem er sich in ein Gespräch aktiv einbringen musste, obwohl die anderen Gesprächsteilnehmer*innen an ihm vorbeiredeten. Nach dem Rollenspiel fragte der Student, ob er jetzt nicht extrem unhöflich gewesen sei, und ich versicherte ihm, dass dem nicht so sei. Der Student änderte anschließend tatsächlich sein Gesprächsverhalten in der Gruppe und wurde aktiver, was von den anderen Gruppenteilnehmer*innen auch anerkannt wurde. Bewusstmachung, Übung und anschließende Reflexion haben in diesem Fall also ermöglicht, ein Kommunikationsmuster zu ändern.*

10 Missverständnisse lassen sich verschiedenen Ebenen zuordnen (s. Knapp et al. 2011 oder Knapp 2013).

Verständigung ist nicht selbstverständlich, das Gegenteil ist der Fall. Deshalb muss im Fremd- und Zweitsprachenunterricht drittens gezeigt werden, dass gegenseitiges Missverstehen wahrscheinlich ist. Die einzige Möglichkeit, erfolgreiche Kommunikation wahrscheinlicher zu machen, ist die Vermittlung von Verständnissicherungs- und Aushandlungsstrategien.

Von der größten und komplexesten Ebene der Kommunikation, der Pragmatik, ausgehend, kommen wir nun zur kleinsten Ebene verbaler Kommunikation, der Beschäftigung mit Lauten, Sprachmelodie und Betonung. Deren Relevanz für die Kommunikation wurde bereits in Abschnitt 2.1 (Kommunikationswege) aufgezeigt.

▶ Literaturtipps

Ehrhardt, Claus; Heringer, Hans Jürgen (2011): *Pragmatik*. Paderborn: Fink, UTB.

Auer, Peter (2013): *Sprachwissenschaft. Grammatik – Interaktion – Kognition.* Stuttgart u. a.: Metzler.

Aufgaben nach diesem Kapitel

Aufgabe 1: Beobachtungsaufgabe, Bereich Kommunikationswege/Proxemik

Sind Sie schon einmal als Erste*r in einen Aufzug gestiegen, und dann kamen nach und nach in weiteren Stockwerken weitere Personen hinzu? Wie haben Sie zuerst im Aufzug gestanden und was passierte in jedem weiteren Stockwerk?

Aufgabe 2: Klassifikation von Sprechakten

Benennen Sie in den folgenden Beispielen die jeweils durchgeführte Sprechhandlung (z. B. Bitte, Aufforderung, Drohung). Klassifizieren Sie die Sprechhandlungen (z. B. direktiv, kommissiv). Woran kann man die Sprechhandlung erkennen (Illokutionsindikatoren)?

(1) *Ich verspreche dir, dass ich dir beim Aufräumen helfe.*
(2) *Wenn das Aufgabenblatt doch schon zu Ende wäre!*
(3) *Geh da gefälligst weg!*
(4) *Ich behaupte, dass ich das kann.*
(5) *Ich helfe dir morgen beim Aufräumen, ganz bestimmt!*
(6) *Könntest du mir morgen beim Aufräumen helfen?*
(7) *Herrlich!*
(8) *Mama, du hast doch gerade eine Gehaltserhöhung bekommen. Ich würde sooo gerne mal wieder nach London fahren.*
(9) *Könnten Sie den Unterschied zwischen semantischer und syntaktischer Wortartenbestimmung noch einmal erläutern?*
(10) *Meines Erachtens ist die Unterscheidung zwischen Deixis und Phorik gerade im Zweitsprachenbereich sehr wichtig.*

Aufgabe 3: Kommunikationswege

Abb. 9

Abb. 10

Vergleichen Sie die beiden Bilder hinsichtlich ihrer nonverbalen Kommunikationswege und auf diesen kommunizierten Informationen mit den Bildern 3a und 3b im Text. **Aufgabe 3: Kommunikationswege**

Aufgabe 4: Stilebenen/Register

Bitte entscheiden Sie: Welche der Texte/Äußerungen sind eher formell, welche eher informell? Woran sehen Sie dies? Bitte beschreiben Sie die sprachlichen Mittel möglichst genau.

(1) *Hey Malte, nächste Woche Freitag ist das Sommerfest von unserer Schule. Da musste unbedingt kommen. Das wird 'ne fette Party.*

(2) *Bremen. Das Leibniz-Gymnasium lädt alle Interessierten am Freitag, 11.07.2017, zu ihrem Sommerfest ein. Ab 16 Uhr wird das Fest mit zahlreichen Attraktionen auf dem Schulgelände in der Dachsstraße 185, 01234 Bremen, beginnen.*

Aufgabe 5: Arten des Impliziten

Sie finden im Folgenden Sätze und dazugehörige Informationen, die jeweils impliziert werden. Bitte entscheiden Sie begründet, ob es sich jeweils um eine Präsupposition, eine konventionelle Implikatur oder eine konversationelle Implikatur handelt. Markieren Sie außerdem bei den konventionellen Implikaturen die Signalwörter.

(1) *Hans ist echt fit, obwohl er schon so alt ist.*

(2) *Frau Meier ist aber auch nie da.*

(3) *Und ich habe gedacht, man dürfte in Hausarbeiten nichts Eigenes machen. Dann kann ich jetzt ja loslegen.*

3. Phonetik

Das linguistische Teilgebiet der Phonetik beschäftigt sich mit der Aussprache, fokussiert also allein die gesprochene Sprache bzw. die Lautbildung. Dabei untersucht die Phonetik, wie wir gesprochene Sprache im Mundraum zunächst bilden (**artikulatorische Phonetik**), wie der Sprachschall dann übertragen wird (**akustische Phonetik**) und schließlich auch, wie wir hören bzw. gesprochene Sprache wahrnehmen (**auditive Phonetik**; s. Abb. 1).

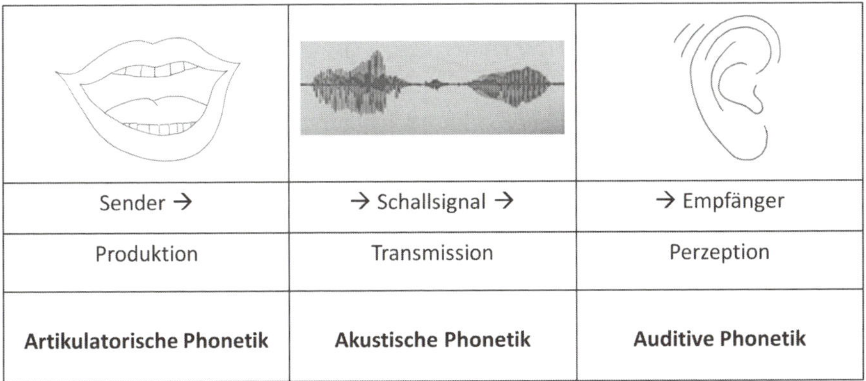

Abb. 1: Teilgebiete der Phonetik

Im Folgenden werfen wir einen genaueren Blick auf die artikulatorische Phonetik, die im Zentrum des für DaF und DaZ besonders relevanten Anwendungsbereichs, der Ausspracheschulung, steht.[1]

1 Die auditive Phonetik ist für DaF/DaZ praktisch irrelevant (vgl. aber Pompino-Marschall 2003: 143-175 für einen Überblick). Die akustische Phonetik wiederum wird v. a. in der Zweitspracherwerbsforschung genutzt, da physikalische Messungen einen genaueren Einblick in den (Aus-)Spracherwerb geben als ausschließlich hörphonetisch gewonnene Daten. Da es sich hier jedoch um ein umfangreiches und gleichzeitig hoch spezialisiertes Forschungsgebiet handelt, würde das Themengebiet der akustischen Phonetik den Rahmen dieser Einführung sprengen (vgl. aber z. B. Pompino-Marschall 2003: 87-141 oder auch die Seiten von Kirsten Machelett (https://www.phonetik.uni-muenchen.de/studium/skripten/SGL/SGLHome.html, 02.09.2019) für eine Einführung sowie Mehlhorn & Trouvain (2007) für einen Vorschlag zur Nutzung des sog. *visible speech* auch in der Aussprachelernberatung).

3.1 Artikulatorische Phonetik

Die artikulatorische Phonetik beschäftigt sich also primär damit, wie Laute einer Sprache im Mundraum gebildet – artikuliert – werden. An der **Artikulation** der Laute sind dabei neben dem Mund noch mehrere andere Organe beteiligt (s. Abb. 2). Diese wirken jeweils unterschiedlich zusammen, um die zahlreichen Laute (s. 3.1.1) sowie die über diese Einzellaute hinausgehenden Phänomene der gesprochenen Sprache (3.1.2 und 3.1.3) zu produzieren.

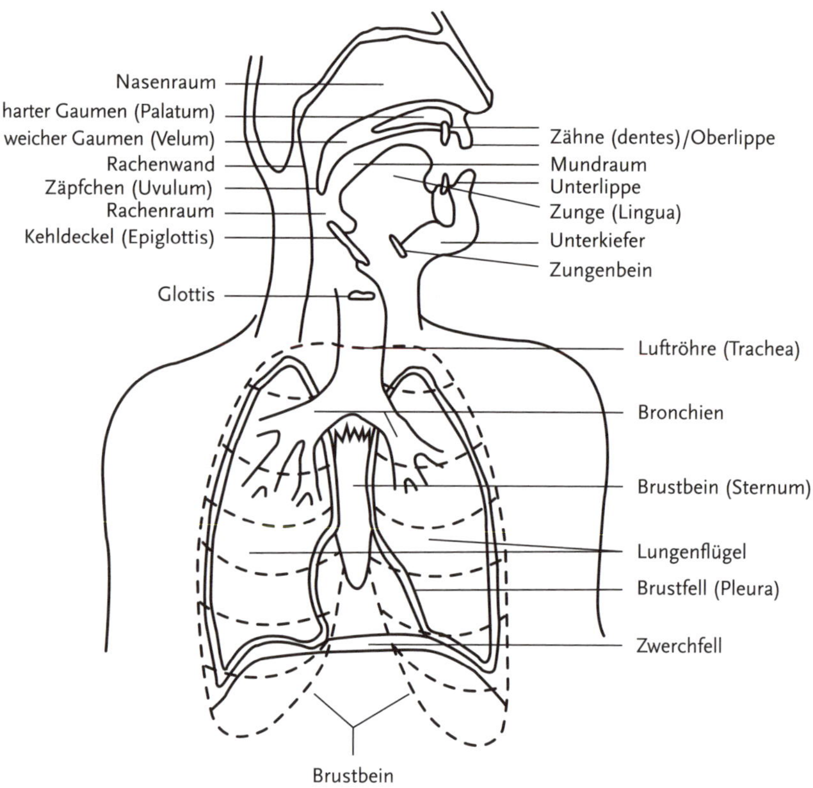

Abb. 2: Artikulationsorgane (*Busch & Stenschke 2007: 41*)

3.1.1 Segmentalia (Einzellaute)

Um einen Laut zu artikulieren, strömt zunächst Luft aus der Lunge durch die Luftröhre und die Stimmlippen (**Glottis**) in den Mund- und Rachenraum, wo der Luftstrom wiederum durch mehrere **Artikulatoren** geformt wird (s. Abb. 3), was zu unterschiedlichen Klangmustern führt.[2]

(1) Nasenraum (cavum nasi, **nasal**)
(2) Mundraum (cavum ori, **oral**)
(3) Rachenraum (pharynx, **pharyngal**)
(4) Lippen (labies, **labial**)
(5) Zähne (dentes, **dental**)
(6) Zahndamm (alveolae, **alveolar**)
(7) Harter Gaumen (palatum durum, **palatal**)
(8) weicher Gaumen (velum, **velar**)
(9) Halszäpfchen (uvula, **uvular**)
(10) Zungenspitze (apex, **apikal**)
(11) Zungenrücken (dorsum, **dorsal**)
(12) Stimmlippen (glottis, **glottal**) im Kehlkopf (larynx, **laryngal**)

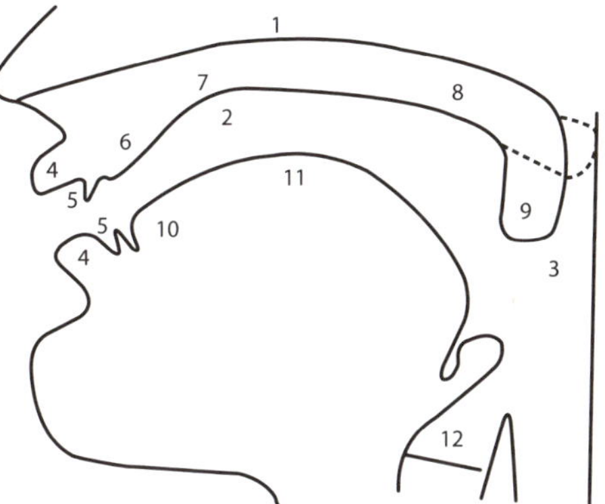

Abb. 3: Artikulatoren im Mund- und Rachenraum (Ramers 2015: 76)

Die Rolle der unterschiedlichen Artikulatoren ist u. a. bei der Unterscheidung zwischen Vokalen und Konsonanten entscheidend: Während die Luft bei **Vokalen** relativ ungehindert durch den Mundraum fließt, erhalten **Konsonanten** ihren spezifischen Klang durch verschiedene Artikulationshindernisse. Klassifiziert werden Konsonanten dabei nach insgesamt drei Kriterien: ihrer Artikulationsart, ihrem Artikulationsort und dem Stimmton. Keine Sprache nutzt alle möglichen artikulatorischen Kombinationen, sondern immer jeweils nur eine Auswahl davon.

2 Diese Darstellung beschreibt die Artikulation pulmonaler Laute, welche durch direkt aus der Lunge strömende Luft gebildet werden. In einigen (wenigen) Sprachen, z. B. in Xhosa, treten auch nicht-pulmonale Konsonanten auf. Da diese im Deutschen allerdings keine Rolle spielen, konzentriert sich die folgende Darstellung allein auf pulmonale Laute.

Der **Artikulationsort** bezieht sich auf die Stelle im Mund- oder Rachenraum, an der sich das Artikulationshindernis befindet. Bei einem alveolar gebildeten Konsonanten befindet sich die Zungenspitze also beispielsweise am Zahndamm und bildet somit dort ein Artikulationshindernis. Die **Artikulationsart** bezieht sich wiederum auf die Art des Hindernisses. Für das Deutsche relevant ist hier die Unterscheidung in:

- **Plosive**, bei denen ein völliger Verschluss plötzlich gesprengt wird,
- **Frikative**, bei denen durch Engebildung ein Reibegeräusch entsteht,
- **Nasale**, bei deren Bildung sich das Zäpfchen von der Rachenwand löst, so dass die Atemluft nicht mehr durch den Mund-, sondern durch den Nasenraum ausströmt,
- **Vibranten** (auch Englisch *trills*), bei denen ein Artikulator schnell schlagende Bewegungen macht,
- **Approximanten**, bei denen die Luft nur geringfügig beim Ausströmen gehindert wird,
- **Laterale**, bei denen die Luft links und rechts der Zunge ausströmt, während die Zunge in der Mitte einen Verschluss bildet, sowie
- **Affrikaten**, die Kombinationen aus einem Plosiv und einem Frikativ am selben Artikulationsort (**homorgane Bildung**) darstellen.

Außerdem unterscheiden sich Konsonanten im **Stimmton** voneinander, d. h. darin, ob sie unter Beteiligung der Stimmlippen artikuliert werden oder nicht. Die im Kehlkopf befindlichen Stimmlippen bestehen aus zwei Muskelsträngen, die entweder entspannt eine Öffnung bilden (**stimmlose Artikulation**) oder angespannt einen Verschluss oder eine Vibration (**stimmhafte Artikulation**).[3] Hält man sich beim Sprechen von außen einen Finger an den Kehlkopf, kann man bei stimmhaften Lauten ein leichtes Summen spüren. Solche und andere kleine Übungen können L2-Lerner*innen dabei helfen, einen unbekannten Laut zum ersten Mal zu produzieren, ihn „anzubilden" (vgl. zu weiteren Hinweisen zur Ausspracheschulung auch Reinke 2016 oder www.uni-bielefeld.de/lili/studium/faecher/daf/personen/richter_julia/lehre/ausspracheschulung/, 02.09.2019).

3 Aufnahmen von den Stimmlippen und ihren charakteristischen Bewegungen machen diese abstrakte Beschreibung greifbarer. Ein schönes erklärendes Video zur Stimmbildung ist beispielsweise „The Vocal Cords in Action" von Lingua Health (https://youtube/y2okeYVclQo, 05.09.2019).

Denkpause 1

Versuchen Sie einmal, einen alveolaren stimmlosen Plosiv zu bilden. Bilden Sie also mit der Zungenspitze an Ihrem Zahndamm einen Verschluss, den Sie plötzlich lösen. Setzen Sie dabei keine Stimme ein – Ihr Kehlkopf sollte also nicht „summen", wenn Sie die Hand daran legen.

Bilden Sie anschließend mit vibrierenden Stimmlippen auch das stimmhafte Äquivalent zum produzierten Laut.

Bilden Sie zum Schluss einen stimmhaften sowie einen stimmlosen alveolaren Frikativ. Ihre Zungenspitze bleibt dabei am Zahndamm, allerdings bilden Sie jetzt nur eine Enge an dieser Stelle, die Sie auch nicht plötzlich lösen, sondern während der Artikulation bestehen lassen.

Können Sie die vier Laute identifizieren, die Sie gebildet haben?

Wenn alles geklappt hat, müssten Sie zunächst den alveolaren stimmlosen Plosiv [t] sowie dessen stimmhaften Partner [d] produziert haben. Diese beiden Laute unterscheiden sich tatsächlich allein in ihrer Stimmhaftigkeit; Artikulationsort und -art sind ansonsten identisch. Genauso verhält es sich bei den beiden alveolaren Frikativen – dem stimmhaften (transkribiert mit dem Zeichen [z] wie in *See*) sowie dem stimmlosen S-Laut (transkribiert mit [s] wie in *es*). Diese Beispiele illustrieren, dass die oben eingeführten Kategorien die einzelnen Laute so genau beschreiben, dass man sie identifizieren und eindeutig voneinander unterscheiden kann.

Um einzelne Laute ohne solch langwierige Beschreibung schnell benennen zu können, ist das **internationale phonetische Alphabet (IPA)** entwickelt worden, das allen Lauten, die in den Sprachen der Welt vorkommen, je ein Zeichen zuweist (s. Tab. 1 zu Konsonanten und Abb. 4 zu Vokalen).[4] Das IPA ermöglicht es außerdem, mündliche Äußerungen sehr genau schriftlich festzuhalten, also zu **transkribieren**, und so z. B. eine spätere phonetische Analyse möglich zu machen. Phonetische Transkriptionen werden in eckige Klammern gesetzt, um zu verdeutlichen, dass von Lauten und nicht etwa von (z. T. ähnlich oder sogar gleich aussehenden) Buchstaben die Rede ist. Das Wort *Fuchs* beispielsweise wird in IPA-Umschrift [fʊks] transkribiert. Das IPA geht zurück auf die Arbeit der *International Phonetic Association* (IPA; https://www.internationalphoneticassociation.org, 02.09.2019),

4 Hinweise zur Nutzung der einschlägigen Fonts finden sich auf der Homepage der IPA unter https://www.internationalphoneticassociation.org/content/ipa-fonts (02.09.2019). Hilfreich sind Online-Tastaturen, mit deren Hilfe man (auf fast allen Systemen lesbare) IPA-Symbole erstellen kann (vgl. z. B. http://weston.ruter.net/projects/ipa-chart/view/keyboard/, 05.09.2019). Möchte oder kann man diese nicht installieren, ist außerdem der Rückgriff auf das computerlesbare phonetische Alphabet SAMPA (*speech assessment methods phonetic alphabet*, http://www.phon.ucl.ac.uk/home/sampa/, 02.09.2019) möglich.

die 1886 unter dem Namen *The Phonetic Teacher's Association* u. a. von dem Franzosen Paul Passy, dem Engländer Henry Sweet, dem Deutschen Wilhelm Viëtor und dem Dänen Otto Jespersen gegründet wurde (Hakkarainen 1995: 16). Am Ende dieses Kapitels finden Sie einige Aufgaben, mit denen Sie den Umgang mit dem IPA und das Transkribieren üben können.

In Tabelle 1 sind die Konsonanten nach den drei oben bereits ausgeführten Kategorien geordnet; die unterschiedlichen Artikulationsorte sind in der ersten Zeile (d. h. horizontal) aufgeführt, während sich die Artikulationsarten in der ersten Spalte (d. h. vertikal) finden lassen. In den einzelnen Zellen stehen dann links die stimmlosen Laute und rechts die stimmhaften, wobei nicht jeder Konsonant einen Partner hat.

Grundsätzlich sind alle bekannten (pulmonalen) Konsonanten der Sprachen der Welt abgebildet (in Tab. 1 sind die im Deutschen verwendeten Konsonanten hervorgehoben). Artikulatorisch nicht mögliche Lautbildungen sind grau hinterlegt. Im Vergleich zu anderen Sprachen ist das deutsche Konsonanteninventar etwa durchschnittlich groß (vgl. Maddieson 2013a); als Auffälligkeit (und potentielle Lernschwierigkeit) können beispielsweise der Ich- und der Ach-Laut ([ç] und [x]) genannt werden, die in vielen anderen Sprachen unbekannt sind.

Hinsichtlich der **Vokale** sind nun nochmals etwas komplexere Beschreibungskategorien vonnöten. So können Vokale mit der Zunge weiter **vorn**, **zentral** oder weiter **hinten** im Mundraum und hinsichtlich des Zungenrückens **hoch**, **mittel** oder **tief** positioniert gebildet werden. In Abhängigkeit von letzterem Kriterium kann der Kieferwinkel **geschlossener** oder **offener** sein. Außerdem können Vokale mit **gespannter** oder eher **ungespannter** Mundmuskulatur (Vokalqualität; s. weiter unten) sowie **langer** oder **kurzer** Dauer (Vokalquantität) gebildet werden.

Tab. 1: Überblick über das gesamte Konsonanteninventar; die im Deutschen auftretenden Konsonanten sind hervorgehoben (http://www.internationalphoneticassociation.org/content/ipa-chart, 02.09.2019, eigene Hervorhebung)

CONSONANTS (PULMONIC) © 2005 IPA

	Bilabial	Labiodental	Dental	Alveolar	Postalveolar	Retroflex	Palatal	Velar	Uvular	Pharyngeal	Glottal
Plosive	p b			t d		ʈ ɖ	c ɟ	k ɡ	q ɢ		ʔ
Nasal	m	ɱ		n		ɳ	ɲ	ŋ	ɴ		
Trill	ʙ			r					ʀ		
Tap or Flap		ⱱ		ɾ		ɽ					
Fricative	ɸ β	f v	θ ð	s z	ʃ ʒ	ʂ ʐ	ç ʝ	x ɣ	χ ʁ	ħ ʕ	h ɦ
Lateral fricative				ɬ ɮ							
Approximant		ʋ		ɹ		ɻ	j	ɰ			
Lateral approximant				l		ɭ	ʎ	ʟ			

Where symbols appear in pairs, the one to the right represents a voiced consonant. Shaded areas denote articulations judged impossible.

Abb. 4: Vokaltrapez; die im Deutschen vorkommenden Vokale sind hervorgehoben (http://www.internationalphoneticassociation.org/content/ipa-chart, 02.09.2019, eigene Hervorhebung)

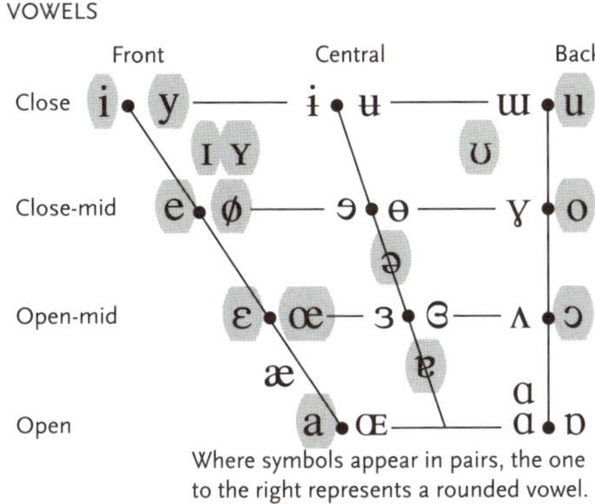

Die Lippen können dabei **gerundet** oder **ungerundet** sein, und schließlich kann die Luft durch den Mund- (**oral**) oder durch den Nasenraum (**nasal**) entweichen, wobei es im Deutschen ausschließlich Oralvokale gibt. Drei der genannten Dimensionen (vorn – hinten, hoch – tief, gespannt – ungespannt) werden geläufig in einem sog. **Vokaltrapez** visualisiert (s. Abb. 4).

Man könnte sich vorstellen, die Abb. 4 über die Abb. 3 zu legen, um so einen Eindruck davon zu erhalten, welche Zungenpositionen im Mundraum das Vokaltrapez beschreibt (s. Abb. 5).

Eine Alternative zur Veranschaulichung besteht darin, sich im Internet animierte Sagittalschnitte anzuschauen, z. B. auf der Homepage der *University of Iowa* (http://soundsofspeech.uiowa.edu/german/german.html, 05.09.2019). Das Deutsche nutzt im Vergleich zu vielen anderen Sprachen sehr viele Vokale,[5] was häufig zu Lernschwierigkeiten bei Zweit- und Fremdsprachlernenden führt. Neben der hohen Vokalanzahl an sich ist vielen Lernenden auch die im Deutschen sehr systematische Unterscheidung in gespannte (eher lange) und ungespannte (eher kurze) Vokale aus ihren Erstsprachen nicht bekannt. Den Lernenden dieses Charakteristikum des Deutschen – Länge/Gespanntheit – bewusst zu machen, ist sehr wichtig, weil es zu Bedeutungsunterschieden führt (z. B. *Beet* vs. *Bett*, *bieten* vs. *bitten*). So ist das <i> in *bitten* nicht nur kürzer (Vokalquantität) als in *bieten*; es klingt tatsächlich auch anders (Vokalqualität), was viele Lernende jedoch zunächst weder hören noch produzieren können.

5 Interessant ist – nicht nur zu diesem Thema – ein Blick in die Übersichten des *World Atlas of Language Structures Online* (http://wals.info/, 05.09.2019). Im Kapitel zu Vokalinventaren wird Deutsch dort mit 14 Vokalen als ein Extrem der Skala genannt – im Kontrast etwa zu Sprachen wie Berberisch, Navajo oder Wichita, die als anderes Extrem nur zwischen zwei bis vier Vokalen unterscheiden (Maddieson 2013b: 3f.).

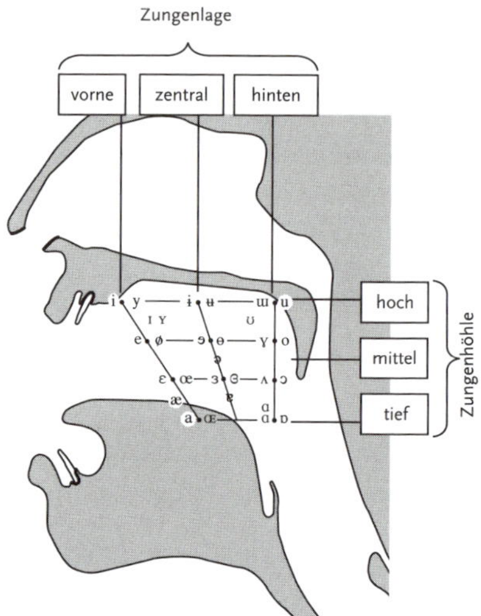

Abb. 5: Lage des Vokaltrapezes im Mundraum (http://www.sprachlog.de/2009/03/02/ach-ich-und-die-kirschen-teil-1/, 02.09.2019)

Möchte man sich das System grob merken, so kann man vom **Schwa-Laut**, dem [ə], in der Mitte des Trapezes ausgehen. Sitzen wir z. B. gerade gemütlich in einem Biergarten und plötzlich und unerwartet kommt ein/eine Bekannte*r von hinten und schlägt uns zur Begrüßung auf die Schulter, so entfährt uns automatisch ein Schwa-Laut, da dieser bei maximal entspannter Neutralhaltung der Artikulationsorgane entsteht. Extrempositionen des Trapezes markieren die gespannten Vokale [ɑ], [e], [i], [o] und [u], die jeweils ungespannte Entsprechungen [a], [ɛ], [ɪ], [ɔ] und [ʊ] im System haben.[6] Die Vorderzungenvokale [e] und [i] sowie ihre ungespannten Partner [ɛ] und [ɪ] haben außerdem jeweils zusätzlich korrespondierende Vokale, die mit gerundeten Lippen artikuliert werden ([ø], [y], [œ] und [ʏ]). Ausgenommen von dieser Systematik sind neben dem bereits erwähnten Schwa-Laut lediglich die Vokale [ɐ] und [ɛ:]. Darüber hinaus kennt das Deutsche drei Diphthonge, nämlich [aɪ̯], [ɔɪ̯] und [aʊ̯]. Zahlreiche weitere Diphthonge entstehen durch die vokalische Aussprache des Buchstabens <r>, z. B. in *Ohr* ([o:ɐ]), *Uhr* ([u:ɐ]). Insgesamt entsteht so das in Tab. 2 dargestellte Inventar:

6 Da sich die beiden A-Laute im Deutschen qualitativ kaum voneinander unterscheiden, werden sie häufiger auch ausschließlich quantitativ voneinander differenziert und mit /a/ vs. /a:/ transkribiert.

Tab. 2: Vokalsystem des Deutschen (mit Beispielwörtern)

aː Raten	eː stehlen	iː Miete	oː Floß	uː Mus	øː Höhle	yː Hüte
a Ratten	ɛ stellen	ɪ Mitte	ɔ floss	ʊ muss	œ Hölle	ʏ Hütte
	ɛː stählen					
ə, ɐ danke, Mutter						
a͜ɪ, ɔ͜ɪ, a͜ʊ Hai, Heu, Haus						

Denkpause 2

Die oben dargestellten Segmentalia (Einzellaute) des Deutschen sind eine erste Kategorie, mit deren Hilfe Aussprache beschrieben werden kann. Hören Sie sich nun den von Can gelesenen Text „Nordwind und Sonne" noch einmal an und versuchen Sie (gern auch auf Grundlage des Diagnosebogens, der sich im Anhang des Buches befindet), seine Aussprache der Segmentalia im Deutschen möglichst genau zu beschreiben.

(1) Hören Sie die Aufnahme dazu zunächst mindestens dreimal an und markieren Sie während des Hörens Auffälligkeiten im Text.

(2) Lesen Sie sich dann Informationen über die Aussprache des Türkischen (Cans Erstsprache) durch. Inwiefern können Ihnen diese Informationen bei der Aussprache-Diagnose helfen?[7]

Im konsonantischen Bereich fällt beispielsweise auf, dass [ç] durchgängig als [ʃ] artikuliert wird. Und die Affrikate [t͜s] wird in einigen Wörtern als [s], an anderer Stelle als [z] ausgesprochen. Darüber hinaus fallen vereinzelt weitere konsonantische Abweichungen auf, die allerdings einer weiteren Abklärung in mehreren Kontexten bedürfen. So wird das <j> in *derjenige* als [ʒ] artikuliert, in *je* dann allerdings völlig korrekt. In dem (ihm vermutlich unbekannten Wort) *Strahlen* spricht Can das <h> im Silbenauslaut [x] aus, was vermuten lässt, dass ihm noch

7 Es gibt inzwischen zahlreiche Sammelbände und Internetseiten, die hilfreiche (kontrastive, also dem Deutschen gegenübergestellte) Sprachbeschreibungen für unterschiedliche Sprachen zusammentragen. Für das Türkische findet sich z. B. auf den Seiten von ProDaZ eine frei zugängliche Sprachbeschreibung (verfasst von Erkan Gürsoy: www.uni-due.de/imperia/md/content/prodaz/sprachbeschreibung_tuerkisch.pdf, 02.09.2019). Lohnenswert ist auch ein Blick in den Sammelband von Krifka et al. (2014).

nicht bekannt ist, dass ein <h> nach einem Vokal nur dessen Länge markieren soll (s. Kap. 4.4), selbst aber nicht gesprochen wird. Der Aussprachefehler wird hier also von der Schrift induziert, weshalb man in diesem Zusammenhang auch von **Laut-Buchstaben-Interferenz** (mehr zum Begriff der Interferenz findet sich in Kap. 11) spricht. (Nebenbei bemerkt dürfte im Deutschen im Gegensatz zum Türkischen im Silbenauslaut auch gar kein /h/ stehen, ein Aspekt, mit dem sich 3.1.2 im Anschluss genauer befasst.)

Was die Aussprache der Vokale betrifft, lassen sich bei Can deutlich mehr Unsicherheiten beobachten als bei den Konsonanten, insbesondere, was die Realisierung ungespannter, kurzer Vokale betrifft, die er an vielen Stellen zu gespannt realisiert. Sehr auffällig sind in diesem Zusammenhang die gespannten [i] anstelle der [ɪ]. Auch die unterschiedlichen E-Laute, insbesondere [ɛ] vs. [ə], bereiten offenbar artikulatorische Schwierigkeiten.

3.1.2 Phonotaktik

Nun könnte man meinen, wir reihen beim Sprechen vor allem Laute aneinander. Tatsächlich aber machen wir noch viel mehr, und zwar auf unterschiedlichen Ebenen, was den Ausspracheerwerb zu einer komplexen Aufgabe macht. Dies wird deutlich, wenn wir den folgenden Satz betrachten: *Montag bin ich mit meinem Bruder ins Kino gegangen.* Natürlich besteht der Satz aus Vokalen und Konsonanten, jedoch können diese nicht beliebig aneinandergereiht werden. Vielmehr folgen sie Regeln des Silbenaufbaus, die teilweise universell und artikulatorisch bedingt sind, teilweise aber auch einzelsprachlich ausgeprägt sein können.

▶ Exkurs: Silbenaufbau ◀

Wörter bestehen aus einer oder mehreren **Silben**. Das sind Lautgruppen, die eine Einheit bilden. Die Definition einer Silbe ist gar nicht so leicht; gleichwohl können wir Silben meist (auch in anderen Sprachen) intuitiv identifizieren. Eine Silbe (auch mit σ bezeichnet) kann dabei eingeteilt werden in einen **Silbenkern** (oder Nukleus) sowie den **Silbenanfangsrand** (auch -anlaut, *onset* oder Silbenkopf) und den **Silbenendrand** (auch -auslaut oder *coda*). Der Silbenkern und der Silbenendrand können wiederum zum **Silbenreim** zusammengefasst werden (s. Tab. 3). Eine Silbe muss immer einen Silbenkern haben. Der Silbenanfangsrand und der Silbenendrand sind allerdings fakultativ. Im Deutschen können beide besetzt sein (wie z. B. in *Strumpf* und *Fuß*) oder auch jeweils leer bleiben (z. B. in *ein* oder *Schuh*). Silben mit Endrand nennt man **geschlossene**, Silben ohne Endrand **offene Silben**.

Tab. 3: Silbenaufbau

	Silbe						
	Silbenanfangsrand/Silbenkopf			Silbenreim			
				Silbenkern/ Nukleus	Silbenendrand/ Coda		
ein				aɪ	n		
Strumpf	ʃ	t	ʁ	ʊ	m	p	f
Schuh			ʃ	uː			
Fuß			f	uː	s		

Nicht alle Laute können alle Positionen in einer Silbe einnehmen. In den Bedingungen und Regeln zur Besetzung der unterschiedlichen Positionen können sich einzelne Sprachen stark unterscheiden. In allen Sprachen nimmt aber typischerweise die **Sonorität** (das ist die Schallfülle) der Laute ab, je weiter sie vom Silbenkern entfernt sind; der sonorste Laut bildet also immer den Silbenkern. Vokale sind die sonorsten Laute, während stimmlose Plosive die geringste Sonorität aufweisen. Die anderen Lautkategorien sortieren sich dazwischen ein. Es ergibt sich also folgende **Sonoritätshierarchie**: Vokale > Liquide (Laterale und Vibranten) > Nasale > Frikative > Plosive. Klassischerweise bildet demnach also ein Vokal den Silbenkern. Es gibt allerdings auch Sprachen, die silbische Konsonanten im Nukleus zulassen (wie z. B. in der zweiten Silbe im deutschen [habm̩], einer umgangssprachlichen Verschleifung von *haben*).

Diese Regeln, die vorgeben, an welchen Positionen in Silben oder Wörtern und vor und nach welchen anderen Elementen Laute vorkommen können, fallen in den Bereich der **Phonotaktik**. So sind im Deutschen z. B. relativ komplexe **Konsonantencluster**, d. h. Kombinationen aus mehreren Konsonanten, im Silbenanlaut und -auslaut möglich (wie z. B. in *Herbst*, *Zwirn*), wohingegen in vielen anderen Sprachen die Standardabfolge aus Konsonant und Vokal nur selten durchbrochen wird (vgl. z. B. dt. *Früh-ling, Som-mer, Herbst, Win-ter* vs. span. *pri-ma-ve-ra, ve-ra-no, o-to-ño, in-vier-no*). Insbesondere durch die Kombination eines Verbstamms mit Flexionssilben (*schreib-st, schwimm-t*; s. Kap. 7.1.1) entstehen so im Deutschen Konsonantenhäufungen, die für viele L2-Lerner*innen eine Erwerbsschwierigkeit darstellen.

Außerdem gelten für einige Laute **Stellungsbeschränkungen**, wie z. B. für das [ŋ], das, wie bereits in Kap. 1 gesehen, nur im Silbenendrand stehen kann, während das [h] im Gegensatz dazu nur im Silbenanfangsrand vorkommt. Ebenfalls nur im linken Silbenrand und nur vor betontem Vokal kann im Deutschen der **Knacklaut** (auch Stopplaut oder **Glottisverschlusslaut** [ʔ]) stehen. Er bewirkt, dass auch innerhalb eines Wortes Silben voneinander abgesetzt werden können, wie z. B. in *Verein* oder

Ereignis ([fɛɐˈʔa̯ɪn], [ɛɐˈʔa̯ɪknɪs]). L2-Lerner*innen überbinden hier oft irrtümlicherweise. Diese Problematik steht außerdem in Zusammenhang mit der konsonantischen vs. vokalischen Aussprache des Buchstaben <r> im Deutschen. Die konsonantische Aussprache als [ʁ] ist nur noch vor Vokalen obligatorisch. Nach Kurzvokalen sind konsonantische, aber auch vokalische Realisierungen (z. B. *Wort, Hirte*) möglich; sowohl in den Silben *er-, her-, ver-, zer-, -er* als auch nach Langvokalen wird das <r> hingegen obligatorisch vokalisiert zu [ɐ] (z. B. *Erfolg, Mutter, Ohr, Haar*). Auch [ç] und [x] unterliegen z. B. Stellungsbeschränkungen (s. weiter unten). Des Weiteren können alle Plosive und Frikative außer [s] und [x] im Silbenonset stehen, aber nur die stimmlosen stehen auch in der Coda. Diese sog. **Auslautverhärtung** kann aufgrund ihrer Nichtkenntlichmachung in der Schrift zu Aussprachefehlern führen. So werden *Kleid* und *Kleider* beide mit <d> geschrieben, *Kleid* aber mit [t] gesprochen, während in *Kleider* tatsächlich ein [d] zu hören ist. Dies gilt darüber hinaus auch an Silbengrenzen innerhalb von Wörtern, so z. B. in *lieblich, niedlich* oder *täglich*. Eine Ausnahme stellt die Silbe <-ig> dar, die standardsprachlich [ɪç] ausgesprochen wird.

Ein weiterer sehr interferenzanfälliger Bereich ist die **Assimilation**. Grundsätzlich bezeichnet der Begriff das Phänomen, dass wir Laute beim Sprechen aneinander angleichen, um so angesichts unserer Sprechgeschwindigkeit artikulatorische Vereinfachungen zu erzielen.

> Unter **Assimilation** versteht man die Angleichung eines Lautes an einen anderen Laut [in Artikulationsart, -ort, Stimmton und/oder Nasalität]. Sie ist das Ergebnis der sog. Koartikulation, der Tatsache, daß die Artikulationsbewegungen fließend ineinander übergehen und sich dabei (im ‚Redefluß‘) gegenseitig beeinflussen. (Röder 1996: 48)

Wenn man beispielsweise die Wörter *Kiel* und *Kohl* abwechselnd ausspricht, so kann man an sich beobachten, dass sich im Falle von *Kohl* der Zungenrücken bereits vor dem Anlauten des [k] gegen den Gaumen hebt, wohingegen bei *Kiel* keine Zungenwölbung zu bemerken ist. Die Artikulatoren stellen sich also bereits vor Beginn der Phonation des Konsonanten auf den folgenden Vokal ein, indem in diesem Fall der Zungenrücken bereits die Intonation des hinteren [o] vorbereitet. Unterschiedliche Sprachen können allerdings unterschiedliche vereinfachende Artikulationsstrategien präferieren. Dies ist insbesondere mit Blick auf den Stimmton der Fall: Treffen an Silbengrenzen stimmhafte und stimmlose Konsonanten aufeinander, so tendieren einige Sprachen dazu, beide Konsonanten stimmhaft zu machen, was häufig etwas weicher klingt, andere dazu, beide stimmlos zu artikulieren, was einen eher härteren Höreindruck erzeugen kann. Außerdem kann ein Laut an den ihm vorausgehenden angeglichen werden (**progressive Assimilation**) oder an den ihm folgenden (**regressive Assimilation**). Das Deutsche tendiert dabei stark zu **progressiver Assimilation an die Stimmlosigkeit** des vorangehenden Lautes. So klingt das <b> in *wegbringen* dann fast wie ein [p] ([vɛkb̥ʁɪŋən]) oder das zweite <d> in *Dresden* wie ein [t] ([dʁe:sd̥n̩]).[8]

Ebenfalls zum Eindruck einer harten Aussprache, den manche L2-Sprecher*innen mit dem Deutschen assoziieren, trägt die stellungsbedingte **Aspiration** stimmloser Plosive bei. Die Konsonanten [p, t, k] werden sowohl im Anlaut als auch im Auslaut behaucht, d. h., dass ihnen ein schwacher Hauchlaut folgt (transkribiert als [p^h, t^h, k^h]), z. B. in *Paul, Tina, Karl, Lob, Leid* und *Teig*. Die Aspiration fehlt nur, wenn dem stimmlosen Plosiv im Anlaut ein [ʃ] oder [s] vorausgeht wie z. B. in *Strand* oder *Skizze*. In diesen Fällen ist die Aspiration gering oder gar nicht vorhanden.

Denkpause 3

Hören Sie sich den von Can gelesenen Text „Nordwind und Sonne" noch einmal an und versuchen Sie nun, besonders auf seine Aussprache im Bereich der Phonotaktik zu achten.

Was fällt Ihnen auf? Welche Phänomene werden richtig, welche eher abweichend realisiert?

Im phonotaktischen Bereich lässt sich bei Can vor allem eine auffällige Laut-Buchstaben-Interferenz beobachten: Der Buchstabe <r> wird von ihm in allen Positionen konsequent konsonantisch artikuliert, auch in Kontexten, in denen er vokalisiert werden müsste zu [ɐ]. Außerdem bricht Can in seiner Aussprache einige Konsonantencluster auf, macht im Silbenanlaut in *Strahlen* aus [ʃtʁ-] z. B. [ʃətr-] oder in *blies* aus [bl-] [bɪl-]. Diesen Vokaleinschub zwischen zwei Konsonanten nennt man auch **Sprossvokal**. Dadurch werden komplexe Silben strukturell vereinfacht; es werden sozusagen kleine Hilfssilben mit der Struktur Konsonant-Vokal (**CV**) gebildet. Besonders positiv fällt bei Can gleichzeitig auf, dass er die Auslautverhärtung realisiert, z. B. in *Nordwind*.

3.1.3 Suprasegmentalia (über den einzelnen Laut Hinausgehendes)

Wenn man sich den oben erwähnten Beispielsatz *Montag bin ich mit meinem Bruder ins Kino gegangen.* laut vorspricht, stellt man weiter fest, dass einige der Silben im Satz mehr oder weniger stark betont werden, andere hingegen nicht: *Montag bin ich mit meinem Bruder ins Kino gegangen.* Einzelne Wörter, die mehr als eine Silbe haben, wie z. B. *meinem*, werden in isolierter Aussprache ebenfalls

8 Symbolisiert wird die Entstimmung in der IPA-Tabelle durch den Kreis unter dem Laut; der Strich unter dem Konsonanten weist darauf hin, dass ein Vokal ausgefallen ist und der verbleibende Konsonant dadurch silbisch wird, also allein eine Silbe bildet.

mit einem Wortakzent versehen; dieser ist jedoch innerhalb einer konkreten Äußerung insofern virtuell, als dass er im Redefluss nur dann zum Tragen kommt, wenn das Wort innerhalb der Äußerung einen sog. **Phrasenakzent** trägt.[9] Denn beim Sprechen unterteilen wir unsere Äußerungen in kleinere Abschnitte, zwischen denen wir eine Atempause machen (können). Jeder dieser Abschnitte erhält einen Akzent, der häufig auf dem Kern der Phrase, also dem zentralen bedeutungstragenden Element, liegt. Im Beispielsatz enthalten die betonten Wörter *Montag*, *Bruder* und *Kino* die zentralen Informationen (s. auch Kap. 9.2, Thema und Rhema). Einer der Phrasenakzente wird darüber hinaus besonders stark betont und so zum **Satzakzent** erhoben, an dem sich auch die Satzmelodie festmacht. In der Regel handelt es sich dabei um das letzte bedeutungstragende Wort des Satzes, das kein Verb ist, also im Beispielsatz das Wort *Kino*. Es enthält häufig auch die zentrale neue Information des Satzes, das sog. Rhema (s. Kap. 9.2). Negationswörter sind im Deutschen hingegen normalerweise akzentlos (*Tabletten sind doch keine Bonbons! – Das habe ich auch nicht gesagt.*). Gleichzeitig ist es aber auch möglich, jede beliebige Silbe des Satzes mit einem Hauptakzent als **Kontrastakzent** zu versehen, wenn man etwas besonders betonen und somit hervorheben möchte. Möglich wäre z. B. *Montag bin ich mit meinem Bruder ins Kino gegangen.* (und nicht etwa mit meiner Schwester) oder auch *Montag bin ich mit meinem Bruder ins Kino gegangen.*[10] (und nicht etwa ohne ihn) usw.

Vergleichsweise komplex ist im Deutschen auch der Bereich der **Wortakzente**. Während die Grundregel lautet, dass normalerweise die Stammsilbe eines Wortes den Wortakzent trägt, was gleichzeitig häufig die vorletzte Silbe von Wörtern ist (vgl. *Montag*, *Bruder*, *Kino*; vgl. auch *tanzen*, *grüne*), gelten zahlreiche weitere Regeln, wie z. B. die Folgenden (s. Dieling & Hirschfeld 2000: 197; s. Kap. 5.3 zu den im Folgenden verwendeten morphologischen Grundbegriffen):

- Auch in Wörtern mit den Präfixen *be-*, *ge-*, *er-*, *ver-*, *zer-* wird der Wortstamm betont (*Beamter, getreu*).
- In untrennbaren Verben und davon abgeleiteten Substantiven wird ebenfalls die Stammsilbe betont (*verantworten, Wiederholung*).
- Bei trennbaren Verben und davon abgeleiteten Substantiven trägt hingegen das Präfix (s. Kap. 5.3) den Akzent (*aufstehen, Herkunft*).
- Die Präfixe *un-* und *ur-* tragen den Akzent des Wortes (*ungenau, Ursache*).
- In zusammengesetzten Substantiven und Adjektiven trägt das Bestimmungswort (der erste Teil der Komposition, s. Kap. 6.2.1) den Wortakzent (*hellgrün, Gesangsverein*).
- Die Endsilben *-ei* und *-ion* tragen den Wortakzent (*Arznei, Region*).

---

9 Gleichwohl bildet er auch eine Art Voraussetzung für den Phrasen- und Satzakzent, denn nur, wenn man weiß, wo der Wortakzent eines Wortes liegt, kann man Phrasen- und Satzakzente auf die korrekte Silbe setzen.

10 Die Phrasenakzente sind hier einfach unterstrichen, der jeweilige Kontrastakzent doppelt.

- In Fremdwörtern, die entweder auf langem Vokal oder auf mehreren Konsonanten enden, liegt der Akzent auf der letzten Silbe (*Biologie*, *Student*).
- Buchstabenwörter werden auf der letzten Silbe betont (*ABC*, *DVD*).

Außerdem kann der Wortakzent im Deutschen manchmal auch bedeutungsunterscheidend sein (z. B. *Kaffee – Café*, *Tenor – Tenor*, *umfahren – umfahren*, *unterstellen – unterstellen*, *August – August*).

Durch den Wechsel von phrasen- und satzakzenttragenden Silben sowie unbetonten Silben und die Pausenstruktur von Äußerungen entsteht die rhythmische Struktur von Äußerungen. Und auch der **Rhythmus** kann sprachenspezifisch sehr unterschiedlich gestaltet sein. Didaktisch wird dabei häufig zwischen einem sog. **silbenzählenden** und einem **akzentzählenden** Rhythmus unterschieden. Auch wenn diese Unterscheidung akustisch kaum zu halten ist (s. Dauer 1983 zur sog. Isochronie-Hypothese), hat sie sich in der Sprachvermittlung doch als hilfreiches Erklärungsmuster etabliert. Den akzentzählenden Charakter des Deutschen kann man gut illustrieren, wenn man einmal laut vor sich hinzählt: *eins, zwei, drei...* Die (einsilbigen) Zahlwörter werden deutlich artikuliert und erhalten wahrscheinlich alle recht gleichberechtige Wortakzente. Zählt man nun mit einem zusätzlichen *und* zwischen den Zahlen (*und eins und zwei und drei...*), verändert sich der Rhythmus kaum: Die Betonungen liegen weiterhin auf den deutlich artikulierten Zahlwörtern, während das unbetonte *und* jeweils schnell und undeutlich „genuschelt" wird. Auch der Abstand zwischen den Zahlwörtern bleibt etwa gleich. Dieses Spiel könnte man nun beliebig fortführen, indem man immer mehr Füllwörter zwischen die Numerale setzt (z. B. *und eine Eins und eine Zwei...*): Solange die Zahlwörter weiterhin den Hauptakzent tragen, wird sich kaum etwas am Grundrhythmus der Äußerung ändern. Dieser Wechsel von besonders hervorgehobenen und stark reduzierten Silben ist typisch für das Deutsche und stellt perzeptiv eine wichtige Orientierung für den/die Hörer*in dar. Völtz (1994: 100) stellt die beiden gegensätzlichen Rhythmustypen am Beispiel des Deutschen vs. Französischen einander gegenüber (s. Tab. 4).

Tab. 4: Akzentzählende vs. silbenzählende Sprachen (Völtz 1994: 100)

Akzentzählende Sprachen (z. B. Deutsch)	**Silbenzählende Sprachen (z. B. Französisch)**
Isochronie, d. h. zeitgleiche Abfolge der betonten Silben	Isochronie aller Silben
Uneinheitliche Silbenlängen	Einheitliche Silbenlängen
Jede unbetonte Silbe wird qualitativ und quantitativ reduziert.	Es gibt keine Reduktionen; jede Silbe ist sowohl qualitativ als auch quantitativ vollständig erhalten.
Vielfältige Silbenstrukturen	Beschränkung auf wenige Silbenstrukturen

CV- und CVC-Strukturen repräsentieren – in einem relativ ausgewogenen Verhältnis – die häufigsten Silbenstrukturen (Deutsch: fast 40% aller Silben haben eine CVC-Struktur, 30% eine CV-Struktur).	Es gibt fast ausschließlich CV-Strukturen (Französisch: 17% aller Silben haben eine CVC-Struktur, 55% eine CV-Struktur).
Jede Position in der Silbe kann von erheblicher Komplexität sein (Deutsch: 3-4 Konsonanten in der Coda erlaubt).	Außer der Kombination von C und V zur CV-Silbe liegen kaum Möglichkeiten vor. Es gibt nur wenige Konsonantenkombinationen (Französisch: i. d. R. maximal 1 Konsonant in der Coda).

Im Zusammenhang mit der Silbenkomplexität und dem regelmäßigen Wechsel zwischen betonten und unbetonten Silben stehen auch Phänomene der **Reduktion** und **Elision** (bzw. **Tilgung**) im Deutschen. Insbesondere der Schwa-Laut [ə] (z. B. in *einen, grünem*), aber auch der Laut [t] (z. B. in *nicht, jetzt, ist*) werden in der Alltagssprache häufig nicht realisiert. Darüber hinaus lassen sich noch zahlreiche andere Ökonomisierungstendenzen in der Aussprache beobachten, vor allem bei steigender Sprechgeschwindigkeit und in informellen Kommunikationszusammenhängen. Für Funktionswörter (s. Kap. 5.3) und Hilfsverben (s. Kap. 5.1.4) sind in diesem Zusammenhang starke und schwache Formen unterschieden worden, die auf einem Reduktionskontinuum angesiedelt werden können (z. B. *den* als [den]→ [dən]→ [dn̩]→ [n], [m], [ŋ] und *haben* als [ˈha:bən] → [ˈha:bm̩] → [ha:m] → [ham]; s. genauer Richter 2008). L2-Lerner*innen kann dieses Phänomen Schwierigkeiten bereiten, da Flexionsformen in gesprochener Sprache häufig stark gekürzt werden oder sogar ausfallen können, in geschriebener Sprache dann aber vollständig und korrekt realisiert werden müssen.

Schließlich weisen Äußerungen auch eine Melodie, also einen bestimmten Tonhöhenverlauf, auf. Diese **Intonation** im engeren Sinne kann, vereinfacht gesagt, entweder **steigend**, **fallend** oder aber gleichbleibend (**progredient**) verlaufen. Man nennt dies auch finale Intonationskontur, d. h., es geht dabei in jedem Fall um das Ende des Satzes und einen Teilbereich davor. Grundsätzlich beginnt dieses Steigen, Fallen oder Gleichbleiben innerhalb eines Satzes mit dem Satzakzent. Einen gleichbleibenden Verlauf kann man häufig in Aufzählungen oder aber in unabgeschlossenen Äußerungen beobachten. Soll Abgeschlossenheit signalisiert werden, fällt die Intonation in der Regel, z. B. am Ende von Aussagesätzen (*Montag bin ich mit meinem Bruder ins Kino gegangen.* ↘) oder auch von Aufforderungen (*Gib mir doch bitte mal die Butter!* ↘). Steigende Intonation signalisiert Unabgeschlossenheit und wird entsprechend häufig in Fragen verwendet, was jedoch nicht immer der Fall sein muss. Im Falle von Nachfragen (*Die Butter wolltest du haben?* ↗) oder besonders höflichen, Zugewandtheit signalisierenden Fragen (*Ach, das ist ja interessant! – Und wie ist es weitergegangen?* ↗) oder auch bei nachfragenden oder auf Bestätigung abzielenden Anhängseln wie *oder?* ↗ und *nicht wahr?* ↗ wird häufig ansteigend intoniert. Außerdem ist eine steigende Intonation vonnöten, wenn man am Satzbau allein nicht ablesen kann, ob es sich um eine Frage oder um eine Aussage handeln soll (vgl. *Der Film beginnt schon.* ↘ vs. *Der Film beginnt schon?* ↗). Häufiger, als man vielleicht denkt, werden aber auch Fragen mit fallender Melodie gesprochen, so zum Beispiel bei Alternativ- und W-Fragen (*Möchtest du Butter oder Margarine?* ↘ *Wer ist das denn eigentlich?* ↘).

Denkpause 4

Hören Sie sich den von Can gelesenen Text „Nordwind und Sonne" noch einmal an und versuchen Sie nun, besonders auf seine Realisierung suprasegmentaler Phänomene zu achten.

Was fällt Ihnen auf? Welche Phänomene werden richtig, welche eher von der Norm abweichend realisiert?

Während Wortakzente durchgehend richtig markiert werden, wirkt der Text sehr abgehackt und fast Silbe für Silbe gelesen, was daran liegt, dass zum einen Nebensilben kaum reduziert werden, zum anderen eine intonatorische Einbettung in eine Gesamtstruktur fehlt.

Diese insgesamt größere Monotonie ist sehr schön am unten stehenden Melodieverlauf Cans (s. Abb. 6) im Vergleich zu dem einer Erstsprachlerin (s. Abb. 7) des Deutschen zu sehen.

Abb. 6: Beispielsatz von Can, Pitch (Melodieverlauf) in PRAAT: Einst stritten sich Nordwind und Sonne, wer von ihnen beiden wohl der Stärkere wäre.

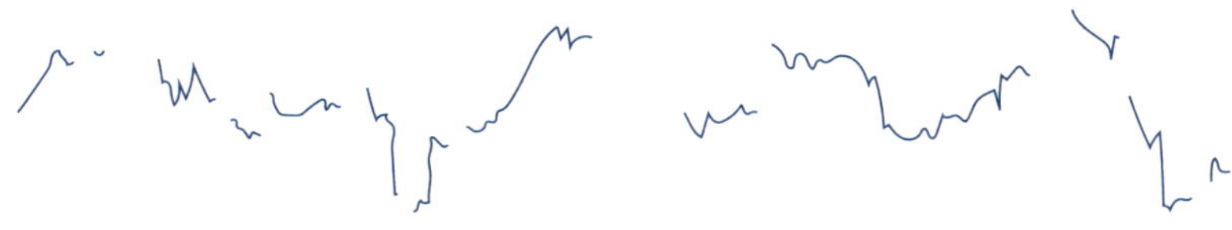

Abb. 7: Beispielsatz einer Muttersprachlerin, Pitch (Melodieverlauf) in PRAAT: Einst stritten sich Nordwind und Sonne, wer von ihnen beiden wohl der Stärkere wäre.

3.2 Phonologie

Im Unterschied zur Phonetik, die sich mit tatsächlich realisierter Aussprache beschäftigt, hinterfragt die **Phonologie**, welche der Aussprachemerkmale bedeutungsunterscheidende Funktion im sprachlichen System haben. So gibt es unendlich viele Möglichkeiten, beispielsweise den Laut [t] auszusprechen, aber nur ganz bestimmte Merkmale tragen dazu bei, dass wir den Laut als [t] wahrnehmen (und nicht z. B. als [d]). Während sich die Phonetik also mit der *parole* beschäftigt, interessiert sich die Phonologie für die *langue* (s. Kap. 2.2, Exkurs Zeichenmodelle). Um verstanden zu werden, müsste es also prinzipiell ausreichen, zielsprachliche Äußerungen phonologisch angemessen zu produzieren. Tatsächlich verhält es sich aber so, dass Hörer*innen durchaus irritiert sein können, wenn anstelle eines [ʁ] ein [r] realisiert wird oder anstelle eines [ç] ein [x]. Daher zielt Ausspracheschulung grundsätzlich auf eine phonetisch möglichst zielsprachennahe Realisierung. Auch zur genauen Diagnostik von Aussprachefehlern sowie für die Didaktik der Ausspracheschulung sind phonetische Kenntnisse erforderlich und nur wenige phonologische. Lediglich im Bereich der Perzeption kommen phonologische Aspekte zum Tragen, da wir bereits im Laufe des ersten Lebensjahres auf unsere Erstsprache eingestellte phonologische Filter entwickeln, die aus dem Sprachstrom primär die Merkmale herausfiltern, die distinktiv relevant sind. Das führt dazu, dass Sprecher*innen einer Sprache wie dem Türkischen, in der beispielsweise die Vokalquantität phonologisch nicht relevant ist, dieses im Deutschen sehr relevante Merkmal unter Umständen überhören bzw. neu trainieren müssen, zwischen kurzen und langen Vokalen im Input zu unterscheiden. Außerdem liegen einigen Orthographieregeln phonologische Konzepte zugrunde, so dass im Folgenden zumindest kurz auch auf die Phonologie eingegangen werden soll.

Während sich die Phonetik, wie in den obigen Ausführungen bereits angeklungen, auf Erkenntnisse aus der Anatomie und der Physik stützt, verwendet die Phonologie rein geisteswissenschaftliche Methoden, wobei insbesondere die **Korpusanalyse** eine zentrale Rolle spielt. Um zu untersuchen, welche Laute einer Sprache untereinander bedeutungsunterscheidend wirken, werden Wörter in Korpora[11] gesammelt und anschließend in paradigmatische Beziehung zueinander gesetzt (s. Kap. 1.2, Paradigma und Syntagma). Mittels Minimalpaarbildung werden einzelne Laute zunächst segmentiert und dann klassifiziert. Die Wörter *dann, kann, Mann, ran, wann* unterscheiden sich z. B. nur im ersten Laut voneinander (s. Abb. 8). Sie bilden folglich untereinander **Minimalpaare.** Ein solches besteht grundsätzlich aus zwei Wörtern einer Sprache, die eine jeweils andere Bedeutung tragen, sich aber in nur einem einzigen Laut voneinander unterscheiden:

---

11 Bei Textkorpora handelt es sich um Sammlungen schriftlich oder mündlich aufgezeichneter Texte, die nach bestimmten Auswahlkriterien systematisch zusammengestellt werden (z. B. Zeitungskorpora, Korpora medizinischer Kommunikation) und mit deren Hilfe bestimmte linguistische Phänomene untersucht werden können.

Abb. 8: Minimalpaarbildung

[d | an]
[k | an]
[m | an]
[ʁ | an]
[v | an]

Durch Segmentieren und Klassifizieren im Rahmen einer Minimalpaaranalyse erhält man das Phoneminventar einer Sprache, also alle Laute, die eine phonologische Opposition bilden können. **Phoneme** sind somit die kleinsten bedeutungsunterscheidenden Einheiten eines Sprachsystems. Sie werden deshalb auch anders markiert als Phone, und zwar durch Schrägstriche (z. B. /d/). **Phone** hingegen sind kleinste durch die Segmentierung gewonnene, konkret realisierte lautliche Einheiten einer Sprache (z. B. [d]) und bei **Allophonen** schließlich handelt es sich um Varianten eines Phonems (Bußmann 2002: 69, 510); sie werden wie Phone in eckigen Klammern transkribiert. Insbesondere der Allophonbegriff soll anhand einiger exemplarisch ausgewählter Minimalpaare genauer aufgegriffen werden.

Denkpause 5

Bei welcher der folgenden Gegenüberstellungen handelt es sich um ein Minimalpaar, bei welchen nicht?

(Beachten Sie, dass sich die Paare in Bezug auf die Aussprache – und nicht etwa die Schreibung! – in genau einem Laut voneinander unterscheiden müssen.)

(a) *Oma – Opa*
(b) *Milch – mild*
(c) *Rose* [ʁ] – *Rose* [r]
(d) *Buch – Bücher*
(e) *dir – Tier*
(f) *Rasen – rasen*
(g) *Zug – Zugs*
(h) *Stadt – Staat*
(i) *Stadt – statt*
(j) *leiden – leiten*
(k) *Weg – Steg*
(l) *tot – Tod*

Beispiele (a), (b), (e), (h), (j) sind Minimalpaare, da die Wörter jeweils eine andere Bedeutung tragen und sich an einer bestimmten Position im Wort in genau einem Laut (unabhängig davon, an welcher Stelle im Wort) voneinander unterscheiden. /m/, /p/, /ç/, /t/, /d/, /a/ und /a:/ sind im Deutschen also Phoneme. Ob ein Wort, wie in Beispiel (c), mit einem uvularen, stimmhaften Frikativ oder mit einem apikalen, stimmhaften Vibranten als R-Laut gesprochen wird, wie es in vielen deutschen Dialekten üblich ist, ändert hingegen nichts an der Bedeutung des Wortes (z. B. *Rose*). Daher handelt es sich bei diesen beiden R-Lauten um sog. **freie Allophone**. Sie können in denselben Kontexten vorkommen und wirken nicht distinktiv zueinander.

Beispiel (d) ist insofern interessant, als dass es sich zwar offensichtlich nicht um ein Minimalpaar handelt, da sich mehr als ein Laut voneinander unterscheiden (/bu:x/ – /by: çe/), das [x] im Plural aber offenbar durch ein [ç] ersetzt wird. Sammelt man im Rahmen der Korpuserstellung weitere Belege für die beiden Laute, so stellt man fest, dass beide Laute zwar Minimalpaare bilden können (z. B. *Milch – mild, doch – Dock*), allerdings nie miteinander, sondern stets nur mit anderen Lauten. Untersucht man weiter, in welchen lautlichen Kontexten die beiden Laute vorkommen, so wird ersichtlich, dass sie in genau gegensätzlicher Verteilung zueinander stehen. Während [x] ausschließlich nach zentralen und hinteren Vokalen vorkommt (*Bach, Buch*), spricht man [ç] nach vorderen Vokalen, im Silbenanlaut und nach Konsonanten (*Becher, sich, Chemie, Mädchen, Milch, Mönch*). Da beide Konsonanten außerdem maximal ähnlich gebildet werden ([x] lediglich etwas weiter hinten im Mundraum als [ç]), kann man davon ausgehen, dass es sich bei den beiden Lauten um **Allophone** des Phonems /ç/ handelt, die in **komplementärer Distribution** zueinander stehen.

Wieder etwas anders verhält es sich in den Beispielen mit den Lauten [d] und [t]. Während diese im Anlaut (Beispiel (e)) und im Inlaut (Beispiel (j)) durchaus Minimalpaare bilden, lassen sich im Auslaut im Deutschen keine finden. Hier wird ausschließlich [t] gesprochen; Wörter, die im Deutschen auf [d] enden, gibt es aufgrund der Regel der Auslautverhärtung (s. 3.1.2) nicht. (Wir schreiben zwar *Tod* (wie in Beispiel (l) der Denkpause), sprechen aber dennoch [t]!) Grundsätzlich können die beiden Laute also Minimalpaare miteinander bilden, im Auslaut fällt die Opposition aber zusammen. Da beide Laute außerdem wiederum maximal ähnlich gebildet werden und sich nur im Stimmton voneinander unterscheiden, spricht man in diesem Zusammenhang von **Phonemen in teilkomplementärer Distribution.**

Genauere Hinweise zur Standardaussprache des Deutschen (s. Kap. 10.1 zu Standardsprache und Varietäten) und insbesondere zur Aussprache einzelner Wörter finden sich auch in einschlägigen Aussprachewörterbüchern wie dem *Duden* (Kleiner, Knöbl & Mangold 2015) oder dem *Deutschen Aussprachewörterbuch* (Krech u. a. 2009).

3.3 Relevanz von Aussprache im Spracherwerb

Denkpause 6

Insgesamt lässt sich also feststellen, dass der Aussprache des Deutschen ein komplexes Regelwerk zugrunde liegt und darüber hinaus ein umfangreiches Training vonnöten ist, um sie zu erwerben. Häufig gilt der Bereich der Aussprache daher als schwierig und wird im Sprachunterricht vernachlässigt. Die folgenden Autor*innen argumentieren hingegen stark für eine Berücksichtigung im Unterricht. Lesen Sie die Zitate und bilden Sie sich Ihre eigene Meinung, wobei Sie auch eigene Fremdsprachenlernerfahrungen einbeziehen können.

- „Die Aussprache sollte mindestens so gut sein, daß der Hörer auf das achtet, *was* gesprochen wird und nicht *wie* es gesprochen wird (d. h. wie unvollkommen es gesprochen wird). Die Aufmerksamkeit des Hörers sollte beim Sprechakt voll auf den Inhalt des Gesagten gelenkt werden und nicht durch die äußere Form des Gesagten vom Inhalt ablenken." (Kelz 1992: 25)
- „Die Bedeutung der Aussprache für die Kommunikation wird oft auf die Gewährleistung von Verständlichkeit reduziert. Phonetische Abweichungen, die die Verständlichkeit nicht direkt beeinträchtigen, werden bagatellisiert. Bei einer solchen pauschalen Sichtweise wird nicht berücksichtigt, dass die Aussprache eines jeden Menschen ein wesentliches, nach außen wirksames Persönlichkeitsmerkmal ist und dass man – auch – nach der Aussprache sozial auf- oder abgewertet und als Kommunikationspartner entsprechend behandelt wird. Ausprachekorrekturen in der Fremdsprache dienen nicht nur der Verbesserung der Verständlichkeit, sondern auch der sozialen Akzeptanz." (Hirschfeld 2001: 872)
- „[Es] ergibt sich als didaktische Konsequenz, daß eine verständliche und von einer als repräsentativ angesehenen Gruppe von Muttersprachlern nicht negativ sanktionierte Aussprache als wichtiges Minimalziel eines auf mündliche Kommunikationsfähigkeit abzielenden Fremdsprachenunterrichts anzusehen ist." (Grotjahn 1998: 42-43)

▶ Literaturtipps

Hirschfeld, Ursula; Reinke, Kerstin (2016): *Phonetik im Fach Deutsch als Fremd- und Zweitsprache.* Berlin: Erich Schmidt Verl.

Mehlhorn, Grit (2019): Phonetik. In: Jeuk, Stefan; Settinieri, Julia (Hrsg.): *Handbuch Sprachdiagnostik Deutsch als Zweitsprache.* Berlin: De Gruyter, 239-269.

Aufgaben nach diesem Kapitel

Aufgabe 1: Einzellaute (Segmentalia)

Um sich mit dem internationalen phonetischen Alphabet vertraut zu machen und es im Folgenden flüssiger lesen zu können, haben Sie hier Gelegenheit, das Zeichensystem zunächst rezeptiv und dann produktiv anzuwenden.

Lesen Sie den unten stehenden IPA-Text laut vor.

hɪntɐ a͜ɪnəs ba͜ʊməs ʁɪndə
vont di ma:də mɪt dem kɪndə
zi ɪst vɪtvə dɛn de:ɐ gatə
den zi hatə fil fɔm blatə
di:ntə zo aʊf di:zə va͜ɪzə
a͜ɪnɐ a:ma͜ɪzə als ʃpa͜ɪzə
a͜ɪnəs mɔʁgəns ʃpʁax di ma:də
li:bəs kɪnt ɪç ze:ə gʁa:də
dʁy:bən gibt ɛs fʁɪʃən kol
den ɪç hol zo lep dɛn vol
halt nɔx a͜ɪns dɛŋk vas gəʃa:
ge nɪçt aʊs dɛŋk an papa:
alzo ʃpʁax zi ʊnt ɛntvɪç
ma:də ju:n̯ioɐ abɐ ʃlɪç
hɪntəndʁa͜ɪn ʊnt das va: ʃlɛçt
dɛn ʃon kam a͜ɪn bʊntɐ ʃpɛçt
ʊnt fɛɐʃlaŋ di kla͜ɪnə fa:də
ma:də o:nə gna:də ʃa:də
hɪntɐ a͜ɪnəs ba͜ʊməs ʁɪndə
ʁuft di ma:də nax dem kɪndə

(Heinz Erhardt: *Die Made*, vgl. auch https://www.youtube.com/watch?v=ojA0NAjLQt0, 15.05.19)

Aufgabe 2: Transkription

Transkribieren Sie die folgenden Wörter nach dem System der IPA:

Volksfest, Langschläfer, Witzbolde
Windhose, Besserwisser, Angelschnur
Hoffnung, Geschirr, völlig, quer, stummer

Aufgabe 3: Fehlersuche

Korrigieren Sie die folgenden IPA-Transkriptionen, die insgesamt acht Fehler enthalten.

Vater – [va:tɛr]
entlang – [entlaŋg]
niedliche – [ni:dliçə]
stehen – [ste:hən]

Aufgabe 4: Beispiele finden

Welche Laute der deutschen Sprache kann man wie folgt artikulatorisch beschreiben? Notieren Sie die entsprechenden IPA-Zeichen, und geben Sie je ein Beispielwort, in dem der Laut vorkommt.

- bilabialer, stimmhafter Nasal
- dental-alveolarer, stimmhafter Nasal
- dental-alveolarer, stimmloser Plosiv
- velarer, stimmloser Frikativ
- labio-dentaler, stimmhafter Frikativ

Aufgabe 5: Phoneme

Was können Sie über den Phonemstatus von /n/ vs. /ŋ/ sagen, wenn Sie sich die folgenden Beispielwörter anschauen?

Wange, Wanne, Nase, Vase, Rang, ran, winken, wirken

4. Orthographie

Das Pendant zu Phonetik/Phonologie im schriftlichen Bereich ist die Orthographie. Während gesprochene Sprachen organisch in der Kommunikation entstehen und sich ebenso auf natürlichem Wege weiterentwickeln, beruhen schriftliche Systeme auf expliziten Konventionen, die innerhalb einer Sprachgemeinschaft festgelegt werden.

> „Der Terminus **Rechtschreibung**, eine Lehnübersetzung aus dem griechischen *orthós* (>recht, richtig<) *gráphein* (>schreiben<), bezeichnet sowohl das >rechte Schreiben< von Wörtern als auch die Wissenschaft, die mit dem rechten Schreiben befasst ist." (Dürscheid 2006: 163 – Hervorhebungen im Original)

Streng genommen müssten wir uns nur in den Bereichen, in denen der Staat Regelungskompetenz hat, an die Orthographie halten und könnten ansonsten alle schreiben, wie wir möchten; faktisch orientiert man sich aber auch in den meisten privaten Zusammenhängen an der Orthographie, da die Einhaltung gemeinsamer Standards natürlich auch das gegenseitige Verständnis sichert.

Alle Schriftsysteme bauen auf mündlicher Sprache auf, indem sie diese als ins Schriftliche zu transformierende Grundlage nutzen. Daher spricht man bei gesprochener Sprache auch über primäre, bei schriftlicher über sekundäre Zeichensysteme; die Schriftsprache ist quasi ein Abbild, eine Visualisierung und Verstetigung der mündlichen. Während es Sprachen gibt, die nicht verschriftlicht werden, gibt es kein Schriftsystem, das nicht auf mündlicher Sprache fußt. Auch Kinder lernen im Übrigen in der Regel erst sprechen und dann schreiben.[1] In der Schule wird dem Erwerb orthographischer Kompetenzen dann jedoch eine vergleichsweise hohe Bedeutung zugeschrieben, was wahrscheinlich auch darin begründet liegt, dass Rechtschreibung in vielen Gesellschaften als sozialer Marker wirken kann. Wenn beispielsweise ein Bewerbungsschreiben für einen Ausbildungsplatz zahlreiche Rechtschreibfehler enthält, so wird der/die Bewerber*in diesen Platz mit nur geringer Wahrscheinlichkeit erhalten, da von mangelnder Rechtschreibleistung häufig generalisierend auf mangelnde allgemeine intellektuelle Fähigkeiten geschlossen wird. Die Beherrschung orthographischer Konventionen gilt somit „als Ausweis für Intelligenz [...], als Gradmesser der schulischen Sozialisation" (Augst 2004: 648; zit. nach Dürscheid 2006: 165). Im L2-Erwerb hingegen

1 Einen linguistisch sehr interessanten Sonderfall stellen Gebärdensprachen dar, die ausschließlich Mimik und Gestik nutzen.

wird der orthographischen Perfektion in der Regel deutlich weniger Aufmerksamkeit zuteil, wie auch ein Blick auf den *Gemeinsamen Europäischen Referenzrahmen für Sprachen* (**GER**)[2] zeigt:

	Beherrschung der Orthographie
C2	Die schriftlichen Texte sind frei von orthographischen Fehlern.
C1	Die Gestaltung, die Gliederung in Absätze und die Zeichensetzung sind konsistent und hilfreich. Die Rechtschreibung ist, abgesehen von gelegentlichem Verschreiben, richtig.
B2	Kann zusammenhängend und klar verständlich schreiben und dabei die üblichen Konventionen der Gestaltung und der Gliederung in Absätze einhalten. Rechtschreibung und Zeichensetzung sind hinreichend korrekt, können aber Einflüsse der Muttersprache zeigen.
B1	Kann zusammenhängend schreiben; die Texte sind durchgängig verständlich. Rechtschreibung, Zeichensetzung und Gestaltung sind exakt genug, so dass man sie meistens verstehen kann.
A2	Kann kurze Sätze über alltägliche Themen abschreiben – z. B. Wegbeschreibungen. Kann kurze Wörter aus seinem mündlichen Wortschatz ‚phonetisch' einigermaßen akkurat schriftlich wiedergeben (benutzt dabei aber nicht notwendigerweise die übliche Rechtschreibung).
A1	Kann vertraute Wörter und kurze Redewendungen, z. B. einfache Schilder oder Anweisungen, Namen alltäglicher Gegenstände, Namen von Geschäften oder regelmäßig benutzte Wendungen abschreiben. Kann seine Adresse, seine Nationalität und andere Angaben zur Person buchstabieren.

Abb. 1: Referenz-Niveau-Skala Orthographie des GER (Quelle: https://www.schulentwicklung.nrw.de/lehrplaene/lehrplannavigator-s-i/hauptschule/englisch/englisch-klp/anhang/anhang.html 02.09.19)

2 Der GER, der auf Initiative des Europarats 2001 erstmalig veröffentlicht wurde, beschreibt sechs Sprachkompetenzstufen in Form von Kann-Beschreibungen hinsichtlich der vier Fertigkeiten Hören, Sprechen, Lesen und Schreiben. Er gilt grundsätzlich für alle Sprachen und soll dazu dienen, Sprachkompetenzlevel europaweit vergleichbar zu machen. Mittlerweile sind nahezu alle Sprachkursangebote, Lehrwerke und Sprachprüfungen am GER ausgerichtet. Unterschieden werden dabei die Niveaustufen A: Elementare Sprachverwendung (A1: Anfänger, A2: Grundlegende Kenntnisse), B: Selbstständige Sprachverwendung (B1: Fortgeschrittene Sprachverwendung, B2: Selbstständige Sprachverwendung) und C: Kompetente Sprachverwendung (C1: Fachkundige Sprachkenntnisse, C2: Annähernd muttersprachliche Kenntnisse), s. http://www.europaeischer-referenzrahmen.de/, 02.09.2019.

Orthographie wird in unserem Fachkontext eher als eine den anderen Teilkompetenzen nachgeordnete Fertigkeit betrachtet, die erst auf einem hohen allgemeinsprachlichen L2-Niveau – und in Abhängigkeit von den Lernerzielen – fakultativ zusätzlich perfektioniert werden kann. Dahingegen ist der Themenkomplex der Alphabetisierung hoch relevant für DaZ (s. auch 4.5).

4.1 Schriftsysteme

Das Festhalten flüchtiger mündlicher Sprache in Schriftform kann grundsätzlich auf ganz unterschiedliche Arten geschehen. Während einige Schriftsprachen Zeichen für ganze Wörter bzw. semantische Einheiten verwenden, die gar nicht oder nur wenig mit der Aussprache der Wörter zusammenhängen (**Wortschriften** oder **logographische** Schriftsysteme, wie z. B. das Chinesische mit einem Grundwortschatz von ca. 2000 Zeichen), bilden andere die gesprochenen Silben ab (**Silbenschriften** oder **syllabische** Schriftsysteme, wie z. B. die japanischen Schriftsysteme Hiragana und Katagana mit 142 Graphemen) und wieder andere verschriftlichen Einzellaute (**Alphabetschriften**, wie z. B. Deutsch mit 30 Graphemen oder Arabisch mit 28 Grundgraphemen). Im Gegensatz zu den logographischen Systemen bezeichnet man syllabische und alphabetische Systeme zusammenfassend als **phonographisch**, weil sie sich nicht an der Inhaltsseite, sondern an der Formseite des lautlichen Zeichens (genauer gesagt seiner Aussprache) orientieren (s. Dürscheid 2006: 69; s. auch Kap. 3.1.1 zu Laut-Buchstaben-Interferenz). Um die Charakteristika der unterschiedlichen Schriftsysteme exemplarisch darzustellen, ist in Tab. 1 die Verschriftung phonetischer Homonyme, d. h. von Wörtern, die gleich klingen, aber Unterschiedliches bedeuten (s. Kap. 6.1.2), in unterschiedlichen Sprachen abgebildet (das japanische Beispiel (はな) trägt in den unterschiedlichen Bedeutungen jeweils andere Wortakzente; die schriftsprachliche Realisierung ist aber identisch). Es gibt aber auch in manchen phonographischen Schriftsystemen Unregelmäßigkeiten, d. h. Wörter, die gleich klingen, aber unterschiedlich geschrieben werden, weil sie Unterschiedliches bedeuten (z. B. *Lerche* vs. *Lärche* im Deutschen). Wortschriften erfordern durch ihr sehr umfangreiches Zeicheninventar typischerweise einen hohen Lernaufwand, haben aber andererseits den Vorteil der schnellen Erfassbarkeit eines Zeichens durch den/die Leser*in. Bei Alphabetschriften verhält es sich genau umgekehrt, und Silbenschriften liegen in der Mitte, was ihre Lernbarkeit auf der einen und die Dekodiergeschwindigkeit auf der anderen Seite betrifft.

Tab. 1: Verschriftlichung von Homonymen in unterschiedlichen Schriftsystemen

	logographisch		phonographisch	
			syllabisch	alphabetisch
Schrift (Sprache)	Chinesisch		Hiragana (Japanisch)	Kyrillisch (hier im Russischen)
Beispiel	高	糕	はな	лук
Lateinische Transliteration	*gāo*		*hana*	*luk*
Bedeutung	‚hoch‘	‚Kuchen‘	‚Blume‘ oder ‚Nase‘	‚Zwiebel‘ oder ‚Pfeilbogen‘

Neben dieser grundsätzlichen Einteilung unterscheiden sich Schriften in ihrer Schreibrichtung voneinander (Deutsch z. B. von links oben nach rechts unten, Arabisch von rechts oben nach links unten, Chinesisch in manchen Kontexten von links oben nach rechts unten). Und selbstverständlich gibt es auch innerhalb der drei genannten Schriftgruppen wiederum große Unterschiede zwischen den Einzelschriften. So basieren beispielsweise die Alphabetschriften der semitischen Sprachen (etwa das Arabische und Hebräische) primär auf Konsonanten und vernachlässigen die Verschriftlichung der Vokale. Crystal (1993: 203) gibt einen vertieften Überblick über unterschiedliche Alphabetschriften, der veranschaulicht, wie groß die weiteren Unterschiede sein können. In Tabelle 2 finden Sie einige mit Hilfe des Google-Übersetzers (https://translate.google.com/, 05.09.2019) generierte Beispiele, die einen kleinen Eindruck von der Vielfalt geben können:

Tab. 2: Alphabetschriften im Vergleich

Arabisch	هذه جملة.
Deutsch	Dies ist ein Satz.
Griechisch	Αυτή είναι μια πρόταση.
Hebräisch	משפט זהו .
Hindi	यह एक वाक्य है।
Russisch	Это предложение.
Tamil	அது ஒரு வாக்கியம்.

4.2 Laut-Buchstaben-Korrespondenzen in Alphabetschriften

Das Deutsche gehört also zu den Alphabet- bzw. Buchstabenschriften, was bedeutet, dass sich die Schriftzeichen auf lautliche Zeichen beziehen. Entsprechend ist ein **Graphem** die kleinste distinktive Einheit des Schriftsystems, definiert als „Buchstabe oder Buchstabenverbindung, der/die sich auf ein und dasselbe Phonem bezieht" (Lühr 2000: 223). Analog zu den bereits aus der Phonetik und Phonologie bekannten Termini ist weiter ein **Graph** die konkrete Realisierung eines Graphems und ein **Allograph** eine Variante eines Graphems. Allographe können noch einmal unterschieden werden in solche, die frei und problemlos austauschbar sind, wie beispielsweise Realisierungen desselben Graphems in unterschiedlichen Schriftarten (etwa das dem <a> in Calibri entsprechende in Times New Roman (<a>) und Comic Sans (<a>) oder das kleine <z> in Handschriften, s. Abb. 2) und solche, die in unterschiedlichen Kontexten auch unterschiedlich realisiert werden müssen (etwa das große und kleine A in *Anna* oder die unterschiedlichen Realisierungen für das Phonem [a:] in <Tal>, <Saal> und <Mahl>). Wie auch bereits in der Phonologie werden also freie Variation und (teil)komplementäre Distribution voneinander unterschieden.

Abb. 2: Allographe des <z>

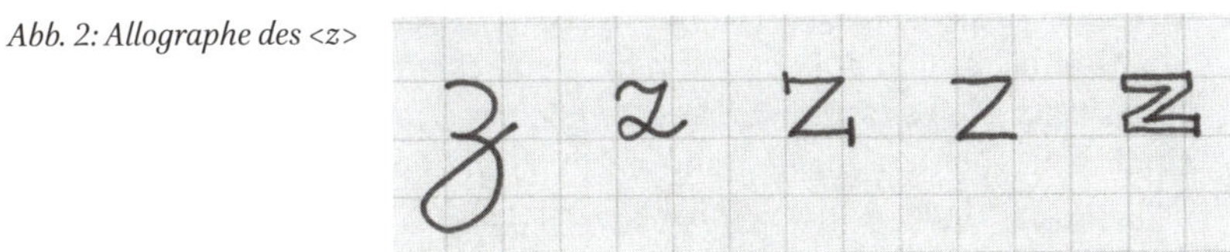

Graphe und Grapheme werden im wissenschaftlichen Diskurs in spitze Klammern gesetzt (<>). Als unspezifische Bezeichnungen (denn nicht immer sind genaue Differenzierungen nötig bzw. hilfreich) können außerdem die Begriffe „Buchstabe" oder „Buchstabenverbindung" genutzt werden.

Nun ist es allerdings leider nicht so, dass in natürlichen Sprachen jedem Phonem einfach genau ein Graphem gegenüberstünde (und umgekehrt), wie die folgenden Beispiele zeigen.[3]

- *Fenster – Vogel* → Unterschiedliche Grapheme (hier <f> und <v>) stehen für dasselbe Phonem (hier [f]).
- *Kiste – Häuser – Stein* → Ein Buchstabe (hier <s>) kann für unterschiedliche Laute (hier [s], [z], [ʃ]) stehen.

3 Dies ist lediglich in zu wissenschaftlichen Zwecken geschaffenen Transkriptionssystemen der Fall, wie bei der hier verwendeten lautlichen Umschrift der *International Phonetic Association* (IPA) (s. auch Kap. 3). Es gibt aber einige Sprachen, wie z. B. das Türkische, die einer Eins-zu-eins-Korrespondenz zwischen Phonemen und Graphemen recht nahekommen.

- *Schal* → Ein Phonem (hier [ʃ]) wird durch mehrere Buchstaben (hier <sch>) repräsentiert.
- *Axt* → Mehrere Laute (hier [ks]) werden durch einen einzigen Buchstaben (hier <x>) repräsentiert.

Aus einer Vielzahl theoretisch möglicher Schreibungen legen die Rechtschreibkonventionen für jedes Wort fest, welche Schreibung als die normative gelten soll, wie Dürscheid (2006: 164) zusammenfasst:

> Die Rechtschreibung umfasst die durch eine Norm festgelegten Schreibweisen, die Schreibung hingegen alle möglichen Schreibweisen. So gibt es für die Lautkette [fʊks] mehrere Schreibungen: <Fuchs>, <Phuks>, <Vugs> usw., aber nur eine dieser graphischen Repräsentationen entspricht der Norm. Jede Rechtschreibung ist also eine Schreibung, aber nicht jede Schreibung eine Rechtschreibung. Die Norm legt fest, welche der prinzipiell möglichen Schreibungen zu einer gewissen Zeit Gültigkeit haben [...].

▶ Exkurs: Sprachvergleich ◀

Die Laut-Buchstaben-Korrespondenzen unterschiedlicher Sprachen unterscheiden sich typischerweise an einigen Stellen. Für deutsche Muttersprachler*innen ungewöhnlich (und andersherum für Deutschlernende eine Stolperfalle) ist beispielsweise die konsequente Verschriftlichung des stimmhaften /z/-Lauts durch den Buchstaben <z> und des stimmlosen /s/ durch den Buchstaben <s> in vielen der auf dem lateinischen Alphabet basierenden Buchstabenschriften (vgl. beispielsweise Englisch <zoo> und <say> oder die türkischen Vornamen <Zeynep> und <Yusuf>). Das Deutsche geht hier einen Sonderweg – mit der Repräsentation sowohl stimmhafter als auch stimmloser S-Laute durch den Buchstaben <s> (vgl. <*siehst*>) und der Zuordnung des Konsonantenclusters /t͜s/ zum Buchstaben <z> (vgl. im Deutschen <Zoo>).

Darüber hinaus finden sich in allen Sprachen – wenn auch unterschiedlich stark ausgeprägte – Uneindeutigkeiten oder Inkonsequenzen in der Laut-Buchstaben-Korrespondenz. Für das Englische wird dies beispielsweise durch die verbreitete *ghoti*-Anekdote deutlich, im nachfolgenden Zitat aufgegriffen von Ben Zimmer (2010) in einem Kommentar des *New York Times Magazines*:

> When talk turns to the irrationality of English spelling conventions, a five-letter emblem of our language's foolishness inevitably surfaces: ghoti. [...] The Irish playwrighter George Bernard Shaw is said to have joked that the word ‚fish' could legitimately be spelled ‚ghoti', by using the ‚gh' sound from ‚enough', the ‚o' sound from ‚women' and the ‚ti' sound from ‚action'.

Denkpause 1

Stellen Sie in den folgenden Wörtern jeweils Phone und Graphe einander gegenüber (wie im unten stehenden Beispiel für das Wort *Fuchs* gezeigt). Ergänzen Sie in einem zweiten Schritt ggf. Allographe zu den Phonen. Das heißt: Wie werden diese Phone in anderen deutschen Wörtern geschrieben? Suchen Sie weiterhin andere mögliche Phone zu den Graphen, d. h., überlegen Sie, ob man den jeweiligen Graphen in anderen Wörtern findet, in denen man ihn anders ausspricht.

(a) *Fuchs*
(b) *Weg*
(c) *ziehen*

Beispiellösung für (a) Fuchs
Auch die Buchstaben <v>, <ph>, <ff> können [f] ausgesprochen werden, z. B. in *Vater, Allophon* und *Affe*. Der Graph <f> hingegen wird immer [f] ausgesprochen. Anders ist es beim [ʊ]. Das [ʊ] wird zwar immer <u> geschrieben, aber es gibt zwei Weisen, wie wir es aussprechen können, nämlich [ʊ] wie in *Fuchs*, aber auch [u:] wie in *suchen*. Geht man alle Phone und Graphe des Wortes entsprechend durch, erhält man folgende Tabelle:

Tab. 3: Gegenüberstellung von Allographen, Graphen und Phonen

Allographe ¬	Phone	Graphe	→ Phone
<v>, <ph>, <ff>	[f]	<f>	---
---	[ʊ]	<u>	/u:/
<k>, <kk>, <ck>, <c>	[k]	<ch>	[ç], [x], [tʃ], [ʃ]
<ss>, <c>, <ß>	[s]	<s>	[z], [ʃ]

4.3 Orthographische Prinzipien des Deutschen

Warum werden die Wörter nun so geschrieben, wie sie geschrieben werden? Die Orthographie des Deutschen, die sich über die Jahrhunderte herausgebildet und mehrfach gewandelt hat,[4] folgt einer Vielzahl von Konversionsprinzipien (s. für

4 Auf die historische Entwicklung der Verschriftung der deutschen Sprache gehen wir an dieser Stelle nicht ein, da sie für den DaF-/DaZ-Unterricht nicht weiter von Belang ist. Eine interessante Überblicksdarstellung zur Genese des heutigen deutschen Alphabets, das ursprünglich in althochdeutscher Zeit aus dem Lateinischen abgeleitet wurde, bietet z. B. Lühr (2000: 222).

die folgenden Ausführungen Lühr 2000: 226-228), die nachfolgend beispielhaft dargestellt werden sollen.

Das **phonetische Prinzip**, einen Laut einem Buchstaben gegenüberzustellen, liegt dem Alphabetsystem dabei als Grundidee zugrunde, ist in Reinform aber, wie bereits erwähnt, nur in phonetischen Alphabeten anzutreffen. Als Beispiel aus dem deutschen Schriftsystem könnte man das <j> anführen, das (mit Ausnahme von Lehn- und Fremdwörtern) eindeutig dem [j] zugeordnet ist. Das **phonologische Prinzip** fordert etwas weiter, dass zumindest ein Phonem nur einem Graphem zuzuordnen sei. Hier könnte beispielhaft auf die Allophone [ç] und [x] verwiesen werden, die beide grundsätzlich durch <ch> verschriftet werden.

Für die deutsche Orthographie ebenfalls sehr relevant ist das **morphologische Prinzip** (auch *Stammprinzip* oder *Prinzip der Schemakonstanz* genannt), welches besagt, dass morphologisch zusammengehörige Wortformen durchgängig gleich geschrieben werden müssen (z. B. *fallen – fällen* [nicht **fellen*]), und zwar auch dann, wenn sie in unterschiedlichen Kontexten unterschiedlich ausgesprochen werden (z. B. *vier – vierzig*). Dieses Prinzip führt auch dazu, dass die Auslautverhärtung des Deutschen (s. Kap. 3.1.2) zwar phonetisch realisiert, jedoch orthographisch nicht abgebildet wird (z. B. *Rad* [nicht **Rat*] – *Rades*). An letzterem Beispiel lässt sich ein weiteres orthographisches Prinzip erläutern, das sich quasi komplementär zum morphologischen verhält, nämlich das **lexikalisch-semantische**, welches fordert, dass unterschiedliche Wortbedeutungen bei gleicher Aussprache dennoch unterschiedliche Schreibungen haben sollten, um auf Leserseite Eindeutigkeit zu garantieren. Auch weil es die Schreibung *Rat* bereits als Bezeichnung für ein gleichlautendes Wort anderer Bedeutung gibt, erscheint es sinnvoll, *Rad* für die bessere Differenzierung der beiden Wörter anders, nämlich mit auslautendem <d>, zu schreiben (vgl. auch z. B. *Lärche – Lerche*).

Das syntaktische oder **grammatische Prinzip** fordert die Großschreibung von Substantiven (seit der dänischen Rechtschreibreform von 1948 ein Alleinstellungsmerkmal der deutschen und luxemburgischen Orthographie) und am Satzanfang, das **pragmatische Prinzip** fordert die Großschreibung bestimmter Anredepronomina. Das besonders subjektiv erscheinende **ästhetische Prinzip** erklärt schließlich, warum nur einige Doppelbuchstaben erlaubt sind, warum wir zwar *Boot*, aber nicht **Büür* schreiben und *Haar*, aber nicht **Häärchen*. Weitere Erklärungsprinzipien sind **ökonomischer** und historischer Natur. So wurden in alter Rechtschreibung Drittkonsonanten als redundant gestrichen (**Schiffahrt*), die nach neuer Rechtschreibung (d. h. seit der großen Rechtschreibreform von 1996 bzw. ihrer aktuell gültigen, revidierten Version von 2006) – nunmehr dem morphologischen Prinzip folgend – allerdings wieder obligatorisch sind (*Schifffahrt*). **Historische** Gründe gibt es im Deutschen insbesondere für einige entlehnte Schreibungen, wie z. B. *Orthographie*, die allerdings mittlerweile auch *Orthografie*, interessanterweise jedoch nicht **Ortografie* geschrieben werden darf. Im Vergleich zu anderen Sprachen, wie z. B. dem Französischen, ist das Deutsche jedoch vergleichsweise wenig historisch geprägt. Hier haben die zahlreichen orthographischen Reformen[5] Vereinfachungen vorgenommen, und so ist die Schriftsprache des Deutschen beispielsweise leichter zu erwerben als die des Englischen oder Französischen. Noch näher an der Aussprache sind aber beispielsweise die Schriftsysteme des Spanischen, des Türkischen oder des Kiswahili.

Denkpause 2

Wenn Sie die deutsche Orthographie reformieren könnten, was würden Sie ändern?

- Formulieren Sie mindestens drei neue Regeln.
- Erläutern Sie Ihre Regeln an Beispielwörtern.
- Welche orthographischen Prinzipien würden Sie durch Ihre Änderungen jeweils schwächen bzw. stärken?
- Welche positiven und welche negativen Konsequenzen Ihrer Änderungen für Schreiber*innen und Leser*innen würden Sie vermuten?

4.4 Orthographische Regeln des Deutschen

Denkpause 3

Bevor Sie sich näher mit den orthographischen Regeln des Deutschen beschäftigen, können Sie das unten stehende „Quatsch-Diktat" schreiben. Lassen Sie es sich von einer anderen Person vorlesen (natürlich ohne den Text vorher selbst zu lesen!) und überprüfen Sie anschließend das Ergebnis. So können Sie mit einem kleinen Selbsttest in das Regel-Thema starten.

Liebe Emma,

ich muss dir/Dir unbedingt etwas erzählen. (Erst wollte ich einen Brief an den Deutschen Bundestag oder den Heiligen Vater schreiben, aber das erschien mir dann doch übertrieben.) Unsere Nachbarn, zwei Philosophieprofessoren/Philosophie-Professoren, haben komische Hobbys, die sich substanziell/substantiell von unseren unterscheiden: Sie lieben es, mit Gewehren zu schießen. Ich habe ihnen überschwänglich eingebläut, dass mir angst und bange davon wird. Ein Albtraum/Alptraum! Oder der tägliche müllersche/Müller'sche Wahnsinn eben! Sie schießen auf Delphine/Delfine(,) und sie schießen auf Mülltonnen. Ich habe sie dabei fotografiert. Da sind sie 100-prozentig/100%ig/hundertprozentig zu weit gegangen. Sie werden hier noch alles kaputt machen/kaputtmachen. Auch wenn es mir leidtut: Ich habe wirklich Angst und bin sogar krankgeschrieben. Aber die werden uns noch kennenlernen/kennen lernen! Meinen Mann habe ich gleich in den Baumarkt geschickt. Und dank seiner Zähheit haben wir seit gestern Abend nach langem Hin und Her schusssichere Rollläden/Roll-Läden.

5 Vgl. z. B. Nerius (1994: 728-730) zu Grundsätzen und Zielen orthographischer Reformen.

Ansonsten lernen die Kinder gerade zu kochen. Ich hoffe, dass das klappt. Es sollte ihnen nicht schwerfallen. Heute Mittag gab es Spaghetti/Spagetti, Hotdogs/Hot Dogs und zum Nachtisch Joghurt/Jogurt. So, jetzt bist du/Du wieder auf dem Laufenden.

Noch ein Tipp von mir: Karamellbonbons/Karamell-Bonbons oder Nugat/Nougat beruhigen die Nerven. Schreib' doch mal wieder eine E-Mail!

Viele Grüße und tschüs/tschüss

deine/Deine Lilly

Das offizielle Regelwerk für die deutsche Orthographie (Rat für deutsche Rechtschreibung (Hrsg.) 2006: http://www1.ids-mannheim.de/fileadmin/service/reform/regeln2006.pdf, 02.09.2019) besteht aus einem Regelteil und einem Wörterverzeichnis. Der Regelteil umfasst Ausführungen zu A) Laut-Buchstaben-Zuordnungen, B) Getrennt- und Zusammenschreibung, C) Schreibung mit Bindestrich, D) Groß- und Kleinschreibung, E) Zeichensetzung und F) Worttrennung am Zeilenende. Vielleicht haben Sie durch das obige Diktat einen Eindruck davon erhalten, in welchen orthographischen Bereichen Sie sich sicher(er) fühlen und in welchen Sie noch Schwierigkeiten haben. Allgemein bergen im Bereich der Orthographie sicherlich die Bereiche der Getrennt- und Zusammen- sowie Groß- und Kleinschreibung die größten Erwerbsschwierigkeiten – auch für L2-Lerner*innen. Beide Bereiche sind eng miteinander verbunden und bilden ein vergleichsweise komplexes Regelwerk (vgl. die entsprechenden Kapitel im amtlichen Regelwerk, downloadbar z. B. unter http://www1.ids-mannheim.de/service/reform/, 02.09.2019). Relativ schnell erklären lässt sich Lernenden hingegen z. B. die bereits erwähnte mangelnde Markierung der Auslautverhärtung. Etwas schwerer zu vermitteln ist der Bereich der Markierung unterschiedlicher Vokalqualitäten und -quantitäten. Diese werden teilweise gar nicht orthographisch markiert (vgl. z. B. das <a> in *ab* vs. *Bar*) oder durch unterschiedliche Mittel für dieselbe Vokalquantität bzw. -qualität markiert (vgl. z. B. die Kernvokale in *Saal* vs. *Stahl*, *rot* vs. *Boot* oder auch *sieben* vs. *ziehen*). Ungespanntheit bzw. Vokalkürze wird in einigen Fällen (aber eben nicht immer!) durch Doppelkonsonanz markiert (z. B. *kam* vs. *Kamm*). Erklärt werden kann diese Regel durch die bereits aus der Phonetik und Phonologie bekannte Silbenregel (s. Kap. 3.1.2). Viele Schreibungen müssen aber schlicht auswendig gelernt werden; ob man z. B. *Draht* nun *Drat*, *Draat* oder *Draht* schreibt, lässt sich aus orthographischem Regelwissen nicht ohne Weiteres ableiten.[6]

---

6 In diachroner Perspektive lässt sich herausfinden, dass *Draht* von *drehen* abgeleitet ist (Kluge 2002: 213). Aber, wie in Kap. 1 bereits ausgeführt, sprengen solche Gesichtspunkte den Rahmen dieser Einführung und werden auch in Sprachmittlungskontexten in aller Regel nicht systematisch berücksichtigt. Gleichwohl können Hinweise auf solche Ableitungen selbstverständlich wertvolle Merkhilfen darstellen.

Glücklicherweise gibt es inzwischen zahlreiche einschlägige Selbsttrainingsprogramme, beispielsweise vom Dudenverlag (z. B. Stang 2006), die beim Nachschlagen oder Erarbeiten bestimmter orthographischer Regeln unterstützen können. Exemplarisch sind im unten stehenden Exkurs kurz die wichtigsten aktuellen Kommaregeln dargestellt, um einen Eindruck davon zu vermitteln, wie schnell und unaufwändig man sich einzelne Regelbereiche erarbeiten kann (http://www1.ids-mannheim.de/fileadmin/service/reform/regeln2006.pdf, 78-88, 02.09.2019). Ähnliche Übersichten finden sich natürlich auch zu den anderen Bereichen.

▶ Exkurs: Kommaregeln ◀

§ 71 Gleichrangige (nebengeordnete) Teilsätze, Wortgruppen oder Wörter grenzt man mit Komma voneinander ab.

- *Dies ist der erste Satz, dies ist der zweite Satz.*
- *Dies sind Wörter, Sätze, Äußerungen.*

§ 72 Sind die gleichrangigen Teilsätze, Wortgruppen oder Wörter durch *und*, *oder*, *beziehungsweise/bzw.*, *sowie* (= *und*), *wie* (= *und*), *entweder ... oder*, *nicht ... noch*, *sowohl ... als* (*auch*), *sowohl ... wie* (*auch*) oder durch *weder ... noch* verbunden, so setzt man kein Komma.
Bei entgegenstellenden Konjunktionen wie *aber*, *doch*, *jedoch*, *sondern* steht hingegen ein Komma.

- *Dies ist der erste Satz und dies der zweite.*
- *Sätze bestehen sowohl aus Wörtern als auch aus Wortgruppen.*
- *Der Satz ist richtig, aber kurz.*

§ 73 Bei der Reihung von selbstständigen Sätzen, die durch *und*, *oder*, *beziehungsweise/bzw.*, *entweder – oder*, *nicht – noch* oder durch *weder – noch* verbunden sind, kann man ein Komma setzen, um die Gliederung des Ganzsatzes deutlich zu machen.

- *Dies ist der erste Satz(,) und danach ist von etwas ganz anderem die Rede.*
- *Entweder du setzt hier ein Komma(,) oder du setzt es nicht.*

§ 74 Nebensätze grenzt man mit Kommata ab, auch wenn sie eingeschoben sind.

- *Was ein Nebensatz ist, sieht man an diesem Beispiel.*
- *Der Relativsatz, der hier eingeschoben ist, wird zu beiden Seiten mit Kommata abgetrennt.*

§ 75 Infinitivgruppen grenzt man mit Komma ab, wenn

(1) die Infinitivgruppe mit *um, ohne, statt, anstatt, außer, als* eingeleitet ist,
(2) die Infinitivgruppe von einem Substantiv abhängt,
(3) die Infinitivgruppe von einem Korrelat oder einem Verweiswort im Trägersatz abhängt.

In allen anderen Fällen sind Kommata bei Infinitivgruppen fakultativ. Bloße Infinitive können in den Fällen (2) und (3) mit oder ohne Komma stehen. Analoges gilt für erweiterte Partizipialgruppen.

- *Hier setzt man ein Komma, ohne weiter zu überlegen.*
- *Hier lautet die Regel, ein Komma zu setzen.*
- *Hier ist es ebenfalls notwendig, ein Komma zu setzen.*
- *Hier ist jedem selbst überlassen(,) ein Komma zu setzen.*
- *Hier lautet die Regel(,) zu wählen.*
- *Übersichtlich aufbereitet(,) finden Sie hier eine ganze Reihe von Beispielen.*

§ 77 Zusätze oder Nachträge grenzt man mit Kommata ab.

- *Dieser Satz, ein Hauptsatz, stellt ein einfaches Beispiel dar.*
- *Dies ist ein Satz, nämlich ein Hauptsatz.*

§ 79 Anreden, Ausrufe oder Ausdrücke einer Stellungnahme, die besonders hervorgehoben werden sollen, grenzt man mit Komma ab.

- *Oh, da fällt mir noch ein Beispiel ein!*
- *Liebe Leserin, dies ist der letzte Beispielsatz!*

Lehrwerke für Deutsch als Fremd- oder Zweitsprache beschränken sich im Bereich der Vermittlung orthographischer Regeln häufig auf die Darstellung von Laut-Buchstaben-Relationen und lassen komplexere Regelherleitungen und -zusammenhänge außen vor. Meist werden Laute und Buchstaben einfach tabellarisch einander gegenübergestellt. Teilweise werden aber auch vereinzelte weitergehende Erläuterungen geliefert, wie z. B. in *Berliner Platz 1* (s. Abb. 3)

4.5 Schriftspracherwerb

Was den Schriftspracherwerb betrifft, so ist mit Blick auf DaF/DaZ zunächst zu unterscheiden, ob Lernende bereits in einer oder mehreren anderen Sprachen lesen und schreiben können oder ob es sich um eine **Erstalphabetisierung** handelt. Während **primäre Analphabeten** nie eine Schule besucht haben, sind **sekundäre Analphabeten** nur ungenügend beschult worden und haben (zumindest teilweise) das Lesen und Schreiben wieder verlernt. **Funktionale Analphabeten** schließlich haben zwar über Jahre hinweg eine Schule besucht; dennoch genügen ihre Lese- und Schreibkompetenzen nicht den gesellschaftlichen Erwartungen.

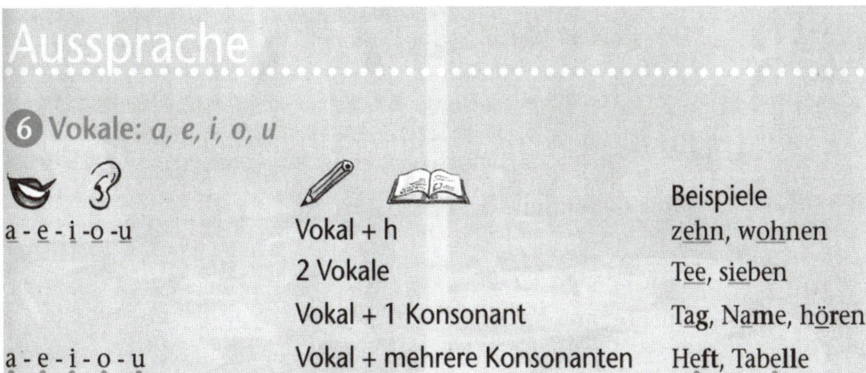

Abb. 3: Lehrwerksbeispiel aus Berliner Platz 1 (Lemcke et al. 2002: 35)

Davon abzugrenzen sind **Zweitschrifterwerber*innen**, die in ihrer L1 vollständig alphabetisiert sind und lediglich die Konventionen eines neuen Alphabets erlernen müssen (Umalphabetisierung), sowie L2-Lerner*innen, die sogar im lateinischen Alphabet alphabetisiert sind und lediglich einige Laut-Buchstaben-Relationen neu besetzen müssen.

Für die Alphabetisierung insbesondere erwachsener Lerner*innen in der Zweitsprache Deutsch hat sich mittlerweile eine gut ausgebaute Didaktik herausgebildet, wobei sowohl synthetische, also die einzelnen Laute bzw. Grapheme fokussierende Methoden (z. B. Anlautmethode, Buchstabiermethode, Lautiermethode), als auch analytische, also größere Einheiten wie Wörter oder kurze Sätze in den Blick nehmende Methoden (z. B. Ganzwortmethode, Ganzsatzmethode), zum Einsatz kommen (vgl. einführend z. B. Feldmeier 2010). Didaktisch grundsätzlich hilfreich, sowohl in der Alphabetisierung in der L1 als auch in der L2, ist es außerdem, Buchstaben (zumindest anfangs) nicht mit ihren Buchstabennamen (z. B. *es* für <s>) zu bezeichnen, sondern mit den jeweils korrespondierenden Lauten (z. B. /s/ für <s>), um keine Verwirrung bei der Zuordnung zu stiften. Wie irritierend die Verwendung von Buchstabennamen im L2-Erwerb sein kann, lässt das folgende Gedicht (Quelle unbekannt) erahnen:

Mein C tut W,
die Q trinkt T,
ich HB nichts zu SN
und alle GBT vergessen.
Die NT hat meinen ZL mit RD verdreckt,
die KC hat ihn im Schornstein versteckt.
Dann WT R über die LB zu dir.
Du hast recht. R ist weiß J keine Zier
ND

Abb. 4: Komplexität von Leseprozessen (Plakat mit dem Titel „Großartig" von Joyce Siebert im Rahmen des 30. Plakatwettbewerbs „Warum studieren?" des Deutschen Studentenwerks 2016; s. https://page-online.de/branche-karriere/warum-studieren-die-gewinner-des-30-plakatwettbewerbs-des-deutschen-studentenwerks/, 02.09.19

Grundsätzlich verläuft der Schriftspracherwerb – sowohl in der L1 als auch in der L2 – in drei **Phasen** (Frith 1985): der **logographischen**, in der gut bekannte Wörter gesamthaft, d. h. ohne phonologische Analyse, erkannt werden (z. B. der eigene Name, Markenlogos), der **alphabetischen** Phase, in der Buchstaben und Lautwerte grundsätzlich bekannt sind, so dass Wörter Buchstabe für Buchstabe erlesen und mühsam synthetisiert werden, und schließlich der **orthographischen** Phase, in der die Syntheseprozesse weitgehend automatisiert und zügig ablaufen. Dabei sind die Syntheseprozesse über lange Zeit sehr fehleranfällig, wobei es z. B. zu Silbenaufbaufehlern, Lautunterscheidungsfehlern, Verwechslungsfehlern, Übergeneralisierungen und zwar systematisch möglichen, aber normwidrigen Schreibungen kommt (s. z. B. Magin 1991: 108). Dass Lesen eine sehr komplexe kognitive Leistung im Zusammenspiel von Bottom-up- und Top-down-Prozessen (s. einführend z. B. Rosebrock & Nix 2014) darstellt, illustriert auch Abb. 4, ein Werbeplakat des Deutschen Studentenwerks.

Zuzannas Bildbeschreibung zum „Sturz ins Tulpenbeet" illustriert die Fehleranfälligkeit der Syntheseprozesse – auch und gerade, wenn die (L2-)Lerner*innen bereits in der orthographischen Phase angelangt sind. Zunächst mag vor allem die fehlerhafte Kleinschreibung mancher Substantive auffallen (<angst>, <idee>). Allerdings zeigt der Text auch zahlreiche Selbstverbesserungen, hin zur korrekten Großschreibung (<park>/<Park>, <bank>/<Bank> usw.). Zuzanna scheint die Regeln zur Groß- und Kleinschreibung also grundsätzlich bereits zu kennen, hat sie aber noch nicht vollends automatisiert. Auch einige Regeln für die Markierung von Vokalquantität und -qualität (s. 4.4) setzt sie bereits um. So markiert sie ungespannte Vokale teilweise durch Konsonantendopplungen (<dann>, <alle>, <sonnigentag>, <gewallen>). Lange Vokale werden von ihr sowohl korrekt (<idee>)

als auch übergeneralisierend (<hinterheer>) durch Doppelvokale gekennzeichnet. Allerdings markiert Zuzanna sowohl gespannte als auch ungespannte Vokale an anderer Stelle auch fälschlich (<denn Hund> anstelle von <den Hund> sowie <schneel> für <schnell>) oder verzichtet ganz auf die obligatorische Markierung (<hate>, <gebliben>). Diese Inkonsistenz in der Regelanwendung könnte auf Interferenzen mit Zuzannas L1 Polnisch hinweisen, denn das Polnische kennt keine distinktive Differenzierung zwischen unterschiedlichen Vokalqualitäten und -quantitäten. Möglicherweise liegt Zuzannas Schwierigkeit hier also nicht primär im Verstehen und Anwenden der orthographischen Regelmäßigkeiten, sondern zuallererst im phonologischen Differenzieren zwischen den für diese Regeln maßgeblichen Phonemen. Dies verdeutlicht noch einmal die nicht zu unterschätzende Rolle der Aussprache (und hier insbesondere des Hörens) beim Erlernen der deutschen Orthographie.

▶ Literaturtipps

Feldmeier, Alexis (2010): *Von A bis Z – Praxishandbuch Alphabetisierung. Deutsch als Zweitsprache für Erwachsene*. Stuttgart: Klett.

Püschel, Ulrich; Stang, Christian (2006): *Duden. So schreibt man jetzt! Das Übungsbuch zur neuen deutschen Rechtschreibung*. 4., aktual. u. überarb. Aufl., Mannheim u. a.: Dudenverlag.

Aufgaben nach diesem Kapitel

Aufgabe 1: Orthographische Prinzipien

Welche orthographischen Prinzipien werden durch die folgenden Änderungsvorschläge im Rahmen der letzten Rechtschreibreform von 1998 gestärkt, welche geschwächt?

(a) Ballettänzerin → Balletttänzerin
(b) Zuk-ker → Zu-cker
(c) Stengel → Stängel
(d) Roheit → Rohheit
(e) Spaghetti → auch: Spagetti

Aufgabe 2: Orthographische Regeln

Entscheiden und begründen Sie, ob Sie in den folgenden Sätzen Kommata setzen würden oder nicht.

(a) Darauf aufbauend möchte ich Ihnen jetzt die Stufen des Schriftspracherwerbs erläutern.
(b) Der Schriftspracherwerb der bereits im Vorschulalter beginnt ist im Grunde noch nicht einmal bei Studienbeginn abgeschlossen. Während des Studiums lernt man sich fachsprachlich angemessen schriftlich auszudrücken.
(c) Nach sieben Jahren kehrte sie todunglücklich wieder nach Hause zurück.
(d) Dass du mich so hintergehst hätte ich nie gedacht.
(e) Um endlich mal zur Ruhe zu kommen bleibe ich in den nächsten Tagen zu Hause.

Aufgabe 3: Orthographische Regeln im Lernertext

Schauen Sie sich noch einmal den Lernertext von Zuzanna an. Welche orthographischen Fehler hatten Sie vor der Lektüre dieses Textes markiert? Finden Sie nun weitere? Falls ja, markieren Sie diese ebenfalls.

Überlegen Sie nun: Welche orthographischen Regeln des Deutschen werden durch die Fehler jeweils verletzt?

Überlegen Sie anschließend außerdem: Welche orthographischen Regeln des Deutschen setzt Zuzanna bereits (größtenteils) korrekt um?

5. Basiswissen zur Morphologie

Kommen wir nun von den kleinsten Einheiten, den Phonemen und Graphemen, zur nächsthöheren Ebene, den Wörtern und ihren Bausteinen, den Morphemen. Innerhalb dieses Kapitels werden wir zunächst klären, was denn ein Wort überhaupt ist und wie man Wörter kategorisieren kann (5.1). Anschließend beschäftigen wir uns mit der Frage, wie man Morpheme identifiziert (5.2), welche unterschiedlichen Arten es gibt und wie sie funktionieren (5.3). Da zwar alle Sprachen der Welt Morpheme haben, die Sprachen aber trotzdem sehr unterschiedlich aufgebaut sein können, benötigen Lehrende ein Basiswissen über Gemeinsamkeiten und Unterschiede verschiedener Sprachen. Dieses Wissen hilft, das, was die Lernenden bereits wissen und können, als Ressource in den Unterricht einzubeziehen und potentielle Problemfelder besser einschätzen zu können (5.4).

Innerhalb der Morphologie gibt es zwei große Themenfelder: die Wortbildung und die Flexion. Die **Wortbildung** beschäftigt sich damit, wie Wörter zusammengesetzt oder aus anderen Wörtern abgeleitet werden (z. B. *Schreibtisch* aus *schreib(en)* und *Tisch, unschön* aus *schön*, vor das ein *un-* tritt). Sie ist insbesondere im Bereich der Wortschatzarbeit wichtig und wird deshalb ausführlich im Kapitel 6 (Lexik) behandelt. Bei der **Flexion** geht es darum, dass manche Wörter verschiedene Formen annehmen und somit unterschiedliche grammatische Informationen enthalten können (z. B. steht in (1) *Kinder* im Plural und *spielen* auch). Diese jeweiligen grammatischen Informationen können sich auch ändern; so steht *spielen* im Präsens und *spielten* im Präteritum. Wenn Wörter im Satz eine bestimmte grammatische Information teilen, zeigen sie dadurch, dass sie in einer inhaltlichen Beziehung zueinander stehen:

(1) *Die **Kinder** spiel**en**.*

Flexion stellt also innerhalb von Sätzen Bezüge zwischen Wörtern oder Wortgruppen her. Ihre Beherrschung wird im Deutschen benötigt, um grammatisch korrekte Sätze bilden zu können. Mit der Flexion beschäftigt sich Kapitel 7 und bildet so den Übergang zur Syntax (Kapitel 8).

5.1 Das Wort

Dass Äußerungen aus Wörtern bestehen, die ihrerseits wiederum Sätze bilden, erscheint uns als Binsenweisheit, und Muttersprachler*innen gelingen Auswahl und Reihung von Wörtern zu Sätzen aller Art intuitiv. Wenn wir allerdings erklären sollen, warum Wörter so und nicht anders gereiht werden können (oder sogar müssen), wird es schnell etwas komplizierter. Um begründen zu können, welche Wörter in welchen

Formen, Kombinationen und an welchen Stellen im Satz stehen können (oder auch nicht), ist es notwendig, zunächst unterschiedliche Klassen von Wörtern voneinander zu unterscheiden: die **Wortarten**. Um diese Klassifikation vornehmen zu können, stellt sich wiederum im Vorfeld die Frage: Was ist denn eigentlich ein Wort?

5.1.1 Wortdefinitionen

Im Laufe der Jahrzehnte sind ganz unterschiedliche Definitionen von **Wort** formuliert worden, wobei jeweils auch unterschiedliche Kriterien herangezogen wurden. Bußmann (2002: 750) zufolge handelt es sich bei „Wort" um einen „[i]ntuitiv vorgegebene[n] und umgangssprachlich verwendete[n] Begriff für sprachliche Grundeinheiten, dessen zahlreiche sprachwissenschaftliche Definitionsversuche uneinheitlich und kontrovers sind". Von phonologischen (z. B. Träger eines Wortakzents) und orthographischen (z. B. Leerstellen links und rechts vom Wort) über semantische (z. B. Bedeutungsträger im mentalen Lexikon) bis hin zu morphologischen (z. B. Grundeinheit von Flexionsparadigmen) und syntaktischen (z. B. kleinste verschiebbare oder ersetzbare Einheiten des Satzes) Definitionskriterien sind viele Versuche unternommen worden, von denen jedoch keiner auch nur annähernd sauber greift. Um sich dem Problem zu nähern, sehen Sie sich folgende Denkpause an:

Denkpause 1

Wie viele Wörter, die das Element *tanz* enthalten, haben die folgenden Sätze?[1]

(a) *Ich **tanze** immer mittwochs.*
(b) *Als ich jung war, **habe** ich jeden Tag **getanzt**.*
(c) *Was machst du? Ich **tanze**!*
(d) ***Tanzt** du mit mir?*
(e) *Ach, diese **tänzerischen** Bewegungen…*
(f) *Der **Tanz** gefällt mir.*
(g) *Tango ist **getanzte** Leidenschaft.*
(h) *Heribert **Tanz** ist mein Name.*

Zählen wir jedes einzelne Auftreten der fett gedruckten Wörter, haben wir zunächst einmal acht **Wortformen** festgestellt. Wenn wir hingegen nur sieben Wörter zählen und (a) und (c), die ja in jeder Hinsicht die gleichen grammatischen Informationen enthalten, nur als ein Wort sehen, achten wir auf **syntaktische Wörter**. Wenn wir wiederum nur fünf Wörter zählen, haben wir (a) bis (d) zusammengefasst, es sind ja alles Formen ein- und desselben Verbs. In dem Fall haben

1 Die Idee zu dieser Denkaufgabe geht auf die Studien-CD Linguistik von Stocker et al. (2004) zurück, die sich inhaltlich an das Studienbuch Linguistik von Linke et al. (2004) anlehnt.

wir **Lexeme** gezählt. Wir haben damit einen **engen Lexembegriff** – Wörter der gleichen Wortart und mit ein- und derselben Grundbedeutung zählen dann zu einem Lexem. Wenn wir jedoch nur zwei Wörter zählen, haben wir einen **weiten Lexembegriff** angewendet. Hier zählt nur noch die Grundbedeutung, unabhängig von der Wortart. In dem Fall haben wir (a) bis (g) als ein Wort zusammengefasst und nur (h) ist ein weiteres Wort – der Name hat nichts mit der Tätigkeit *tanzen* zu tun. Nach dem weiten Lexembegriff gehören alle Wörter eines Wortstamms mit der gleichen Grundbedeutung zu einem Lexem.

Lexem[2] und **syntaktisches Wort** versuchen, den Grundgedanken eines Wortes auf Ebene der *langue* zu fassen. Das Lexem und das syntaktische Wort stellen dabei Einträge im mentalen Lexikon dar, quasi abstrakte Basiseinheiten (**types**) unterschiedlichen Abstraktionsgrades. Gesprochene oder geschriebene konkrete Realisierungen eines Lexems hingegen sind die **Wortformen** (**token**). Wortformen sind auf der Ebene der *parole* anzusiedeln (vgl. z. B. Bußmann 2002: 400, 717, 750; Meibauer et al. 2015: 15-21; Linke et al. 2004: 61-65).

Wie umfangreich der Wortschatz der deutschen Sprache oder auch einzelner Personen genau sein könnte, ist immer wieder versucht worden zu schätzen. Meibauer et al. (2015: 15) beziffern den „allgemeinen Wortschatz" z. B. auf 300.000 bis 400.000 Wörter, wobei allein die große Spanne anzeigt, wie ungenau solche Schätzungen sind. Als Maß für einen ausdifferenzierten Wortschatz wird in der Spracherwerbsforschung und -diagnostik (z. B. im Rahmen der Profilanalyse *Fast Catch Bumerang*; Reich et al. 2009) häufig die sog. **Type-token-Ratio** (**TTR**) verwendet. Die Zahl der insgesamt in einer Äußerung verwendeten Wörter wird dabei durch die Zahl der verwendeten Lexeme (enger Lexembegriff) geteilt, um so einen Eindruck davon zu erhalten, ob die Wortwahl variationsreich gestaltet wird oder ob der/die Sprecher*in häufig dieselben Wörter verwendet. Der in Anlehnung an Linke et al. (2004: 62-63) formulierte Satz:

(2) *Wenn Robben hinter Robben robben, robben Robben vor Robben.*

enthält z. B. zwar 9 *token*, aber nur 5 *types* (*wenn*, *Robben*, *hinter*, *robben*, *vor*), was einer TTR von 0,56 entspräche. Zu beachten ist allerdings, dass die TTR stark von der Textlänge abhängig ist und bei steigender Textlänge automatisch immer niedriger wird, da die Wahrscheinlichkeit, noch neue Wörter im Text zu finden, bei zunehmender Textlänge immer weiter abnimmt.

Darüber hinaus ist insbesondere für das Deutsche als Fremd- oder Zweitsprache zu bedenken, dass es durchaus auch Lexeme gibt, die den Umfang eines einzelnen Wortes überschreiten (z. B. *ins Gras beißen* für *sterben*, *Entschuldigen Sie bitte* als formelhafte Sequenz). Köster (2010: 1023-1024) hält in Bezug auf solche lexikalischen Mehrworteinheiten fest, dass sie am *Interface* (d. h. an der Schnittstelle)

2 Nicht zu verwechseln sind *Lexem* und *Lemma*. Mit *Lemma* bezeichnet man Stichworteinträge in Wörterbüchern.

zwischen Lexik und Grammatik angesiedelt sind und eine strikte Trennung dieser Bereiche stark in Frage stellen. Anders herum können manchmal auch mehrere Wörter zu einem verschmelzen, wie z. B. im Falle von *am* (*an dem*) oder im Falle von Kurzwortbildungen wie *UFO* (*Unbekanntes Flugobjekt*).

5.1.2 Kriterien zur Wortartenbestimmung

Nun lassen sich natürlich ganz unterschiedliche Arten von Wörtern im Sinne von Lexemen (enger Lexembegriff) voneinander unterscheiden.

Denkpause 2

Überlegen Sie, welche Wortarten Sie kennen, und fertigen Sie eine Liste an. Versuchen Sie in einem zweiten Schritt, die Wortarten im folgenden Mini-Dialog zu klassifizieren:

> „Wenn ich ein Wort so schwer arbeiten lasse wie jetzt eben", sagte Goggelmoggel, „dann gebe ich ihm auch eine Zulage." „Ach!", sagte Alice, denn für eine Bemerkung war sie viel zu durcheinander.

(Auf die Lösung der Aufgabe kommen wir weiter unten im Kapitel zurück.)

Was die Einteilung von Wortarten betrifft, so ist vielen wahrscheinlich noch die Herangehensweise aus der Grundschule in Erinnerung, wo in Tu(n)wörter, Namenwörter und Wiewörter unterschieden wurde (und teilweise auch noch wird). Diesen Ansatz, zu differenzieren, ob ein Wort eine Tätigkeit, einen Gegenstand oder eine Eigenschaft beschreibt, könnte man als im Kern **semantisch** beschreiben. Dass eine rein semantische Klassifikation aber schnell an ihre Grenzen stoßen würde, sieht man beispielsweise gut an den sog. Namenwörtern, da die Klasse der Substantive neben Konkreta, die etwas Greifbares bezeichnen, auch Abstrakta umfasst, wie *Glaube*, *Liebe*, *Hoffnung*, die man kaum als „Namen" von etwas auffassen würde. Neben semantischen Kriterien werden daher des Weiteren auch **syntaktische** Kriterien zur Abgrenzung der Wortarten voneinander herangezogen. Adjektive beispielsweise können zwischen einem Artikel und einem Substantiv stehen, auf das sie sich beziehen (*Der alte Baum verliert seine Blätter.* → *alt steht zwischen der* und *Baum und ist deshalb ein Adjektiv*). Hier kommen also Satzbildungsmöglichkeiten als mögliches Abgrenzungskriterium ins Spiel. Mögliche und unmögliche Positionen von Wörtern in Sätzen sowie ihre syntaktischen Funktionen werden definitorisch genutzt, wie die folgenden Beispielsätze zeigen:

(3 a) ***Dank** seiner Mutter hatte er etwas zu essen dabei.*
(3 b) *Der **Dank** war ernst gemeint.*

In (3b) folgt das Wort *Dank* auf ein Artikelwort, was es als Substantiv ausweist. Das Wort *Dank* in (3a) ist allerdings kein Substantiv. (Es folgt beispielsweise nicht auf einen Artikel und dieser kann auch nicht eingefügt werden.) Tatsächlich handelt es sich hier um eine Präposition, da eine Nominalgruppe folgt, deren Kasus (hier: Genitiv) es bestimmt. Man sieht also auch, dass Wortarten grundsätzlich in ihrem Kontext bestimmt werden müssen und man ein alleinstehendes Wort nicht immer ohne Weiteres einer festen Wortart zuordnen kann.

Nicht zuletzt werden auch **morphologische** Charakteristika von Wörtern genutzt, um Wortarten voneinander abzugrenzen. So sind Verben beispielweise konjugierbar (z. B. *ich pflücke, du pflück**st***), Substantive deklinierbar (z. B. *der Apfel, des Apfel**s***) und Adjektive komparierbar (z. B. *lecker, lecker**er**, **am** lecker**sten***). Andere Wörter, wie z. B. *nicht, zu* oder *und*, können ihre Form überhaupt nicht verändern, sind also nicht flektierbar (s. Kap. 7.2.2). Die meisten Wortartenklassifikationen basieren zunächst auf morphologischen Kriterien, da diese eine klare Grobgliederung bieten, die dann in einem zweiten Schritt um syntaktische und semantische ergänzt werden, um feinere Abgrenzungen vorzunehmen.

5.1.3 Prototypen und prototypische Vertreter der Wortarten

Allerdings lassen sich trotz der zahlreichen Kriterien, die zur Klassifikation herangezogen werden, nicht alle Wörter immer eindeutig einer Wortart zuordnen, da es nicht wenige Wörter gibt, die zwar mehrere Kriterien einer Wortart erfüllen, andere aber wiederum nicht. In diesen Fällen würde man sie dann der Wortart zuordnen, die am ehesten auf das Wort passt. Es gibt also sozusagen „bessere" und „schlechtere" Vertreter bzw. prototypische und nicht prototypische Vertreter einer Kategorie. Ein **Prototyp** ist der beste Vertreter einer Kategorie, also der, der unseren Definitionskriterien maximal entspricht. Prototypen helfen uns in vielen Bereichen des alltäglichen Lebens dabei, Sinneseindrücke effizient zuzuordnen.

▶ Exkurs: Prototypizität ◀

Um die Idee der Prototypizität besser zu verstehen, machen wir einen kleinen Exkurs in die Gliederung des Wortschatzes, wobei wir uns Prototypen bedienen, um verschiedene Wörter Oberbegriffen zuzuordnen.

Denkpause 3

Denken Sie in einer größeren Gruppe (z. B. im Seminar) „auf Kommando" alle gleichzeitig z. B. an ein Obst. Dies gelingt am besten, wenn jemand als Moderator fungiert und den anderen ansagt, woran sie denken sollen, i.S.v. „Denkt jetzt bitte alle an ... ein OBST!" Vergleichen Sie hinterher in der Gruppe anhand einer Strichliste, wer an welches Obst gedacht hat.

Alternativ können Sie sich auch, wie wir es gemacht haben, vor die Mensa stellen und systematisch z. B. jede*n dritte*n Studierende*n befragen. (Verteilen Sie zum Dank etwas Schokolade, und Sie werden schnell viele Stimmen gesammelt haben.)

Machen Sie den gleichen Versuch, indem Sie alle an eine Pflanze, einen Vogel, ein Fahrzeug, ein Werkzeug o. Ä. denken lassen.

Vermutlich haben die meisten Befragten bei Obst zunächst an einen Apfel gedacht. Als Pflanzen werden einem in der Regel Blume oder Baum in den Sinn kommen und Vögel, an die zumindest im deutschen Kulturraum häufig zuerst gedacht wird, sind z. B. Taube, Amsel oder Spatz (vgl. auch die Ergebnisse einer kleinen Umfrage unter Paderborner Studierenden unterschiedlicher Studienrichtungen, Abb. 2). Alle diese Beispiele haben gemeinsam, dass sie prototypische Vertreter ihrer Kategorie sind. Sie kommen einerseits (in einem bestimmten Kulturkreis) häufig vor, erfüllen aber darüber hinaus auch typische Erwartungen an ihre Klasse. Das Obst, an das wir spontan denken, wächst in vielen Gärten, ist in jedem Lebensmittelgeschäft in mehreren Sorten zu kaufen, kann z. B. für Obstsalat oder Kuchen verwendet werden, und man kann es auch zu Saft weiterverarbeiten (im Unterschied z. B. zu Brombeeren). Blumen oder Bäume als Pflanzen haben Blätter, tragen entweder Blüten oder Früchte und wachsen ebenfalls in vielen Gärten und Parks. Gleichzeitig stellen sie ihrerseits selbst auch Oberbegriffe dar. Und die Vögel, die uns einfallen, haben Federn, sie bauen Nester und können vor allem fliegen (anders als z. B. ein Pinguin, der nichtsdestotrotz auch zur Klasse der Vögel zählt).

Dass unterschiedliche Gruppen dabei aber durchaus auch über unterschiedliche prototypische Repräsentationen verfügen können, zeigt z. B. der Vergleich der Ergebnisse unserer Studierendenbefragung mit denen der ursprünglich durchgeführten Studie von Eleanor Rosch (vgl. Abb. 1): Hier stellt das Rotkehlchen den Prototyp dar, wohingegen es von den 55 Paderborner Studierenden nur eine einzige Person genannt hat.

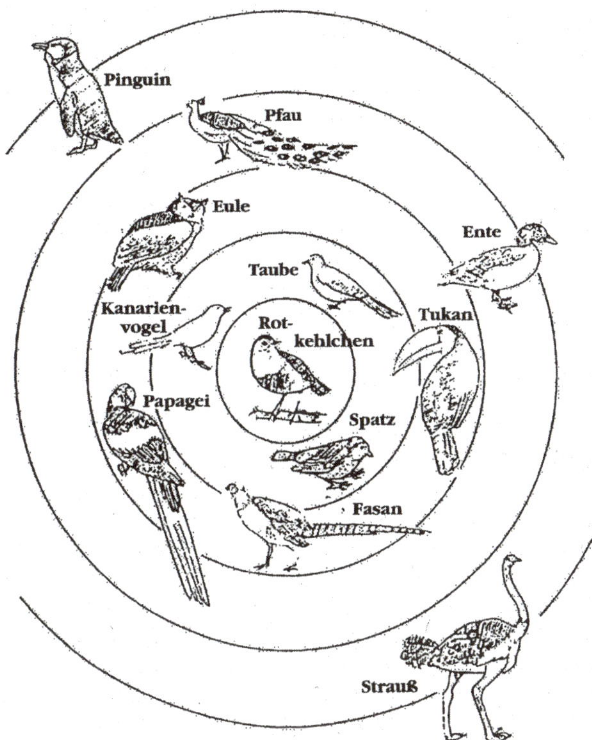

Abb. 1: Linke et al. (2004: 176);
die Abstufung der „Vogeligkeit" (Aitchison 1987: 54)

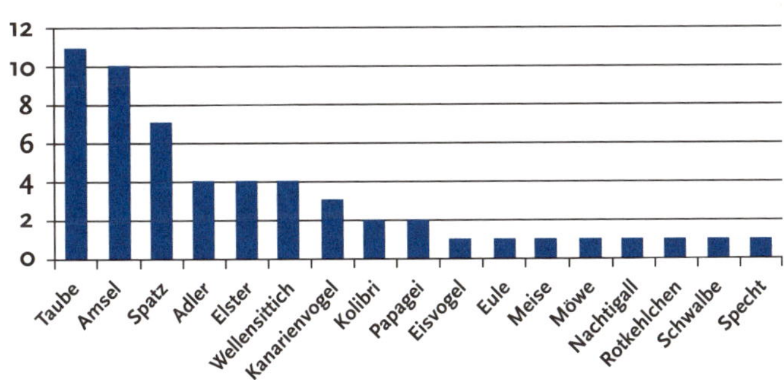

Abb. 2: Prototypische Vögel
(Ergebnis einer Umfrage unter 55 Studierenden der Universität Paderborn)

In ähnlicher Weise gibt es nun auch Wörter, die besonders typische Vertreter ihrer Wortart sind, und andere, die es nicht sind und bei denen die Zuordnung zu einer Wortart entsprechend schwerer fällt.

Denkpause 4

Knüpfen Sie an Ihr schulisches Vorwissen an, und überlegen Sie, welcher Wortart Sie die Wörter *schwanger*, *rosa*, *Sand* und *regnen* zuordnen würden.

Überlegen Sie dann, welche linguistischen Eigenschaften dieser Wörter für die von Ihnen vorgenommene Klassifikation sprechen würden, welche aber auch dagegen sprechen könnten.

Schwanger und *rosa* sind Adjektive, da sie das wichtigste syntaktische Kriterium, zwischen Artikel und Substantiv stehen zu können, erfüllen (z. B. *eine schwangere Frau, ein rosa Pullover*). Allerdings ist *schwanger* im Gegensatz zu prototypischen Adjektiven nicht ohne Weiteres steigerbar (**Heute bin ich viel schwangerer als noch vor zwei Wochen.*) und *rosa* kann man (standardsprachlich) nicht deklinieren (**Sie trägt gerne rosane Pullover.*). Steigerbarkeit und Deklinierbarkeit sind morphologische Kriterien, die hier also nicht erfüllt werden. *Sand* ist offensichtlich ein Substantiv, da es mit einem Artikelwort stehen kann (*der Sand*), was nur Substantive können. Ein syntaktisches Kriterium dieser Wortart trifft demnach zu. Allerdings ist es nicht pluralfähig, was ein morphologisches Kriterium für Substantive verletzt (**die Sande*). Das Wort *regnen* wiederum kann konjugiert werden (*Es regnet.*), was ausschließlich Verben vorbehalten ist, jedoch nicht durch alle Personen (**Wir regnen.*). Auch in diesem letzten Fall haben wir morphologische Kriterien zur Begründung herangezogen.

Um die Wortart von Wörtern in konkreten Äußerungen zu bestimmen, müssen also mehrere Kriterien beachtet werden, die außerdem nicht unbedingt immer zu übereinstimmenden Schlussfolgerungen führen. Um hier möglichst schnell zu guten Ergebnissen kommen, kann es zum einen helfen, sich prototypische Vertreter einer jeden Wortart zu merken, um andere Wörter im Sinne einer paradigmatischen Ersetzung (s. Kap. 1.2) mit ihnen zu vergleichen. Ein typisches Verb wäre z. B. *fahren*, ein klassisches Substantiv *Kind*, ein geeignetes Beispiel für ein Adjektiv *gut* usw.

5.1.4 Wortartenbestimmung

Angesichts der Kriterienvielfalt und der Zuordnungsschwierigkeiten bei der Wortartenklassifikation erscheint es nicht verwunderlich, dass auch in der Fachliteratur unterschiedliche Klassifikationen verwendet werden. Die Kultusministerkonferenz der Länder (KMK) beispielsweise hat für den schulischen Kontext, der für DaZ natürlich ebenfalls relevant ist, in diesem Zusammenhang bereits im Jahr

1982 ein „Verzeichnis Grundlegender Grammatischer Fachausdrücke" veröffentlicht, das immer noch Geltung hat. Anders klassifiziert der Duden (Wöllstein und die Dudenredaktion 2016: 11-12). Wir stellen beide Listen nebeneinander, um sie anschließend zu diskutieren:

Tab. 1: Wortartenklassifikation nach KMK (1982) und Duden (2016)

<table>
<tr><th>KMK</th><th colspan="2">Duden</th></tr>
<tr><td>Nomen/Substantiv („Substantive sind eine Untergruppe der Nomina.", S. 5)</td><td>Substantiv (Nomen)</td><td rowspan="6">flektierbare Wortarten</td></tr>
<tr><td>Artikel (bestimmt, unbestimmt)</td><td rowspan="2">Artikelwörter und Pronomen</td></tr>
<tr><td>Pronomen (Personalpronomen, Reflexivpronomen, Demonstrativpronomen, Possessivpronomen, Interrogativpronomen, Relativpronomen, Indefinitpronomen)</td></tr>
<tr><td>Numerale</td><td rowspan="2">Adjektiv</td></tr>
<tr><td>Adjektiv</td></tr>
<tr><td>Verb (Hilfsverb, Modalverb)</td><td>Verb</td></tr>
<tr><td rowspan="2">Adverb</td><td>Adverb</td><td rowspan="4">nicht flektierbare Wortarten</td></tr>
<tr><td>Partikel</td></tr>
<tr><td>Präposition</td><td>Präposition</td></tr>
<tr><td>Konjunktion (nebenordnend, unterordnend = Subjunktion)</td><td>Junktionen: Konjunktion und Subjunktion</td></tr>
</table>

Beim Vergleich dieser zwei Klassifikationen wird deutlich, dass es Unterschiede in den Systematisierungen gibt. Insbesondere an einigen Stellen sind Abgrenzungsfragen in der Linguistik rege diskutiert worden. So ist zunächst festzustellen, dass manchmal der Begriff **Nomen** und manchmal der Begriff **Substantiv** verwendet wird. Im weiteren Sinne sind **Nomina** alle Wörter, die nach Kasus und Numerus flektieren und ein festes Genus haben oder sich dem Genus ihres Bezugswortes anpassen, also Substantive, Adjektive, Pronomina und Artikel. Im engeren Sinne wird Nomen aber auch synonym zu Substantiv verwendet, was sich wiederum nur auf **genusfeste** Wörter bezieht, also auf solche Wörter, die einem bestimmten grammatikalischen Geschlecht (Maskulinum (*der*), Femininum (*die*) oder Neutrum (*das*)) zuzuordnen sind. Der Klarheit halber verwenden wir daher grundsätzlich den Begriff „Substantiv".

Eine weitere Kategorisierung, die sich insbesondere für den DaF-/DaZ-Unterricht als weniger hilfreich erwiesen hat, betrifft die Gruppe der **Numerale**, zu Deutsch Zahlwörter. Zur Abgrenzung wird lediglich ein semantisches Kriterium verwendet, was zur Folge hat, dass Ausdrücke, die sich morphologisch und syntaktisch ganz unterschiedlich verhalten, „in einen Topf geworfen" werden. So würde z. B. *Million* in *Millionen kleiner Ameisen* morphologisch-syntaktisch als Substantiv fungieren, *zweit* in *zum zweiten Mal* als Adjektiv und *zweimal* in *etwas zweimal sagen* als Adverb. Die Klassifikation als Numeral ist also kaum hilfreich, um etwas über die Verwendungsmöglichkeiten von Wörtern in Äußerungen auszusagen. In DaF-/DaZ-Lehrwerken wird sie daher kaum noch verwendet.

Ebenfalls nicht immer unmittelbar eindeutig gestaltet sich die Abgrenzung zwischen Adjektiven und Adverbien. Adjektive charakterisieren grundsätzlich Substantive näher und Adverbien beziehen sich, wie der Name schon sagt, auf Verben. Adjektive sind prototypisch deklinier- und komparierbar, während Adverbien zu den nichtflektierbaren Wortarten gehören. Es gibt aber auch Zwischenformen. Während *heute* in (4) eindeutig der Klasse der Adverbien zuzuordnen ist und *schön* in Satz (5) ebenfalls eindeutig ein Adjektiv ist, fällt die Zuordnung des gleichen Wortes in Satz (6) schwerer.

(4) *Er kommt heute.*
(5) *Sie hat ein schönes Bild gemalt.*
(6) *Sie singt auch schön.*

Das Wort *schön* (6) bezieht sich klar auf *singen* (also auf ein Verb) und nicht etwa auf *sie*. Es ist weiterhin in dieser Position nicht deklinierbar. Trotzdem kann es kein Adverb sein, weil es komparierbar ist, wie z. B. in (7).

(7) *Sie singt noch schöner als ihre Tante.*

Werden Adjektive wie *schön* in entsprechenden verbalen Kontexten verwendet, spricht man daher in der DaF-/DaZ-Didaktik geläufig von **Adjektivadverbien**[3] oder auch **Adjektiven in adverbialem Gebrauch**, um ihre besondere Funktionsweise zu charakterisieren. Außer adverbial wie in (8) können Adjektive auch **attributiv**, d. h. als Attribut (s. Kap. 8.1) zu einem Substantiv wie in (9), oder **prädikativ**, d. h. mit *sein*, *bleiben* oder *werden* (10), gebraucht werden.

---

3 Dieser Begriff ist allerdings irreführend, da es sich eben nicht um Adverbien, sondern um Adjektive handelt.

(8) *Das Auto fährt* ***schnell.***
(9) *Das* ***schnelle*** *Auto fährt um die Ecke.*
(10) *Das Auto ist* ***schnell.***

Die attributive ist dabei die prototypische Verwendungsweise eines Adjektivs, in adverbialem und prädikativem Gebrauch hingegen kann das Adjektiv im Deutschen zwar gesteigert, jedoch nicht dekliniert werden.

Und auch bei der Unterscheidung zwischen **Artikeln** und **Pronomina** hat sich eine DaF-/DaZ-spezifische Differenzierung durchgesetzt, die ebenfalls darauf zielt, die Charakteristika dieser Wortgruppen in Äußerungen spezifischer zu umreißen. Betrachten wir beispielsweise die folgenden Sätze:

(11) *Was ist eigentlich* ***ein*** *Artikel?*
(12) *Ich meine* ***diesen.***
(13) ***Dieses*** *Pronomen verhält sich wie ein Artikel.*

Traditionelle schulgrammatische Einteilungen würden in (11) von einem Artikel, in (12) und (13) von einem Pronomen sprechen. Allerdings verhalten sich die betreffenden Wörter in (12) und (13) nicht gleich. Während das Pronomen in (12), wie die Bezeichnung *pro nomen* es ja nahelegt, tatsächlich eine Nominalgruppe ersetzt (*Ich meine* ***diesen Artikel.***), begleitet das in (13) unterstrichene Wort vielmehr ein Substantiv, verhält sich also mithin wie ein Artikel und nicht wie ein Pronomen. Daher werden diejenigen Wörter, die aus semantischen Gründen traditionell zwar als Pronomina bezeichnet werden, sich syntaktisch aber wie Artikelwörter verhalten, in modernen DaF-/DaZ-Lehrwerken auch tatsächlich den Artikelwörtern zugeordnet. Das in (13) verwendete *dieses* wird z. B. als Demonstrativartikel bezeichnet (vgl. weiter unten zu weiteren Unterformen der Artikelwörter und Pronomina).

Und die wohl größten Herausforderungen schließlich, sowohl bei der Klassifikation als auch im Erwerb, bereitet eine Gruppe unflektierbarer Wörter, die in der traditionellen Wortartenlehre nahezu vollständig ausgeklammert wurden: die **Partikeln**, d. h. Wörter wie *doch* und *mal* im Satz *Komm doch mal her!* (Lediglich die Gruppe der Interjektionen, z. B. *ah, oh, hui*, eine Untergruppe der Partikeln, findet in einigen Systematisierungen Berücksichtigung.) Partikeln waren lange als „Läuse im Pelz unserer Sprache“ (Reiners 1944) verpönt und wurden daher von normativ orientierten Grammatiker*innen einfach ignoriert. Bußmann (2002) umreißt diese sehr heterogene „Restklasse“ von Wörtern wie folgt:

> Partikel [Fem., Pl. *Partikeln*; lat. *particula* >(unveränderliches Rede-)Teilchen<; engl. *function/structural word*. – Auch: Füllwort, Funktionswort, Formwort]. Sammelbezeichnung für nichtflektierende Wörter bzw. → Wortarten mit unterschiedlicher Verwendung in grammatischen Beschreibungen. Im engeren Sinne sind P. **nicht flektierende, nicht satzgliedfähige Wortklassen, die keine (oder wenig) selbstständige lexikalische Bedeutung aufweisen, aber die Bedeutung ihrer jeweiligen Bezugselemente modifizieren. Sie sind i. d. R. nicht allein verschiebbar (d. h. auch nicht vorfeldfähig).** (Bußmann 2002: 498-499 – Hervorhebung JS)

Die Definition zeigt auch auf, dass es weiterhin einen weiten Partikelbegriff gibt, der im Unterschied zum engen, im zweiten Teil der Definition hervorgehobenen, einfach alle unflektierbaren Wörter umfasst. Die weite Definition erscheint uns jedoch wenig hilfreich, da sie zu wenig differenziert, so dass wir im Folgenden lediglich die enge Definition nutzen.

Um zügig zu einer Zuordnung einzelner Wörter zu den grundlegenden Wortartenklassen zu gelangen, wurden unterschiedliche Entscheidungsbäumchen erstellt, also Raster für die systematische Bestimmung von Wortarten. In Anlehnung an Busch & Stenschke (2014: 122) nutzen wir den in Abbildung 3 dargestellten Baum.

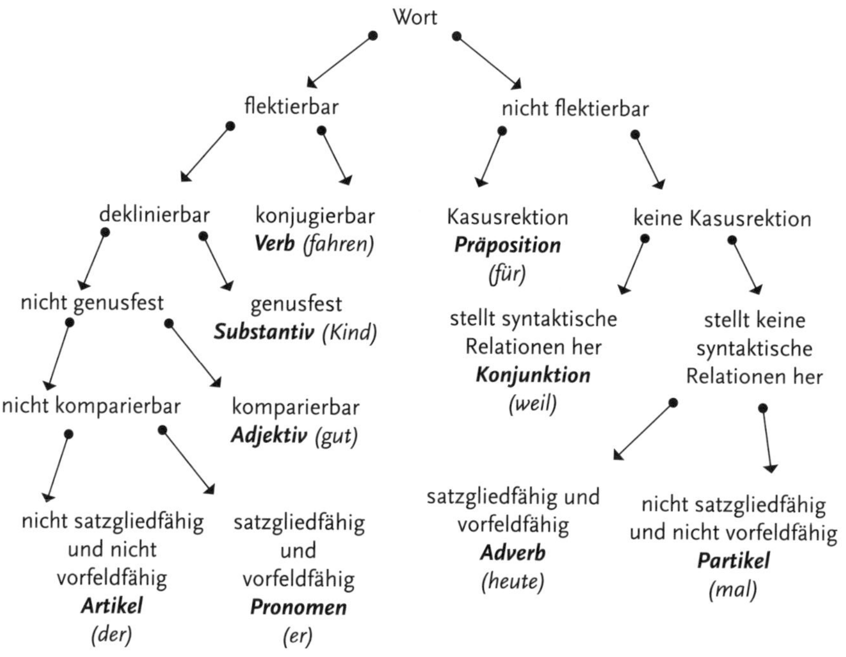

Abb. 3: Entscheidungsbaum zur Wortartenklassifikation[4]

4 In Abb. 3 bedeutet *nicht satzgliedfähig und nicht vorfeldfähig*, dass das zu bestimmende Element nicht allein ein Satzglied bilden und im Hauptsatz nicht allein vor dem flektierten Verb stehen kann (s. Kap. 8.1 und 8.5).

5.1.5 Untergruppen von Verben, Pronomen, Artikeln und Partikeln[5]

Jede dieser Wortgruppen kann man natürlich wiederum in Untergruppen subklassifizieren. Insbesondere die Subklassifikation der Verben, der Pronomina und der Partikeln ist für unseren Arbeitszusammenhang wichtig und soll daher im Folgenden – die Ausführungen zu Wortarten abschließend – kurz ausgeführt werden. Für die Gruppe der Verben sind auch mit Blick auf die Satzbildung grundlegende Unterscheidungen zu treffen, da Verben das Zentrum jedes Satzes darstellen (s. Kap. 8.2, Valenz). Bußmann (2002) beschreibt als zentrale Untergruppen unter anderem:

- **Vollverben** (selbstständige lexikalische Bedeutung, bilden syntaktisch das Zentrum des Prädikats)
  (14) *Unser Chor **singt** spanische Lieder.*
  (15) *Ich **koche** heute Nudeln.*
- **Modalverben** (drücken in Verbindung mit einem Infinitiv modale Bedeutungsaspekte aus (s. Kap. 7, Exkurs Semantische Konzepte, Modalität); spezifizieren das Verhältnis zwischen Subjekt und dem, was im Satz passiert (dem Verbalvorgang); dazu gehören z. B. *dürfen, mögen, können, müssen, sollen, wollen*)
  (16) ***Magst** du morgen zum Kaffee vorbeikommen?*
  (17) *Ich **will** aber keinen Kuchen essen.*
- **Hilfsverben** (abgeschwächte lexikalische Bedeutung; dienen zur Bildung von Tempus- und Passiv-Formen (s. Kap. 7.1.1); dazu gehören z. B. *haben, sein, werden*)
  (18) *Peter **ist** gestern zu Anna gefahren.*
  (19) *Die Reihe **wird** von UTB publiziert.*
- **Kopulaverben** (verfügen nur über eine relativ vage Eigenbedeutung; dienen dazu, die Verbindung zwischen Subjekt und Prädikativum herzustellen; dazu gehören z. B. *sein, werden, bleiben, erscheinen, heißen*). Es geht dabei immer um Gleichsetzungsbeziehungen: Etwas ist identisch mit etwas anderem (s. Kap. 8.1, Prädikativum).
  (20) *Mein Name **ist** Bond, James Bond.*
  (21) *Er **heißt** James Bond.*
  (22) *Er **bleibt** immer cool.*

Je nach Satzkontext kann dasselbe Verb jedoch wiederum unterschiedlichen Untergruppen zugeordnet werden, wie die unten stehenden Beispiele zeigen:

(23) *Er **bleibt** hier.*
(24) *Er **bleibt** unser Freund.*
(25) *Das **bleibt** abzuwarten.*

---

5 Genauere Informationen zu sämtlichen Wortarten, aber auch zu anderen grammatischen Themen s. Helbig & Buscha (2001).

In (23) ist *bleibt* das einzige Verb im Satz und es geht nicht um eine Identitätsbeziehung, sondern um Lokalität (an einem Ort sein; s. auch Exkurs Lokalität, Kap. 7). Deshalb ist *bleibt* hier ein Vollverb. In (24) hingegen geht es um eine Gleichsetzung; *bleibt* ist deshalb Kopula. Und (25) könnte paraphrasiert werden mit *Das kann/muss man abwarten.* Es geht also um einen modalen Sachverhalt, deshalb kann *bleibt* in diesem Fall als **Modalitätsverb** gesehen werden.

Im Bereich der Pronomina lassen sich unterscheiden:

- **Personalpronomen**, die sich auf zuvor oder im Anschluss erwähnte Personen, Gegenstände oder Sachverhalte beziehen oder deiktische Aspekte ausdrücken (s. Kap. 2.2, Exkurs Zeichenmodelle)
  (26) ***Ich** und **du**, **wir** schaffen **das** schon.*
- **Reflexivpronomen**, die sich auf in demselben Satz als Subjekt erwähnte Personen, Gegenstände oder Sachverhalte *rückbeziehen*
  (27) *Er hat **sich** nur versprochen.*
- **Demonstrativpronomen**, die auf bestimmte Entitäten hinweisen
  (28) ***Diesen** finde ich viel leckerer.*
- **Possessivpronomen**, die den Besitz von etwas anzeigen
  (29) *Das ist **meiner**.*
- **Interrogativpronomen**, die sich fragend auf Entitäten beziehen
  (30) ***Welchen** wolltest du haben?*
- **Relativpronomen**, die sich auf schon eingeführte Entitäten beziehen und einen Satz einleiten, der diese genauer spezifiziert
  (31) *Das Buch, **das** du mir geliehen hast, ist echt spannend!*
- **Indefinitpronomen**, die relativ unbestimmt auf nicht näher bezeichnete Personen, Gegenstände oder Sachverhalte verweisen
  (32) ***Nichts** und **niemand** wird mich davon abhalten!*
  (33) ***Alle** kommen, **keiner** bleibt zu Hause.*

Analog zu einigen dieser Pronomen gibt es Artikelwörter, die den Pronomen formal und inhaltlich sehr ähnlich sind. Im Unterschied zu ihnen ersetzen sie aber keine Nominalgruppe, sondern stehen vor ihr, d. h. an der Stelle, an die Artikel gesetzt werden können, während das Substantiv erhalten bleibt (s. 5.1.4, Unterscheidung Artikel/Pronomen).

- **Unbestimmter Artikel**
  (34) *Paul hat **eine** Schwester.*
- **Bestimmter Artikel**
  (35) ***Die** Schwester von Paul heißt Anna.*
- **Demonstrativartikel**
  (36) ***Diesen** Kuchen finde ich viel leckerer.*
- **Possessivartikel**
  (37) *Das ist **mein** Pullover.*

- **Interrogativartikel**
  (38) ***Welchen** Becher wolltest du haben?*
- **Relativartikel**
  (39) *Das Buch, **dessen** Zustand so schlecht war, habe ich zum Buchbinder gebracht.*
  (40) *Er erzählte, **welchem** Mann er geholfen hatte.*
- **Indefinitartikel**, wozu auch der **Negativartikel** gehört
  (41) ***Jeder** Mensch braucht Liebe.*
  (42) ***Alle** Menschen werden Brüder.*
  (43) ***Kein** Mensch wird mich davon abhalten!*

Auch die Wortart *Partikel* lässt sich wiederum in mehrere Unterklassen differenzieren, z. B. in Anlehnung an den Duden (Wöllstein und die Dudenredaktion 2016: 12) in die folgenden:

- **Gradpartikeln**
  (44) *Der Sommer soll **sehr** schön werden.*
- **Fokuspartikeln**
  (45) ***Sogar** Paul ist gekommen.*
- **Negationspartikeln**
  (46) *Das glaube ich **nicht**.*
- **Abtönungspartikeln** bzw. **Modalpartikeln**. Diese Unterart von Partikeln ist nie betonbar, sie kann also nie den Satzakzent tragen (s. Kap. 3.1.3, Suprasegmentalia).
  (47) *Das ist **ja** interessant! Gib **mal** ein Beispiel!*
- **Gesprächspartikeln**
  (48) ***Nun**, dann stimmt das wohl so. **Ja**.*
- **Interjektionen**
  (49) ***Hurra! Aua! Ah!***

Denkpause 5

Nehmen Sie sich erneut den Mini-Dialog aus Denkpause 2 vor und bestimmen Sie auf Basis des Entscheidungsbaums erneut die Wortarten. Zu welchen neuen Ergebnissen gelangen Sie? Was bleibt evtl. noch unklar?

> „Wenn ich ein Wort so schwer arbeiten lasse wie jetzt eben", sagte Goggelmoggel, „dann gebe ich ihm auch eine Zulage." „Ach!", sagte Alice, denn für eine Bemerkung war sie viel zu durcheinander.

Bei vielen Wörtern fällt uns eine Entscheidung relativ leicht: Das Wort *Bemerkung* ist z. B. recht eindeutig als Substantiv erkennbar. Es ist flektierbar, kann also seine

Form ändern. Allerdings nimmt es nicht in unterschiedlichen Zeiten eine andere Form an (sowohl in einem Satz im Präteritum als auch im Präsens bleibt es unverändert), ist also nicht konjugierbar, sondern deklinierbar – es gibt z. B. neben der Singularform *Bemerkung* auch die Pluralform *Bemerkung**en***. Da das Wort auch ein festes Genus hat (nämlich Femininum: ***die** Bemerkung*), können wir das Wort *Bemerkung* mit dem Entscheidungsbaum aus Abb. 2 sicher als Substantiv einordnen.

Ein anderes Beispiel ist das Wort *wenn*. Das kann man nicht flektieren, es bleibt in jedem Kontext unverändert in seiner Form (anders als etwa das Wort *ich*, das in manchen Kontexten auch ganz anders aussieht, z. B. *mich* oder *mir*). Es legt auch nicht den Kasus der nachfolgenden Wörtergruppen fest (man kann z. B. sowohl sagen *Wenn **ich** ein Wort arbeiten lasse* als auch *Wenn **mir** ein Wort nicht gefällt* – im Gegensatz dazu muss etwa nach dem Wort *für* immer eine Wortgruppe im Akkusativ folgen: **für eine**r** Bemerkung* ist nicht korrekt). Allerdings stellt *wenn* durchaus eine syntaktische Relation zwischen den ersten zwei von Goggelmoggel geäußerten Halbsätzen her – *wenn* ist also eine Konjunktion.

Es bleiben aber auch Zweifelsfälle übrig: Ein Problem könnte *so ... wie* darstellen. *So* sieht erst einmal wie eine Gradpartikel aus, hängt aber andererseits sehr eng mit dem *wie* zusammen; *wie* wiederum ist eindeutig eine Konjunktion. *so... wie* kann zusammen also auch als zweiteilige Konjunktion angesehen werden. Es verbindet *schwer arbeiten lassen* mit *jetzt eben*. Ebenfalls schwer zu bestimmen ist das Wort *auch*. Stellt man den Satz so um, dass *auch* als Satzglied im Vorfeld steht und betont wird (*AUCH gebe ich ihm eine Zulage*), verändert sich die Bedeutung. Näher liegt die Einordnung als Abtönungs- bzw. Modalpartikel. In dem Fall wäre das *auch* nicht von *eine Zulage* trennbar (*auch eine ZUlage gebe ich ihm*).[6]

5.2 Erkennen von Morphemen

Nachdem wir uns die einzelnen Wörter und ihre Kategorisierung erarbeitet haben, können wir uns nun genauer mit den Bausteinen dieser Wörter, den Morphemen, beschäftigen.

Die **Morphologie** analysiert den Aufbau von Wörtern. Wörter bestehen aus einem oder mehreren Bausteinen, sog. Morphemen. Ein **Morphem** ist die kleinste bedeutungstragende Einheit eines Sprachsystems. Diese Bedeutung kann inhaltlich oder grammatisch sein. Im letzteren Fall kann man auch von der Funktion des Morphems sprechen.

6 Eine komplette mögliche Lösung der Denkpause ist online im Anhang zu finden.

Morpheme werden in geschweiften Klammern dargestellt. So besteht das Wort *Freiheit* aus den Morphemen {*frei*} und {*-heit*}. Innerhalb von Wörtern kann man deren Morpheme durch **morphologische Minimalpaarbildung** bzw. **-analyse** (s. Kap. 1.2, Paradigma) identifizieren und beschreiben. In der Morphologie wird diese Methode folgendermaßen angewendet: In Wörtern werden Elemente durch andere (mögliche) Elemente oder durch „nichts" ersetzt (z. B. *schön – unschön, schön – Schönheit, Schönheit – Dummheit*). Auf diese Weise werden zunächst Morphemgrenzen gefunden. Zu beachten ist, dass bei der Minimalpaarbildung niemals ein Rest ohne Bedeutung übrigbleiben darf. Die durch diese Ersetzung hervorgerufene Bedeutungsveränderung des Wortes isoliert die Bedeutung des ersetzten bzw. hinzugefügten Morphems. Morphemgrenzen sind nicht gleichzusetzen mit Silbengrenzen (s. Kap. 3.1.2).

Denkpause 6

Ist {*-ung*} ein Morphem des Deutschen? Wenn ja, was bedeutet es? Nehmen Sie als Basis Ihrer Überlegungen die unten stehenden Wörter:

Prüfung, Zuckung, Rahmung, Bergung, Begehung

Alle genannten Wörter sind Substantive und sie haben als Basiswort ein Verb (*prüfen, zucken, rahmen, bergen, begehen*). Die Funktion/Bedeutung von {*-ung*} ist also die Substantivierung von Verben.

Bei manchen Morphemen ist die Bedeutung bzw. Funktion sofort einsichtig, bei anderen fällt es zunächst schwer, eine Bedeutung zu finden. Was zum Beispiel bedeutet das {*-st*} in *kochst?* Auch hier hilft es wieder, möglichst ähnliche Wörter vergleichend nebeneinander zu stellen, in diesem Fall weitere Formen desselben Verbs und analoge Formen anderer Verben.

Tab. 2: Morphemanalyse von {-st}

	1	2	3	4
a)	(*ich*) *koch-**e***	(*ich*) *mach-**e***	(*ich*) *arbeit-**e***	(*ich*) *chill-**e***
b)	(*du*) *koch-**st***	(*du*) *mach-**st***	(*du*) *arbeit-**est***	(*du*) *chill-**st***
c)	(*er*) *koch-**t***	(*er*) *mach-**t***	(*er*) *arbeit-**et***	(*er*) *chill-**t***

Die Tabelle enthält zwei verschiedene Reihen von Minimalpaaren: Alle Wörter einer Spalte bilden Minimalpaare miteinander, aber auch alle Wörter einer Zeile. Sehen wir uns zunächst die erste Spalte an: Bei dem Verb *kochen* werden verschiedene **Personen** markiert. Untersuchen wir anschließend beispielsweise Zeile b) in allen Spalten, so sehen wir, dass alle Verben sich jeweils auf die 2. Person Singular (*du*) beziehen. Bis auf Spalte 3 sehen die Endungen auch immer vollkommen gleich aus: {*-st*}. In Spalte 3 hingegen lautet die Endung {*-est*}. Dies hängt mit dem letzten Laut zusammen; [aʁba͜ɪtst] wäre schwerer auszusprechen. Das Morphem {*-st*} steht also für die 2. Person Singular. Es gibt aber auch die Variante {-(*e*)*st*}. Die finden wir beispielsweise auch in *betest* und *meidest*. Sie kommt zur Markierung der 2. Person Singular im Verb immer dann vor, wenn die Einheit davor mit /t/ endet. Auch die anderen Verbendungen in der Tabelle zeigen an, welche Person gerade handelt bzw. in welcher Person das Subjekt des Satzes (s. zu Satzgliedern ausführlicher 8.1) steht. Spalte 4 zeigt uns, dass diese Regel auch für aus anderen Sprachen ins Deutsche entlehnte Wörter gilt.

Im Deutschen kann ein- und dieselbe Folge von Lauten/Buchstaben Unterschiedliches bedeuten; sie kann sogar manchmal als Morphem fungieren und an anderer Stelle nur Teil eines anderen Morphems sein. Im folgenden Beispiel wird dies anhand von ({er}/{-er}/{er-}) gezeigt:

Denkpause 7

Können Sie herausfinden, was das blau Markierte jeweils bedeutet bzw. welche Funktion es hat? Sind alle Formen von *(-)er(-)* tatsächlich Morpheme? Vergleichen Sie jeweils den Ausdruck in der linken Spalte mit dem gegenüberliegenden in der rechten Spalte:

Tab. 3: Morphemanalyse von <er>

1	***er*** *geht nach Hause*	*sie geht nach Hause*
2	***er****-klären*	*klären*
3	*die Kind-****er***	*das Kind*
4	*der Lehr-****er***	*lehren*
5	***erst***	----

Alle Wörter der ersten Spalte enthalten ein <er>. Außer in Zeile 5 lassen sich zu allen Wörtern Minimalpaare finden, bei denen das *er* ausgetauscht oder weggelassen wird. In den Zeilen 1 bis 4 hat das *<er>* also Morphemcharakter, in Zeile 5 nicht. Weiterhin kann das {*er*} in Zeile 1 alleine stehen (es ist also ein Wort), alle anderen Formen hingegen nicht. Einige der Formen stehen am Wortanfang, andere am Wortende. Diese Unterschiede zeigen, dass es sich in den Zeilen 1 bis 4 nicht um dasselbe Morphem handeln kann:

- Das *er* in Zeile 1 ist ein Personalpronomen.

- Mit *erklären* (Zeile 2) kann man andere Sätze bilden als mit *klären*: Während *jemand jemandem etwas* erklärt (50), klärt *jemand etwas mit jemandem* (51) (s. Kap. 8.2, Valenzgrammatik).

  (50) *Sie erklärte ihm den Dreisatz.*
  (51) *Sie haben die Frage der Sitzordnung jetzt mit dem Tagungspräsidenten geklärt.*

  Auch bedeuten die beiden Verben Unterschiedliches: Wenn man ein Problem *klärt*, findet man eine Lösung. Wenn man ein Problem *erklärt*, erläutert man jemand anderem, worin das Problem besteht.
- Selbst wenn sich gleich aussehende Formen mit Morphemcharakter in gleicher Position befinden, wie bei *Kinder* und *Lehrer*, können unterschiedliche Morpheme vorliegen. In Zeile 3 markiert {*-er*} den Plural des Substantivs *Kind*. *Lehrer* (Zeile 4) hingegen hat das Verb *lehren* als Basis: Daraus wird ein Substantiv abgeleitet, das in diesem Fall eine Person, die lehrt, die also die im Verbstamm bezeichnete Handlung ausführt, bezeichnet.

Trotz des gleichen Aussehens handelt es sich also in allen vier Fällen um verschiedene Morpheme. Für Deutschlernende kann dies durchaus verwirrend sein. Darüber hinaus kann im Deutschen anders herum auch unterschiedlich Aussehendes die gleiche Bedeutung tragen. Nehmen wir dazu folgendes Beispiel:

Tab. 4: Diminutivbildung durch unterschiedliche Morpheme

1	*Kind*	*Kind-**chen***	*Kind-**lein***
2	*Hund*	*Hünd-**chen***	*Hünd-**lein***

In beiden Fällen wird durch die Morpheme am Wortende angezeigt, dass es sich um etwas Kleines handelt, ein kleines Kind oder einen kleinen Hund. Sie bedeuten also das Gleiche, obwohl sie unterschiedliche Formen haben. Deshalb nennt man sie **Allomorphe**.[7] Allomorphe kommen innerhalb des Wortes in denselben Positionen vor, sind aber oft komplementär verteilt (s. Kap. 3.2, Allophone in komplementärer Distribution). Der jeweilige Kontext, d. h. die Morphem- und Lautumgebung, bestimmt, welches der Allomorphe jeweils grammatisch richtig ist. So bildet z. B. bei {Auto} das {-s} den Plural, bei {Kind} hingegen das {-er}. {-s} und {-er} sind allomorph zueinander; sie sind beide Teil des Pluralmorphems im Deutschen.

In der Phonologie war die Rede von Allophonen, also von Lauten, die unterschiedlich realisiert werden, aber nicht bedeutungsunterscheidend sind. Im Or-

7 *-chen* und *-lein* sind allerdings nicht immer frei austauschbar, man denke an *Frau, Frauchen* (= *weibliche Hundebesitzerin*) und *Fräulein* (früher gebräuchlich für unverheiratete Frauen).

thographie-Kapitel haben wir analog von Allographen gesprochen. {*allo-*} kommt aus dem Griechischen und bedeutet ‚anders, verschieden, fremd, einander'. Erscheint dieses Morphem in der Linguistik, bedeutet es jeweils bezogen auf die interessierende Ebene der Linguistik immer, dass etwas zwar anders aussieht, aber keine andere Funktion als das Vergleichselement oder die Vergleichselemente hat.

Welche Arten von Morphemen gibt es nun? Wie kann man sie klassifizieren?

5.3 Beschreiben von Morphemen (Morphemklassifikation)

Morpheme kann man in verschiedene Gruppen einteilen. Die erste große Unterscheidung ist die zwischen Wortstämmen und denjenigen Morphemen, die keine Wortstämme sind.

Wortstämme, auch genannt Grundmorphem oder Basismorphem, tragen die lexikalische Bedeutung eines Wortes. Sie bleiben üblicherweise in allen Formen eines Wortes gleich. Nur bei einigen wenigen Wörtern gibt es Stammvarianten. Substantive, Adjektive, Verben und manche Adverbien haben Wortstämme, die anderen Wortarten nicht (vgl. auch Donalies 2005: 19f.). Wörter, die einen oder mehrere Wortstämme haben, nennt man **lexikalische Wörter, Inhaltswörter** oder **Autosemantika.**

Sowohl bei den Wortstämmen als auch bei den anderen Morphemen kann man weiterhin unterscheiden, ob sie **frei** vorkommen können oder ob sie immer weitere Morpheme benötigen, damit ein Wort realisiert werden kann. Wenn Letzteres der Fall ist, können sie nur **gebunden** vorkommen.

Die meisten Wortstämme können frei vorkommen, sind also lexikalische Wörter (*Tisch, schreib, schön*), einige allerdings nicht, so z. B.:

Tab. 5: Unikale Morpheme und Konfixe

1	***Him***_beere_ ***Schorn***_stein_ ***plötz***_lich_
2	***hyper***_aktiv,_ ***hyper***_modern_ ***Ident***_ität,_ ***ident***_isch_ ***Allo***_phon,_ ***Allo***_morph_ _Bio_***logie,*** _Ethno_***logie,*** ***logi***_sch_ ***Bio***_logie,_ ***Bio***_joghurt,_ ***bio***

Wortstämme, die nicht frei auftreten können, stammen entweder aus Fremdsprachen wie dem Griechischen (Zeile 2) oder aus älteren Entwicklungsstufen des Deutschen (Zeile 1). Letztere waren früher einmal freie Morpheme, also Wörter, kommen jetzt aber nur noch gebunden vor. Ihre Bedeutungen können wir trotz Minimalpaarbildung nicht mehr beschreiben. Um solche Morpheme zu verstehen, müssten wir eine diachrone Perspektive einnehmen, d. h. die Wörter über eine Zeitspanne in ihrer historischen Entwicklung betrachten. Schlägt man in wortgeschichtlichen (= **etymologischen**) Wörterbüchern nach, so erfährt man beispielsweise, dass {*schorn-*} in *Schornstein* sich aus althochdeutsch *scorren* (‚schroff emporragen') entwickelt hat, und dass {*plötz-*} in *plötzlich* von *Plotz* (‚klatschender Schlag') kommt (Donalies 2006). Wir als Sprachmittelnde nehmen aber keine diachrone Perspektive ein, sondern wir betrachten Sprache synchron, d. h. zu einem bestimmten Zeitpunkt, nämlich jetzt (s. Kap. 1.1, Synchronie, Diachronie). Gebundene Wortstämme, die aus früheren Stufen des Deutschen stammen, deren Bedeutung wir heute synchron nicht mehr kennen und die nur in einer einzigen Verbindung mit einem anderen Morphem vorkommen (Zeile 1), nennt man **unikale Morpheme**. Unikale Morpheme sind außerdem nicht **produktiv**, d. h., es entstehen keine neuen Wörter mit ihnen.

Gebundene Wortstämme aus fremden Sprachen (Zeile 2) sind **Konfixe**. Unikale Morpheme und Konfixe verhalten sich morphologisch gleich, weshalb sie von Donalies (2005) zu einer Klasse gerechnet werden (ebd.: 23). Konfixe sind aber – im Gegensatz zu unikalen Morphemen – produktiv, d. h., es entwickeln sich immer weiter neue Wörter, die diese Elemente enthalten (z. B. *Ethnologie, Ethno-Schmuck, Ethno-Musik, Ethno-Kitsch, Ethno-Trip*). Auch Spontanbildungen sind möglich und werden verstanden. Sowohl unikale Morpheme als auch Konfixe sind basisfähig, d. h., sie können die inhaltliche Basis von Inhaltswörtern bilden. Einige Konfixe (z. B. *bio* und *öko*) können allerdings auch frei auftreten.[8]

Die Entscheidung, ob Morpheme frei oder gebunden sind, erscheint auf den ersten Blick einfach: {*Tisch*}, {*schön*}, {*hier*}, {*der*} und {*auf*} sind frei. {*un-*}, {*-ung*} und {*ident-*} sind gebunden. Wie ist es aber mit einem Morphem wie {*ess-*} in *essbar?* Als freie Morpheme gelten bei vielen Linguist*innen[9] die meisten Verbstämme, und zwar dann, wenn der Stamm identisch mit der Imperativform des Wortes ist (*schlaf!, schreib!, tanz!*). Schwieriger wird es bei den Verbformen, bei denen das nicht so ist. Der Imperativ von *essen* ist *iss*, der von *rechnen* ist *rechne*. Stämme wie {*rechn-*} und {*ess-*} werden deshalb von einigen Linguist*innen (z. B. Busch & Stenschke 2014: 83) als gebundene Morpheme klassifiziert. Damit würden solche Verbstämme aber morphologisch der oben beschriebenen Klasse der Konfixe und unikalen Morpheme zugeordnet, die einen sprachgeschichtlich deutlich anderen

8 Weitere Informationen zu Konfixen s. Donalies (2018a).

9 Eine Ausnahme bildet beispielsweise Müller (2009: 115), der alle Verbstämme als gebunden klassifiziert.

Hintergrund haben und sich auch morphologisch anders verhalten. Dieses Argument nutzt auch Donalies, die sich entscheidet, all diejenigen Morpheme als frei zu klassifizieren, die entweder tatsächlich frei vorkommen können oder nur ein Flexionsmorphem benötigen (*ess-**en***, (*ich*) *ess-**e***, *rechn-**en***, (*du*) *rechn-**est***, nicht aber **ich ident-e*), um Wörter zu bilden (Donalies 2005: 20). Ein weiteres Argument für die Frei-Auffassung wäre, von verschiedenen Stamm-Varianten auszugehen und diese als allomorph zueinander anzusehen ({*ess-*}, {*iss*}, {*aß*}, {*äß-*}, {*-gess-*}). Beide Modelle haben Vor- und Nachteile: Das von Busch & Stenschke liegt näher an unserer Alltagsauffassung von „frei", während das Modell von Donalies systematischer ist.

Linguistische Kontroversen wie die oben skizzierte sind für uns deshalb reizvoll und spannend, weil sie zeigen, dass die verschiedenen linguistischen Ansätze nur Modelle sind – und alle Modelle haben das Problem, gegenüber der sprachlichen Realität lediglich Annäherungen darzustellen. Sie sind immer nur Versuche, Sprache zu beschreiben. Erklärungsmodelle sind nicht „richtig" oder „falsch", sondern „naheliegend" oder „weniger naheliegend". Deshalb dürfen und sollen auch zukünftige Sprachmittelnde durchaus selber entscheiden, welcher Position sie aus welchen Gründen zustimmen wollen oder ob sie versuchen, neue, für ihren Unterrichtskontext weiterführende Erklärungsansätze zu finden. Selber denken ist also nicht nur erlaubt, sondern erwünscht!

Auch Morpheme, die keine Wortstämme sind, können frei oder gebunden auftreten. Wenn sie frei sind, enthalten sie ausschließlich grammatische Information, wie zum Beispiel Artikel ({*ein*}, {*die*}, {*dem*}, {*mein*}) und Pronomen ({*er*}, {*ihr*}, {*der*}, {*dies*}).

Wörter, also frei vorkommende Morpheme und Morphemkombinationen ohne Wortstamm mit ausschließlich oder schwerpunktmäßig grammatischer Information, nennt man **grammatische Wörter** oder **Funktionswörter**.

Morpheme, die keine Wortstämme sind und gebunden auftreten, sind **Affixe**. Diese lassen sich wiederum in **Flexions-** und **Wortbildungsaffixe** einteilen. In beiden Bereichen geht es um grundsätzlich unterschiedliche Prinzipien, und die Funktionen dieser beiden Arten von Affixen sind sehr verschieden (s. Kap. 7, Flexion sowie Kap. 6.2.1 und 6.2.2, Wortbildung). Die Graphik (Abb. 4) visualisiert den Entscheidungsweg bei der Klassifikation von Morphemen.

Affixe können weiterhin je nach ihrer Position im Wort kategorisiert werden: Die Affixe, die vor dem Wortstamm stehen, nennt man **Präfixe** ({*ver-*}*gangen*, {*un-*}*schön*), diejenigen, die hinter dem Wortstamm oder einem Funktionswort stehen, sind **Suffixe** (*Frei*{*-heit*}, *Plan*{*-ung*}, *schreib*{*-st*}, *dies*{*-em*}). Das Deutsche hat einige wenige **Zirkumfixe**: In dem Fall steht je ein Teilmorphem vor und hinter dem Wortstamm, die beiden Teilmorpheme haben aber eine gemeinsame

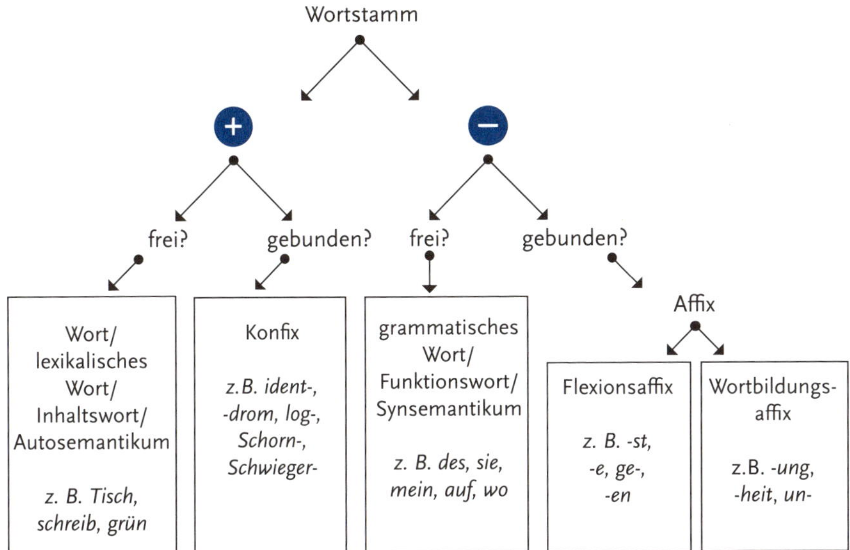

Abb. 4: Morphemklassifikation

Funktion. Beispielsweise {*ge-*}*arbeit*{*-et*} hat solch ein Zirkumfix: {*ge-/-t*} markiert das Partizip II eines Verbs; ein weiteres Beispiel wäre {*ge-/-e*} in {*Ge*}*renn*{*e*}.

5.4 Vergleich von Sprachen: Typologie

Alle Sprachen der Welt haben Morpheme, aber es gibt grundlegende Unterschiede dahingehend, ob Wörter aus mehreren Morphemen bestehen können und, wenn ja, wie viele Morpheme innerhalb eines Wortes aneinandergereiht werden können. Ein und dieselbe Information kann durch freie oder gebundene Morpheme, durch Präfixe, Suffixe oder Zirkumfixe gegeben werden. Beim Sprachenlernen dienen den Lernenden ihre bereits bekannten Sprachsysteme als Hintergrundwissen. Deshalb lohnt es sich, unterschiedliche Systeme etwas genauer zu betrachten. Wir beginnen mit einem Vergleich von Sätzen, anhand derer man schon einiges über mögliche Gemeinsamkeiten und Unterschiede herausfinden kann (5.4.1). Es folgt ein kleiner Überblick mit weiteren nützlichen Informationen über grammatische Tendenzen in verschiedenen Sprachen (5.4.2).

5.4.1 Vergleich anhand von konkreten Sätzen: Sprachen mit eher analytischer und eher synthetischer Ausprägung

Denkpause 8

In der unten stehenden Tabelle sind Sätze des Deutschen übersetzt in vier weitere, jeweils voneinander und vom Deutschen sehr verschiedene Sprachen. Welche Unterschiede und Gemeinsamkeiten können Sie entdecken?

Tab. 6: Sprachvergleich anhand von Einzelsätzen

	Deutsch	Chinesisch	Türkisch	Kiswahili	Russisch
1	du liebst mich	你爱我 nǐ ài wǒ	(sen) beni seviyorsun	(wewe) unanipenda	ты меня любишь ti menya lyubish
2	sie liebt mich	她爱我 tā ài wǒ	(o) beni seviyor	(yeye) ananipenda	она меня любит ona menya lyubit
3	sie liebt dich	她她爱你 tā ài nǐ	(o) seni seviyor	(yeye) anakupenda	она тебя любит ona tebya lyubit

Schon auf den ersten Blick sieht man, dass das, wofür das Deutsche, das Russische und das Chinesische drei Wörter brauchen, im Türkischen in zwei und in Kiswahili in einem einzigen Wort ausgedrückt werden kann. (Die Wörter in Klammern sind weglassbar.) Damit sind wir bereits bei einem Bereich angelangt, in dem sich Sprachen der Welt grundsätzlich unterscheiden.

Sprachen, in denen Wörter (fast) immer nur aus einem Morphem bestehen, sind **analytisch** bzw. **isolierend** (z. B. Chinesisch). Sprachen, in denen Wörter oft mehrere Morpheme haben (z. B. Deutsch, Russisch, Türkisch und Kiswahili), sind **synthetisch**.

Synthetische Sprachen, bei denen man sehr viele Affixe an ein Wort hängen kann, nennt man **agglutinierende Sprachen**. In diesen Sprachen kann manchmal ein ganzer Satz aus einem einzigen Wort bestehen. Kiswahili und Türkisch sind solche agglutinierenden Sprachen, wie das obige Beispiel zeigt. Die vielen Affixe werden meistens an den Verbstamm gehängt. Doch zurück zu unserer Analyse: Der erste Schritt einer Kontrastierung besteht darin, zu markieren, welche Elemente in allen Sätzen einer Sprache immer gleich bleiben. Dies ist in allen Sprachen der Verbstamm, der {*lieb*} bedeutet; *ài*, *sev*, *penda* und *lyubi*. Im Chinesischen ist dieser Stamm ein Wort ohne Prä- oder Suffixe, in allen anderen Sprachen nicht. Im Deutschen, Türkischen und Russischen steht er am Anfang des Wortes, und es folgen Suffixe, in Kiswahili ist es umgekehrt.

Als zweiten Schritt sehen wir uns nun Satz 1 bis 3 in Spalte 1 (Deutsch) an: Es fällt auf, dass sich im Deutschen Verbendungen und Pronomen verändern. Vergleichen wir im dritten Schritt in allen Sprachen Zeile 1 und 2 einerseits und Zeile 2 und 3 andererseits (jeweils Minimalpaarsätze), lässt sich herausfinden, inwieweit sich in den untersuchten Sprachen Verben nach Person verändern und ob Pronomen benutzt werden. Die restlichen Morpheme sind nun leicht identifizierbar. In der unten stehenden Tabelle sind Subjektmarkierungen, Person im Verb sowie Subjektpronomen fett markiert, Objektmarkierungen und Objektpronomen kursiv (s. Kap. 8.1, Satzglieder).

Tab. 7: Lösung des Sprachvergleichs anhand von Einzelsätzen

	Deutsch	Chinesisch	Türkisch	Kiswahili	Russisch
1	**du** lieb | **st** *mich*	你爱我 **nǐ** ài *wǒ*	(**sen**) *ben* | *i* seviyor | **sun**	(**wewe**) **u** | na | *ni* | penda	ты меня любишь **ti** *men* | *ya* lyub | **ish**
2	**sie** lieb | **t** *mich*	她爱我 **tā** ài *wǒ*	(**o**) *ben* | *i* seviyor	(**yeye**) **a** | na | *ni* | penda	она меня любит **ona** *men* | *ya* lyub | **it**
3	**sie** lieb | **t** *dich*	她爱你 **tā** ài *nǐ*	(**o**) *sen* | *i* seviyor	(**yeye**) **a** | na | *ku* | penda	она тебя любит **ona** *teb* | *ya* lyub | **it**

Weitere auffällige Punkte sind, dass im Türkischen und in Kiswahili das Subjektpronomen weglassbar ist. Sprachen, in denen dies der Fall ist, nennt man **Pro-Drop-Sprachen**. Im Türkischen steht das Verb außerdem am Ende des Satzes. Dies ist in fast der Hälfte aller Sprachen der Welt der Fall. Man nennt diese Sprachen **SOV-Sprachen**. Die Abkürzung ist aus dem Englischen und meint *Subject Object Verb*. Sie wird weltweit benutzt (vgl. Dryer 2013a und 2013b). Auch im Russischen steht das Verb am Ende unseres Beispielsatzes. Tatsächlich ist das Russische aber keine SOV-Sprache (http://wals.info/valuesets/81A-rus, 05.09.2019). Möglicherweise spielt hier eine Rolle, dass Subjekt und Objekt nur als Pronomen vorkommen. Wir können diese These überprüfen, indem wir einen weiteren Beispielsatz mit dem hier interessierenden Verb *lieben* hinzunehmen, in dem nicht Pronomen, sondern Nomen stehen (s. Tab. 8):

Tab. 8: Russischer Beispielsatz (lieben *mit Nomen-Ergänzungen*)

Женщина	любит	мужчину
Zhenshchina	lyubit	mushchinu
Frau	lieben:3SG:PRÄS	Mann
Die Frau liebt den Mann.		

Weiterhin ist in Kiswahili – für uns ungewöhnlich – das Objekt im Verb markiert, das *dich* versteckt sich beispielsweise in Tab. 7 in Zeile 3 im Affix {*-ku-*}. Im Chinesischen wird für *du* und *dich* dasselbe Wort benutzt. Ob *nǐ* ‚du' oder ‚dich' bedeutet, hängt in unserem Beispiel jeweils von der Stellung des Wortes im Satz ab. Das Chinesische scheint also morphologisch nicht zwischen Nominativ und Akkusativ zu unterscheiden (s. Kap. 7.2.1, Kasus).

Übrig bleibt das Morphem {*na-*} in Kiswahili. Es ist in allen drei Sätzen zu finden, muss also eine Information enthalten, die in allen drei Sätzen enthalten ist. Teil des Verbstamms kann es nicht sein, da es im Wort von ihm getrennt ist. Es könnte Tempus (Zeit) anzeigen. Um dies herauszufinden, müsste jedoch ein weiterer Minimalpaarsatz (52) gebildet werden, wie z. B. *du liebtest mich* als Minimalpaar zu Zeile 1:

(52) *U- li- ni- penda*
Du- PRÄT- mich- lieben
Du liebtest mich.

Denkpause 9

Welche weiteren Informationen finden Sie zu Deutsch, Kiswahili, Chinesisch und Russisch, wenn Sie die Sätze 4 bis 6 in Tab. 9 zum Vergleich hinzunehmen? Achten Sie insbesondere auf die Wortstämme, notieren Sie aber auch alles andere, was Ihnen auffällt.

Tab. 9: Erweiterung des Sprachvergleichs

	Deutsch	Chinesisch	Türkisch	Kiswahili	Russisch
1	**du** lieb|**st** *mich*	你爱我 **nǐ** ài *wǒ*	(**sen**) ben|*i* seviyor|**sun**	(**wewe**) **u**|na|*ni*|penda	ты меня любишь **ti** *men*|*ya* lyubi|**sh**
2	**sie** lieb|**t** *mich*	她爱我 **tā** ài *wǒ*	(**o**) ben|*i* seviyor	(**yeye**) **a**|na |*ni*|penda	она меня любит **ona** *men*|*ya* lyubi|**t**

3	**sie** lieb|**t** *dich*	她爱你 **tā** ài *nǐ*	(**o**) sen|*i* seviyor	(**yeye**) **a**|na|*ku*|penda	она тебя любит **ona** *teb*|*ya* lyubi|**t**
4	ich lese	我看 wǒ kàn	(ben) okuyorum	(mimi) ninasoma	я читаю ya tchitayu
5	du liest	你看 nǐ kàn	(sen) okuyorsun	(wewe) unasoma	ты читаешь ti tchitayesh
6	er liest	她看 tā kàn	(o) okuyor	(yeye) anasoma	он читает on tchitayet

Alle bisherigen Thesen über die Bedeutungen der Morpheme im Chinesischen, Türkischen, Kiswahili und Russischen werden durch dieses weitere Beispiel bestätigt. Interessant im Vergleich zwischen den Zeilen 3 und 6 ist darüber hinaus, dass *er* und *sie* in Kiswahili, im Chinesischen und im Türkischen mit dem gleichen (weglassbaren) Wort (*yeye, tā, o*) bezeichnet werden (s. Kap. 7.2.1, Genus).

Irritierend ist, dass wir in den Zeilen 4 bis 6 im Deutschen diesmal keinen eindeutig identifizierbaren Wortstamm finden, sondern {*les-*} und {*lies-*}. Dies weist auf ein weiteres Merkmal hin, in dem sich Sprachen der Welt unterscheiden: Deutsch gehört zu den **flektierenden Sprachen**. In diesen Sprachen verändern sich – im Gegensatz zu isolierenden und agglutinierenden Sprachen – zumindest einige der Wortstämme, d. h., verschiedene **Stammvarianten** sind vorhanden (in unserem Beispiel {*les-*} und {*lies-*}).

▶ Exkurs: Stammveränderungen ◀

Stammveränderungen treten zum einen im Bereich der Flexion auf, z. B. bei Verben (*singen – sang – gesungen – sänge*) oder bei der Pluralbildung von Substantiven (*Fass – Fässer, Mutter – Mütter, Loch – Löcher*). Zum anderen finden wir sie aber auch im Bereich der Wortbildung, wenn Wortstämme in unterschiedlichen Wortarten auftreten (*gehen – Gang, singen – Gesang, Mann – männlich*), oder bei Bedeutungsveränderungen von Wörtern (*Mann – Männlein*).

Verändert sich der Stammvokal vollständig, so nennt man das **Ablaut** (*singen – sang, gehen – Gang*). Der Ablaut ist von Beginn an, d. h. seit dem Althochdeutschen, in der deutschen Sprache vorhanden. Ursprünglich war dabei vermutlich der phonologische Kontext relevant, dies ist für uns heute aber nicht mehr nachzuvollziehen (s. Braune 2004: 54).[10] Ablaute finden wir bei der Flexion einiger Verben sowie in einigen Fällen der Wortbildung bei Nominalisierungen. Neue Wörter mit Ablaut entstehen in der deutschen Sprache nicht mehr. Im Gegensatz dazu ist der **Umlaut** im Deutschen noch **produktiv**, d. h., es können immer wieder neue Wörter mit Umlaut gebildet werden. Wenn wir z. B. von einer besonders kleinen Sonne sprächen, wäre das Wort *Sönnchen* bildbar.

Ursprünglich entstanden ist der Umlaut, weil ein Vorderzungenvokal (d. h. ein im Mundraum vorne gebildeter Vokal, s. Kap. 3.1.1), der ursprünglich am Ende eines Wortes stand, im Wort nach vorne verschoben wurde und nur ein e-Schwa [ə] an der ursprünglichen Stelle des Vokals übrig blieb (aus Germanisch *manir* wurde *Männer*, das [i] wurde im Wort nach vorne verschoben und beeinflusste das [a], aus dem dann ein [ɛ] wurde). Die Umlautbildung kann auftreten bei der Verbflexion (*sang – sänge)*, der Pluralbildung (*Fass – Fässer*), der Diminutivbildung (*Mann – Männlein*) und der Adjektivierung (*Mann – männlich*). Stammveränderungen können wir mit unserem Werkzeug der Minimalpaarbildung kaum untersuchen.

Weiterhin kann in flektierenden Sprachen gleich Aussehendes durchaus Unterschiedliches bedeuten bzw. unterschiedliche Funktionen haben. Dies haben wir bereits in 5.2 am Beispiel von {*er*}, {*-er*}, {*er-*} gezeigt. Außerdem kann ein Morphem gleichzeitig mehrere Bedeutungen/Informationen tragen. In isolierenden und agglutinierenden Sprachen hingegen sind Morpheme tendenziell eindeutig, d. h., gleich Aussehendes bedeutet (fast immer) auch das Gleiche. Abbildung 5 fasst die Grundinformationen zu den Sprachentypen zusammen.

Bei der Klassifizierung der Sprachen handelt es sich immer nur um Tendenzen: So hat das Deutsche auch isolierende (*Tisch, schön*) und agglutinierende Elemente (*bet-et – bet-et-e, arbeit-et – arbeit-et-e, Kind – Kind-er, Rind – Rind-er*), und auch in eher agglutinierenden Sprachen sind Morpheme nicht immer eindeutig (z. B. kann {*ni-*} in Kiswahili für Subjekt oder Objekt stehen).[11] Sprachtypologie muss

10 Es gibt mehrere (7) Ablauttypen, bei Interesse nachlesbar bei Konopka (2018).

11 Auch über die Zeit, also diachron, verändern sich Sprachen morphologisch. Das Englische beispielsweise, früher hauptsächlich flektierend, verliert die meisten seiner Flexionsmorpheme und wird langsam zu einer isolierenden Sprache. Es gibt Überlegungen, ob das Deutsche sich nicht auf demselben Weg befindet. Zumindest ist ein sich immer weiter fortsetzender Trend zur Getrenntschreibung zu beobachten. Diese wurde mit ausgelöst durch die Rechtschreibreform von 2006 und wird weiter verstärkt beispielsweise durch die Nutzung von SMS oder anderen Messengerdiensten. Deren Wortvorschläge bestehen meistens aus Einzelwörtern. So finden sich

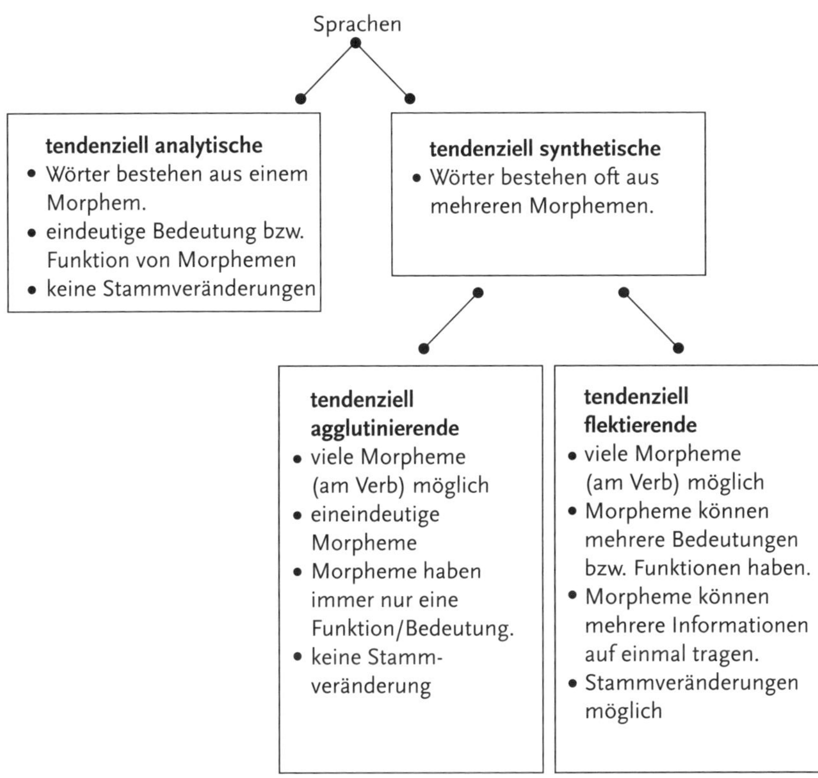

Abb. 5: Sprachentypologie (vgl. Eifring & Theil 2005, Kap. 4, 5-7, geht auf Schlegel zurück)

notwendigerweise vereinfachen,[12] bietet aber auf diese Weise für den Sprachlehrenden ein Orientierungswissen. Dieses Wissen benötigt man zum einen, um Fehler und Fehlerwahrscheinlichkeiten zu verstehen. Spricht ein/eine Lerner*in beispielsweise bisher nur eher isolierende Sprachen, ist das Konzept der Flexion von Wörtern zunächst vollkommen unbekannt und dementsprechend sehr schwer zu

inzwischen häufig (noch) falsche Formen wie *Ich bitte dich, das *auf *zu *schreiben* und *Kommst du zum *Abend *Essen*. Weitere Informationen dazu finden sich bei Whaley (1997: 136ff.).

12 Beispielsweise geht sie oft von semantischen Kategorien aus, z. B. Possessivität (‚jemand/etwas besitzt jemanden/etwas oder gehört zu jemandem/etwas‘) und wählt dafür einen Terminus – im Fall der Possessivität ist das „Genitiv“. Damit ist dann aber nicht nur der Genitiv im grammatischen Sinn gemeint (z. B. *Mamas Mann*), sondern alle möglichen grammatischen Mittel, mit denen Sprachen Possessivität ausdrücken können (z. B. *der Mann von Mama*).

realisieren.[13] Zum anderen aber ist dieses Wissen auch notwendig, um die Mehrsprachigkeit der Lernenden aktiv im Unterricht als Ressource zu nutzen.

5.4.2 Typologisches Basiswissen

Wenn man als Lehrende*r Sprachvergleiche in den Unterricht einbinden will, benötigt man typologisches Basiswissen, also ein allgemeines Wissen über unterschiedliche grammatische Systeme von Sprachen.

Zu diesem Basiswissen gehören folgende Gegebenheiten (Whaley 1997, Kap. 8; Eifring & Theil 2005, Kap. 4):

- Man geht davon aus, dass auf der Erde momentan 4.000 bis 7.000 Sprachen gesprochen werden (vgl. Simons & Fennig 2017). Circa 2.000 davon sind verschriftlicht und 50% der Weltbevölkerung sprechen mindestens eine der 23 am weitesten verbreiteten Sprachen. Allerdings sind solche Angaben auch stark davon abhängig, was als eigenständige Sprache gezählt wird und was eher als Variation einer Sprache. Ist beispielsweise Schweizerdeutsch eine andere Sprache als Deutsch? Wie verhält es sich mit Sächsisch? Linguist*innen finden hier teilweise recht unterschiedliche (und nicht immer konsequente) Einteilungen.
- Sprachen sind, wie oben erläutert, tendenziell eher isolierend, eher agglutinierend oder eher flektierend.
- Bei agglutinierenden Sprachen gibt es häufig recht komplizierte „Agreement-Systeme“, d. h. Markierungen im Satz, die anzeigen, welche Wörter enger zusammengehören. Die Funktion ist dieselbe, die im Deutschen das Genussystem hat. In dem Kiswahili-Satz in Tabelle 10 findet sich die Markierung der Nominalklasse (N. Kl.) von Messer (**ki**su) in fast jedem der Wörter (s. Kap. 7.2.1).

Tab. 10: Beispiel aus Kiswahili zu Agreement-Systemen

<table>
<tr><td colspan="5">Kile kisu kizuri kinapatikana sokoni.</td></tr>
<tr><td>ki|le</td><td>ki|su</td><td>ki|zuri</td><td>ki|na|pat|ikana</td><td>soko|ni</td></tr>
<tr><td>(N. Kl.)|
|Demonstr.-
Artikel fern</td><td>(N. Kl.)|
Messer</td><td>(N. Kl.)|gut</td><td>(N. Kl.)|continuous|
bekommen|
Möglichkeit</td><td>Markt|Postposition</td></tr>
<tr><td>Jenes</td><td>Messer</td><td>gut</td><td>ist bekommbar</td><td>auf dem Markt</td></tr>
<tr><td colspan="5">Jenes gute Messer ist auf dem Markt erhältlich.</td></tr>
</table>

13 Damit soll nicht gesagt werden, dass Fehler ausschließlich auf Transfer zurückzuführen seien; vielmehr entwickeln Lernende *Interlanguages* (Selinker 1972), Zwischensprachen, die eigene Regularitäten herausbilden (s. Kap. 11.2).

– Isolierende Sprachen haben meist einsilbige Morpheme. Diese Sprachen haben eine recht feste Reihenfolge der Wörter im Satz. Die verschiedenen Funktionen müssen also in einer festen Reihenfolge ausgedrückt werden. Weiterhin gibt es viele Funktionswörter, um beispielsweise Informationen wie Zeit, Thema usw. zu markieren. Insgesamt sind die grammatischen Regeln aber nicht so rigide wie z. B. im Deutschen. Ein chinesischer Satz wie der unten stehende kann auf verschiedene Weisen interpretiert werden – und wenn man ihn umstellen würde, veränderte sich die Bedeutung weiter.

(53) *Nǐ bù lái, wǒ bú qù.*
Du nicht kommen ich nicht gehen
Du kommst nicht, ich gehe nicht.
Auch: *Falls du nicht kommst, gehe ich nicht.*
Wenn du nicht kommst, gehe ich nicht.
Da du nicht kommst, gehe ich nicht.

(54) *Wǒ bú qù, nǐ bù lái.*
Ich nicht gehen du nicht kommen
Ich gehe nicht, du kommst nicht.
Auch: *Falls ich nicht gehe, kommst du nicht.*
usw.

– Sprachen werden danach klassifiziert, wo im Satz das (ggf. flektierte) Verb üblicherweise, d. h. in unmarkierter Position, steht. Dabei haben die meisten Sprachen der Welt eine der drei Reihenfolgen SOV, SVO und VSO. Bei fast 50% aller Sprachen steht das Verb am Ende des Satzes (SOV), in weiteren 40% steht es nach dem Subjekt (SVO) (Eifring & Theil 2005: 1; s. auch Dryer 2013c). Es gibt einige Wahrscheinlichkeiten (universale Tendenzen), wie sich Sprachen mit bestimmten Wortreihenfolgen hinsichtlich der Position von Adjektiven, Steigerungsformen, Prä- oder Postpositionen usw. verhalten. Hier teilen die SVO-Sprachen und die VSO-Sprachen viele Wahrscheinlichkeiten, während sich SOV-Sprachen häufig genau gegenläufig verhalten. Dazu einige Beispiele (s. Eifring & Theil 2005: 10ff.; Whaley 1997, Kap. 8):

a. Es gibt Prä- und Postpositionen. Diese können in Form eines eigenen Wortes oder eines Affixes auftreten. SOV-Sprachen neigen zu Postpositionen, VSO- und SVO-Sprachen eher zu Präpositionen (s. Kap. 8.2.1).
b. Adjektive können vor oder nach dem Substantiv stehen, auf das sie sich beziehen. Die Steigerungsform von Adjektiven kann in Form eines Suffixes oder eines eigenen Wortes nach dem Substantiv stehen oder in Form eines Präfixes davor. SOV-Sprachen tendieren dazu, die Steigerungsform voranzustellen, bei den anderen Sprachen folgt die Steigerungsform eher dem Stamm.
c. Wenn es Hilfsverben gibt, so sind diese in VSO- und SVO-Sprachen eher dem Vollverb vorangestellt, in SOV-Sprachen hingegen nachgestellt.

- In vielen Sprachen (z. B. im Türkischen und in Kiswahili, siehe Beispiel oben) muss das Subjektpronomen kein eigenes Wort bilden (Pro-Drop-Sprachen).
- In vielen Sprachen, so auch in Türkisch und Kiswahili, sind Kopulaverben weglassbar. Kiswahili:

(55)	*Mimi*	(*ni*)	*mwalimu.*
	ich	(*sein*)	*Lehrerin*
	Ich bin Lehrerin.		
(56)	*Mimi*	(*ni*)	*kijana.*
	Ich	(*sein*)	*jung*
	Ich bin jung.		

Im Russischen gibt es überhaupt keine Kopulaverben; der Satz muss also ohne *sein* gebildet werden (я учи́тельница (*ja uchitelnica*) = ich Lehrerin).

Man kann mit Lernenden anhand von Minimalpaarsätzen sprachvergleichend über sprachstrukturelle Probleme nachdenken. Als Lehrende*r kennt man aber oft die verschiedenen Sprachen der Lernenden nicht, man ist in diesem Fall also nicht der Experte/die Expertin. Mit den o. g. typologischen Basisinformationen ist man besser auf mögliche Unterschiede zum Deutschen und zu anderen bereits bekannten Sprachen vorbereitet.[14] Notwendig für den Sprachvergleich ist es, Lernende aufzufordern, von der Lehrkraft auf Deutsch vorgegebene Minimalpaar-Beispielsätze zum jeweils interessierenden grammatischen Thema in ihren Sprachen zu formulieren. (Idealerweise macht man dies in einer Tabelle an der Tafel, dann können alle über alle Sätze nachdenken.) Das typologische Basiswissen hilft weiterhin, die richtigen Fragen an das so erstellte Sprachmaterial zu stellen und Regelhaftigkeiten bzw. **Funktionsäquivalenzen** zu finden. Das heißt, dieselbe Information (z. B. zu Person, Ort, Zeit) kann in unterschiedlichen Sprachen auf unterschiedliche Weise ausgedrückt werden. Einen guten Überblick zu Möglichkeiten des Einbezugs von Sprachen der Lernenden gibt Rothstein (2011). Es gibt inzwischen auch viele (mehr oder weniger kurze) Überblicke über die Charakteristika vieler potentieller Sprachen der Lernenden – sowohl online (beispielsweise von der Universität Duisburg-Essen[15]) oder auch in Buchform (vgl. etwa Krifka et al. 2014).

Vom sprachlichen Material ausgehend Regelhaftigkeiten zu finden, ist eine Methode der Grammatikarbeit, genannt **induktive Grammatikarbeit**. Diese kann, muss aber nicht sprachvergleichend sein. Man geht dabei nicht von einer Regelpräsentation durch den/die Lehrenden aus, sondern von systematischen Beobachtungen an Sprachmaterial. Auf diese Weise wird Bewusstheit für ein Phänomen gefördert (zur induktiven Grammatikarbeit s. Bimmel et al. 2011: 132-136). In Punkt 5.3.1. haben wir genau das (sprachvergleichend) gemacht; die Denkpausen bei-

14 Siehe dazu auch Horstmann (2002).

15 https://www.uni-due.de/prodaz/einzelsprachen.php, 02.09.2019.

spielsweise in Kap. 2.2 hingegen bezogen sich zwar ausschließlich auf das Deutsche, waren aber auch induktiv. Alternativ wäre es auch möglich gewesen, **deduktiv** vorzugehen, d. h., Regelhaftigkeiten zunächst zu präsentieren, Beispiele zu geben und die Lernenden hinterher üben zu lassen. (Die Denkpausen in Kapitel 4 illustrieren eher diese Vorgehensweise.) Beide Methoden haben Vor- und Nachteile: Deduktiv kann man komplexe Inhalte strukturiert und kompakt darstellen. Induktive Grammatikarbeit hingegen ist zeitintensiver, aber sie ermöglicht es auch, Inhalte tatsächlich selbstständig zu durchdringen, sie weckt Lust an der Spracharbeit und sie ermöglicht den Einbezug der Mehrsprachigkeit der Lernenden, insbesondere wenn die Lehrkraft diese Sprachen nicht beherrscht. Es spricht also einiges dafür, auch Anteile induktiver Grammatikarbeit in den eigenen Unterricht einzubeziehen.

In diesem Kapitel haben wir über Sprachstrukturen nachgedacht. Das Lernen einer Sprache besteht aber nicht nur aus dem Erwerb grammatischer Strukturen. Extrem wichtig ist die Wortschatzarbeit. Mit Möglichkeiten der Wortschatzarbeit und dem dafür notwendigen linguistischen Hintergrundwissen beschäftigt sich das folgende Kapitel.

▶ Literaturtipps

Fandrych, Christian; Thurmair, Maria (2018): *Grammatik im Fach Deutsch als Fremd- und Zweitsprache. Grundlagen und Vermittlung*. Berlin: Erich Schmidt Verl., Kapitel 1-8.

Rothstein, Björn (Hrsg.) (2011): *Sprachvergleich in der Schule. Thema Sprache – Wissenschaft für den Unterricht*. Baltmannsweiler: Schneider-Verl. Hohengehren.

Aufgaben nach diesem Kapitel

Aufgabe 1: Wortartenbestimmung

Bestimmen Sie die Wortarten der Wörter in folgenden Sätzen wie im Beispiel: *Am meisten mag ich Linguistik.*

Tab. 11: Lösungsbeispiel zu Aufgabe 1

Wort	Wortart
am (= an + dem)	Präposition + (definiter) Artikel
meisten	Adjektiv
mag	Verb
ich	Personalpronomen
Linguistik	Substantiv

(a) Mit dem neuen Jahr kommen neue Vorsätze.
(b) Am Wochenende konnten die Kinder wegen des Regens nicht spielen.
(c) Er ist nie im Seminar gewesen.
(d) Oma hat sich über das Geschenk sehr gefreut.
(e) Das wissenschaftliche Schreiben sei für das Studium sehr wichtig.
(f) Auf dem Hof gibt es Kühe, Schafe und Hühner.
(g) Das Auto meines Bruders ist schon zehn Jahre alt.

Aufgabe 2: Funktion von Morphemen

Ist *{-heit}* ein Morphem des Deutschen? Wenn ja, was bedeutet es? Nehmen Sie die links stehenden Wörter zum Ausgangspunkt Ihrer Überlegungen. Reflektieren Sie anschließend, was die Wörter mit *{-keit}* mit den Wörtern mit *{-heit}* gemeinsam haben und wo Unterschiede liegen. Können Sie Thesen bezüglich der Regelhaftigkeiten aufstellen?

Freiheit	*Essbarkeit*
Schönheit	*Möglichkeit*
Faulheit	*Heiterkeit*
Gelassenheit	*Aufmerksamkeit*
Verliebtheit	*Einsamkeit*

Aufgabe 3: Morphemklassifikation

Isolieren und klassifizieren Sie die Morpheme in den folgenden Wörtern:

Turnhallen
aufgeben
wieder
mein
rotes

Aufgabe 4: Morpheme im Sprachvergleich

Bitte führen Sie eine sprachvergleichende Minimalpaaranalyse mit den folgenden Sätzen durch. Das Thema der Reflexion sind Präpositionen.

Tab. 12: Aufgabe zur sprachvergleichenden Minimalpaaranalyse

Deutsch	Chinesisch	Türkisch	Kiswahili
Das Buch ist auf dem Tisch.	Zhè běn shū zài zhè gè zhuō zi shàng.	Kitap masanaın üstünde.	Kitabu kiko mezani.
Das Buch ist unter dem Tisch.	Zhè běn shū zài zhè gè zhuō zi xià.	Kitap masanaın altında.	Kitabu kiko chini ya meza.
Der Löffel ist auf dem Tisch.	Zhè bǎ sháo zi zài zhè gè zhuō zi shàng.	Kaşık masanaın üstünde.	Kijiko kiko mezani.
Der Löffel ist auf dem Buch.	Zhè bǎ sháo zi zài zhè běn shū shàng.	Kaşık kitabin üstünde.	Kijiko kiko kitabuni.

6. Lexik und Wortschatzarbeit

Im letzten Kapitel haben wir uns ausführlich mit Bausteinen von Wörtern, den Morphemen, beschäftigt. In diesem Kapitel nun interessieren uns die Wörter selbst und das Wissen, das man über Wörter haben sollte, um Sprache zu unterrichten. Um Inhalte zu verstehen und sich selbst ausdrücken zu können, müssen Lernende nicht nur Sprachstrukturen beherrschen, sondern vor allem auch Wörter zur Verfügung haben. Ihnen müssen Wörter vermittelt werden, die sie tatsächlich benötigen, und zwar nicht isoliert, sondern so, dass das jeweils inhaltlich passende Wort in angemessenen Satz- und Textkontexten verwendet werden kann (s. Kap. 2.6, Kommunikative Kompetenz).

Wir beschäftigen uns zunächst mit linguistischem Hintergrundwissen für die Semantisierung (6.1), d. h. die Erläuterung der Wörter durch die Lehrkraft, und mit der Erschließung von Wörtern durch die Lernenden selbst (6.2). Wortschatzarbeit kann ferner nicht unabhängig von der Kulturmittlung gesehen werden: Wörter bedeuten in verschiedenen Sprachen manchmal nur scheinbar das Gleiche, tatsächlich aber Verschiedenes. Aspekte, die mit der Verbindung von Sprache und Kultur zu tun haben, werden in Kapitel 6.3 behandelt.

Insbesondere setzen wir uns in diesem Kapitel mit den **Autosemantika**, also den Wörtern, die eine eigene Bedeutung haben, auseinander, und weniger mit **Synsemantika**, also Funktionswörtern (s. Kap. 5.3, Morphemklassifikation). Um Letztere zu erklären, benötigt man immer zumindest Satz-Kontexte und oft nonverbale Erklärungstechniken wie das Zeigen (*Das Buch liegt* ***auf*** *dem Tisch – Das Buch liegt* ***unter*** *dem Tisch,* ***ich*** vs. ***du***). An Synsemantika sieht man besonders deutlich, dass wir tatsächlich nicht in Einzelwörtern, sondern in Wörtern in grammatischer Verbindung miteinander in Sätzen und in Texten kommunizieren (s. Krenn 2001 und Segermann 2011). Die Trennung von Wortschatz und Grammatik (also Flexion und Syntax) ist eine künstliche, die wir in diesem Buch vornehmen, um Einzelaspekte notwendigen Hintergrundwissens für Lehrende betrachten zu können. Tatsächlich sind aber dieses und die beiden folgenden Kapitel als Einheit zu betrachten.

6.1 Semantisierung: Wörter unter Nutzung linguistischen Grundwissens erklären

Intuitiv scheint die Semantisierung für kompetente Sprecher*innen einer Sprache leicht zu sein; wissen sie doch genau, was das jeweilige Wort bedeutet. Steht man dann aber vor einer Gruppe von Lernenden, so merkt man, dass es doch gar nicht so einfach ist, Wörter genau und gut zu erklären. Das hat verschiedene mögliche Gründe:

- Insbesondere für Erstsprachler*innen einer Zielsprache ist es schwer, im eigenen Weltwissen enthaltenes Selbstverständliches überhaupt zu thematisieren (Was ist *chillen*, was ein *Sessel*, ein *Strandkorb*, *Weihnachten* oder *bestehen auf*?).

- Wenn man meint, einen Begriff erklären zu können, heißt das noch lange nicht, dass man dafür Wörter findet, die für die jeweilige Zielgruppe verständlich, d. h. einfach genug, sind.
- Manchmal fehlt das Fachwissen, um einen Begriff genau zu erklären: Was unterscheidet einen Nagelknipser von einer Nagelschere, was einen Dolch von einem Brotmesser?

Oftmals ist es daher leichter, Wörter in Relation zueinander zu erklären, wie das folgende Kapitel zeigt.

6.1.1 Paraphrasen und Gebrauchsbedingungen

Denkpause 1
Überlegen Sie, welche der folgenden Erklärungen „Spaghetti" am besten erklärt. Und notieren Sie sich die Begründung für Ihre Entscheidung.

(a) *Ein Hartweizengrießprodukt.*
(b) *Eine Nudelart.*
(c) *Spaghetti werden gekocht und mit Soße gegessen.*
(d) *In Deutschland ein kostengünstiges Mittagessen.*
(e) *Eine Nudelart aus Italien, die sich in Deutschland mit Migrationsbewegung und Tourismus in den 50er/60er Jahren etablierte.*
(f) *Ein Kohlehydratlieferant für Sportler.*

Erklärung (a) bezieht sich auf das Material, aus dem Spaghetti bestehen. Das alleinige Wissen darüber sagt nichts über deren Verwendungsweise aus. Die Erklärung in (b) ist schon etwas konkreter – sofern man weiß, was Nudeln sind, d. h., dass sie ein Nahrungsmittel sind, wie man mit ihnen vorgeht, um sie zuzubereiten, und wie man sie zu sich nimmt. (c) informiert darüber, wie man Spaghetti isst – diese Information kann relevant sein, wenn man aus einem Land stammt, in dem Nudeln nicht zu den üblichen Nahrungsmitteln gehören. (d) ist dann besonders wichtig, wenn man in Deutschland lebt oder leben will und (z. B. als Studierende/r) ein knappes Budget hat. (e) gibt landeskundliche Hintergrundinformationen, während (f) eine Spezialinformation enthält, die besonders für Marathonläufer und andere Sportler interessant sein könnte.

Welche Informationen jeweils gegeben werden müssen, um ein Wort so zu erklären, dass es verständlich wird, hängt stark vom bereits vorhandenen Hintergrundwissen des Lernenden ab, aber auch von seinen Interessen und Zielen. Generell gibt es zwei Bereiche, die dabei berücksichtigt werden: Erstens können Begriffe **paraphrasiert** werden. Dabei umschreibt man das zu Erklärende mit anderen Worten. Paraphrasen nutzen oft **semantische Relationen** (= Bedeutungsrelationen), wie z. B. Oberbegriffe und Unterbegriffe, Gegensätze und Ähnlichkeiten zwischen dem zu erklärenden und weiteren Begriffen. Der folgende Unterpunkt (6.1.2) beschäftigt sich damit. Die Paraphrase alleine ((a) bis (c)) beschreibt Bedeutungen aber nur unzureichend:[1] Je nach Hintergrundwissen und Bedürfnissen müssen zweitens mehr oder weniger Informationen zu den **Gebrauchsbedingungen** des Begriffs gegeben werden ((d), (f)). Der Terminus „Gebrauchsbedingung" hat zwei Verständnisweisen: Gebrauchsbedingung bei **Konkreta** (also Dingen, die man anfassen kann) heißt zunächst einmal einfach: Wann gebraucht man sie in der realen Welt wie und wofür? Nudeln beispielsweise kocht und isst man. Es heißt bei allen Begriffen darüber hinaus aber auch: In welchen sprachlich-situativen Kontexten benutzt man sie? Handelt es sich um ein neutrales Wort, ein umgangssprachliches oder eines der formalen Sprache? Und in was für Sätzen kann dieses Wort vorkommen? Solche Fragen verweisen wieder auf den Zusammenhang zwischen Sprache und Kultur und werden in 6.3 behandelt.

6.1.2 Semantische Relationen

Eine Möglichkeit, Wörter zu paraphrasieren, ist, ihre **semantischen Relationen** zu anderen Wörtern zu verdeutlichen, d. h., sie in inhaltlichen Bezug zu anderen Wörtern zu setzen.

Denkpause 2

Nehmen Sie die unter (a) bis (i) aufgeführten Wörtergruppen: In welchem Verhältnis stehen die Wörter jeweils zueinander?

(a) *Universität, Hochschule*
(b) *sterben, abkratzen*
(c) *Arbeit, Maloche*
(d) *gehen, laufen, schlendern, rennen*
(e) *nass, trocken*
(f) *tot, lebendig*
(g) *Sitzmöbel, Bank, Stuhl, Sessel, Hocker, Sofa*
(h) *Bank (zum Geldabheben), Bank (zum Draufsetzen)*

Die Wörter unter (a) bis (c) sind **synonym** zueinander, sie bezeichnen denselben Vorgang bzw. dieselbe Entität. Die Begriffe unter (b) und (c) gehören allerdings verschiedenen Stilebenen (Fachwort: **Register**) an. Je nach Kontext verwendet man eher das eine oder das andere Wort. Und weil Sprache weiterhin etwas damit

1 Genauere Reflexionen hierzu s. Meibauer et al. (2015: 165f.).

zu tun hat, wie man sich selbst inszeniert und darstellt, verwenden unterschiedliche Sprecher*innen eher den einen oder eher den anderen Begriff. Auch die Begriffe unter (d) haben Aspekte der Synonymie; ihre Inhalte überschneiden sich aber nur teilweise. Deshalb spricht man hier von **Teilsynonymie**. (e) und (f) bezeichnen Gegensätze – allerdings unterschiedliche Arten von Gegensätzen. Während bei (e) eine Skala denkbar ist, die verschiedene Grade von Feuchte bzw. Trockenheit bezeichnet, ist der Gegensatz bei (f) absolut. Ist eine Skala möglich, lautet der Fachbegriff für diese Beziehung **Antonymie**; ist der Gegensatz absolut, spricht man von **Kontradiktion** oder **Komplementarität**. Auch die Wörter unter (g) sind teilsynonym; das an erster Stelle stehende Wort ist ein Oberbegriff für die folgenden. Die Beziehung der Wörter zueinander kann deshalb unter dem Begriff **Hyperonymie** gefasst werden. *Sitzmöbel* ist das **Hyperonym** (der Oberbegriff) für *Stuhl, Sessel, Hocker*; Letztere sind **Hyponyme** (Unterbegriffe) für *Sitzmöbel*. Schließlich gibt es Wörter, die gleich klingen (**Homophonie**) oder gleich geschrieben werden (**Homographie**), aber Unterschiedliches bedeuten (wie in (h)). Beide Fälle werden unter **Homonymie** gefasst.

Begriffe können über bekannte Synonyme und Antonyme bzw. Komplemente erklärt werden oder über bereits bekannte Oberbegriffe. Wenn wir Wörter in unserem Gehirn speichern, bilden diese semantischen Relationen kognitive Vernetzungen im sog. mentalen Lexikon. Wir merken das beispielsweise an Assoziationsketten, d. h., wenn man die erste, spontane Assoziation zu einem Begriff nennt und dann wiederum die erste Assoziation zu diesem neuen Begriff usw. Dabei entstehen häufig Wortketten aus Wörtern in irgendeiner semantischen Relation. Semantische Relationen sind paradigmatische Vernetzungen (s. Kap. 1.2, Paradigma und Syntagma), d. h., die betreffenden Wörter könnten in einem Satz einander (grammatisch) ersetzen (*Die Suppe ist heiß/kalt., Ich muss zur Arbeit/Maloche.*).

Bei den semantischen Relationen gehen wir von Wörtern aus und reflektieren über ihre inhaltlichen Beziehungen zueinander.[2] Begriffe lassen sich aber auch über ihre einzelnen Merkmale erklären bzw. voneinander unterscheiden. In dem Fall geht es um die Beziehung zwischen Wörtern und unserer Vorstellung von den Dingen, die sie bezeichnen (s. Kap. 2.2, Exkurs Zeichenmodelle/Saussure).

6.1.3 Merkmalsanalyse

Die Merkmalsanalyse (auch **Semanalyse**, **Merkmalssemantik** oder **Komponentenanalyse** genannt) hilft dabei, Wörter einer Gruppe klar voneinander abzugrenzen. Dabei werden Unterschiede und Gemeinsamkeiten von Begriffen systematisch reflektiert, um diese möglichst genau zu beschreiben.

---

2 Auch Sätze können in semantischen Relationen zueinander stehen. Damit beschäftigen wir uns aber in dieser Einführung nicht, weil dies über die Anforderungen einer praxisorientierten Einführung in die Linguistik hinausgehen würde.

Denkpause 3

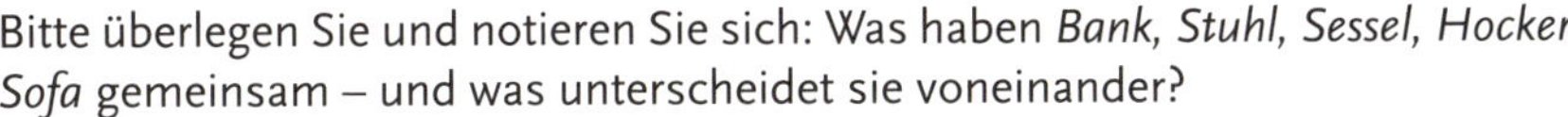

Bitte überlegen Sie und notieren Sie sich: Was haben *Bank, Stuhl, Sessel, Hocker, Sofa* gemeinsam – und was unterscheidet sie voneinander?

Eine Merkmalsanalyse wird tabellarisch dargestellt. Welche Ihrer Überlegungen finden sich in Tabelle 1 wieder?

Tab. 1: Merkmalsanalyse

	Kann man darauf sitzen?	Hat es eine Rückenlehne?	Ist es für eine Person angelegt?	Ist es stark gepolstert?	Gehört es zur typischen Wohnzimmer-ausstattung in Deutschland?
Bank	+	0	-	-	-
Stuhl	+	+	+	-	-
Sessel	+	+	+	+	+
Hocker	+	-	+	-	-
Sofa	+	+	-	+	+

Zunächst sucht man ein Merkmal, das alle Gegenstände einer Gruppe gemeinsam haben, das **Archisem**. In unserem Fall wäre das: „Man kann darauf sitzen."

Nachdem das Archisem gefunden ist, stellt man weitere Fragen nach Merkmalen, die helfen, die jeweils interessierenden Begriffe trennscharf voneinander abzugrenzen. Sinnvoll ist es, möglichst wenige, aussagekräftige Fragen zu stellen. In unserem Fall scheint die Frage nach der Rückenlehne besonders augenfällig. Nun ist der Hocker bereits klar von allen anderen Begriffen abgetrennt. Schwieriger ist die Frage nach der Rückenlehne in Bezug auf die Bank zu beantworten: Unsere prototypische Vorstellung einer Bank kommt jetzt ins Spiel, also das, was uns zuerst einfällt, wenn wir den Begriff hören oder lesen: Das wäre vermutlich so etwas wie eine Parkbank oder eine typische Biergartenbank (s. Kap. 5.1.3, Exkurs Prototypizität). Wir können die Frage nach der Lehne in Bezug auf die Bank also nicht eindeutig mit ja oder nein beantworten und zeigen dies durch eine Null. Weiterhin ist es sinnvoll, zu fragen, für wie viele Personen die Sitzgelegenheit angelegt ist. So können wir Stuhl und Sessel einerseits von Sofa und Bank andererseits abgrenzen. Fragt man anschließend nach möglicher starker Polsterung, so sind auch Stuhl und Sessel einerseits und Sofa und Bank andererseits klar voneinander abgegrenzt. Ein einzelnes Merkmal einer Entität (hier z. B. „ist stark gepolstert") nennt man **Sem**, die Gruppe von Merkmalen, die eine der Entitäten kennzeichnet, **Semem**. Das Semem von Hocker ist also: Man kann darauf sitzen, er ist für eine Person angelegt, er hat keine Rückenlehne und ist nicht stark gepolstert. Auch Gebrauchsbedingungen lassen sich für die Merkmalsanalyse nutzen, hier verdeutlicht an der Frage nach dem Standort in der Wohnung. Tatsächlich brauchen wir für unsere Merkmalsanalyse selbst diese Frage nicht unbedingt; auch ohne sie sind die Gegenstände bereits klar voneinander abgegrenzt. Aspekte der Merkmalsanalyse lassen sich bei der Semantisierung von Wörtern nutzen (*Was ist eine Bank? Auf einer Bank können mehrere Personen sitzen, sie hat nur manchmal eine Rückenlehne und meistens auch kein Polster. Bänke stehen oft draußen, an Spazierwegen oder in Biergärten und manchmal in der Küche*). Auch semantische Unverträglichkeiten (*warmer Schnee, gerade Kurve*) lassen sich mit Hilfe der Merkmalsanalyse erklären.

Wir wollen nun aber den Fokus vom Hintergrundwissen für Worterklärungen lehrerseits verschieben auf Möglichkeiten von Lernenden, sich selbst Wortschatz zu erschließen bzw. Hypothesen zu Bedeutungen von Wörtern aufstellen zu können. Um als Lehrende*r diese Fähigkeit bei Lernenden zu fördern, ist vernetzte Wortschatzarbeit notwendig. Die Vernetzungsweisen, die dabei beschrieben werden, sind selbstverständlich auch für die lehrerseitige Semantisierung nutzbar.

6.2 Als Lernender selbst neue Wörter erschließen, rezeptive und produktive Abrufbarkeit von Wortschatz fördern

Wir alle wissen von unseren Aufenthalten in fremden Ländern, deren Sprachen wir nicht beherrschen, dass wir versuchen, aus mitgehörten Gesprächen Elemente zu identifizieren – Elemente, deren Bedeutung wir entweder aus dem jeweiligen Handlungskontext oder aber aufgrund des Wortschatz-, Wortstruktur- oder Satzwissens unserer vorhandenen Sprachen meinen erschließen zu können. Und manchmal verstehen wir inhaltliche Elemente von Texten auch, weil wir wissen, von welchem Thema die Rede ist. Der Wortschatz, den ein Lernender sich erschließen kann, ist sein **potentieller Wortschatz**.

Denkpause 4

Lesen Sie den folgenden Text in einer Ihnen (hoffentlich) nicht bekannten romanischen Sprache und versuchen Sie herauszufinden, worum es geht: Welche Elemente kommen Ihnen bekannt vor?

Deşteaptă-te, române, din somnul cel de moarte,
În care te-adânciră barbarii de tirani!

Auch wenn wir als Leser kein Rumänisch verstehen, werden uns vielleicht einige Wörter bekannt vorkommen, und zwar Wörter, die wir aus dem Deutschen (z. B. *barabarii, tirani – Barbaren, Tyrannen*) oder aus dem Französischen oder Spanischen kennen (z. B. *cel – ciel/cielo* (*Himmel*), *moarte – mort/muerte* (*Tod*)). Weiterhin nutzen wir auch morphologisch-grammatisches Wissen zur Sinnerschließung. Aus dem Spanischen sind möglicherweise Formen wie *lávate* (*wasch dich*), *levántate* (*erheb dich*) bekannt, d. h. Reflexivsuffixe, die an die Imperativform angehängt werden, und wir entdecken in unserem Text analog dazu *deșteaptă-te*. Der Text könnte also zu Handlungen auffordern, vermutlich zu Handlungen, um sich der Barbaren und Tyrannen zu entledigen. Wir stellen also aufgrund von lexikalischen und grammatischen Annahmen sofort intuitiv Hypothesen auf, worum es gehen könnte, in diesem Fall um Barbaren und Tyrannen. Aus unserem Weltwissen können wir weiter abrufen, dass häufig Widerstandslieder, Kirchenlieder oder auch Nationalhymnen von solchen Themen handeln. Manchmal konkurrieren verschiedene Deutungsansätze miteinander: *care* in der zweiten Zeile könnte beispielsweise *teuer/kostbar* (Spanisch *caro*), Gesicht (Spanisch *cara*) oder *sich kümmern um* (Englisch *care*) heißen. Da die angehängten Reflexivsuffixe eine Verwandtschaft des Rumänischen mit anderen romanischen Sprachen nahelegen, entscheiden wir uns in diesem Zweifelsfall vermutlich für *teuer.* Unsere Annahmen über Sprachverwandtschaften beeinflussen also die Hypothese, für die wir uns dann als wahrscheinlichste entscheiden. Allerdings wissen wir: Nicht alle unsere Thesen müssen zutreffen: „**Falsche Freunde**" legen falsche Schlussfolgerungen nahe. Solche *Falschen Freunde* sind Wörter, die sich in verschiedenen Sprachen gleich oder ähnlich anhören oder lesen, von denen man also meint, die Bedeutung zu kennen, deren Bedeutungen aber tatsächlich sehr unterschiedlich sind. Das typische Beispiel aus dem Englischunterricht ist die Verwendung von *become* (‚werden') als ‚bekommen'. Genauso könnten auch einige unserer Annahmen über Wortbedeutungen des rumänischen Textes auf solchen fälschlichen Analogie-Annahmen beruhen.

Wir nutzen weiterhin **Kontextwissen** als Basis der Texterschließung. Wenn wir über unseren Text erfahren, dass es sich um die ersten Zeilen der ersten Strophe einer Nationalhymne handelt, stellen wir aufgrund unseres Hintergrundwissens zu diesem Thema weitere Vermutungen zum Textinhalt auf. Ein möglicher Nationalhymnentext könnte die folgenden Elemente enthalten:

Steht auf, Rumänen, aus dem schläfrigen Himmel des Todes.
teure/kostbare ... Barbaren und Tyrannen.

Sehen wir uns die tatsächliche Übersetzung der Zeilen an, so ist festzustellen, dass wir den Beginn des Textes mit unseren Vermutungen recht gut getroffen haben. Unsere Thesen in Bezug auf die Inhalte der zweiten Zeile treffen jedoch nicht zu. Die Grundstimmung des Liedes haben wir wiederum gut erfasst.[3]

3 Dazu, wie man bekannte Sprachen nutzen kann, um Inhalte aus neuen Sprachen zu verstehen, gibt es bereits entwickelte didaktische Konzepte wie den Interkomprehensionsansatz und die

Erwache, Rumäne, aus deinem Schlaf des Todes,
In welchen dich deine barbarischen Tyrannen versenkt haben!

Abschließend soll festgehalten werden, dass Sprachunterricht diese allgemeine menschliche Neugier und Fähigkeit zur Identifikation von bekannten Elementen im Fremden nutzen sollte, weil dies den Blick der Lerner*innen auf eigene und fremde Sprachen und auf Sprache generell schärft. Lehrende sollten Strategien zu dieser Sprachbeobachtung vermitteln und so die Fähigkeit fördern, selbstständiger zu lernen, über Wörter und deren Morpheme sowie über das Zusammenspiel von Wörtern (in Sätzen) immer differenzierter zu reflektieren (s. auch Kap. 11.3.2, Language Awareness).

Das Identifizieren von bekannten Elementen findet, wie im obigen Beispiel illustriert, **intersprachlich**, also zwischen Sprachen statt, aber auch **intrasprachlich**, also innerhalb einer Sprache. Die folgenden Informationen zur Wortbildung beschäftigen sich mit Letzterem. Dabei geht es um die Erstellung bzw. den Aufbau von Wörtern. Meist handelt es sich um historische Prozesse. Einige Möglichkeiten der Wortbildung sind aber auch heute noch produktiv, d. h., auch aktuell und spontan werden neue Wörter mithilfe dieser Möglichkeiten gebildet.

Der Begriff **Wortbildung** bezeichnet die Überführung von Wörtern in eine andere Wortart oder die Veränderung der Bedeutung eines Wortes. Wir sprechen von **Wortbildungsprodukten** (= abgeleiteten Wörtern), wenn entweder die Bedeutung oder die Wortart eines Wortes verändert werden. Manchmal verändert sich auch beides.[4]

Beispiele für solche Wortbildungen sind:
- Bedeutungsveränderung: *Tisch* → *Schreibtisch; schön* → *unschön; kaufen* → *verkaufen*
- Wortartveränderung, oft auch mit Bedeutungsveränderung einhergehend: *frei* → *Freiheit; tanzen* → *das Tanzen* oder *der Tanz; Mensch* → *menschlich; gehen* → *Gang; lernende Kinder* → *Lernende*

Neue Wörter können durch Komposition (6.2.1) oder Derivation (6.2.2) entstehen.

---

darauf aufbauenden Sieben Siebe (z. B. Doyé 2010; Hufeisen & Marx 2007; Oleschko 2011, https://www.uni-due.de/imperia/md/content/prodaz/interkomprehension20110412.pdf (02.09.2019) erklärt die Methode).

4 Donalies (2005: 34ff., insb. 39); die Reflexion der Kategorien in Kap. 7.2 bietet hier eine noch differenziertere Sichtweise an.

6.2.1 Wortbildung: Komposition

Bei der **Komposition** werden mindestens zwei Wortstämme zusammengefügt, und so ergibt sich das Wortbildungsprodukt. Die meisten Komposita sind **Determinativkomposita**, d. h. Komposita, bei denen das an erster Stelle stehende **Bestimmungswort** genauere Information über das am Ende stehende **Grundwort** gibt.[5] So ist z. B. ein *Schreibtisch* ein ‚Tisch (Grundwort) zum Schreiben (Bestimmungswort)', *Fensterglas* ist ‚Glas für Fenster' und ein *Fladenbrot* ist ein ‚Brot in Form eines Fladens'. Das Bestimmungswort wird üblicherweise unflektiert eingesetzt, d. h., es verändert sich auch bei der Flexion des Wortbildungsproduktes nicht (*Schreibtische, Fladenbrote*). Das Grundwort bestimmt alle grammatischen Eigenschaften des Wortbildungsproduktes, indem es die Wortart festlegt.

Es gibt noch weitere, seltener auftretende Arten von Komposita, wie z. B. **Kopulativkomposita**. Bei dieser Art von Komposita ist kein Grundwort festzumachen: Bei einem *Hosenrock* beispielsweise kann man nicht klar sagen, ob es sich um eine Art von Hose oder um eine Art von Rock handelt, und eine *blauweiße Flagge* ist weder blau noch weiß, sondern eben beides. Und schließlich sind noch die **exozentrischen Komposita** erwähnenswert. Dabei beschreibt das Kompositum nur einen (charakteristischen) Teil eines Ganzen, das Ganze ist aber gemeint:[6] Ein *Rotkehlchen* ist ein ‚Vogel mit einer roten Kehle', ein *Schreihals* ist ein ‚Mensch, der häufig schreit' (und wir wissen, Schreie gehen durch den Hals), und ein *Leckermäulchen* ist ein ‚Mensch, der gerne leckere Dinge isst'.

Komposita können verschiedenen Wortarten angehören. Die meisten Komposita sind **Substantivkomposita**, also Komposita, bei denen das Wortbildungsprodukt ein Substantiv ist. Das Deutsche verfügt über unendlich viele Möglichkeiten, diese zu bilden: Erstelemente können ebenfalls Substantive sein (***Apfel**kern*), aber auch Adjektive (***Schön**schrift*), Verben (***Schreib**tisch*) oder sogar Funktionswörter wie Präpositionen (***Vor**platz*). Insbesondere aus zwei Substantiven bestehende Komposita können spontan neu gebildet werden. Ihre Bedeutung ist im jeweiligen Satz- und Textkontext leicht erschließbar: Ein *Frühstückshering* könnte ein Hering sein, den man zum Frühstück isst, eine *Gemüsehose* eine Hose, in der man im Gemüsegarten arbeitet, oder eine Hose mit Gemüsemotiven darauf. Interessant ist

---

5 Dies ist auch mit dem Konzept der **Rechtsköpfigkeit** in der Grammatik des Deutschen erklärbar. Fast immer bestimmt nämlich das am weitesten rechts stehende Element im Wort, „was es ist". Dieses Prinzip gilt nicht nur, wie im Text erläutert, bei den Komposita, sondern auch in anderen Bereichen der Wortbildung (ein Wort, das mit *-ung* endet, ist ein Substantiv), und sogar auch bei zusammengehörigen Wortgruppen: In der Wortgruppe *ein schönes Haus* ist *Haus* die Größe, auf die sich alles bezieht und die die grammatischen Merkmale der anderen beiden Wörter bestimmt.

6 Mögliche „Eselsbrücke": Bei exozentrischen Komposita liegt das Zentrum, also das, was man eigentlich bezeichnet, außerhalb dessen, worauf sich das Wort bezieht.

ein orthographischer Trend zur Schreibung unterschiedlicher Substantivkomposita, der sich momentan im Deutschen immer weiter verbreitet: die Schreibung mit Bindestrich. Zum einen können Komposita der oben erwähnten Art mit Bindestrich geschrieben werden (*die Schreibtisch-Auflage*), zum anderen können so auch Wortgruppen (s. Kap. 8, Phrasen und Sätze) zu Komposita gemacht werden (*das In-Bezug-Setzen*, das *Mir-geht-es-so-schlecht-Gejammere, dieses Ist-das-Baby-süß-Gefühl...*).[7] **Adjektivkomposita** können ebenfalls Substantive als Erstelemente nutzen (***bild**schön*) oder aber Adjektive (***hell**blau, **blau**weiß*), selten Verben (***lauf**ungewohnt*). Die Bildungen sind nicht so vielfältig und frei möglich wie bei den Substantivkomposita, sondern es gibt ein begrenztes Repertoire von relativ häufigen Erstelementen (Fleischer & Barz 2007: 103-106). **Adverbkomposita** sind Adverbien; ihre Erstelemente sind oft Adverbien, die Zweitelemente hingegen oft Präpositionen (*dagegen, hierfür, dafür, darauf, hierauf*), manchmal auch Adverbien (*hierhin, dorthin*). Die Regel, dass das letzte Element die Kategorie des Wortbildungsproduktes bestimmt, gilt hier also nicht. Adverbkomposita sind nicht produktiv (d. h., Neubildungen sind selten und finden niemals spontan statt). Sie werden üblicherweise als ganze Wörter gelernt und nicht weiter analysiert. Für die Erweiterung des potentiellen Wortschatzes im DaF-/DaZ-Unterricht sind daher hauptsächlich Substantiv- und Adjektivkomposita relevant.[8]

Zwischen den Wörtern eines Kompositums können sehr viele verschiedene semantische Zusammenhänge bestehen. So kann eine *Fischfrau* die ‚Frau eines Fisches' sein, eine ‚Frau, die Fische verkauft', eine ‚Frau vom Sternzeichen Fische', eine ‚Frau mit der Ausstrahlung eines Fisches' usw. (s. Heringer 1984: 2). Semantische Zusammenhänge sind nicht aus den beiden Wörtern direkt ersichtlich, sondern der/die Rezipient*in entscheidet aufgrund des eigenen Weltwissens und des Kontextes blitzschnell, welche der Möglichkeiten gilt. So ist ein *Schweineschnitzel* ein ‚Schnitzel aus dem Material Schwein', ein *Jägerschnitzel* aber ein ‚Schnitzel nach Jägerart' oder eines ‚für Jäger'. Von den ca. 26 semantischen Zusammenhängen (s. Fleischer & Barz 2007: 98f.) können fünf Kategorien möglicherweise als zentral für die deutsche Wortbildung angesehen werden:

- Material: Y besteht aus X oder Y ist zubereitet mit X (*Glasfenster, Schweinebraten, Apfeltorte*).
- Bestimmung: Y ist gemacht für X (*Fensterglas, Kinderfilm, Hochzeitstorte, Tomatenmesser*).

7 Rechtschreibregel bei Nomen-Bindestrich-Komposita: Das erste Wort im Kompositum wird großgeschrieben, ebenso das letzte und dazwischen alle anderen Wörter, die regulär großgeschrieben werden.

8 Verbkomposita sind eine Klasse, über deren Existenz und Umfang gestritten wird, weshalb wir sie hier beiseitelassen (s. Donalies 2011: 54 und Fleischer & Barz 2007: 91). Abgeleitete Verben werden oft eher als Produkte expliziter Derivation (s. u.) gesehen.

- Possessivität im weitesten Sinn: Y gehört (zu) X bzw. Y ist von X. Darin enthalten sind z. B. Genitivverbindungen (*Kanzlerinnengatte, Präsidentenpalast*) und Ursachen (*Hagelschaden*).
- Lokalität (Ort) und Temporalität (Zeit): Y ist in/auf X (*Haustür, Dachgeschoss, Schiffsküche*). Y findet zur Zeit von X statt (*Sommerspiele, Herbststurm*).
- Agens: X stellt Y her (*Bienenhonig, Kuhmilch*).

In Wörtern wie *Schaf-s-käse, Schwein-e-braten* (Deutschland), *Schwein-s-braten* (Österreich), *Kanzlerin-nen-gatte, Präsident-en-palast, Hochzeit-s-torte* und *Therm-o-jacke* findet sich zusätzlich ein Element, das zu keinem der beiden Wörter gehört. Diese Laute bzw. Lautkombinationen heißen **Fugenelemente**. Fugenelemente tragen keine Bedeutung, sind also keine Morpheme. Möglicherweise sind sie irgendwann aus lautlichen Gründen entstanden, weil es sich „besser" anhört und die Wörter so leichter auszusprechen sind.[9] Weiterhin markieren sie die Grenze (Fuge) zwischen zwei Wörtern (s. auch Kap. 3.1.2, Silbenbau, Sonoritätshierarchie). Unterschiedliche Fugenelemente in ein- und demselben Wort (*Rinderbraten* vs. *Rindsbraten*) weisen darauf hin, dass auch hier Arbitrarität (s. Kap. 2.2, Exkurs Zeichenmodelle) vorhanden ist. Fugenelemente bilden eine nicht ganz leicht zu lernende Besonderheit der deutschen Sprache. Sie kommen in Lehrwerken kaum vor, und Fehler in diesem Bereich sind auch bei fortgeschrittener Sprachbeherrschung häufig (**Schokoladebrötchen*). Je komplexer die Ersteinheit (also das Bestimmungswort) ist, desto wahrscheinlicher ist das Auftreten eines Fugenelements (Donalies 2018b, https://grammis.ids-mannheim.de/systematische-grammatik/547, 05.09.2019, sowie Donalies 2015, https://grammis.ids-mannheim.de/fragen/3205, 05.09.2019). Es gibt nur einige wenige Kontexte, in denen immer ein Fugenelement eingefügt wird – beispielsweise in Komposita, deren Bestimmungswörter auf {*-ung*}, {*-heit*} oder {*-keit*} enden, also beispielsweise *Verfassungsbruch, Schönheitswettbewerb* und *Heiterkeitsausbruch*. Abgesehen von solchen – insgesamt wenigen – morphologischen Regeln ist die Fugenelementzuweisung nicht zuverlässig vorhersehbar. Deshalb müssen die Wortbildungsprodukte in der Regel jeweils als Ganzes gelernt werden.

Wie bereits im letzten Kapitel gezeigt, können Sprachvergleiche sinnvoll sein, in diesem Fall, um herauszufinden, was Lernenden hinsichtlich der Kompositabildung leicht- und was ihnen schwerfallen könnte. Wie kann man in den verschiedenen Sprachen der Welt das ausdrücken, wofür wir im Deutschen (Determinativ-)Komposita nutzen?

9 Davon grenzt sich allerdings Donalies (2017a) ab (https://grammis.ids-mannheim.de/fragen/3039, 05.09.2019), die darauf hinweist, dass hinsichtlich des Vorhandenseins von Fugenelementen regionale Unterschiede bestehen (*Abfahrtszeit* (Deutschland) vs. *Abfahrtzeit* (Schweiz), *Fabrikgebäude* (Deutschland) vs. *Fabriksgebäude* (Österreich)).

Denkpause 5

Sehen Sie sich die Wörter für Schafskäse in einigen Sprachen an. Welche Gemeinsamkeiten und Unterschiede finden Sie im Vergleich zum deutschen Kompositum?

Tab. 2: Sprachvergleich zur Kompositabildung am Beispiel von „Schafskäse"

Deutsch	Schafskäse		
Spanisch	queso	de	oveja
Übersetzung	Käse	von	Schaf
Arabisch	← جبن خروف		
	schubn	charuf	
Übersetzung	Käse	Schaf	
Englisch	sheep's	milk	cheese
Übersetzung	Schaf-GEN	Milch	Käse
Griechisch	φέτα feta		
Übersetzung	Schafskäse (teilw. auch Ziegenkäse)		
Russisch	овечий	сыр	
	ovechii	syr	
Übersetzung	Schaf-Adjektiv ≈ schaf-iger	Käse	
Vietnamesisch	Pho mad	kyu	
Übersetzung	Käse	Schaf	
Türkisch	beyaz	peynir	
Übersetzung	weiß	Käse	
	koyun	peyniri	
Übersetzung	Schaf	Käse-Poss	

Das Erste, was auffällt, ist, dass der Ausdruck in fast allen Sprachen aus mehreren Wörtern besteht. *Schafskäse* heißt auf Spanisch *queso de oveja*, drei Wörter, bei denen das, was es ist (das Grundwort), an erster und nicht, wie im Deutschen, an letzter Stelle steht. Dazwischen steht ein grammatisches Wort als Hilfswort: die Präposition ‚von'. Im Arabischen haben wir zwei Wörter *schubn charuf* (‚Käse Schaf') in derselben Reihenfolge wie im Spanischen (aber ohne Hilfswörter), und im Englischen eine Genitivkonstrution: *sheep's milk cheese*. Das Russische löst das Problem auf wiederum andere Weise, dort haben wir *ovetschij syr*, übersetzt ‚schafiger Käse', ähnlich wie im Türkischen *beyaz peynir*, ‚weißer Käse', möglich ist. Ein Adjektiv erfüllt hier also die Funktion des Bestimmungswortes. Eine alternative Bezeichnung stellt im Türkischen die Possessivkonstruktion *koyun peyniri*, quasi ‚dem Schaf sein Käse', dar, das dem sog. *Rheinischen Genitiv* strukturell ähnelt. Das Griechische wiederum hat ein eigenes Basismorphem für Schafs- und Ziegenkäse. Schließlich kann noch mit Lehnwörtern gearbeitet werden, wie im Vietnamesischen *pho mad kyu*. *Pho mad* ist abgeleitet von *fromage* (dem französischen Wort für ‚Käse'). Wir sehen, dass das Konzept Kompositum im Deutschen sehr speziell ist. Die meisten Sprachen haben entweder keine oder wenige Komposita; sie nutzen andere Techniken, um Grundwörter näher zu bestimmen.[10]

Deutschlernende sollten das Konzept von Grund- und Bestimmungswort sowie deren Abfolge im Deutschen kennen (Rechtsköpfigkeit). Sie sollten wissen, dass das Grundwort die grammatischen Eigenschaften des Wortbildungsproduktes bestimmt, bei Substantivkomposita z. B. das Genus des Wortbildungsproduktes, und dass es mitzulernende Fugenelemente gibt, von denen man sich nicht irritieren lassen sollte. Schließlich sollten sie die wichtigsten semantischen Zusammenhänge kennenlernen. Diese Regelhaftigkeiten lassen sich auch sprachvergleichend induktiv erarbeiten.

6.2.2 Wortbildung: Derivation

Wörter im Deutschen werden nicht nur über Komposition, sondern auch über **Derivation** gebildet. Wir stellen hier die drei häufigsten Arten dar: die explizite Derivation, die implizite Derivation und die Konversion.

Bei der **expliziten Derivation** werden **Wortbildungsaffixe** an Wortstämme angefügt, d. h., die Affixe können weder die Basis eines Wortes bilden noch sind sie frei (s. Kap. 5.3, Morphemklassifikation). Sie verändern das Basiswort hinsichtlich der Bedeutung (*schön* → *unschön*) und/oder der Wortart (*frei* → *Freiheit*).

Eine Übung zum Herausfinden der Bedeutung von Wortbildungsaffixen haben wir im letzten Kapitel gemacht (s. Kap. 5.2). Wortbildungspräfixe ändern fast immer Bedeutungen von Wörtern (*schön* → *unschön, stehen* → *aufstehen*), Wortbildungssuffixe hingegen auch Wortarten (*biegen* → *die Biegung, bewegen* → *die Bewegung,*

10 Tiefergehende Reflexionen zum Thema „Komposita sprachvergleichend" bietet Donalies (2003).

die Lust → *lustig, die Beschwerde* → *beschwerdefrei*). Es gibt einige Wortbildungsaffixe, die wie vollständige Wörter, die wir kennen, aussehen, so z. B. *frei* in *beschwerdefrei, super* in *superschön, supergut, supertoll, supermüde, supergenervt* oder *Bombe* in *Bombenstimmung, Bombeneffekt, Bombenessen*. Deshalb sprechen manche Linguist*innen von **Affixoiden** – Einheiten, die „einerseits Wortstatus, andererseits aber Affixstatus" (Donalies 2011: 19) haben. Die Kategorie ist aber durchaus umstritten (s. Donalies 2011: 19, Exkurs Astwerk – Affixoide). Diese Art von Affixen ist sehr produktiv. Auch spontane Bildungen sind möglich und in der Regel unmittelbar verständlich. Ihre jeweilige Funktion zu reflektieren, ist also im Rahmen der Förderung des potentiellen Wortschatzes sehr sinnvoll.
Von der expliziten Derivation ist die implizite abzugrenzen:

Unter **impliziter Derivation** werden Wortbildungsprozesse gefasst, bei denen sich der Vokal des Wortstamms[11] ändert. Auch dabei können Bedeutung, Wortart und/oder Kategorie geändert werden.

Beispiele für Bedeutungsveränderungen sind:

- *trinken* (*Ich trinke Wein.*) → *tränken* (*Ich tränke mein Pferd mit Wasser.*)
- *sitzen* (*Ich sitze am Tisch.*) → *setzen* (*Ich setze meine Puppe an den Tisch.*)
- *liegen* (*Ich liege im Bett.*) → *legen* (*Ich lege meine Puppe ins Bett.*)

In all diesen Fällen bezeichnet das Ursprungsverb eine Tätigkeit, die man selber tut, oder einen Zustand. Beim Wortbildungsprodukt hingegen verursacht jemand, dass jemand etwas tut oder dass ein Zustand geändert wird. Die Bedeutung hat sich also verändert. Semantisch sind die o. g. Wortbildungsprodukte **kausativ**, d. h., sie bezeichnen, dass jemand etwas bei jemand anderem verursacht. Grammatisch benötigen die derivierten Verben in Aktivsätzen ein Subjekt, das den Verursacher bezeichnet, und ein Akkusativobjekt, das denjenigen bezeichnet, mit dem etwas getan wird (*Ich tränke das Pferd.*) (s. Kap. 8.1, Exkurs Semantische Rollen).

Auch die Wortart kann durch implizite Derivation geändert werden (*Beispiele: gehen* → *Gang, klingen* → *Klang, aufstehen* → *Aufstand*). Explizite und implizite Derivation können auch in Kombination auftreten (*Singen* → *Gesang*). Die implizite Derivation ist mit unseren Techniken der Minimalpaaranalyse nicht zu untersuchen und deshalb für die Semantisierung und die Arbeit am potentiellen Wortschatz kaum nutzbar.

Die letzte Wortbildungsart, die wir hier vorstellen wollen, ist die Konversion.

11 Kap. 5.4.1, Exkurs Stammveränderungen.

Bei der **Konversion** wird lediglich die Wortart des zugrundeliegenden Wortes geändert, ohne dass Wortbildungsaffixe hinzugefügt oder Wortstämme verändert werden. Dies ist möglich, indem das Wort an eine andere Satzgliedposition gestellt wird.

In dem Beispiel *Ich möchte heute schwimmen.* ist *schwimmen* ein Verb. In dem Satz *Das Schwimmen macht mir Spaß.* hingegen ist *Schwimmen* ein Substantiv (und wird deshalb auch großgeschrieben). Ihm ist ein Artikel vorangestellt, der sich auf *Schwimmen* bezieht (s. Kap. 5.1.4, Wortartenbestimmung/Substantiv). Nicht nur Verben, sondern auch Adjektive (1), Gerundien (2), Partizipien (3) und Adverbien (4) können substantiviert werden.

(1) *Das ist aber 'ne ganz* ***Nette.***
(2) *Da sitzt die* ***Betende.***
(3) *Ich hab'* ***Gebackenes*** *gekauft.*
(4) *Ich lebe im* ***Hier*** *und* ***Jetzt.***

Seltener finden Konversionen in andere Wortarten statt (5-6):

(5) *voll: Die Musik war* ***voll*** *fett.*
(6) *Google: Ich* ***google*** *das mal.*

Dies ist häufig bei Neubildungen und der Integration von Wörtern aus anderen Sprachen der Fall. Die Konversion ist zum einen für die Groß- und Kleinschreibung relevant, zum anderen für die Wahl der Endungen (s. Flexion): Nominalisierte Adjektive verhalten sich, wie das unten stehende Beispiel zeigt, von den Endungen her noch immer wie Adjektive. Gerade in diesem Bereich machen viele auch sehr fortgeschrittene Lernende des Deutschen Fehler.

(7) *Die studieren**den** jungen Menschen leiden unter dem verschulten Universitätssystem.*
(8) *Die Studieren**den** leiden unter dem verschulten Universitätssystem.* vs.
(9) (*Die* ***Lehrer*** *leiden unter dem verschulten Universitätssystem.*, hier kein -(*e*)*n*-Suffix am Substantiv)

Es gibt noch einige weitere Wortbildungsarten. Diese kommen aber im Deutschen nicht so häufig vor und werden deswegen in dieser Einführung vernachlässigt.[12]

12 Ein vollständiger Überblick über die Wortbildungsarten findet sich in Donalies (2011).

6.2.3 Vernetzte Wortschatzarbeit 1: Morphemwissen nutzen

Für die selbstständige Erschließung potentiellen Wortschatzes im Unterricht sind insbesondere explizite Derivation und Komposition nutzbar. Das heißt, wir können Lerner*innen darin trainieren, in unbekanntem Wortschatz bekannte Elemente zu identifizieren, die ihnen dann bei der weiteren Texterschließung helfen können. Das können zum einen Wortbildungsaffixe wie beispielsweise {*-ung*} und {*un-*} sein, zum anderen aber auch Wortstämme wie {*tisch*}, {*ess-*} und {*müd-*}. Zentral für Letzteres ist die Arbeit mit Wortfamilien.

Zu einer **Wortfamilie** gehören Wörter, die denselben Wortstamm mit derselben inhaltlichen Kerninformation haben. Dabei kann es sich um Komposita und Derivationen handeln.

Nehmen wir das Verb *gehen* mit seinen verschiedenen Stammvarianten: Der Wortstamm kann sich im Bestimmungswort (*Gehhilfe*) oder im Grundwort (*Schlendergang*) befinden und weiterhin in Wortbildungsprodukten expliziter Derivation (*begehe*) und impliziter Derivation (*der Gang*). Auch Konversion ist möglich (*das Gehen*) (zur Arbeit mit Wortfamilien s. auch Ulrich 2001: 147f.).

Weiterhin kann man mit Lernenden Wortbildungsprodukte daraufhin analysieren, welche Funktion/Bedeutung einzelne, häufig vorkommende und produktive Morpheme haben. Dafür bieten sich beispielsweise die Affixe/Affixoide *-frei, -reich* und *-arm* an, die sehr produktiv sind und ständig neue Verbindungen eingehen (*atomkraftfreie Zone, rauchfreies Büro, linguistikfreier Urlaub, artenreicher Zoo, anregungsreicher Urlaub, kalorienarmer Joghurt*...). Sinnvoll ist es, bei der Analyse von Wortbildungsprodukten das Paraphrasieren einzuüben: Eine *atomkraftfreie Zone* ist eine Zone ohne Atomkraft, ein *artenreicher Zoo* ist ein Zoo, der reich an Arten ist, der also viele (Tier-)Arten hat, und ein *kalorienarmer Joghurt* ist ein Joghurt, der arm an Kalorien ist, also nur wenige Kalorien hat. Auf diese Weise werden nicht nur semantische Zusammenhänge expliziert, sondern es wird auch der Fokus auf die verständlichen Bestandteile von Wörtern gelenkt.

Weitere Wortbildungsmorpheme mit solch eindeutigem Signalcharakter sind beispielsweise:

- *un-*, um die Bedeutung des Wortstamms in sein Gegenteil zu verkehren,
- *-ung*, *-heit*, *-keit* und *-igkeit* als Substantivendungen,
- *-chen* und *-lein* als Diminutivendungen (Verkleinerungsformen),
- *-ig* und *-lich* als Adjektivendungen (aber bedeutungsunterschiedlich).

Will man mit Lernenden Bedeutungen von und Bedeutungsveränderungen durch Morpheme reflektieren, so bietet es sich an, wenige Wörter vorzugeben, anhand

stehen → *aufstehen*		*biegen* → *Biegung*
hängen → *aufhängen*	oder	*bewegen* → *Bewegung*

Abb. 1: Wortbeispiele für mögliche Sprachreflexion mit Lernenden

derer man die jeweils interessierenden Charakteristika herausarbeiten kann (s. Abb. 1).

Die Reflexion mit Lernenden über Wortbildungsprodukte, aber auch die Nutzung morphologischen Wissens bei der Semantisierung ist nur dann sinnvoll, wenn die Wortbildungsprodukte vollständig oder zumindest teilweise **morphosemantisch motiviert** sind, d. h., wenn sich die Gesamtbedeutung aus einer Addition (Verknüpfung/Zusammensetzung) der Bedeutungen der einzelnen Morpheme ergibt. Man unterscheidet zwischen morphosemantisch vollmotivierten, morphosemantisch teilmotivierten und morphosemantisch nichtmotivierten Wörtern. Morphosemantisch vollmotivierte Wörter nennt man auch „durchsichtig". **Morphosemantisch vollmotiviert** ist beispielsweise das Wort *Schaffung*. Wenn man etwas *schafft*, dann stellt man es her. Das Affix *-ung* nominalisiert das Verb, die Bedeutung selbst ist nicht verändert. **Morphosemantisch teilmotiviert** sind Wörter wie *Tischbein* und *Fettauge*. Die Bestandteile *Tisch* und *Fett* sind problemlos erkennbar; *Bein* und *Auge* hingegen sind bildhaft. Weitere Beispiele für morphosemantisch teilmotivierte Wörter sind *Kochinsel* als Bezeichnung für einen Herd mit Arbeitsplatten in der Mitte der Küche und *Saftladen* als Schimpfwort für ein Geschäft, in dem die Dinge nicht so funktionieren wie erwartet. Bei **morphosemantisch nichtmotivierten** Wortbildungsprodukten lässt sich die Bedeutung gar nicht aus der Kenntnis der Bausteine erschließen. Dazu gehören Wörter wie *bestellen*, das nichts mit *stellen* zu tun hat, aber auch bildhafte Ausdrücke wie *Fuchsschwanz* als Bezeichnung für eine Säge, die die stilisierte Form eines Fuchsschwanzes hat. Als Lehrende*r muss man bei der Unterrichtsplanung, manchmal aber auch spontan im Unterricht entscheiden, bei welchen Wörtern sich die Reflexion einzelner Morpheme lohnt und bei welchen nicht.

6.2.4 Vernetzte Wortschatzarbeit 2: mit Wortfeldern arbeiten

Beim Sprachlernen müssen neue Wörter mit den Lernenden bereits bekannten Wörtern zum selben Sachverhalt vernetzt werden. Je größer der Wortschatz eines Menschen zum selben Wortfeld ist, desto differenzierter kann er sich ausdrücken.

Wortfelder beinhalten synonyme und teilsynonyme Wörter. Ein Wortfeld besteht immer aus Wörtern derselben Wortart. Wörter eines Wortfeldes entsprechen also demselben Paradigma und können einander (paradigmatisch) ersetzen. Wortfelder werden üblicherweise mit Verben, Substantiven oder Adjektiven, also Inhaltswörtern, gebildet.

Beispielsweise ist das Wort *gehen* (trotz seiner Unregelmäßigkeit) recht früh bekannt.[13] Im Laufe des Sprachlernens treten sowohl weitere Bedeutungsaspekte dieses Wortes hinzu (*Ich gehe nach Amerika.*) als auch weitere Wörter, die Aspekte der Fortbewegung zu Fuß genauer ausdrücken (z. B. *laufen, schleichen, schlendern*). Wörter eines Wortfeldes können auch Skalen und damit Antonymie beinhalten, wie bei *heiß, warm, lauwarm, abgekühlt, kalt, eiskalt* (s. auch 6.1.2 Synonyme und Antonyme), oder aber verschiedene Bedeutungsnuancen. Eng damit zusammen hängt die Arbeit mit unterschiedlichen Stilebenen (Registern, s. Kap. 10.1). Wortfeldarbeit (6.2.4) und Merkmalsanalyse (6.1.3) können miteinander verknüpft werden, indem man bei Wörtern eines Feldes überlegt, was sie gemeinsam haben und was sie voneinander unterscheidet.

6.2.5 Vernetzte Wortschatzarbeit 3: syntagmatische Vernetzungen rezipieren und einüben

Unser Wortschatz besteht nicht aus Einzelwörtern, sondern aus Wortverbindungen, die mehr oder weniger fest sind. In diesem Abschnitt geht es um Wörter, die zusammen in einem Satz auftreten können oder müssen, also um syntagmatische Vernetzungen, wie z. B. *guten Tag, blonde Haare* oder *genervt sein von*. Diese syntagmatischen Vernetzungen sind bei Muttersprachler*innen im Gehirn gespeichert. Verbindungen von zwei oder mehr Wörtern, die relativ fest miteinander verbunden sind, nennt man **Phraseme**. Manchmal bedeutet der Ausdruck als Ganzes etwas ganz anderes als die einzelnen Wörter; in dem Fall ist er nicht morphosemantisch durchsichtig, weil die Gesamtbedeutung unabhängig von der Summe der Einzelbedeutungen ist (*ins Gras beißen* hat weder etwas mit *Gras* noch mit *beißen* zu tun, sondern ist ein umgangssprachlicher Ausdruck für *sterben*). Phraseme können bildhaft (**idiomatisch**) sein, sind dies aber nicht notwendigerweise. Bildhafte Phraseme können auch erweiterbar sein (*die Katze im Sack kaufen,* also etwas kaufen, ohne über seine genauen Eigenschaften informiert zu sein, *Da hast du aber eine große Katze im Sack gekauft!*).

Es gibt verschiedene Arten von Phrasemen, von denen zwei im Sprachunterrichts- und Sprachförderbereich besonders wichtig sind: **Routineformeln** (*Guten Tag!, Vielen Dank!, Entschuldigen Sie bitte!*), die schon schon im Anfängerunterricht relevant werden, und **Kollokationen** (relativ feste Verbindungen). Dazu gehören:

13 Es gehört laut GER (s. Kap. 4, Fußnote 2) zum Wortschatz auf A1-Niveau.

Tab. 3: Übersicht über Kollokationen

	Beispiele für Kollokationen
Verb-Präpositions-Verbindungen und davon abgeleitete Nominalisierungen	– *bestehen auf* – *abhängen von* – *die Abhängigkeit von (meinen Eltern)*
Verbindungen von Substantiven und Verben: Funktionsverbgefüge	– *eine Frage stellen/klären/diskutieren/*sagen* – *eine Aussage machen/zu Protokoll geben/*aufstellen* – *das Baby waschen/?säubern/*putzen*
Verbindungen von Adjektiven und Substantiven	– *blonde Haare, blondes Bier, *blonder Stuhl,* – *niedliches Kind, *niedlicher Politiker*
Verbindungen mit Modalverben, so dass letztlich ganze Sätze als Chunk[14] (d. h. als unanalysierter Block) zur Verfügung stehen	– *Ich* ***muss noch*** *das* ***Haus putzen****/?reinigen/?säubern.* – *Ich muss noch die* ***Hausarbeit*** *(den Hausputz)* ***machen/ erledigen****/*bearbeiten.* – *Ich muss noch die* ***Hausaufgaben machen****/ *schreiben/?erledigen/*bearbeiten.* – *Ich muss noch die* ***Hausarbeit*** *(schriftliche Arbeit)* ***schreiben****/*erledigen/*bearbeiten.*

Die Verbindlichkeit der Wortverbindungen reicht von „obligatorisch“ über „üblich“ und „weniger üblich“ zu „unmöglich“. Es ist sehr wichtig, von Anfang an die syntagmatische Vernetzung bei Lernenden zu fördern, da sonst auf einem höheren Sprachniveau zwar ein umfangreicher Wortschatz vorhanden ist, Wörter aber in ungewöhnlichen oder unpassenden Zusammenhängen verwendet werden, eben weil sie isoliert voneinander gelernt wurden.

Im Map-Task (s. Kap. 1.3, Lernerdaten) sagt der den Weg beschreibende Malik z. B. *Du spazierst geradeaus* (Z. 15). Diese Wortverbindung ist im Deutschen nicht möglich, obwohl sie inhaltlich durchaus richtig sein kann. Wir können aber nur sagen: *geradeaus gehen, geradeaus fahren* usw.

Kollokationen müssen als feste bzw. mögliche Verbindungen in ihren möglichen Textkontexten gelernt werden. Unter anderem bietet es sich dafür an, in Texten die Aufmerksamkeit der Lernenden auf Kollokationen zu lenken und gemeinsam mit ihnen über obligatorische, mögliche und unmögliche Verbindungen von Wörtern in Sätzen nachzudenken (s. Krenn 2001). Auf diese Weise kann das Be-

14 Weitere Informationen zu Chunks und deren Relevanz für das Lernen von Sprachen s. Kap. 11.2.

wusstsein für diesen Aspekt der Sprachverwendung geschärft werden. Auch das Musterlernen (s. auch 6.4) ist hierfür zu nutzen.

6.3 Sprache, Wörter und Kultur

Wörter zeigen unser individuelles Denken, aber auch unsere Denk-Kulturen. Letzteres ist uns üblicherweise nicht bewusst. Wenn wir uns kommunikativ in unserer eigenen Denk-Kultur bewegen, verstehen die anderen Mitglieder dieser Denk-Kultur das, was wir sagen, so, wie wir es meinen, weil wir ein ähnliches Hintergrundwissen haben, das wir jeweils dem Gesagten hinzufügen (s. Bühler, Kap. 2: apperzeptive Ergänzung). Wenn wir unsere Begriffe und Begriffsverbindungen gegenüber Menschen anderer Denk-Kulturen verwenden, assoziieren diese möglicherweise etwas anderes, und es kommt zu Irritationen und Missverständnissen. Dies kann geschehen, wenn unser Gegenüber eine andere Erstsprache hat, in der scheinbar direkt Übersetzbares doch nicht so direkt übersetzbar ist (Was zum Beispiel genau ist *Liebe*?), aber auch im Gespräch einer Enkelin mit ihrer Großmutter oder in der Kommunikation eines Experten mit einem Laien. Um im Fremd- und Zweitsprachenunterricht eine Sensibilität für die Möglichkeit solcher Miss-Kommunikationen zu fördern, werden zwei weitere Bereiche der Wortschatzarbeit relevant (6.3.1 und 6.3.2).

6.3.1 Vernetzte Wortschatzarbeit 4: Denotate und Konnotate

Mögliche und unmögliche Verbindungen von Wörtern in Sätzen (syntagmatische Relationen) können damit zusammenhängen, dass die Begriffe zwar dasselbe Denotat, aber unterschiedliche Konnotate haben.

Der Begriff **Denotat** bezeichnet die situationsübergreifende und zumindest scheinbar kulturneutrale Hauptbedeutung eines Wortes. Beim **Konnotat** hingegen geht es um die mitschwingende Nebenbedeutung eines Wortes. Konnotate sind oft wertend und sie können subjektiv sein.

Scheinbare Synonyme sind also oft tatsächlich nur teilsynonym. So haben *abkratzen, verrecken, versterben* als Wörter desselben Wortfeldes dasselbe Denotat, also die Einstellung des Stoffwechsels eines Lebewesens. Bis auf *verrecken* werden die Begriffe darüber hinaus eher für Menschen gebraucht. Das Konnotat von *versterben* zeigt eine einerseits respektvolle Beziehung zu der gestorbenen Person an, andererseits aber auch einen eher formellen Sprachgebrauch. Die Konnotate von *abkratzen* und *verrecken* hingegen sind negativ: Dabei geht es entweder um die

Negativwertung der gestorbenen Person (*Der Tyrann ist verreckt.*) oder um einen menschenunwürdigen Tod (*Er ist wie ein Hund verreckt.*). Der Satz *Unsere geliebte Gattin, Mutter und Großmutter ist am 15.12.2006 verreckt.* ist also aufgrund der Konnotation von *verrecken* zwar grammatisch korrekt, nicht aber semantisch (Ulrich 2007: 4-9). Je nach Register/Textsorte ist eher der eine oder eher der andere Begriff angemessen. Zur kommunikativen Kompetenz gehört, das jeweils angemessene Register zu verwenden, weshalb die Reflexion von Denotaten und Konnotaten anhand von schriftlichen und mündlichen Texten bei der Wortschatzarbeit im Fremdsprachenunterricht wichtig ist.

Wörter haben sehr viel mit unserer (Denk-)Welt zu tun. Scheinbar individuelle emotionale Reaktionen sind oft tatsächlich kulturell geprägt: Man denke beispielsweise an die Assoziationen, die man zum Wort *Wald* hat: In Deutschland denkt man an Sonntagsspaziergänge, Erholung, Ruhe; in vielen anderen Gegenden der Welt eher an Gefahr, Unübersichtliches, Bedrohliches, etwas, das man höchstens am Rande betritt und wo man sich nicht freiwillig hineinbegibt. In unserem Kulturkreis wiederum empfinden die meisten Menschen, wenn sie Spinnen oder Kakerlaken sehen oder auch nur diese Wörter hören, eher Negatives, in Vietnam hingegen tritt man Spinnen eher neutral entgegen. Unsere emotionalen Reaktionen auf Handlungen, Vorgänge, Vorfälle sind also bedeutend weniger individuell, als wir glauben.[15] Deshalb ist bei der Reflexion von Konnotaten unbedingt eine **kultur- und sprachkontrastive Perspektive** einzubeziehen.[16]

6.3.2 Vernetzte Wortschatzarbeit 5: Sachfelder

Eine weitere Verbindung zwischen Sprache und Kultur zeigen die Sachfelder.

Thematische Vernetzungen von Begriffen bilden **Sachfelder.** Wörter, die zu einem Sachfeld gehören, können unterschiedlichen Wortarten angehören. Hört oder liest man ein Wort, so werden andere zum selben Sachfeld gehörige Begriffe immer gleich mit aktiviert.

15 Sehr schön beschreibt Hansen (2011) in seiner Einführung in die Kulturwissenschaft die verschiedenen Standardisierungen von Kommunikationsgemeinschaften, u. a. die Standardisierungen des Fühlens.

16 Emotionen Wörtern gegenüber spielen übrigens auch beim Wortschatzlernen eine Rolle. Positiv belegte Wörter werden leichter gelernt als emotional negativ belegte oder gar Wörter, mit denen der Lernende keinerlei Emotion verbindet (s. z. B. Sambanis 2013, Kap. 2).

Es gibt zwei Arten von Sachfeldwissen: All das, was zu einem Sachfeld gehört, nennt man **Szenario**. Was gehört in Deutschland beispielsweise zum Thema Wohnungssuche? Sicherlich Begriffe wie *Wohnungsanzeige,* Internetseiten wie *ImmoScout* oder *WGGesucht, Aushänge, Makler, Telefongespräche, Wohnungsbesichtigung, WG, Familie, 3ZKB, Balkon, eigener Einkommensnachweis* oder *Einkommensnachweis der Eltern, Wohnungsbaugenossenschaft, Warmmiete, ruhig, geregeltes Einkommen, Haustiere erlaubt/nicht erlaubt, Kaltmiete, Abschlag, Kaution, Absage, Zusage, Mietvertrag* usw.

Sachfelder haben aber auch prozessuale Anteile. Dann geht es darum, wie etwas abläuft, bei der Wohnungssuche also die Schritte, in denen so eine Suche in Deutschland abläuft: über Anzeigen, eine Wohnungsbaugenossenschaft oder einen Makler passende Angebote finden, Besichtigungstermine ausmachen, Besichtigungen durchführen, nachweisen, dass man die Miete regelmäßig bezahlen kann, bei Zusage ggf. mit dem Vermieter über die Renovierung verhandeln, einen Mietvertrag, den der Vermieter mitbringt, genau durchlesen, evtl. Änderungen einfordern, unterschreiben. Dieser schrittweise Ablauf von etwas wird **Skript** genannt. Auch Skriptwissen ist notwendig, wenn man im Zielsprachenland erfolgreich handeln will. Insbesondere in nichtdeutschsprachigen Ländern, also im DaF-Unterricht, besteht bei der Arbeit mit Sachfeldern die Gefahr der **Stereotypisierung**. In dem Fall wird das Verhalten einer Gruppe von Menschen als einheitlich bezeichnet, obwohl es das de facto gar nicht ist, z. B.: *Die Deutschen suchen Wohnungen über einen Makler*.

Wie stark kulturell unterschiedlich Sachfelder sein können, kann man besonders gut an scheinbar eindeutigen Begriffen merken: Fragt man Sprecher*innen unterschiedlicher Sprachen, welche Personen beim Wort *Familie* als Erstes assoziiert werden, so bekommt man ganz unterschiedliche Antworten, beispielsweise:

- Eltern und Kinder,
- Eltern, Kinder, Großeltern, Tanten und Onkel, Cousinen und Cousins,
- Eltern, Kinder, Großeltern, Tanten und Onkel, Cousinen und Cousins, deren Kinder, Tanten, Onkel, Cousinen und Cousins…,
- Mutter, Kind und Hund.

Mit solchen spontanen Assoziationen können weitreichende Handlungskonsequenzen verbunden sein: Für wen ist man verantwortlich, zu wessen Ausbildung sollte man finanziell etwas beisteuern, inwiefern verscherze ich mir die Sympathie der Mutter, wenn ich den Hund der Familie mit Ekel betrachte, weil ich keine Hunde mag? Die Assoziationen, die wir beim Hören eines Begriffes wecken, sind also auch jeweils prototypisch für Kommunikationskulturen.

Wenn andererseits (fast) jegliches Wissen zu einem Thema fehlt, ein Sachfeld also nicht vorhanden ist oder nur wenige Begriffe enthält, fällt dessen Anlage bzw. Erweiterung schwer: Wenn ich als Nicht-Fußballkenner*in einen Begriff wie „Doppelter Fallrückzieher" höre, weiß ich gerade noch, dass das etwas mit dem Thema

Fußball zu tun hat – mehr aber auch nicht. Mein Sachfeld zum Thema Fußball enthält nur wenige Begriffe und die sind weder miteinander noch mit anderen Begriffen besonders intensiv vernetzt. Deshalb denke ich auch nur selten an Fußball, und wenn jemand das Thema erwähnt, interessiert es mich nicht. Ich werde mein fußballkulturelles Wissen also nicht selbstinitiiert erweitern. Erklärt mir jemand den Begriff, so verstehe ich im Moment des Erklärens zwar durchaus, was gemeint ist, zwei Tage später habe ich diese Information aber schon wieder vergessen. Sie ist nicht relevant für mich, ich brauche sie in keinem meiner Lebenszusammenhänge. In meinem neuronalen Netz gibt es vermutlich kaum Verknüpfungen zum Fußball. Wir alle haben Sachfelder, zu denen wir leicht immer mehr und weitere Information aufnehmen. Andere Sachfelder sind (häufig interessenabhängig) nicht oder kaum ausgeprägt – und Informationszuwachs findet nicht oder nur extrem langsam und mühevoll statt.

6.4 Interkulturelle, inter- und intralinguale Vernetzung im Unterricht, Musterlernen

Welche Unterrichtsrelevanz haben diese Ausführungen? Wird beispielsweise das Thema Wohnen behandelt, liegt die Gefahr nahe, das Thema ausschließlich aus Sicht des Zielsprachenlandes zu behandeln. Da wir aber neues Wissen immer mit altem verknüpfen müssen, damit es überhaupt gelernt werden kann, muss der/die Lehrende immer Anknüpfungspunkte bei den Lernenden schaffen, d. h. erfragen, welche prototypischen Assoziationen, Abläufe, Muster mit einem Konzept (Begriff) in der Lebenswelt der Lerner*innen vorhanden sind, um dann Gemeinsamkeiten und Unterschiede mit entsprechenden Normalitätserwartungen der Lernenden zu reflektieren. Weiterhin sollten Lehrende sowohl paradigmatische als auch syntagmatische Vernetzungen innerhalb der Zielsprache zur Verfügung stellen, um eine genaue und angemessene Ausdrucksweise der Lernenden zu fördern. Letzteres wird zum einen über die Arbeit mit Sätzen in Texten gefördert. Von diesen Texten ausgehend, kann die Lehrkraft die Aufmerksamkeit auf einzelne Regularitäten lenken (Krenn 2001: 82). Hier bietet sich auch eine Möglichkeit, Wortschatz- und Grammatikarbeit miteinander zu verknüpfen. Zum anderen benötigen wir aber auch Musterlernen (und damit die Arbeit mit Chunks, s. Kap. 11.2), z. B. für das Einüben syntagmatischer Vernetzungen bzw. von Kollokationen (Müller-Hartmann 2016; Aguado 2002; Koeppel 2010: 40). Dazu können und sollten Aspekte ganzheitlichen Lernens, d. h. Melodie, Rhythmus und Bewegung, genutzt werden.[17] Wortschatzarbeit ist also gerade nicht das Lernen von Vokabellisten, sondern das Nutzen von Vernetzungen – und zwar sowohl innerhalb der Zielsprache (intralingual) als auch zwischen den verschiedenen Sprachen der

17 Siehe dazu auch Horstmann (2017b).

Lernenden (interlingual) (s. Kap. 11.3.2, Language Awareness). Bei sprach- und kulturkontrastiv vernetzter Wortschatzarbeit beispielsweise werden Assoziationen zu scheinbaren Übersetzungsäquivalenten erfragt (Sachfelder aufgerufen) und mit den im deutschen Kulturkreis üblichen Assoziationen in Beziehung gesetzt (s. 6.3.2). Und auch bei der Entschlüsselung von Texten wird aktiv auf das bereits vorhandene Wissen in den Sprachen der Lernenden zurückgegriffen (s. 6.2, die Thesen zum rumänischsprachigen Text). Dabei spielen nicht nur Wörter eine Rolle, sondern, wie bereits gezeigt, auch die Erwartung grammatischer Strukturen.

Das folgende Kapitel beschäftigt sich mit der Flexion, also damit, wie sich Wörter in Sätzen grammatisch verhalten.

▶ Literaturtipps

Busse, Dietrich (2009): *Semantik*. Paderborn: Fink (UTB).

Donalies, Elke (2011): *Basiswissen deutsche Wortbildung*. 2. überarb. Aufl. Tübingen u. a.: Francke (UTB).

Aufgaben nach diesem Kapitel

Aufgabe 1: Semantische Relationen

Überlegen Sie, welche semantische Relation bei den folgenden Wortreihen vorliegt. Ordnen Sie die Zahlen den Buchstaben zu.

(1) *Samstag, Sonnabend*
(2) *hell, dunkel*
(3) *Blume, Tulpe, Rose, Gänseblümchen*
(4) *Ball (das Sportgerät), Ball (die Tanzveranstaltung)*
(5) *ledig, verheiratet*
(6) *Lid (Auge), Lied (Gesangsstück)*
(7) *ausruhen, chillen, gammeln, entspannen*
(8) *modern (neu/aktuell), modern (verwesen)*

(a) Komplementarität/Kontradiktion
(b) Synonymie
(c) Teilsynonymie
(d) Homonymie (Homographie und Homophonie)
(e) Homonymie (Homographie)
(f) Homonymie (Homophonie)
(g) Antonymie
(h) Hyperonymie (Hyperonym: Hyponoym(e))

Aufgabe 2: Merkmalsanalyse

Führen Sie eine komplette Merkmalsanalyse zu den Begriffen *Wein*, *Tee*, *Kakao*, *Wasser* durch.

Aufgabe 3: Wortbildungsarten

Bitte bestimmen Sie die Wortbildungsarten in den fett hervorgehobenen Wortbildungsprodukten des folgenden Textausschnitts. Beginnen Sie jeweils mit dem Basiswort und beschreiben Sie von diesem ausgehend den Wortbildungsweg (Frankfurter Allgemeine Online, 22.03.2017).

> *TRUMP WARNT REPUBLIKANER: „DANN WERDE ICH MIR EUCH **VORKNÖPFEN**"*
>
> *Mit Sätzen, die aus einem **Mafia-Film** stammen könnten, hat Donald Trump die Republikaner im Kongress davor gewarnt, der **Abschaffung** von Obamas Gesundheitsreform am Donnerstag nicht **zuzustimmen**. Doch die **Bedenken** gegen Trumps Ersatzplan bleiben groß.*

Aufgabe 4: Minimalpaaranalyse zu einem Gebiet der expliziten Derivation

Überlegen Sie, warum das Wort *Freiung* im Deutschen nicht gebildet werden kann, das Wort *Befreiung* hingegen schon. Suchen Sie dazu möglichst viele Wörter, die auf {-ung} enden, und analysieren Sie sie. Sie werden die Antwort finden.

Aufgabe 5: Wortfelder, Begriffe/Konzepte sprach- und kulturvergleichend, Konnotate und syntagmatische Vernetzungen

Bitte erstellen Sie ein Wortfeld mit mindestens drei Wörtern zu dem Begriff *Freund*. Bitte erläutern Sie weiterhin ggf. die verschiedenen Konnotate der Begriffe, und bilden Sie jeweils einen stilistisch angemessenen Satz, in dem Sie das jeweilige Wort verwenden.

Bitte reflektieren Sie anschließend für das Deutsche und eine weitere oder für das Deutsche und Ihre Erstsprache die Begriffe *Freundin/Freund*. Wer kann ein/eine Freund*in sein, wofür ist ein/eine Freund*in zuständig – und wofür nicht? (Welche Rechte und Pflichten hat ein/eine Freund*in bzw. hat man einer Freundin/einem Freund gegenüber?)

7. Flexion

Wie in Kap. 5 erläutert, gehört Deutsch zu den flektierenden Sprachen. Das heißt, Wörter bestehen oft aus mehreren Morphemen, und sie flektieren nach verschiedenen Kategorien, beispielsweise nach Person, Numerus, Tempus und Kasus. Die **Flexionsmorpheme** sind polyfunktional, und manchmal verändert sich bei der Flexion der Wortstamm (s. Kap. 5). Wir haben weiterhin bereits in Kap. 5.1 festgestellt, dass bei der Wortartenbestimmung insbesondere der flektierenden Wortarten morphologische Kriterien genutzt werden. Und schließlich wurde in der Einführung zu Kap. 5 die Leistung der Flexion angesprochen: Ihre Funktion ist es, die Zusammenhänge zwischen den Wörtern im Satz offensichtlicher zu machen. Nehmen wir als Beispiel die Sätze (1) und (2).

(1) *Der Mann umarmte die Frau.*
(2) *Den Mann umarmte die Frau.*

Allein durch die Wahl der Artikelform wird klar, wer wen umarmte. Oft wird ein- und dieselbe Information auch an mehreren Stellen im Satz gegeben. Diese mehrfache Verfügbarkeit der Information, auch **Redundanz** genannt, trägt dazu bei, dass der jeweilige Satz leichter verständlich ist. So findet sich in dem Satz

(3) *Gestern versammelten sich die Menschen auf der Straße.*

sowohl in dem Wort *gestern* als auch im Verb *versammelten* die Information, dass das Ganze in der Vergangenheit stattfand. Sowohl im Verb als auch in *die Menschen* ist die Information enthalten, dass es sich um mehrere Personen handelt, und sowohl durch *Straße* als auch durch die Präposition *auf* wird klar, dass es um einen Ort geht. Auch wenn eines der Wörter nicht oder nur teilweise verstanden wurde (weil man es vielleicht nicht gehört hat), ist der Sinn der Aussage verständlich. Der/die Hörer*in rekonstruiert die fehlenden Informationen ggf. (s. Kap. 2 zu Bühler und der apperzeptiven Ergänzung):

(4) *Gestern versammel ... die Menschen auf der Straße.*
(5) *Gestern versammelten sich die Menschen ... Straße.*
(6) *Gestern versammelten sich die ... auf der Straße.*

Auch dem grammatisch nicht korrekten Satz

(7) **Gestern Straße Mensch versammel.*

kann man diese Information entnehmen, müsste aber länger darüber nachdenken. Die Beherrschung der Flexion wird also benötigt, um grammatisch korrekte Sätze bilden zu können und um leichter/schneller verständlich zu sein.

Wann immer wir sprechen, schwingen darüber hinaus bestimmte (semantische) Konzepte mit, die wir zum Teil über Flexion realisieren. Diese drei Konzepte haben etwas zu tun mit Zeit, Raum und damit, ob wir im Moment des Sprechens das, was wir sagen, für zutreffend/wahr halten oder nicht.

▶ Exkurs: Die semantischen Konzepte Lokalität (Raum), Temporalität und Aspekt (Zeit) und Modalität (Geltungsgrad) ◀

Lokalität: Wann immer wir sprechen, befinden wir uns in Räumen. Wenn wir mit unseren Gesprächspartnern den Raum teilen, also in mündlicher **Face-to-Face-Kommunikation**, können wir uns mit Adverbien wie *hier* oder *dort* auf diesen Raum beziehen – oder aber wir beziehen uns auf andere Räume, die wir nicht mit dem jeweiligen Interaktionspartner teilen, die wir aber benennen (*Letzte Woche war ich* ***in der Disko***., *Es war einmal eine Frau, die lebte* ***in einem Wald***.). Wir setzen auch Dinge räumlich in Beziehung zueinander (*Das Buch liegt* ***auf dem Tisch***., *Ich lege das Buch* ***auf den Tisch***.). Um diese räumlichen Beziehungen auszudrücken, benötigen wir Präpositionen und das Konzept Kasus.

Temporalität und **Aspekt:** Wann immer wir sprechen, positionieren wir uns und die Handlung, über die wir sprechen, in der Zeit. Dies tun wir mit unterschiedlichen sprachlichen Mitteln. Wir benutzen Adverbien wie *heute* und *gestern*, Wendungen wie *vor drei Tagen*, aber insbesondere auch Tempusmarkierungen am Verb (*Ich* ***war*** *in der Disko., Die Frau leb**te** in einem Wald.*). Das heißt, wir können im Deutschen keinen Satz formulieren, ohne dass diese temporale Markierung eine Rolle spielt.

Wenn wir grammatisch über Tempus nachdenken, benötigen wir drei unterschiedliche Zeitpunkte: die **Sprechzeit**, also die Zeit, zu der der/die Sprecher*in spricht, die **Betrachtzeit**, also die Zeit, über die der/die Sprecher*in spricht, und die **Aktzeit**, d. h. die Zeit, zu der jemand handelt oder etwas passiert. In dem Satz *Ich tanze in der Disko.* liegen alle drei Zeiten gleichzeitig, in dem Satz *Gestern habe ich in der Disko getanzt.* hingegen liegen Betrachtzeit (*gestern*) und Aktzeit (*tanzen*) vor der Sprechzeit. Dieses Konzept wird wichtig, wenn wir über Tempora wie Plusquamperfekt und Futur II nachdenken.[1] Auf beide Konzepte, Temporalität und Lokalität, beziehen wir uns in mündlicher Kommunikation oft deiktisch (s. Kap. 2.2, Deixis).

Im Deutschen kaum markiert wird **Aspekt**. Aspekt gibt grammatische Information zu Zeiträumen, Dauer von etwas und dazu, ob etwas beginnt oder endet. Will man solche Aspekte ausdrücken, muss man auf lexikalische Bereiche ausweichen. (Tab. 1).

---

1 Eine genauere Reflexion von Sprech-, Betracht- und Aktzeit findet sich in 7.1.1 bei der Erläuterung des Plusquamperfekts.

Tab. 1: Aspekt in Deutsch und Englisch

Deutsch	Tempora	Englisch	Tempora
*Kannst du mich später anrufen? Ich **bade** grade den Hund.*	Präsens	*Can you phone me later? I'm **bathing** the dog.*	Present progressive
*Ich **gehe** immer um 11 ins Bett.*	Präsens	*I always **go** to bed at 11.*	Simple present
*Als ich endlich **ankam**, **waren** sie schon dabei, den Tisch abzuräumen.*	Präteritum	*When I finally **arrived**, they **were** already **clearing** the table.*	Past progressive

Viele andere Sprachen markieren Aspekt grammatisch genauer als das Deutsche, z. B. das Englische mit den Progressive-Formen. Um das Ende oder den Anfang von Prozessen oder Zuständen zu markieren, benutzt das Deutsche lexikalische Mittel (*Sie schlief ein., Die Rose blüht auf., Die Rose verblüht.*).

Das Deutsche ist also sehr tempusfixiert. Bei einigen anderen Sprachen hingegen existiert sogar die These, dass das Verb primär Aspekt markiert und nur sekundär Tempus. So nutzt man für *ich schlafe* und *ich esse* auf Kiswahili unterschiedliche Marker, weil bei *ich schlafe* ein andauernder Zustand markiert wird (*me-Tense*) und bei *ich esse* eine Tätigkeit, die in diesem Moment durchgeführt wird (*na-Tense*).

Tab. 2: Aspekt in Kiswahili

	na- (≈ progressive)	*me- (≈ Perfekt)*
lala *(schlafen)*	*ni/na/lal/a –* *Sg. – Present progressive – schlaf – Indikativ* *Ich schlafe ein.*	*nimelala –* *Sg. – Perfekt – schlaf – Indikativ* *Ich schlafe (bin eingeschlafen und jetzt im Zustand des Schlafens).*
kula *(essen)*	*ninakula* *Sg. – Present progressive – ess – Indikativ* *Ich esse.*	*nimekula* *Sg. Perfekt – ess – Indikativ* *Ich habe gegessen (und ich bin noch satt).*

Modalität: Das Konzept Modalität deckt verschiedene Bereiche ab, die auf den ersten Blick nur schwer miteinander zu vereinbaren sind. Ihnen ist aber gemeinsam, dass das, worüber gesprochen wird, zum Sprechzeitpunkt nicht oder möglicherweise nicht „wahr", also nicht realisiert ist.

Bereich 1: Verpflichtungen, Willen oder Fähigkeiten oder Möglichkeiten, etwas zu tun: Diese Art von Modalität wird ausgedrückt, wann immer es darum geht, dass jemand zu etwas verpflichtet wird (*Du **musst/sollst** X tun.*), dass jemand in der Lage ist bzw. es ihm erlaubt ist, etwas zu tun (*Du **kannst/darfst** X tun.*), oder er den Plan hat, etwas zu tun (*Du **willst/möchtest** X tun.*).

Bereich 2: Epistemische Modalität. Diese Art von Modalität wird ausgedrückt, wenn der/die Sprecher*in Zweifel am Zutreffen eines Sachverhalts ausdrückt (z. B. *Ich **glaube** (nicht), dass Peter zu Hause ist. **Vielleicht** ist Peter zu Hause. Peter müsste zu Hause sein.*) (s. auch Beispiele Pragmatik, Kap. 2.4, Sprachliche Handlungen).

Modalität kann über verschiedene sprachliche Mittel ausgedrückt werden. Wichtig sind hierbei die Modalverben *müssen, sollen, können, dürfen, wollen, mögen* und evtl. auch *möchten* (s. Kap. 5.1.5). Aber auch andere Verben, die modale Aspekte ausdrücken, (*Die Mutter **lässt** Erna waschen.*), Wendungen wie *Ich glaube (nicht), dass..., Ist doch klar, dass..., Es ist bewiesen, dass...*, sowie Adverbien wie *vielleicht, wahrscheinlich, bestimmt (nicht)* werden zur Markierung von Modalität genutzt. Und schließlich steht jedes einzelne in einem Satz gebrauchte flektierte Verb in einem Modus, trägt also modale Information (z. B. *Hans sagt, Peter **sei** zu Hause.*). Modus ist, genau wie Tempus, in unseren Sätzen allgegenwärtig.

Die Konzepte der Zeit (Temporalität) und der Annahme des Zutreffens eines Sachverhaltes (Modalität) werden im Deutschen u. a. über die Flexion von Verben (Tempus und Modus) ausgedrückt. Auch Substantive, Adjektive, Artikel und Pronomen flektieren, allerdings nach anderen Kategorien als Verben. Deshalb werden zwei Teilbereiche unterschieden: die Flexion des Verbs (7.1) und die der Nominalgruppe (7.2).

7.1 Das Verb

Denkpause 1

Lesen Sie zum Einstieg den folgenden (schriftlichen) Lernertextausschnitt aus dem DaZ-Bereich. Was fällt Ihnen hinsichtlich der Bildung der Verben (fett markiert) auf?

Fallbeispiel (Jeuk 2018: 104): Auszug schriftliche Nacherzählung eines Kapitels aus Max von der Grüns „Die Vorstadtkrokodile“[2] (Schüler M., 6. Klasse, Hauptschule, L1 = Türkisch)

1 *Kurt **denkte** an das Belohnung was er mit dem Gelt **machen würde**.*
2 *Kurts Eletern **konnten** ja ihm ein Spesialfarrad **kaufen können**.*

2 Zum besseren Textverständnis: Der Protagonist Kurt sitzt im Rollstuhl.

*Hannes und Maria **soben** Kurt nach Minigolfpatz sie **haten** mit denn anderen nicht **verabretet**. Auf irem Weg **begegnete** Egon auf sein Moped er **war** aleine. Er **hilt** sein Moped und **rief** Kurt Na Du Garten Zverg heute **hast** du deinen Bogen und Feile **dabei**. Aber **warte** nur ich **werde** dir **heimzahlen** du heimtükischer Kerl. Das du überhaupt noch **wagst** uns **auszusprechen** **sagte** Maria. Egon **rief** zu Maria **halt** blos dein Maul sonst **knall** ich dir ein paar du dume Zike. Und Kurt **sagte** leise **Hau ab** du Vorstatdib. Sonst **häte** wir dich **angezeigt.** Egon **kukte** überrascht auf Kurt wenn es Maria und Hannes es **blickten** was er **forhat**. Er **sprang** zum Rolstul, **gibte** Kurt ein heftiges Stos. Kurt **kipte** nach rechts er **viel** aber nich **um** weil der Maschendraht einer Kopel **aufing**. Er **hingte** im Drat und **konnte** sich nich **beweg.***

Zunächst fällt auf: Die meisten Verben sind korrekt gebildet, und sie stehen auch immer an der richtigen Stelle im Satz. In einigen Fällen passt die Personenendung nicht (Z. 13: *sonst häte wir dich angezeigt*), in anderen wird das Tempus nicht richtig gebildet (Z. 1: *Kurt denkte an die Belohnung*), einmal ist eine komplexe Konstruktion mit mehreren Verbformen nicht verständlich (Z. 2: *Kurts Eltern konnten ihm ja ein Spesialfarrad kaufen können.*). Alle vorhandenen Fehler finden sich in starken Verben. **Starke Verben** haben mehrere Stammvarianten, sie verändern also ihren Wortstamm durch Ablaut, Umlaut oder auf andere Art und Weise.[3] Typische Beispiele sind *singen, sang, gesungen* und *gehe, ging, gegangen*. Auch die Verben *sein, werden* und *haben* sind starke Verben (s. auch Kap. 5.4.1 zu Stammveränderungen und zum Ablaut).

Um die Flexionsfehler im Text genauer beschreiben zu können, müssen wir uns zunächst die Flexionskategorien des Verbs ins Gedächtnis rufen.

3 *Stark* heißt in der Grammatik immer: Die Form verändert sich stark bei der Flexion.

7.1.1 Flexionskategorien des Verbs: Konjugation

Die Flexion des Verbs nach Person, Numerus, Tempus, Modus und Genus Verbi bezeichnet man als **Konjugation**. Man konjugiert die Verben also, indem man sie den verschiedenen Kategorien anpasst.

Das Verb in dem Satz *Er **hilt** sein Moped* (Z. 6) enthält demnach folgende Flexionsinformation: 3. Person Singular Präteritum Indikativ Aktiv. Um die Fehler im Lernertext differenzierter reflektieren zu können – aber auch, um zu überlegen, wie in der Praxis mit Tempusfehlern umzugehen wäre – ist es notwendig, einen Überblick über Bildung und Funktion der **Tempora im Deutschen** zu haben. Zur Reflexion von Fehlern und Übungserstellung im Bereich der Konjunktivbildung (*Kurts Eltern konnten ihm ja ein Spesialfarrad kaufen können.* (Z. 2)) benötigen wir Hintergrundwissen zu den **Modi** und **Modalverben** im Deutschen. Im Bereich des **Genus Verbi** der Verben ist besonders die Passivbildung fehleranfällig. Passivformen wiederum werden weniger in Erzählungen und mehr in formaler Rede benutzt. Fehler finden sich hier besonders häufig, wenn das Passiv nicht im Präsens steht oder in Verbindung mit Modalverben, so z. B. in den folgenden Beispielen aus Texten von internationalen Studierenden zum Thema Wortschatzarbeit:

(8) **Einleitend bemerkt der Autor, dass die Ordnung vom Wortschatz sehr wichtig ist und behaltende Wörter in Langzeitgedächtnis speichert wird sollen.*

(9) (Korrekt z. B.: *Einleitend bemerkt der Autor, dass die Ordnung des Wortschatzes sehr wichtig ist und zu behaltende Wörter im Langzeitgedächtnis gespeichert werden sollen.*)

(10) **Je mehr die Aktivierung der Neuronen wird, desto besser wird ein Wort auf allen Seiten verstehbar ist.*

(11) (Korrekt z. B.: *Je stärker die Neuronen aktiviert werden, desto besser kann ein Wort in jeder Hinsicht verstanden werden.*)

Wir stellen nun die Flexionskategorien des Verbs im Einzelnen vor.

Person und **Numerus:** Im Deutschen flektieren Verben nach der 1. bis 3. Person und nach Numerus (Singular und Plural). Interessant ist bezüglich beider Konzepte, die sicherlich grundsätzlich bekannt sind, dass, wie in flektierenden Sprachen üblich, einige der Formen deckungsgleich sind. So werden einerseits der Infinitiv, die 1. und die 3. Person Plural gleich markiert mit {-(e)n} (z. B. *schreiben*, *wir schreiben* und *sie schreiben*) und andererseits sehen die 3. Person Singular und die 2. Person Plural gleich aus (z. B. *sie schreibt* und *ihr schreibt*). Dies kann insbesondere dann verwirren, wenn Formen isoliert und nicht in sprachlichen Kontexten gelernt werden.

Tempus: Das Deutsche verfügt über sechs Tempora, von denen nur zwei **synthetisch** sind, d. h. in einem einzigen Wort ausgedrückt werden: **Präsens** (Z. 9, *Dass* *du es überhaupt noch **wagst**, uns anzusprechen.*) und **Präteritum** (Z. 6, *Er **hilt** sein Moped*). Alle anderen Tempora sind **analytisch**, d. h., sie werden durch mindestens zwei Wörter ausgedrückt: ein Vollverb und ein **Hilfsverb** (s. Kap. 5.1). Die Hilfsverben *haben, sein* und *werden* werden benötigt, um analytische Tempora zu bilden, aber auch für Passivkonstruktionen und die Ersatzformen des Konjunktiv II.

Alle drei Verben können aber auch als einziges Verb in einem Satz stehen. In dem Fall sind sie Kopula bzw. Vollverben (*Ich habe Hunger., Ich bin müde., Ich bin in Rom., Ich werde Lehrerin.*). Im Hauptsatz steht das flektierte Hilfsverb an zweiter Satzgliedposition (s. Kap. 8.3) und das nicht flektierte Vollverb entweder im Infinitiv oder als Partizip II am Ende des Satzes.

Denkpause 2

Sehen Sie sich den unten stehenden Kasten an, in dem Sie Sätze in verschiedenen Tempora finden. Die für Tempusmarkierung relevanten Flexionsaffixe und Hilfsverben sind jeweils kursiv gedruckt, die Stämme der Vollverben fett. Welche der (konstruierten) Beispielsätze könnte jemand im Alltag äußern, welche erwarten Sie in einem Roman und welche würden Sie niemals gebrauchen, weil sie Ihnen extrem künstlich erscheinen?

Tab. 3: Übersicht über Tempora des Deutschen

1	**Präsens**	Flexion des Vollverbs im Präsens	Ich **lieb***e* Hanna. Ich **geh***e* täglich zu ihrem Haus, **treff***e* und **küss***e* sie. Morgen **küss***e* ich sie auch.
2	**Perfekt**	Bildung mit der flektierten Form von *haben* oder *sein* im Präsens und dem Partizip II des Vollverbs	Ich **lieb***e* Hanna und ich *habe* sie schon immer *ge***lieb***t*. Am Anfang *bin* ich täglich zu ihrem Haus *ge***gang***en*.
3	**Präteritum**	Flexion des Vollverbs im Präteritum	Damals **liebt***e* ich Hanna. Ich **ging** täglich zu ihrem Haus.
4	**Plusquam-perfekt**	Bildung mit der flektierten Form von *haben* oder *sein* im Präteritum und dem Partizip II des Vollverbs	Damals *hatte* ich Hanna noch *ge***lieb***t*. Wenn ich morgens aufwachte, *war* ich im Traum zu ihrem Haus *ge***gang***en*. Inzwischen hasste ich sie aber.
5	**Futur I**	Bildung mit einer flektierten Präsensform von *werden* und dem Infinitiv des Vollverbs	Vermutlich *werde* ich Hanna irgendwann einmal **lieb***en*. Noch kenne ich sie nicht so gut.

6	**Futur II**	Bildung mit einer flektierten Präsensform von *werden*, dem Partizip II des Vollverbs und dem Infinitiv von *haben* oder *sein*. Die Formen stehen immer in genau dieser Reihenfolge.	Noch habe ich Hanna nicht geküsst. Ich fahre aber am Donnerstag zu ihr. Am Freitag *werde* ich sie dann *ge***küss***t haben*. Und ich *werde* zu ihrem Haus *ge***gang***en sein*.

Extrem merkwürdig und konstruiert klingen für Muttersprachler*innen des Deutschen die Sätze im Futur II und – in etwas geringerem Maße – im Plusquamperfekt. Beide Tempora werden tatsächlich sehr selten benutzt. Die Sätze in Präteritum und Futur I wiederum scheinen eher einem Roman entnommen. Im mündlichen Sprachgebrauch am üblichsten sind die Präsens- und Perfektformen. Dies sind also die beiden Tempora, die man als Lernende*r als Erstes benötigt, wenn man sich mündlich in der neuen Sprache Deutsch ausdrücken will. Dies entspricht auch der üblichen Progression in Lehrwerken: Noch auf A1-Niveau werden beide Tempora gelernt.

Das **Präsens** wird im Deutschen zum Ausdruck von Gegenwärtigem (*Ich küsse Hanna.*) und Zukünftigem (*Morgen küsse ich Hanna.*) benutzt. Darüber hinaus findet man das Präsens manchmal in Texten über Vergangenes (historisches Präsens: *1789 findet die Französische Revolution statt.*). Auch für wissenschaftliche Texte benutzt man üblicherweise das Präsens.

Bewegungs- und Zustandsverben (die häufig starke Verben sind) bilden oft das **Perfekt** mit *sein*, andere Verben mit *haben*. Diese Verben brauchen oft keine Ergänzungen (s. Kap. 8) (*ich laufe, ich sterbe, ich fahre*).[4] Das **Partizip II** wird bei schwachen Verben mit dem Verbstamm und dem Zirkumfix *ge-* + -(*e*)*t* und bei starken Verben mit einem veränderten Verbstamm und *ge-* + (*e*)*n* gebildet. Verben mit nicht trennbarem Präfix (*beschreiben, verreisen, zertreten, unterschreiben*) bilden das Perfekt ohne *ge-*, aber mit der entsprechenden Endung (*beschrieben, verreist, zertreten, unterschrieben*) und ggf. der Stammveränderung. Verben mit abtrennbarem Präfix, auch genannt Partikelverben (*aufschreiben, abschreiben, unterrühren*), hingegen fügen das *ge-* zwischen Präfix und Verbstamm ein (*aufgeschrieben, abgeschrieben, untergerührt*).[5]

Das Perfekt wird, bis auf wenige Formen, in der mündlichen Alltagskommunikation über Vergangenes benutzt, und zwar unabhängig davon, ob dessen Auswir-

4 Allerdings gibt es hier auch durchaus regionale Unterschiede. Weiterhin unterliegt der Gebrauch der Hilfsverben für das Perfekt einem Wandel.

5 Bei Neubildungen wie *downloaden* sind oft verschiedene Varianten möglich (*downgeloadet, gedownloadet*).

kungen zum Sprechzeitpunkt noch relevant sind oder nicht. Hier unterscheidet sich das Deutsche vom Englischen und vielen anderen Sprachen, die das Perfekt lediglich für Ersteres nutzen und sonst das Präteritum (Perfekt: *I have already cooked. Would you like to eat?* Präteritum: *Yesterday I cooked and I ate everything. There is nothing left now.*). Rein grammatisch ist die Bezugszeit des Perfekts das Präsens; es wird also nicht zusammen mit dem Präteritum gebraucht. (*Ich bin heute früh aufgewacht und in die Universität gegangen. Jetzt sitze ich in der Cafeteria.* vs. **Ich wachte heute früh auf und ging zur Universität. Jetzt sitze ich in der Cafeteria.*). Es gibt allerdings wenige Ausnahmen: Das Vollverb *sein* und das Vollverb *haben* werden üblicherweise im Präteritum benutzt, selbst wenn der Rest der Äußerung im Perfekt steht.

(12) *Gestern war ich im Kino und habe einen guten Film gesehen.*
(13) *Ich hatte heute Morgen solch einen Hunger; ich habe drei Brote gegessen.*

Das **Präteritum** wird typischerweise in schriftlichen Texten wie Erzählungen und Berichten benutzt. Mündlich findet es sich meist lediglich in formeller Rede, z. B. in den Nachrichten. Im Präteritum bleibt der Verbstamm bei den schwachen Verben gleich, lediglich das Morphem {*t*(*e*)} wird nach dem Stamm und vor der Personenendung eingefügt (*ich tanz-***t***-e, du tanz-***te***-st, sie tanz-***t***-e*). Die 1. und 3. Person Plural und die 1. und 3. Person Singular sind jeweils identisch. Bei den starken Verben ändert sich der Verbstamm im Präteritum, 1. und 3. Person Singular haben keine Endungen (*ich ging, du ging-st, sie ging*).

Das **Plusquamperfekt** hat die Funktion, Vorzeitigkeit (Aktzeit) zu einer in der Vergangenheit liegenden Betrachtzeit auszudrücken. Das, was Thema des Satzes ist (Aktzeit), liegt vor dem Zeitpunkt, an den man sich geistig versetzt (Betrachtzeit) und die Sprechzeit liegt nach beiden. Das Plusquamperfekt tritt daher niemals allein auf, sondern hat als Bezugszeit in seiner sprachlichen Umgebung immer Präteritumsformen (s. Abb. 2).

In letzter Zeit ist das Plusquamperfekt auch manchmal in mündlich informeller Rede zu hören (*Vorgestern war ich ja im Kino gewesen.*). Dies ist aber (noch?) grammatisch falsch. Die für den Ausdruck von Vergangenem gewählten Tempora in unterschiedlichen Sprachen sind auch ein lohnendes Thema für den Sprachvergleich (s. Kap. 5).

Abb. 2: Zeitzusammenhänge zwischen Präteritum und Plusquamperfekt

Denkpause 3
Übersetzen Sie die Perfekt- und Präteritums-Beispielsätze aus Tabelle 1 in Ihnen bekannte Sprachen und vergleichen Sie einmal: Welche unterschiedlichen Vergangenheitsformen gibt es? Was wird mit welcher der Vergangenheitsformen ausgedrückt? Wenn es eine Perfektform gibt: Wann wird diese genutzt?

Das **Futur I** braucht man in der Alltagskommunikation zum Ausdruck von Tempus kaum; es findet sich eher in schriftlichen Prosatexten. Das **Futur II** kommt selbst in schriftlichen Texten nur selten vor. Eher benutzt werden diese grammatischen Formen, um **epistemische Modalität** auszudrücken, d. h. um zu zeigen, dass man sich einer Sache nicht ganz sicher ist (s. Exkurs Semantische Konzepte weiter oben in diesem Kapitel).

(14) *Wo ist Peter? Ach, der **wird** noch im Bett **liegen**. Und wo ist Jana? Sie **wird** schon nach Hause **gefahren sein**.*

Der oben besprochene Lernertext aus Denkpause 1 ist eine Nacherzählung, eine Textform, in der das Präteritum als Grundzeit verlangt wird. Der Text zeigt, dass das Präteritum noch nicht in allen Formen vorhanden ist, also gezielt schulisch eingeübt werden müsste. Dabei bereiten allerdings nicht die schwachen, sondern nur einige der starken Verben Probleme – diese wurden wie schwache flektiert (Z. 1: *Kurt denkte an die Belohnung*, Z. 16: *...gibte Kurt ein heftiges Stos.*, Z. 19: *Er hingte im Drat und konnte sich nich beweg.*).

Auch die Flexion der starken Verben unterliegt Regelhaftigkeiten; so kann man zwischen verschiedenen Flexionsweisen unterscheiden. Diese im Fremd- oder Zweitsprachenunterricht analytisch-reflexiv anzugehen, ist jedoch aufgrund der Komplexität der Muster nicht sinnvoll, und so bleiben als Erarbeitungsschritte die Rezeption und Reflexion im Kontext, das Einüben der Formen durch Imitation, auch unter Nutzung verschiedener Sinne und Rhythmus/Melodie, und schließlich der produktive Gebrauch im Kontext (vgl. Hochstadt 2015; ferner auch Uhl 2015).

Genus Verbi (Aktiv und Passiv): Verben flektieren weiterhin nach Genus Verbi, d. h., man kann sie im Aktiv gebrauchen oder im Passiv. Zunächst einmal denkt man beim Wort *aktiv* daran, dass jemand etwas tut und bei *passiv* daran, dass mit jemandem etwas getan wird. Bei der grammatischen Kategorie Genus Verbi ist die Aktivform der Sätze die jeweils einfachere, unmarkiertere, selbstverständlichere. Deshalb wurden auch alle Beispielsätze in diesem Kapitel bisher im Aktiv formuliert. Nicht immer handelt in Aktivsätzen tatsächlich jemand aktiv, so z. B. in *Hans schläft.* und *Opa ist gestorben.* Ins Passiv setzen kann man alle Sätze, die Verben enthalten, die im Aktiv einen Akkusativ benötigen (s. Kap. 8.2, Valenzgrammatik, sowie 7.2.1 zum Kasus), also z. B. *küssen, schlagen, schreiben, lernen, erlassen, geben.* Dabei wird das Akkusativobjekt des Aktivsatzes (15) zum Subjekt des Passivsatzes (16). Der/das, mit dem etwas getan wird, wird so zum Thema (s. Kap. 9.2) des Satzes. Das Passiv wird mit einer Form von *werden* und dem Partizip II des Vollverbs gebildet.

(15) Aktiv: *Hans putzt das Haus.*
(16) Passiv: *Das Haus wird (von Hans) geputzt.*

Passivsätze können mit allen Tempora des Verbs *werden* im Indikativ und im Konjunktiv I und II und dem Partizip des Vollverbs gebildet werden (17-19). Im Konjunktiv gibt es weiterhin Formen, bei denen die Konjunktivformen des Verbs *sein* genutzt wird und das Vollverb sowie *werden* im Partizip II stehen (20-21). Und schließlich sind auch Passivkonstruktionen mit Modalverben im Indikativ und Konjunktiv möglich (22-24). In dem Fall steht u. U. eine Form von *haben* als flektierte Verbform, das Vollverb steht im Partizip II und die Form von *werden* oder *sein* und das Modalverb im Infinitiv.

(17) *Das Haus wird geputzt.*
(18) *Hans sagte, das Haus werde geputzt.*
(19) *Ich würde mich freuen, wenn das Haus geputzt würde.*
(20) *Hans sagte, das Haus sei geputzt worden.*
(21) *Ich hätte mir gewünscht, dass das Haus geputzt worden wäre. Aber leider ist es immer noch dreckig.*
(22) *Das Haus muss geputzt werden.*
(23) *Hans sagt, das Haus müsse geputzt werden.*
(24) *Hans sagt, das Haus hätte geputzt werden müssen.*

Denkpause 4

Sehen Sie sich den (unterstrichenen) Passiv-Satz an. Welche Funktion hat das Passiv hier? Tipp: Formulieren Sie den Satz im Aktiv und überlegen Sie, wo die Unterschiede liegen.

> **Unterstützung gestrichen: Bundesagentur straft 500.000 Arbeitslose ab**
> *Fördern, aber auch fordern – das war seinerzeit die Idee hinter den Hartz-Reformen. Nun wird deutlich, was das bedeutet: Mehr als 500.000 Arbeitslosen wurde im vergangenen Jahr das Arbeitslosengeld zeitweise gestrichen.* (Spiegel online, http://www.spiegel.de/wirtschaft/unterstuetzung-gestrichen-bundesagentur-straft-500-000-arbeitslose-ab-a-457909.html, 02.09.2019).

Ein Vergleichssatz könnte beispielsweise lauten:

(25) *Mehr als 500.000 Arbeitslosen hat die Bundesagentur für Arbeit im vergangenen Jahr das Arbeitslosengeld zeitweise gestrichen.*

Im Aktivsatz muss der Handelnde (das Agens, s. Kap. 8.1, Exkurs Fallstricke) genannt werden, und er steht im Nominativ, ist also das Subjekt des Satzes. Im Passivsatz kann derjenige, der etwas verursacht, verschwiegen werden; derjenige, dem etwas geschieht (das Patiens) wird zum Subjekt des Satzes. Passivsätze sind also indirekter und unpersönlicher. Sie sind ein Merkmal von formaler und Bildungssprache (s. Kap. 10.3), tragen also (im kommunikativ-pragmatischen Sinn) zur Kontextualisierung eines Textes bei (s. Kap. 2.2).

Diese Form des Passivs nennt man auch **Vorgangspassiv**. Davon zu unterscheiden ist das im Deutschen nicht sehr gebräuchliche **Zustandspassiv**. Dieses wird mit *sein* als Hilfsverb gebildet (26).

(26) *Die Suppe ist gekocht, die Tür ist geschlossen.*

Allerdings sieht man an diesen Sätzen sehr schön, dass das Partizip II im Deutschen durchaus adjektivische Tendenzen aufweist (s. 7.2.2 zum prädikativen Gebrauch von Adjektiven).

Das (Vorgangs-)Passiv kann außerdem benutzt werden, um imperativische Konzepte und Verbote auszudrücken. In dem Fall kann es auch mit Verben verbunden werden, die nicht unbedingt den Akkusativ benötigen (27).

(27) *Hier wird nicht geraucht. = Hier darf nicht geraucht werden.*

Auch die Passiversatzformen (hier als Modalitätsverben, s. Kap. 5.1.5, Wortartenbestimmung) *sein* und *bleiben* können in Verbindung mit *zu* genutzt werden, um Verpflichtung oder Möglichkeit auszudrücken (28-30).

(28) *Die Lampe **ist** zu reparieren.* (= *Die Lampe muss repariert werden.*, Verpflichtung)
(29) *Die Lampe **ist** zu verkaufen.* (= Die *Lampe kann verkauft werden.*, Möglichkeit)
(30) *Das **bleibt** abzuwarten.* (= *Das muss abgewartet werden.*, keine andere Möglichkeit)

Nehmen wir nun aus unserem Beispieltext die beiden Sätze hinzu, in denen der Protagonist des Textes in Denkpause 1 (Kap. 7.1) über (vielleicht erfüllbare) Wünsche und Möglichkeiten nachdenkt:

1 *Kurt denkte an das Belohnung was er mit dem Gelt* ***machen würde.***
2 *Kurts Eletern* ***konnten*** *ihm ja ein Spesialfarrad* ***kaufen können.***

Die Konjunktiv-Form in Z. 1 ist hinsichtlich der Verbflexion grammatisch korrekt gebildet. Im zweiten Satz hingegen funktioniert etwas nicht. Der folgende Unterpunkt gibt ein Überblickswissen über zwei zur Reflexion solcher Fehler notwendige Gebiete: die Modi der Verben des Deutschen und die Modalverben.

Modus: Das Deutsche verfügt über drei Modi: Der **Imperativ** (Befehlsform) wird genutzt, um Aufforderungen und Befehle auszudrücken. Er ist die morphologisch einfachste Form und existiert im Singular (31), Plural (32) und in der Höflichkeitsform *Sie* (33).

(31) *Spring! Geh!*
(32) *Springt! Geht!*
(33) *Springen Sie! Gehen Sie!*

Ein Tempus ist hierbei nicht zuzuordnen. Im Singular ist der Imperativ oft identisch mit dem Verbstamm,[6] im Plural wird ein *-t* an den Verbstamm gehängt[7] und in der Höflichkeitsform, die für den Singular und den Plural gilt, wird er mit dem Infinitiv des Verbs und der Anrede-Form *Sie* gebildet. Diese Formen sind sehr leicht zu lernen und beispielsweise über Spiel- und Bewegungstechniken wie Total Physical Response (s. Haß 2010) gut in den Anfängerunterricht integrierbar und auch auf A1-Niveau bereits vorgesehen. Bei den informellen Formen (*Geh!, Spring!*) ist aber darauf zu achten, dass in den ersten Sitzungen keine Verben mit Stammveränderung gewählt werden.

In der tatsächlichen Interaktion werden oft auch **Ersatzformen** genutzt, um Aufforderungen und Befehle auszudrücken (34-37).

(34) *Hier wird nicht geschlafen, hier wird gearbeitet*!
(35) *Schlafen nicht erlaubt!*
(36) *Könnten Sie mir sagen, wie spät es ist?*
(37) *Der Aufforderung ist Folge zu leisten.*

Ebenfalls üblich ist es, Aussagesätze zu benutzen, um Aufforderungen auszudrücken, wie es beispielsweise auch Yu und Malik tun. Im Map-Task-Transkript in

6 Für Sprachvergleiche interessant: Der Imperativ im Singular ist in vielen Sprachen der Welt identisch mit dem Verbstamm.

7 Damit ist die Form identisch mit der der 3. Person Singular Indikativ Aktiv.

Z. 7/8 findet sich der grammatisch nicht korrekte Satz *danach du spazieren weiter* als Aufforderung an die Hörerin, weiter den Weg auf der Karte einzuzeichnen. Und sogar der Infinitiv kann genutzt werden, um einen Befehl zu realisieren: *Setzen!* Allerdings gelten im mündlichen Sprachgebrauch direkte Befehle in Form von Imperativen oder Infinitiven als unhöflich.

Der **Indikativ** ist der Modus, den wir am häufigsten benutzen. Deshalb wurden auch alle im letzten Abschnitt erarbeiteten Tempora im Indikativ beschrieben. In ihm schwingt mit, dass wir den jeweils benannten Sachverhalt als real betrachten. Dies ist problemlos möglich, wenn dieser in der Gegenwart (38) oder Vergangenheit (39) liegt, bei Aussagen zur Zukunft hingegen ist zwangsläufig eine Unsicherheit vorhanden, auch wenn diese nicht unbedingt als solche markiert wird (40, s. Exkurs Modalität).

(38) *Heute scheint die Sonne.*
(39) *Gestern schien die Sonne.*
(40) *Morgen wird die Sonne scheinen.*

Diese Unsicherheit wird genutzt, um durch Futur I und II Distanz anzuzeigen, also Modalität des Typs 2 (41-42).

(41) *Was macht Peter? Er wird schlafen.* (Futur I)
(42) *Wo ist Peter? Peter wird nach Hause gegangen sein.* (Futur II)

Auch die Konjunktivformen zeigen epistemische Modalität an. Der **Konjunktiv II** wird gebraucht, um Nicht-Reales und Wünsche auszudrücken (43).

(43) *Wenn ich 1.000 Euro hätte, kaufte ich mir ein gebrauchtes Auto/würde ich mir ein gebrauchtes Auto kaufen.*

Er ist also kommunikativ nicht unwichtig und kann im Fremdsprachenunterricht vermittelt werden, sobald seine grammatische Basis, das Präteritum, gelernt wurde. Bei starken Vollverben wird der Konjunktiv II mit dem **Präteritumstamm des Verbs** gebildet, an den die Flexionssuffixe zu Person und Numerus angehängt werden (*ich ginge, du gingest, er ginge, wir gingen, ihr ginget, sie gingen*). Bei Hilfsverben tritt die Umlautung hinzu (*haben – hatte – hätte, sein – war – wäre*). Bei schwachen Verben sind Präteritumform und Konjunktiv-II-Form vollkommen identisch. Um in diesen Fällen den Konjunktiv II zu identifizieren, benötigt man also entweder den semantischen (Bedeutungs-) und den grammatischen Satzkontext oder man benutzt die **Konjunktiv-Ersatzform**: Dabei wird der Konjunktiv des Hilfsverbs *werden* (= Präteritumstamm + Umlaut: *würd-*) flektiert und mit dem Infinitiv des betreffenden Verbs kombiniert (44).

(44) *Sie tanzten. – Sie würden tanzen.*

Diese Konjunktiv-Ersatzform ist tatsächlich üblicher als die synthetische Form (Zifonun et al. 2018: https://grammis.ids-mannheim.de/systematische-grammatik/312, 05.09.2019)

Tab. 4: Konjunktiv II-Formen und Verwendungsweisen

		Synthetische Form	Analytische Form (Konjunktiv-Ersatzform)
1	Konjunktiv II: Nicht-Reales/Wünsche	Wenn ich 1.000 Euro hätte, kaufte ich mir ein Auto. Wenn ich sportlich wäre, ginge ich täglich schwimmen.	Wenn ich 1.000 Euro hätte, würde ich mir ein Auto kaufen. Wenn ich sportlich wäre, würde ich täglich schwimmen gehen.
2	Konjunktiv II: Nicht-Reales/ Wünsche (Vergangenheit)	Wenn ich 1.000 Euro gehabt hätte, hätte ich mir ein Auto gekauft. Wenn ich sportlich gewesen wäre, wäre ich täglich schwimmen gegangen.	

Innerhalb des Konjunktivs II gibt es zwei Möglichkeiten, temporale Aspekte auszudrücken: Sich auf die Gegenwart und Zukunft Beziehendes wird mit den Formen der Z. 1 gebildet, sich auf die Vergangenheit Beziehendes wird mit dem Konjunktiv der Hilfsverben *haben* oder *sein* und dem Partizip II des Vollverbs (Z. 2, Tab. 4) gebildet. Der Konjunktiv II wird auch in der **indirekten Rede** benutzt, um zu berichten, was jemand anderes gesagt hat, und sich gleichzeitig vom Inhalt des Gesagten zu distanzieren (45).

(45) *Ursula sagt, sie hätte ein Pferd zu Hause, aber das glaube ich nicht.*

Die Funktion, Distanz anzuzeigen, hat auch der **Konjunktiv I**. Der Sprecherschreiber[8] zeigt dadurch an, dass er selber nur Information weitergibt, deren Wahrheitsgehalt er selber nicht geprüft hat (46). Der Konjunktiv I ist in der indirekten Rede also neutraler als der Konjunktiv II.

8 *Sprecherschreiber* ist der vom Institut für Deutsche Sprache (IDS) Mannheim gewählte Begriff für jemanden, der spricht oder schreibt. Wir verwenden analog dazu auch den Begriff *Hörerleser* für jemanden, der liest oder hört.

(46) *Die Regierung will mehr Verantwortung im globalen Krisenmanagement übernehmen. Dafür fehle aber die Strategie, sagt Militärhistoriker Klaus Neumann.* (welt.de, 27.08.2016)

Der Konjunktiv I wird im alltäglichen Sprachgebrauch normalerweise nicht genutzt; er ist lediglich im formellen Sprachgebrauch (Nachrichten) und in formellen schriftlichen Texten zu finden. Durch seinen Gebrauch zeigt der Sprecherschreiber also an, dass er sich in einer formellen Kommunikationssituation befindet (Kommunikationswege, Kontextualisierung, Pragmatik).

Dieser Modus wird ausschließlich in der 3. Person Singular (47) und der 3. Person Plural (48) gebraucht. Gebildet wird er (bei starken und schwachen Vollverben) mit dem Präsensstamm des Verbs/Verbstamm im Infinitiv und mit den (schwachen) Personenendungen des Präteritums/Konjunktivs II. Deshalb ist er in der 3. Person Singular klar erkennbar, in der 3. Person Plural jedoch nicht. Als desambiguierende Ersatzform wird hier daher der Konjunktiv II gebraucht (49):

(47) Konjunktiv I, 3. Pers., Sg.: *Merkel betonte allerdings, man* ***werde*** *sich von der Ankündigung von US-Präsident Donald Trump nicht* ***aufhalten lassen***, NTV, 02.06.2017.
(48) Konjunktiv I, 3. Pers., Pl., deckungsgleich mit der entsprechenden Indikativform: *Merkel und Macron betonten, sie* ***werden*** *sich nicht* ***aufhalten lassen***.
(49) Ersatzform Konjunktiv II, 3. Pers., Pl.: *Merkel und Macron betonten, sie* ***würden*** *sich nicht* ***aufhalten lassen***.

7.1.2 Eine besondere Art von Verben: Modalverben

Die Modalverben des Deutschen sind *müssen, sollen, können, dürfen, mögen/möchten* und *wollen*. Sie flektieren auf eine besondere Art und Weise, d. h., sie sind unregelmäßig. Beispielsweise findet sich in der 1. Person Singular kein *-e* am Ende (*ich will, ich soll...*). Ihr (historisch entstandenes) Flexionsmuster ist im Sprachunterricht gesondert zu lernen. Um Sätze mit Modalverben zu bilden, wird die jeweils flektierte Präsens- oder Präteritumsform des Modalverbs im Indikativ oder Konjunktiv in Verbindung mit dem Infinitiv des Vollverbs benutzt (50).

(50) *Peter* ***kann*** *sehr schnell* ***laufen***. *Früher* ***konnte*** *er nicht so schnell* ***laufen***.

Verwendungen im Perfekt (51) oder im Futur I (52) sind seltener.

(51) *Früher* ***hat*** *Peter schnell* ***laufen können***, *heute ist er langsamer.*
(52) *Wenn er wieder viel trainiert,* ***wird*** *er in einigen Monaten wieder besser* ***laufen können***.

Der Konjunktiv II (53) ist nicht unüblich, der Konjunktiv I (54) kommt eher selten vor.

(53) *Peter* ***könnte*** *schnell* ***laufen****, wenn er sich nur anstrengen würde.*
(54) *Man sagt, Peter* ***könne*** *schnell* ***laufen****, das muss aber noch nachgeprüft werden.*

Modalverben haben weiterhin kein Partizip II, so wird beispielsweise das Perfekt mit dem Infinitiv gebildet (55; weitere Information zu Modalverben: Neuschild 2017: https://grammis.ids-mannheim.de/fragen/99 (05.09.2019).

(55) *Früher habe ich schnell laufen* ***können****.*

Mit Modalverben können sowohl Verpflichtungen, Erlaubnisse, Fähigkeiten, Möglichkeiten und Wünsche (Modalität 1) ausgedrückt als auch Distanz hergestellt werden (Modalität 2). Beispiele für Ersteres sind die Sätze 56-58:

(56) *Peter* ***kann*** *schwimmen.* (Fähigkeit)
(57) *Peter* ***kann*** *nicht mit ins Kino kommen* (Möglichkeit)*, er* ***muss*** *für die Klausur lernen.* (Verpflichtung)
(58) *Peter* ***darf*** *nicht mit ins Kino kommen.* (Erlaubnis)

Setzt man die Modalverben *müssen* und *sollen* in den Konjunktiv II, so verändert sich die Botschaft; der Sprecherschreiber zeigt an, dass jemand eine Verpflichtung hat, die er aber wahrscheinlich nicht erfüllt (59).

(59) *Peter kommt mit ins Kino. Eigentlich* ***müsste/sollte*** *er für die Klausur* ***lernen****, aber der Film ist so spannend. Deswegen kommt er trotzdem mit.*

Das Konzept Modalverb ist eines, das für germanische Sprachen typisch ist.[9] Lernende benutzen oft zunächst nur ein Modalverb in verschiedenen Funktionen. So benutzt Malik im Map-Task in der Z. 2f. die Form: *Kannst du am start anfangen und danach kannst du ein . einen schwarzen vogel sehen.* Er gebraucht *kannst* zunächst im Sinne einer Aufforderung und drückt direkt anschließend mit demselben Modalverb eine Möglichkeit aus.

Mit der Frage, ob ein Sachverhalt zutrifft oder irreal ist (Modalität 2), beschäftigt sich die folgende Denkpause:

9 Auch andere Sprachen haben entsprechende Konzepte, z. B. Kiswahili *kupaswa, kuweza, kutaka…* In diesen Sprachen ist die Klasse aber eher offen und das Flexionsmuster kein für die Sprache einzigartiges. Bei Interesse ist weitere Information dazu nachlesbar bei Breindl (2018: https://grammis.ids-mannheim.de/systematische-grammatik/380, 05.09.2019).

Denkpause 4

Wie sicher ist sich der/die Sprecher*in, dass Peter tatsächlich ein Krokodil als Haustier hat? Bitte bringen Sie die folgenden Antworten in aufsteigender Reihenfolge auf die Frage *Was für ein Haustier hat Peter?* in eine „Sicherheitsreihenfolge". Beginnen Sie mit den Sätzen, bei denen der Sprecher sich ganz sicher ist, dass Peter ein Krokodil hat, und enden Sie mit den Sätzen, bei denen er sich ganz sicher ist, dass das nicht der Fall ist.

(a) *Peter dürfte ein Krokodil als Haustier haben.*
(b) *Peter hat ein Krokodil als Haustier.*
(c) *Peter hat kein Krokodil als Haustier.*
(d) *Peter könnte ein Krokodil als Haustier haben.*
(e) *Peter müsste ein Krokodil als Haustier haben.*
(f) *Peter muss ein Krokodil als Haustier haben.*
(g) *Peter soll ein Krokodil als Haustier haben.*
(h) *Peter will ein Krokodil als Haustier haben.*

Die Sätze (b) und (c) bilden die Klammer, alle anderen Sätze bewegen sich dazwischen: Sicher ist sich der Sprecher in Satz (f) (Modalverb *müssen* im Indikativ), dass der Sachverhalt zutrifft. Er zeigt aber durch den Gebrauch des Modalverbs, dass er es nicht wirklich weiß. In Satz (e) (Modalverb *müssen* im Konjunktiv II) ist er sich auch noch ziemlich sicher, ebenso in Satz (a) (*dürfen* im Konjunktiv II). In Satz (d) (*können*, Konjunktiv II) ist der Sprecher neutral – vielleicht hat Peter ein Krokodil, vielleicht aber auch nicht. In Satz (g) und (h) (Modalverben *sollen* und *wollen* im Indikativ) hingegen zeigt er an, dass er sich von der Aussage distanziert. In Satz (g) berichtet der Sprecher von etwas, was er gehört hat, und er zeigt gleichzeitig an, dass er nicht weiß, ob das wirklich stimmt. Satz (h) besagt, dass Peter behauptet, ein Krokodil als Haustier zu haben, dass der Sprecher ihm das aber nicht glaubt.

Kommen wir zu Denkpause 1 zu Beginn dieses Abschnitts zurück, für die wir unsere Kenntnisse zu Konjunktiv II und zu Modalverben benötigen:

2 *Kurts Eletern* ***konnten*** *ihm ja ein Spesialfarrad* ***kaufen können.***

Es geht hier um Wünsche und Möglichkeiten, von denen nicht klar ist, ob sie erfüllt werden können. Für die Erfüllung der Wünsche ist nicht Kurt selbst, sondern jemand anderes zuständig: Kurts Eltern wären diejenigen, die etwas für Kurt tun *könnten*. Möglicherweise sind die Formulierungsschwierigkeiten auf diese Tatsache zurückzuführen. Der Lerner setzt das flektierte Verb an die richtige Stelle im Satz, allerdings wird statt Konjunktiv II das fast formgleiche Präteritum verwendet. Auch der Infinitiv des Vollverbs (*kaufen*) steht an der richtigen Stelle, nämlich am Ende des Satzes. Diesem allerdings hängt der Schreiber noch einmal das Modalverb *können* an. Satzmuster mit Modalverben und zwei Infinitiven hintereinander sind im Deutschen durchaus möglich, z. B. für Wünsche, die in der Vergangenheit hätten erfüllt werden können, was dann aber nicht geschehen ist (60).

(60) *Sie **hätten** ihm ein Fahrrad **kaufen können**.*

Dem Lerner fehlt also die (von der Form her einfachere) Möglichkeit, von anderen vielleicht erfüllbare Wünsche auszudrücken (61).

(61) *Kurts Eltern **könnten** ihm ein Spezialfahrrad **kaufen**.*

Probleme mit Modalverben treten zum einen auf, weil das Deutsche relativ viele Modalverben mit nicht leicht zu erklärenden Bedeutungsnuancen hat (z. B. *müssen* vs. *sollen*). Zum anderen können die Sprechhandlungen, die mit ihnen durchgeführt werden, zumindest teilweise je nach Kontext unterschiedlich sein: *Ich kann schwimmen.* bezeichnet zunächst einmal hauptsächlich die Fähigkeit, etwas zu tun. In *Du kannst jetzt gehen.* kann das Modalverb (in Verbindung mit dem *jetzt*) hingegen sowohl eine Erlaubnis als auch eine Anweisung ausdrücken. Im fortgeschrittenen Bereich finden sich lernersprachliche Probleme in Verbindung mit Modalverben insbesondere, wenn in mehreren der eben dargestellten Bereiche ungewöhnlichere Formen gebildet werden, z. B. bei der passivischen Darstellung einer Möglichkeit oder Verpflichtung. Hier benötigen wir das flektierte Modalverb, das Partizip II des Vollverbs und den Infinitiv des Hilfsverbs *werden* (62).

(62) *Das Buch **kann gelesen werden**.*

Nehmen wir noch einmal die fehlerhaften Passivsätze vom Beginn dieses Kapitels: (8) *Einleitend bemerkt der Autor, dass die Ordnung vom Wortschatz sehr wichtig ist und behaltende Wörter in Langzeitgedächtnis speichert wird sollen.* Wir haben hier einen Nebensatz mit korrekter Wortstellung, aber eine falsche Partizipbildung des Vollverbs (*speichert*) sowie das Hilfsverb *werden* in der 3. Person Singular und das Modalverb *sollen* im Infinitiv (was falsch wäre) oder in der 3. Person Plural (was richtig wäre). Eine korrekte Form wäre: (9) *Einleitend bemerkt der Autor, dass die Ordnung vom Wortschatz sehr wichtig ist und zu behaltende Wörter im Langzeitgedächtnis gespeichert werden sollen.* Da sich im Satz immer nur eine flektierte Verbform befindet, besteht der Denk-Fehler der Autorin von Satz (8) möglicherweise in der Flexion der falschen Form (Hilfsverb statt Modalverb). Satz (10) nun nutzt zum Passiv noch die Nominalisierung: (10) *Je mehr die Aktivierung der Neuronen wird, desto besser wird ein Wort auf allen Seiten verstehbar ist.* Möglicherweise wird deshalb im Nebensatz *werden* eher als Kopula als als Hilfsverb eingesetzt, allerdings müsste in dem Fall ein anderes Adjektiv gewählt werden (*Je stärker die Aktivierung wird, ...*) oder gar eine andere Kopula (*Je stärker die Aktivierung ist, ...*). Im Hauptsatz finden sich die beiden Verben *wird* und *ist* und eine Mischung aus Passiv (*desto besser wird ein Wort verstanden*) und einer adjektivischen Möglichkeitsmarkierung (*desto besser ist ein Wort verstehbar*). Dieses Beispiel zeigt sehr schön, dass ein nicht zu vernachlässigendes Problem fortgeschrittener Deutschlernender darin besteht, dass unterschiedliche Satzmuster miteinander vermischt werden. Wie bereits in den vorangegangenen Kapiteln herausgestellt, ist auch im grammatischen Bereich das Lernen von Satzmustern nicht zu vernachlässigen (Mnemotechniken).

Zusammenfassend zur Verbflexion insgesamt lässt sich festhalten: Lerner*innen des Deutschen haben oft Schwierigkeiten mit den Endungen der Verben. Bis zu einem gewissen Stadium benutzen sie, insbesondere, wenn sie das Deutsche ungesteuert, d. h. ohne unterrichtliche Unterstützung, erwerben, gar keine Endung oder eine standardisierte Form, oder aber es findet sich eine Bandbreite verschiedener Flexionsendungen, die eher zufällig ausgewählt scheinen. Im Vergleich zu vielen anderen flektierenden Sprachen ist die Verbflexion des Deutschen aber relativ einfach zu lernen. Schon mit wenigen Tempora im Indikativ kann man sehr viel ausdrücken. Überlegt man, in welcher Reihenfolge man Tempora und Modi im DaF-Unterricht einführt, so ist das erste Kriterium sicherlich die kommunikative Notwendigkeit und erst das zweite die grammatische Basis, d. h. die Formen, die für die Bildung eines bestimmten Tempus benötigt werden. So ist wegen der Formenähnlichkeit der Konjunktiv II erst nach dem Präteritum einzuführen.

7.2 Die Nominalgruppe

Zur Nominalgruppe gehören Substantive und die Wörter, die entweder zum Substantiv gehören oder es ersetzen, also Artikel, Adjektive und Pronomen.

Die Endungen von den Wörtern der **Nominalgruppe** sind selbst für fortgeschrittene Lerner*innen nicht immer leicht zu realisieren.

Denkpause 5

Markieren Sie im unten stehenden Ausschnitt aus dem Map-Task Yu/Malik jeweils die Artikel (auch Negativartikel *kein* und Possessivartikel *mein*), Substantive, Pronomen und Adjektive. Wenn Wörter dieser Wortarten enger zusammengehören, unterstreichen Sie die jeweilige Wortgruppe. Was fällt Ihnen auf?

Malik [v]	-) am (.)am START anfangen und danach kannst du: (--) eine schwar ein			
[4]	..	5 [00:37.4]	6 [00:38.4]	
Yu [v]		[(--)hm:-]		
Malik [v]	schwarZ::er einen SCHWARzen vogel sehen.	[(--)äh:-]	(.) das ist äh:: (---) am	
[5]	..			7 [00:45.8]
Yu [v]				eh mh:
Malik [v]	LINKS von dich (-) und kannst du: danach äh spazieren (-) weiter.			
[6]	..	8 [00:48.9]	9 [00:49.8]	10 [00:56.2]
Yu [v]	schwarzer vogel an LINKS?		(--) hm:: (3.4) hier (-) hm::	(--) hm::
Malik [v]		ja LINKS ich.		

[7]	..	11 [00:58.0]	12 [01:01.6]	13 [01:02.9]
Yu [v]	[SCHWARZ-]	fing äh: VOgel (--) hm:: linkeäh stätte.	[LINKS ja.]	
Malik [v]	[(da da)-]		[LINKS ja.]	LINKS von

[8]	..	14 [01:05.0]	15 [01:05.3]
Yu [v]		ja.	
Malik [v]	dich (-) von DIR (-).	äh -	danach du äh:: du spazieren WEITER (-) du

....

[41]	..	70 [04:51.6]
Yu [v]		hm:hm ich
Malik [v]	geBRAUCHte wagen (-) äh: RECHTS von dir (1.3) und danach-	

[42]	..	71 [05:00.6]
Yu [v]	habe keine: (.) hm: WAgen (1.2) hmhm in meine: Papier (---) hm::-	[hm -]
Malik [v]		[MAIle

[43]	..	72 [05:02.1]	73 [05:02.4]	74 [05:04.8]
Yu [v]		ah:-		mh mh WAgen liegt äh liegt äh ähm (--)
Malik [v]	einfach.]		und du hast KEIN?	

[44]	..	75 [05:13.9]	76 [05:15.6]
Yu [v]	links (.) ah (.) links von alte SPIEgel?	[(von)]	gegenÜber?
Malik [v]		[NEIN] äh (.) gegenÜber.	

Wir sehen, dass die Wortgruppe *ein schwarzer/einen schwarzen Vogel* enger zusammengehört, genauso wie *keine Wagen*, *meine Papier* und *alte spiegel*. Viele der Formen sind standardsprachlich nicht korrekt; die beiden Informant*innen verständigen sich aber problemlos. Sind also diese Endungen einfach überflüssig? Wozu benötigt man die Flexion der Nominalgruppe? Und worin genau liegen die Fehler der beiden Interaktanten im o. g. Map-Task? Hintergrundwissen dazu liefert dieses Teilkapitel.

7.2.1 Flexionskategorien der Nominalgruppe: Deklination

> Die Flexion von Substantiven nach Kasus und Numerus sowie von Adjektiven, Artikeln und Pronomen nach Numerus, Kasus und Genus bezeichnet man auch als **Deklination.**

Substantive haben ein festes Genus und flektieren nach Kasus und Numerus, Artikel, Adjektive und Pronomen flektieren nach Kasus, Numerus und Genus. Und zwar übernehmen sie das Genus, das das zugehörige (oder ersetzte) Substantiv hat. Wörter dieser Wortarten innerhalb einer Nominalgruppe stimmen hinsichtlich Kasus, Numerus und Genus überein und zeigen durch diese Übereinstimmung ihre Zusammengehörigkeit an.

Numerus: Die Kategorie Numerus gibt es nicht nur bei Verben, sondern auch in der Nominalgruppe. Das (konjugierte) Verb **kongruiert** im Numerus mit dem Subjekt des Satzes (s. Kap. 8.1, Satzglieder), d. h. z. B., wenn das Subjekt im Singular steht, steht auch das Verb im Singular. Das Deutsche markiert bei zählbaren Substantiven Singular und Plural meistens durch Flexionsaffixe oder durch Umlaut – manchmal ist der Plural aber auch nur im Verb und/oder im Artikel oder Adjektiv sichtbar (z. B. *die Schlüssel*). Als nicht zählbar gelten nicht klar abgegrenzte Entitäten (*das Wasser*) oder Entitäten mit so kleinen Teilen, dass sie wie nicht abgegrenzte zählen (*der Sand*). Wird hier der Plural gebildet, so muss man gedanklich etwas hinzufügen: *Drei Wasser* ist eine Art Abkürzung (Ellipse) für *drei Gläser Wasser*, *seltene Erden* (benötigt zur Herstellung von Smartphones) steht für *seltene Arten von Erde*.

Denkpause 6

Markieren Sie in den unten stehenden Wörtern durch Minimalpaarbildung mit der jeweiligen Singularform die Pluralendungen. Finden Sie weitere Veränderungen? Schreiben Sie die Substantive, die dasselbe Pluralbildungsmuster haben, untereinander.

die Hunde, die Katzen, die Mütter, die Höfe, die Wände, die PCs, die Küsse, die Messer, die Münder, die Autos, die Wagen, die Hämmer, die Kinder, die Männer

Als Pluralendungen finden wir {*e*}, {*-en*}, {*-er*}, {*-s*}. Wenn die Endung {*-e*} oder {*-er*} ist, kann sich zusätzlich noch der Wortstamm verändern, und zwar können bei den Vokalen <a>, <o>, <u> Umlaute gebildet werden. Es gibt aber auch Substantive, bei denen sich nur der Wortstamm verändert (*die Mutter – die Mütter*), und andere, bei denen sich gar nichts verändert (*das Messer, die Messer*). Die Endungen sind, wie bereits in Kap. 5 erläutert, Allomorphe des Pluralmorphems. Diese Allomorphe sind komplementär verteilt, d. h., es gibt feste Regeln, welches Substantiv welchem Pluralbildungsmuster folgt (Regeln zu finden unter Breindl 2017 https://grammis.ids-mannheim.de/systematische-grammatik/273, 05.09.2019; s. auch Komplementarität, Kap. 3.2, Phonologie). Leider sind diese Regeln aber sehr komplex; deshalb muss die Pluralbildung des Substantivs im Fremdsprachenunterricht, genau wie das Genus, mnemotechnisch gut unterstützt gelernt werden (s. Kap. 6).

Genus: Das Deutsche hat drei Genera, denen alle Substantive zugeordnet werden: **Maskulinum**, **Femininum** und **Neutrum**. Die Wörter, die zum Nomen gehören oder es ersetzen, passen sich im Genus dementsprechend an. Die Genuszuweisung hängt nur in wenigen Fällen (z. B. *der Mann, die Frau*) mit dem tatsächlichen (biologischen) Geschlecht der mit dem Begriff bezeichneten Entität zusammen. Viel häufiger ist das Genus rein grammatisch (*der Tisch, die Sonne, das Lachen*). Die Faktoren, die die Genuszuweisung bestimmen, sind vielfältig und leider sind nur die morphologischen Regeln, die aber lediglich einen geringen Teil der Substantive abdecken, zuverlässig (vgl. Donalies 2017b, https://grammis.ids-mannheim.de/systematische-grammatik/2263, 05.09.2019). Wir beschränken uns bei der Darstellung deshalb auf einige davon:

- Nomen, die auf *-heit, -keit, -igkeit* und *-ung* enden, sind immer Feminina.
- Nomen, die auf *-chen* und *-lein* enden (Diminutiva), sind immer Neutra.
- Nominalisierte Verben sind immer Neutra.

Genussysteme teilen alle Substantive einer Sprache in Gruppen ein. Die meisten indoeuropäischen Sprachen[10] besitzen solche Systeme, aber auch Sprachen wie Arabisch und Hebräisch. Teilweise treten wie beim Deutschen drei, teilweise aber auch nur zwei Genera auf. In dem Fall wird entweder zwischen Maskulinum und Femininum unterschieden (etwa im Französischen: *la fille* (das Mädchen) und *le garçon* (der Junge)), oder es gibt ein Genus für Maskulinum und Femininum und eines für Neutrum (wie beispielsweise im Niederländischen: *de vrouw* (die Frau), *de man* (der Mann) und *het kind* (das Kind)). Auch bei den konkreten Genuszuweisungen gibt es Unterschiede. So ist *die Sonne* beispielsweise im Spanischen maskulin (*el sol*), *der Mond* feminin (*la luna*), genauso wie *das Bier* (*la cerveza*). *Die Übung* hingegen ist maskulin (*el ejercicio*), ebenso *die Liebe* (*el amor*). Die meisten Sprachen der Welt aber haben gar kein Genussystem. Manchmal nutzen sie andere Systeme, um Substantive in Gruppen einzuteilen. So werden beispielsweise in Kiswahili die Substantive in acht ebenfalls nur z. T. semantisch motivierte Nominalklassen eingeteilt (Singular und Plural werden bei dieser Zählung jeweils innerhalb einer Klasse zusammengefasst). So gibt es die Menschen-/Tier-Klasse, die Ding-Klasse, die Fremdwort-Klasse, die Abstrakta-Klasse usw.

Ob die Sprachen der Lernergruppen Genussysteme haben, lässt sich leicht durch sprachvergleichende Minimalpaarsätze herausfinden (s. Kap. 5.4.1).

Das Genussystem des Deutschen ist also aus verschiedenen Gründen schwer zu lernen: Zum einen ist die Kategorie Genus vielen Lernenden grundsätzlich fremd, zum anderen ist Genus eben nicht, wie wir intuitiv denken, eine semantische, sondern eine grammatische Kategorie. Man erkennt es meistens nicht am Substantiv selbst, sondern nur an seinen Begleitwörtern, d. h. an Artikeln und Adjektiven, oder aber, falls es durch ein Pronomen ersetzt wird, an diesem. Das Genus des Nomens bestimmt die zu wählenden Formen von Artikeln, Adjektiven und Pronomen. Wenn das Genus eines Substantivs nicht bekannt ist, ist es also unmöglich, grammatisch korrekte Sätze zu bilden. Es muss deshalb bei der Wortschatzarbeit genau wie die Pluralform des jeweiligen Substantivs immer direkt mitgelernt und oft wiederholt/gefestigt werden.[11]

Die grammatischen Wörter, die u. a. Genus markieren, sind polyfunktional, z. B. kann der Artikel *der* für Nominativ Singular Maskulinum (63) oder aber für Dativ Singular Femininum (64) stehen.

---

10 Das Englische allerdings hat nur noch ein sehr rudimentäres Genussystem.

11 Eine davon teilweise abweichende Position vertritt Schirrmeister (2015), der Regeln der Genuszuweisung im Deutschen darstellt und sich dafür ausspricht, einige dieser Regeln im DaF-/DaZ-Unterricht explizit zu vermitteln.

(63) ***Der** Tisch ist groß.*
(64) *Ich gebe **der** Frau ein Buch.*

Im Plural wird Genus im Deutschen gar nicht im Artikel markiert, sondern lediglich Kasus (65-66).

(65) ***Die** Frauen geben **den** Männern rote Handschuhe.*
(66) ***Die Männer** geben **den Frauen** rote Handschuhe.*

Im Nominativ und im Akkusativ Plural ist der Artikel immer *die*. Deshalb kann man bei der Fehleranalyse nicht immer klar entscheiden, ob Probleme bei der Genuszuweisung von Substantiven vorliegen oder ob Fehler eher Kasusfehler sind. Aber was ist Kasus eigentlich genau – und welche Funktion hat die Kasusmarkierung der Substantive im Deutschen?

Kasus: Kasus hat – entgegen unserer Intuition – nur bedingt mit Semantik, also mit Bedeutungen, zu tun. Zwar denken wir beispielsweise sehr schnell, der, der etwas tut, sei das Subjekt im Satz (Nominativ), und der, mit dem etwas getan wird, das Objekt (im Akkusativ oder Dativ). Im Satz *Susi schneidet das Brot.* stimmt das auch, im Satz *Das Brot wird geschnitten.* hingegen nicht. Tatsächlich können fast alle semantischen Zusammenhänge (semantische Rollen, s. Kap. 8.1, Exkurs Fallstricke) durch fast alle Kasus ausgedrückt werden. Kasus ist also im Deutschen eine rein grammatische Kategorie und hat die Funktion, Zusammengehörigkeit von Wörtern in einer Nominalgruppe auszudrücken. In welchem Kasus eine Nominalgruppe stehen muss, bestimmt das Verb des Satzes und, wenn vorhanden, auch die Präposition (Valenz und Rektion s. Kap. 8.2.1).

Das Deutsche hat vier Kasus: Nominativ, Akkusativ, Dativ und Genitiv (67).

(67) *Der Mann* (Nominativ) *meiner Freundin* (Genitiv) *schenkt meiner Schwester* (Dativ) *einen Blumenstrauß* (Akkusativ).

Andere Sprachen haben mehr oder weniger Kasus, und für manche Sprachen ist die Kategorie Kasus gar nicht relevant. So unterscheidet Kiswahili nur zwischen Subjekt und Objekt, hat also nur zwei Kasus, das Russische und das Türkische haben sechs und das Finnische 15 Kasus. Nicht in allen Sprachen, die Kasussysteme haben, muss dieser immer morphologisch angezeigt werden: Im Türkischen beispielsweise wird die Akkusativendung nur dann markiert, wenn es sich um ein bestimmtes Objekt handelt:

Tab. 5: Beispiel für Akkusativmarkierung im Türkischen

Türkisch	*Kitap*	*alıyorum.*
Interlinearübersetzung	Buch	holen (1. Sg. Präs.)
Deutsch	*Ich hole ein Buch.*	
Türkisch	*Kitabı*	*alıyorum.*
Interlinearübersetzung	Buch (Akk.)	holen (1. Sg. Präs.)
Deutsch	*Ich hole das Buch.*	

Der Akkusativ übernimmt also im Türkischen zum Teil die Funktion, die der bestimmte Artikel im Deutschen hat (s. Kap. 9.1.1). Im Chinesischen wiederum ist Kasus gar nicht relevant; eine feste Satzgliedreihenfolge zeigt an, wer handelt:

Tab. 6: Satzgliedreihenfolge im Chinesischen

Chinesischer Satz	我	的	母	亲	做	汤
	wǒ	de	mǔ	qīn	zuò	tāng
Wörtliche Übersetzung	ich	poss.	Mutter (familienzugehörig)		mach	Suppe
	Meine Mutter kocht Suppe.					

Chinesischer Satz	我	给	我	的	母	亲	做	汤
	wǒ	gěi	wǒ	de	mǔ	qīn	zuò	tāng
Übersetzung	ich	für	ich	Poss.	Mutter (familienzugehörig)		mach	Suppe
	Meiner Mutter koche ich Suppe.							

Dazu, wie man den Kasus einer Nominalgruppe bestimmen kann, finden sich Informationen im Kap. 8.1.

7.2.2 Besondere Wortarten: Artikel, Pronomen und Adjektive

Die Konzepte Kasus, Genus und Numerus haben wir hauptsächlich anhand der Wortart Substantiv erarbeitet. In diesem Unterpunkt beschäftigen wir uns mit den anderen flektierenden Wortarten der Nominalgruppe: mit Artikeln, Pronomen und Adjektiven.

Artikel stehen immer vor dem Nomen, auf das sie sich beziehen. Abgesehen von Kasus, Genus und Numerus der betreffenden Nominalgruppe zeigen sie an, ob dem Hörerleser die nachfolgende Entität bereits bekannt ist oder nicht (s. Kap. 9.1.1, Gebrauch von Artikeln). Wie in Kap. 5.1 gezeigt, gibt es verschiedene Arten von Artikeln:

- **Bestimmte oder definite Artikel** (**das** *Haus*) markieren nur im Nominativ Singular eindeutig das Genus des Substantivs, auf das sie sich beziehen, und nur im Nominativ Singular Maskulinum den Kasus (*der, den, dem, des*). Alle Formen (*der, die, das, den, dem, des*) sind polyfunktional, d. h., sie haben mehrere Funktionen. *Die* kann beispielsweise den Nominativ Singular Femininum markieren, aber auch den Akkusativ Singular Femininum und den Plural aller Kasus, *den* den Akkusativ Singular Maskulinum und den Dativ Plural aller Kasus.
- **Unbestimmte Artikel** (**ein** *Haus*) gibt es nur im Singular. Auch hier haben die meisten der Formen *ein, eine, einen, einem, einer, eines* mehrere Funktionen, tragen also mehrere Informationen (**ein** *Mann* (Nominativ Maskulinum), **ein** *Haus* (Nominativ Neutrum)).
- **Demonstrativartikel** (**dieses** *Haus*) werden benutzt, um die Auswahl der Entität besonders zu betonen (**dieses** *Haus und nicht das dahinten*). Ihr Flexionsmuster ist identisch mit dem der definiten Artikel.
- **Possessivartikel** (**mein** *Haus*) flektieren wie indefinite Artikel. Possessivartikel, die in Relativsätzen auftreten, nennt man auch **Relativartikel** (*Die Frau,* ***deren*** *Mutter eine berühmte Sängerin gewesen war, hatte eine ganz schreckliche Stimme. Der Mann,* ***dessen*** *Hund so laut bellte, hatte eine blaue Jacke an.*).
- **Interrogativartikel** (**Welchem** *Kind?*) werden flektiert wie die deckungsgleichen Fragepronomen (s. weiter unten) bzw. wie bestimmte Artikel. Lediglich der Genitiv (***Wessen*** *Mantel ist das?*) verhält sich anders.
- Auch **Indefinitartikel** (***Aller*** *Anfang ist schwer.* ***Manche*** *Menschen essen immer. Das weiß doch* ***jedes*** *Kind.*) flektieren wie definite Artikel. Sie beinhalten immer Mengenangaben. Insofern gehört auch der Negativartikel (*kein*) zu ihnen, der allerdings nach dem Muster des unbestimmten Artikels flektiert.

Auch **Pronomen** bilden eine heterogene Klasse von Wörtern, die alle gemeinsam haben, dass sie anstelle eines Wortes oder einer Gruppe von Wörtern stehen. Wir betrachten hier nur die typischsten Vertreter:

- Bei den **Personalpronomen** (z. B. *er, ihm, sie*) sind, wie bei den Artikeln, einige Formen gleich.[12]
- **Reflexivpronomen** (*sich*) stehen immer im Akkusativ. Es ist wichtig, zu wissen, welche Verben im Deutschen ein Reflexivpronomen verlangen.
- **Negativpronomen** (z. B. Wer denn? **Keiner!**), **Possessivpronomen** (*Wessen Haus?* ***Meins.***) und **Demonstrativpronomen** (*Welches Haus?* ***Dieses!*** *Lass* ***das!***) sind z. T. formengleich mit den entsprechenden Artikeln. Sie sind aber tatsächlich nur dann Pronomen, wenn sie anstelle der Nominalgruppe stehen.
- **Interrogativpronomen** (z. B. ***Wer*** *kommt?,* ***Wen*** *magst du?,* ***Wem*** *gibst du die Uhr?*) zeigen eindeutig den Kasus des Satzgliedes an, nach dem gefragt wird. Sie flektieren, bis auf den Genitiv, wie der bestimmte Artikel im Maskulinum.
- **Indefinitpronomen** flektieren wie die Indefinitartikel, bis auf *kein,* das wie der definite Artikel flektiert (***Alle*** *lachen.,* ***Viele*** *singen.,* ***Jeder*** *kommt mal zu spät., Trau* ***keinem*** *über dreißig.*). Zu den Indefinitpronomen gehört allerdings auch das Wort *nichts,* das sich morphologisch ganz anders verhält: Es flektiert gar nicht.

Die Klasse der Artikel und Pronomen ist relativ fest, d. h., Neubildungen sind kaum möglich.

Im Bereich der Flexion besonders interessant sind die **Adjektive**. Erstens sind sie als einzige Wortart steigerbar (Komparation). Zweitens werden sie nicht immer flektiert (prädikative und adverbiale Verwendung; s. Kap. 5.1.4). Und drittens: Wenn Flexionssuffixe vonnöten sind, so hängt deren Form sowohl vom Substantiv, auf das das Adjektiv sich bezieht, als auch vom Artikel, der ggf. davor steht, ab (attributive Verwendung).

Die Steigerung (**Komparation**) von Adjektiven zählen wir zur Flexion. Der **Komparativ** (*schön**er***) und **Superlativ** (***am*** *schön**sten***) werden im Deutschen synthetisch gebildet, d. h. durch ein Suffix markiert. Zu beachten ist aber: Nicht alle Adjektive können gesteigert werden. So kann man beispielsweise weder *schwangerer* noch *toter* sein als jemand anderes (s. Kap. 5.1.3). Die Steigerungsformen für das Deutsche sind recht regelmäßig, *-er* für den Komparativ, (*am*) *-st-*(*en*) für den Superlativ. Allerdings gibt es einige wenige Adjektive mit unregelmäßiger Steigerungsform. Wenn der Stammvokal ein <a>, ein <o> oder ein <u> ist, wird er manchmal umgelautet, z. B. bei *dumm, dümmer, am dümmsten* und *lang, länger, am längsten*. Dieses Muster findet sich häufiger. Seltener wird zusätzlich im Superlativ ein <h> zu einem <ch> oder umgekehrt (*hoch, höher, am höchsten; nah, näher, am nächsten*). Vollkommen unregelmäßig sind die Adjektive *gut* und *viel* (*gut, besser, am besten; viel, mehr, am meisten*).

---

12 Zum Beispiel sind der Akk. und der Dat. Pl. bei *uns* und *euch* gleich. Die Distanzform (*Sie*) ist im Nom. und Akk. deckungsgleich mit der 3. Pers. Sg. (*sie*).

Viele andere Sprachen benutzen zum Ausdruck von Steigerung lexikalische Mittel, also eigene Wörter. Auch das Englische beispielsweise bildet den Komparativ bei mehr als zweisilbigen Wörtern analytisch (***more** beautiful*). Eher seltener möglich ist die Verdoppelung eines Wortes oder von Wortteilen (Reduplikation), z. B. im Türkischen und Aserbeidschanischen, wo die erste Silbe zur Steigerung wiederholt wird (türk.: *güzel – schön, güpgüzel – wunderschön*; as.: *sarı – gelb, sapsarı – knallgelb*). Die Steigerungsform kann nachgestellt sein (*schön**er***, Kisw.: *vizuri **zaidi***) oder vorangestellt (***more** beautiful*). Dazu, ob Steigerungsformen voran- oder nachgestellt werden, gibt es universale Tendenzen, v. a. in Abhängigkeit von der vorherrschenden Wortreihenfolge (s. Kap. 5.4.2).

Adjektive kann man **prädikativ** (bzw. adverbial) oder **attributiv** verwenden (s. Kap. 5.1.4). Bei der prädikativen Verwendung werden sie dem Verb nachgestellt und nicht dekliniert.

(68) *Helga ist schön.*
(69) *Helga singt schön.*

Attributiv hingegen werden Adjektive im Deutschen dem Substantiv, auf das sie sich beziehen, vorangestellt und passen sich in Kasus, Numerus und Genus an dieses Substantiv an (s. Tab. 7 und 8). Welche Form die richtige ist, hängt jedoch weiterhin auch vom (Nicht-)Vorhandensein von Artikeln ab. Dadurch ergibt sich allein im Singular ein komplexes Muster von 36 Fällen, die systematisch und vor allem isoliert kaum zu lernen sind.

Tab. 7: Attributive Adjektivverwendung bei Substantiven im Singular

			NOMINATIV	AKKUSATIV	DATIV	GENITIV
mask.	1	Ø	heiß**er** Tee	heiß**en** Tee	heiß**em** Tee	wegen heißen Tees
	2	indef.	ein heiß**er** Tee	eine**n** heißen Tee	eine**m** heißen Tee	wegen eine**s** heißen Tees
	3	def.	de**r** heiße Tee	de**n** heißen Tee	de**m** heißen Tee	wegen de**s** heißen Tees
neutr.	4	Ø	groß**es** Gewühl	groß**es** Gewühl	groß**em** Gewühl	wegen großen Gewühls
	5	indef.	ein groß**es** Gewühl	ein groß**es** Gewühl	eine**m** großen Gewühl	wegen eine**s** großen Gewühl
	6	def.	da**s** große Gewühl	da**s** große Gewühl	de**m** großen Gewühl	wegen de**s** großen Gewühls
fem.	7	Ø	heiß**e** Liebe	heiß**e** Liebe	heiß**er** Liebe	wegen heiß**er** Liebe
	8	indef.	ein**e** heiß**e** Liebe	ein**e** heiß**e** Liebe	eine**r** heißen Liebe	wegen eine**r** heißen Liebe
	9	def.	di**e** heiß**e** Liebe	di**e** heiß**e** Liebe	de**r** heißen Liebe	wegen de**r** heißen Liebe

Zumindest im Maskulinum wird in der Nominalgruppe der Kasus immer an einem der Wörter der Nominalgruppe angezeigt. Ist ein bestimmter Artikel oder ein vergleichbares Element vorhanden, so trägt dieser – und nicht das Adjektiv – die Kasusmarkierung; deshalb nennt man diese die **schwache Adjektivdeklination** (Z. 3, 6, 9 der Tab. 7). Wenn hingegen gar kein Artikel (**Nullartikel**) vorhanden ist, wird der Kasus am Adjektiv markiert. Darum heißt diese Deklination die **starke Adjektivdeklination** (Z. 1, 4, 7). Bei unbestimmtem Artikel, Negativartikel (*kein*) und Possessivartikel (*mein, dein* usw.) wird der Kasus manchmal im Artikel und manchmal im Adjektiv angezeigt, darum heißt diese **Adjektivdeklination** die **gemischte** (Z. 2, 5, 8). Da es im Plural keine indefiniten Artikel gibt, finden wir dort nur die starke und die schwache Adjektivdeklination (s. Tab. 8). Die gemischte findet sich allerdings bei Negativ- und Possessivartikel. Da auch Genus im Plural nicht markiert wird, ist das Pluralbildungsmuster bei allen drei Genera gleich.

Tab. 8: Adjektivdeklination bei Substantiven im Plural

	NOMINATIV	AKKUSATIV	DATIV	GENITIV
∅	schöne Männer schöne Frauen schöne Kinder	schöne Männer schöne Frauen schöne Kinder	schönen Männern schönen Frauen schönen Kindern	schöner Männer schöner Frauen schöner Kinder
def.	die schönen Männer die schönen Frauen die schönen Kinder	die schönen Männer die schönen Frauen die schönen Kinder	den schönen Männern den schönen Frauen den schönen Kindern	der schönen Männer der schönen Frauen der schönen Kinder
poss. (= indef.)	meine schönen Männer meine schönen Frauen meine schönen Kinder	meine schönen Männer meine schönen Frauen meine schönen Kinder	meinen schönen Männern meinen schönen Frauen meinen schönen Kindern	meiner schönen Männer meiner schönen Frauen meiner schönen Kinder

Auch die Flexionsendungen der Adjektive sind wiederum polyfunktional, sie sind beispielsweise im Maskulinum Nominativ Singular und im Femininum Dativ und Genitiv Singular formgleich. Die Polyfunktionalität der Flexionsendungen (s. Kap. 5) ist durchaus lernerschwerend. Selbst wenn das Konzept Kasus (und die vier Kasus des Deutschen) verstanden sind, müssen Lernende, um im Singular die korrekte Form zu wählen, unbedingt das Genus des Substantivs kennen.

7.2.3 Lernertextanalyse, Lernbarkeit der Flexion der Nominalgruppe

Sehen Sie sich nun noch einmal den Map-Task Yu/Malik in der Einleitung des Teilkapitels 7.2 an: Auf der Vorlage (s. Anhang) stehen Bilder mit Bildunterschriften ohne Artikel und im Nominativ. Yu benutzt Adjektive immer nur in der Stammform und realisiert keine bestimmten oder unbestimmten Artikel. Negativ- und Possessivartikel werden als *keine* und *meine* realisiert, wobei nicht zu entscheiden ist, ob dies die Formen sind, die sie für alle Funktionen verwendet, oder ob die verwendeten Formen eigentlich *kein* und *mein* sind und anschließend ein Sprossvokal folgt (s. Kap. 3.1.2). Aber: Die Konzepte Negativartikel und Possessivartikel sind vorhanden, und die Formen stehen an der richtigen Stelle im Satz, sind also vorangestellt. Malik, der die Anweisungen gibt, scheint hingegen die jeweils korrekte sprachliche Form durchaus zu kennen: Er wählt den unbestimmten Artikel, wenn er etwas erstmals erwähnt (Z. 3-4: *kannst du* ***einen*** *schwarzen vogel sehen*). Er reformuliert in diesen Fällen so oft, bis er die standardsprachlich korrekte Version gefunden hat:

danach kannst du
ein schwar
ein schwarzer
einen schwarzen vogel sehen

Im weiteren Verlauf des Transkriptes lässt diese Aufmerksamkeit für die korrekte sprachliche Form jedoch nach, insbesondere nachdem die beiden sich mehr auf den Inhalt der Aufgabe konzentrieren müssen, als sie realisieren, dass Yu z. T. andere Abbildungen als Malik auf seiner Vorlage hat. Insbesondere wenn Malik auf Yu direkt reagiert, lässt auch er die Artikel weg und die Bildunterschriften werden auch von ihm nur noch wie Namen gebraucht, d. h. nicht weiter flektiert – auch das ein durchaus standardsprachlich mögliches Vorgehen.

Zusammenfassend festzuhalten ist: Die Flexion der Nominalgruppe des Deutschen ist komplex und deshalb nur schwer zu lernen. Fehler bleiben selbst auf B2-/C1-Niveau erhalten. Allerdings ist die Beherrschung der Nominalgruppenflexion für die alltagssprachliche Verständigung nicht sehr relevant. In unserem fehlerorientierten Schulsystem hingegen wiegen in schriftlichen Texten Fehler in diesem Bereich schwer. Das Flexionssystem muss beherrscht werden, um dort erfolgreich zu sein.

Weiterhin erhöht sich auch die kommunikative Relevanz der korrekten Nominalgruppenflexion mit der Komplexität der produzierten Texte: Je komplexer der Satzbau und je formeller die Sprache (Nominalstil, feste Verbindungen von Verben mit Präpositionen und von Nomen mit Verben sowie Nomen und Präpositionen), desto wichtiger ist die Wahl der jeweils angemessenen Endungen, um Zusammenhänge überhaupt oder zumindest schneller zu verstehen.

Damit Lernende sich die Formenvielfalt und die Anwendung der jeweils grammatisch korrekten Form aneignen können, müssen sie zunächst einmal das Konzept Genus grundsätzlich verstanden haben und bei den verwendeten Substantiven das korrekte Genus wählen. Dafür reicht es nicht nur, als Lehrende*r bei der Semantisierung des Wortes das Genus jeweils zu nennen und kurz zu üben: Auch auf höheren Sprachstufen muss das jeweilige Genus von Substantiven durch Aufgaben/Übungen/Spiele wiederholt und gefestigt werden. Kasus wiederum ist analytisch kaum zu lernen; eher hilft es hier, auf der kognitiven Ebene valenzgrammatisch (s. Kap. 8.2) und sprachreflexiv anhand von Sätzen in Texten zu arbeiten. Um sich für die richtigen Formen zu entscheiden, müssen weiterhin die Grundideen der Artikelverwendung im Deutschen bekannt sein (s. Kap. 9.1.1). Wichtig ist es u. a., dass Mustersätze mnemotechnisch erarbeitet werden, damit sich überhaupt so etwas wie ein „Formengefühl" entwickeln kann.

Im DaZ-Bereich ist darüber hinaus relevant, dass wir umgangssprachlich nicht alle Flexionsendungen immer deutlich realisieren, dass also Lernende im Alltag kaum schriftsprachlich korrekten Input bekommen. Auch wenn umgangssprachlich die Kommunikation unauffällig ist, zeigt sich oft erst im schriftsprachlichen Bereich, ob die Flexion der Nominalgruppe wirklich vollständig erworben wurde.

▶ Literaturtipps

Kessel, Katja & Reimann, Sandra (2012): *Basiswissen deutsche Gegenwartssprache.* 4., durchges. Aufl. Tübingen und Basel: UTB, Kap. III.

Imo, Wolfgang (2016a): *Grammatik. Eine Einführung.* Stuttgart: Metzler.

Aufgaben nach diesem Kapitel

Aufgabe 1: Flexionsinformationen bestimmen

Bitte bestimmen Sie die vollständige Flexionsinformation der im folgenden Text unterstrichenen Wörter:

> ***Wie politisch ist die heutige Jugend wirklich? Stimmt es, dass die Gruppe der 14- bis 29-Jährigen eine besonders politische Generation ist, wie die Shell-Studie 2015 titelte?*** *Danach befände sich die deutsche Jugend in einem Aufbruch, denn deutlich mehr Jugendliche als bisher seien wieder „politisch"... Äußert sich das gestiegene Interesse am politischen Geschehen auch in einer wachsenden politisch-gesellschaftlichen Beteiligung Jugendlicher?* (Quelle: https://www.fes.de/gute-gesellschaft-soziale-demokratie-2017plus/staerkung-der-demokratie-und-demokratischer-teilhabe/artikel-in-staerkung-der-demokratie-und-demokratischen-teilhabe/jung-politisch-engagiert-1, 02.09.2019)

Aufgabe 2: Sprachvergleich Modalität (etwas wollen, müssen, nicht brauchen und nicht dürfen)

Welche Mittel benutzen andere Sprachen, um Konzepte des Wollens und der (fehlenden) Verpflichtung auszudrücken?

Bitte vergleichen Sie die Sätze in den folgenden Sprachen. Übersetzen Sie abschließend die Sätze in eine weitere Ihnen bekannte Sprache und finden Sie heraus, wie die Konzepte dort ausgedrückt werden.

Tab. 9: Sprachvergleich

	Deutsch	Englisch	Kiswahili	Türkisch
1	Ich will lernen.	I want to learn.	Ninataka kujifunza.	(Ben) öğrenmek istiyorum.
2	Du willst lernen.	You want to learn.	Unataka kujifunza.	(Sen) öğrenmek istiyorsun.
3	Ich muss lernen.	I have to learn.	Ninapaswa kujifunza./Ninatakiwa kujifunza.	(Benim) öğrenmem gerek(iyor).
4	Ich brauche nicht zu lernen.	I don't need to learn.	Sipaswi kujifunza.	(Benim) öğrenmem gerekmiyor.
5	Ich darf nicht lernen.	I must not learn.	Siruhusiwi kujifunza.	(Benim) öğrenmem yasak(tır). (stärker im Sinne eines Verbots oder einer fehlenden Erlaubnis)

Aufgabe 3: Verwendung von Modalverben

Entscheiden Sie, ob in den nachfolgenden Sätzen durch die Verwendung der Modalverben eine Verpflichtung, ein Wunsch, eine Möglichkeit bzw. Fähigkeit oder eine Erlaubnis ausgedrückt werden.

(1) Er darf keine Schokolade essen.
(2) Ich möchte so gern Schokolade essen.
(3) Sie kann ganz viel Schokolade essen.
(4) Der Junge wollte die ganze Schokolade alleine essen.
(5) Ich kann Schokolade sogar mit Messer und Gabel essen.
(6) Du musst die Schokolade jetzt essen.
(7) Sie dürfen hier gern die Schokolade probieren.
(8) Wir könnten auch Gummibärchen kaufen.

Aufgabe 4: Prädikative und attributive Verwendung von Adjektiven

Entscheiden Sie, ob im folgenden Textausschnitt aus Bölls *Anekdote zur Senkung der Arbeitsmoral* Adjektive prädikativ oder attributiv gebraucht werden. Markieren Sie bei den attributiv verwendeten Adjektiven auch die Substantive, auf die sie sich beziehen, und die zugehörigen Artikel, falls vorhanden. Entscheiden Sie dann, ob es sich um starke, schwache oder gemischte Adjektivdeklination handelt.

Heinrich Böll: Anekdote zur Senkung der Arbeitsmoral

In einem Hafen an einer westlichen Küste Europas liegt ein ärmlich gekleideter Mann in seinem Fischerboot und döst. Ein schick angezogener Tourist legt eben einen neuen Farbfilm in seinen Fotoapparat, um das idyllische Bild zu fotografieren: blauer Himmel, grüne See mit friedlichen, schneeweißen Wellenkämmen, schwarzes Boot, rote Fischermütze. Klick. Noch einmal: klick, und da aller guten Dinge drei sind und sicher sicher ist, ein drittes Mal: klick. Das spröde, fast feindselige Geräusch weckt den Fischer, der sich schläfrig aufrichtet, schläfrig nach seiner Zigarettenschachtel angelt. Aber bevor er das Gesuchte gefunden, hat ihm der eifrige Tourist schon eine Schachtel vor die Nase gehalten, ihm die Zigarette nicht gerade in den Mund gesteckt, aber in die Hand gelegt, und ein viertes Klick, das des Feuerzeuges, schließt die eilfertige Höflichkeit ab. Durch jenes kaum messbare, nie nachweisbare Zuviel an flinker Höflichkeit ist eine gereizte Verlegenheit entstanden, die der Tourist – der Landessprache mächtig – durch ein Gespräch zu überbrücken versucht. „Sie werden heute einen guten Fang machen."

Aufgabe 5: Lernertextanalyse nach Flexion des Verbs

Bitte analysieren Sie den in Kapitel 1 abgedruckten Text „Das Tulpenbeet" hinsichtlich der Verbflexion. Was beherrscht die Lernerin schon gut, wo liegen Fehlerquellen? Bitte beschreiben Sie diese genau.

8. Syntax

Der Begriff **Syntax**, so könnte man in einer ersten Annäherung sagen, umfasst die ‚Lehre vom Satz' (s. Kap. 1). Genauer gesagt beschäftigt sich dieser Teilbereich der Linguistik mit den Regeln der Zusammensetzung von Wörtern und Wortgruppen zu allen potentiell möglichen wohlgeformten Sätzen einer Sprache (s. Bußmann 2002: 676). Um zielsprachlich korrekte Sätze bilden zu können bzw. Lerner*innen erklären zu können, wie das geht, muss man zunächst verstehen, wie Sätze im Deutschen aufgebaut sind. Was allerdings überhaupt unter einem **Satz** zu verstehen ist, lässt sich gar nicht eindeutig definieren. Je nach Fachkontext, in dem der Begriff genutzt wird, können unterschiedliche definitorische Eingrenzungen sinnvoll sein. Prototypisch kann aber festgehalten werden, dass ein Satz grundsätzlich mindestens aus einem **Satzgegenstand**, über den etwas ausgesagt wird (dem Subjekt), und einer **Satzaussage** besteht. Die Satzaussage enthält das, was über den Satzgegenstand ausgesagt wird, und enthält mindestens eine finite Verbform, das Prädikat. Des Weiteren stellt der Satz sowohl formal als auch inhaltlich eine eigenständige, relativ abgeschlossene Einheit dar. Damit eine Gruppe von Wörtern ein wohlgeformter Satz genannt werden kann, genügt es natürlich nicht, beliebige Wörter zusammenzustellen, sondern es braucht syntaktische Wörter (s. Kap. 5.1) mit bestimmten Eigenschaften. Bei der Zusammenstellung dieser passenden Wörter mit spezifischen Eigenschaften muss darüber hinaus eine bestimmte Reihenfolge eingehalten werden. Damit etwas ein vollständiger Satz ist, muss außerdem ein bestimmtes Minimum an Wörtern gegeben sein. Einige dieser Wörter gehören wiederum enger zusammen als andere – sie bilden eine **Phrase**. So gehören in Satz (1) die Wörter *in dem alten Haus, mal wieder* und *ziemlich kalt* enger zusammen.

(1) *In dem alten Haus ist es heute mal wieder ziemlich kalt.*

Häufig besteht eine solche Phrase aus mehreren Wörtern, sie kann aber auch nur aus einem einzigen Wort gebildet werden. Ein Wort der Phrase bildet ihren **Kopf**, der dann auch die Kategorie der Phrase bestimmt. Die folgenden Phrasentypen werden allgemein angenommen:[1]

1 Nicht einig sind sich die Autor*innen bezüglich der Annahme einer Verbalphrase: So führen Busch & Stenschke (2014: 124) die Verbalphrase mit an, Graefen & Liedke (2008: 106) hingegen entscheiden sich gegen das Konzept Verbalphrase, weil vom Verb tatsächlich alle möglichen Strukturen des Satzes abhängen, das Verb also den gesamten Satz regiert. (Zum Konzept der Rektion s. weiter unten.) Analog könnte eine Beschreibung für die Verbalphrase lauten: Die Verbalphrase (VP) ist die, deren Kopf ein Verb ist, z. B. *schreibt einen Brief.*

- die Nominalphrase (NP), deren Kopf ein Nomen ist, z. B. *dem alten* ***Haus***,
- die Präpositionalphrase (PP), deren Kopf eine Präposition ist, z. B. ***in*** *dem alten Haus*,
- die Adjektivphrase (AP), deren Kopf ein Adjektiv ist, z. B. *ziemlich* ***kalt***,
- die Adverbphrase (AdvP), deren Kopf ein Adverb ist, z. B. *mal* ***wieder***.

Phrasen, also Wortgruppen, die syntaktisch zusammengehören, können ihrerseits auch wiederum Phrasen enthalten. So enthält die Präpositionalphrase *in dem alten Haus* die dieser untergeordnete Nominalphrase *dem alten Haus* (s. z. B. Dürscheid 2012: 29f.).

Sprachliche Einheiten, die Teile von größeren sprachlichen Einheiten sind, nennt man auch **Konstituenten**. So ist in unserem Beispielsatz das Wort *Haus* eine Konstituente der NP *dem alten Haus*, die untergeordnete NP *dem alten Haus* ist Konstituente der übergeordneten PP *in dem alten Haus*, und die PP *in dem alten Haus* ist Konstituente des gesamten Satzes (1) (s. Auer 2013: 139ff.). Die drei Termini „Wort", „Phrase" und „Konstituente" sind nützlich, um syntaktische Strukturen genauer zu beschreiben (s. z. B. Dürscheid 2012: 29f., 67ff.).

Diese syntaktischen Strukturen nehmen nun im Satz ganz unterschiedliche syntaktische Funktionen ein. Dabei ist die innere Struktur von Sätzen von unterschiedlichen linguistischen Schulen mit je spezifischen Herangehensweisen analysiert und beschrieben worden. Im Folgenden werden wir einen Blick auf ausgewählte Syntaxkonzepte werfen, die sich für die Vermittlung des Deutschen als Fremd- und Zweitsprache als besonders hilfreich erwiesen haben und die in Lehrwerken und Lernergrammatiken breiten Anklang gefunden haben. Dies sind insbesondere Ansätze der traditionellen Schulgrammatik (8.1) sowie der Valenzgrammatik (8.2). Beide Themen werden wir anhand von einfachen Sätzen, d. h. Sätzen ohne Nebensätze, erläutern; mit komplexen Sätzen beschäftigen sich dann die Unterpunkte 8.3 und 8.4. Abschließend werden wir anhand des Stellungsfeldermodells (8.5) genauere Informationen geben, an welchen Stellen im Satz welche Satzglieder stehen können.

8.1 Syntaxkonzept der traditionellen Schulgrammatik und operationale Verfahren der Satzgliedanalyse

Zunächst ist es sinnvoll, im Bereich der syntaktischen Funktionen von Satzkonstituenten an die Begrifflichkeiten der traditionellen Schulgrammatik anzuschließen, da vielen Lerner*innen deren Konzepte bereits bekannt sind und sich deshalb im Unterricht damit Anknüpfungspunkte an das Wissen der Lerner*innen herstellen lassen. Darüber hinaus wird auch aktuell an (Sprach-)Schulen bzw. in Lehrwerken mit Satzgliedern und der Unterscheidung von **Subjekt**, **Prädikat**, **Objekten**, **Adverbialen** und **Attributen** gearbeitet. Die Terminologie ist somit sowohl für Deutsch als Fremd- als auch als Zweitsprache einschlägig und die Fähigkeit zur syntaktischen

Analyse ist für Lehrkräfte eine grundlegende Voraussetzung, um angemessene Rückmeldungen auf Lernertexte geben zu können. Was aber ist genau ein Satzglied?

Ein **Satzglied** ist eine Wortgruppe, die innerhalb eines Satzes nur gesamthaft, d. h. als Einheit, verschoben werden kann. Satzglieder sind immer auch Phrasen, aber nicht jede Phrase stellt auch ein Satzglied dar.

Denkpause 1

Bitte bestimmen Sie die Satzglieder im folgenden Satz:
Meine große Schwester schenkte mir gestern eine Schachtel Pralinen.
Wie sind Sie zu Ihren Entscheidungen gekommen?

Möglicherweise haben sie als Erstes das Prädikat identifiziert (*schenkte*) und anschließend das Subjekt (*meine große Schwester*). Anschließend haben sie das Dativobjekt *mir* und das Akkusativobjekt *eine Schachtel Pralinen* gefunden. Schließlich gibt es noch das Adverbial *gestern*.

Wie haben Sie diese Satzglieder nun gefunden? Zunächst ist im Rahmen der Satzgliedanalyse zu klären, welche Wörter im Satz zusammengehören und gemeinsam ein Satzglied bilden, wo im Satz also die Satzgliedgrenzen liegen. Zu diesem Zweck muss als erster Analyseschritt die **Verschiebeprobe** (auch **Permutation** oder **Umstellprobe** genannt) angewandt werden. Sie beschreibt den Versuch, Wörter und Wortgruppen so umzustellen, dass deutlich wird, welche Satzbestandteile nur gemeinsam und welche auch eigenständig verschoben werden können. Am Beispiel von Denkpause 1 würde man also feststellen, dass *meine* nicht allein verschoben werden kann (2) und auch *meine große* (3) nicht, *meine große Schwester* (4) aber sehr wohl. *Meine große Schwester schenkte* gesamthaft zu verschieben, würde hingegen wiederum einen ungrammatischen Satz ergeben (5).

(2) **Große Schwester schenkte mir gestern eine Schachtel Pralinen meine.*
(3) **Schwester schenkte mir gestern eine Schachtel Pralinen meine große.*
(4) *Mir schenkte meine große Schwester gestern eine Schachtel Pralinen.*
(5) **Mir meine große Schwester schenkte gestern eine Schachtel Pralinen.*

Schlussfolgern lässt sich also, dass die erste Satzgliedgrenze im Beispielsatz zwischen *meine große Schwester* und *schenkte* verläuft, *meine große Schwester* mithin das erste Satzglied ist. Besonders zielführend ist es, bei der Anwendung des Tests Wörter und Wortgruppen vor allem an die erste Position im Satz zu verschieben (**Topikalisierungs-** oder **Spitzenstellungstest**), da im Deutschen das flektierte Verb eines Aussagesatzes (was ein Aussagesatz ist, steht genauer in 8.3) immer an zweiter Stelle im Satz stehen muss. Im Umkehrschluss bedeutet dies, dass vor dem

Verb immer nur genau ein Satzglied stehen kann. Dies ist allerdings durchaus nicht in allen Sprachen der Fall, s. z. B. die Satzgliedstellungsmuster in engl. *Yesterday I met Paul.* vs. frz. *Hier, j'ai rencontré Paul.* vs. dt. **Gestern ich habe Paul getroffen.*

Führt man die Verschiebeprobe mit den verbleibenden Satzteilen fort, so ergeben sich die in (6) dargestellten Satzgliedgrenzen.

(6) *Meine große Schwester / schenkte / mir / gestern / eine Schachtel Pralinen.*

Um dieses erste Analyseergebnis noch einmal zu bestätigen, kann zusätzlich die **Ersatzprobe** (auch **Kommutation** oder **Austauschprobe**) angewandt werden. Sie besteht darin, die ermittelten Satzglieder durch je nur ein möglichst bedeutungsneutrales Stellvertreterwort, in der Regel ein Pronomen oder ein Adverb, zu ersetzen (7).

(7) *Sie / schenkte / mir / dann / das.*

Die Ersatzprobe liefert dabei zusätzlich auch Erkenntnisse bezüglich der zweiten, im Rahmen der Satzgliedanalyse zu klärenden Frage, um welche Art von Satzglied es sich jeweils handeln könnte. So werden Subjekte und Objekte in der Regel durch Pronomen, die in einem Kasus stehen (**Kasuspronomen**), ersetzt, Adverbiale hingegen durch Adverbien. Zusätzlich gibt der Kasus Aufschluss darüber, ob es sich bei dem Satzglied beispielsweise um das Subjekt (im Nominativ) oder um Kasusobjekte (im Genitiv, Dativ oder Akkusativ) handelt. Die Semantik der Adverbien auf der anderen Seite zeigt darüber hinaus auf, ob das Adverbial z. B. eine Zeitangabe beinhaltet (*dann*) oder eine Ortsangabe (*dort*) usw. Man kann aber auch alternativ bzw. zur Absicherung die **Frageprobe** (**Interrogativierung**) nutzen – ein syntaktisches Verfahren, das die meisten Personen, die das deutsche Schulsystem durchlaufen haben, bereits aus der Grundschule kennen. Bei der Frageprobe lassen sich Subjekte mit *wer oder was?* erfragen, Akkusativobjekte mit *wen oder was?,* Kausaladverbiale mit *warum?* usw. Die Frageprobe bzw. ihr sinnvoller Einsatz setzt allerdings ein bereits sehr weit entwickeltes Sprachgefühl bzw. eine hohe sprachliche Kompetenz in der Zielsprache voraus. Die Fragen können jeweils nur sinnvoll gestellt und beantwortet werden, wenn die erfragten Konzepte bereits verstanden und angeeignet sind und der Satzinhalt vollumfänglich erschlossen worden ist. Daher eignet sie sich in der Praxis eher für Personen mit Deutsch als Erstsprache oder sehr fortgeschrittene L2-Erwerber*innen.[2]

Wir haben bis jetzt folgende Satzglieder gefunden: Subjekte (die den Satzgegenstand bezeichnen), Objekte (die Gegenstände oder Sachverhalte beschreiben, auf die die im Prädikat enthaltene Satzaussage bezogen ist) und Adverbiale (die die näheren Umstände des Geschehens genauer beschreiben). Adverbiale kann man semantisch klassifizieren (s. Tab. 1). Gleichwohl weisen sie nicht nur semantisch, sondern auch strukturell eine große Vielfalt auf. Ein Lokaladverbial kann

2 Für genauere Reflexionen zum Thema s. Peyer (2011), Kap. 1.3, insb. S. 32.

beispielsweise aus einem Adverb (8), einer Präpositionalphrase (9) oder auch einem ganzen Satz bestehen (10).

(8) ***Hier** ist es aber schön.*
(9) ***In der Mensa** habe ich heute ein Eis gegessen.*
(10) ***Wo das hohe Gras steht,** habe ich meinen Flummi verloren.*

Außer den aufgeführten Satzgliedern finden sich in Sätzen natürlich auch Verben, die das Prädikat des Satzes (die Satzaussage) bilden. Im engen Sinn ist das Prädikat kein Satzglied, was sich auch darin äußert, dass es im Satz nicht verschoben werden kann. Tatsächlich bildet es vielmehr den Kern des Satzes, von dem die Satzglieder abhängen und um den sie sich gruppieren. Es ist deshalb bei der Satzgliedanalyse immer direkt nach der Umstellprobe als Erstes zu suchen.

Denkpause 2

Wählen Sie ein Verb aus, das die Bildung eines längeren Satzes ermöglicht, z. B. *anklagen, bedanken, beibringen, bezichtigen, denken, entgegnen, erzählen, gehören, glauben, kaufen, verschweigen, verweisen, warten* usw.

Bilden Sie mit dem von Ihnen gewählten Verb einen möglichst langen Hauptsatz und notieren Sie ihn. Wenden Sie die oben vorgestellten Testverfahren sukzessive auf Ihren Satz an.

Tab. 1: Satzglieder im Überblick

Satzglieder	**Interrogativierung (Frageprobe)**	**Kommutation (Ersatzprobe) (Beispiel)**	
Subjekt	Wer oder was?	er	**Der Mann** schläft.
Akkusativobjekt	Wen oder was?	ihn	Ich sehe **den Mann.**
Dativobjekt	Wem?	ihm	Ich schenke es **dem Mann.**
Genitivobjekt	Wessen?	seiner	Sie gedachten **des Mannes.**
Präpositionales Objekt	Präposition + Kasuspronomen? (z. B. *Auf wen?*)	Präposition + Kasuspronomen (z. B. *Auf ihn.*)	Ich warte **auf den Mann.**
Prädikativum	Wer oder was?/ Wie?	er/ so	Der Mann ist **Erzieher.** Der Mann ist **nett.**
Lokales Adverbial	Wo?	dort	Der Mann läuft **auf der Straße.**

Temporales Adverbial	Wann?	dann (Zeitpunkt)	Der Mann arbeitet **morgen.**
Modales Adverbial	Wie?	so	Der Mann arbeitet **gerne.**
Kausales Adverbial	Warum?	darum	Der Mann arbeitet **aus Langeweile.**
Konzessives Adverbial	Trotz welchen Umstands?	trotzdem	Der Mann arbeitet, **obwohl er krank ist.**
Adversatives Adverbial	Im Gegensatz wozu?	im Gegensatz dazu	Der Mann arbeitet, **während die Kinder nur spielen.**
Konditionales Adverbial	Unter welcher Bedingung?	dann (Bedingung)	Der Mann arbeitet, **wenn er Geld dafür bekommt.**
Konsekutives Adverbial	Mit welcher Folge?	mit dieser Folge	Der Mann arbeitete hart, **so dass er Augenringe bekam.**
Finales Adverbial	Zu welchem Zweck?	zu diesem Zweck	Der Mann arbeitet, **damit er in den Urlaub fahren kann.**

▶ Exkurs: Fallstricke in der Subjektbestimmung – Satzgliedstellung und semantische Rollen ◀

Fallstrick 1: Das Wort *Subjekt* hört sich so ähnlich an wie das Wort *Substantiv*. Die beiden sind aber nicht zu verwechseln: Substantiv bezieht sich auf eine Wortart (s. Kap. 5.1), Subjekt auf ein Satzglied. (Beispielsweise ist das Wort *Schwestern* ein Substantiv; in dem Satz *Schwestern verschenken gerne Pralinen.* nimmt dieses Substantiv die Funktion des Subjekts ein.) Mit beiden Begriffen werden also unterschiedliche Perspektiven eingenommen und unterschiedliche Gegenstände bezeichnet.
Fallstrick 2: Intuitiv gehen wir davon aus, dass sich das Subjekt am Satzanfang befindet. In komplexen Sätzen, in denen wir das Subjekt nicht sofort erkennen können, bestimmen wir es deshalb oft falsch; so z. B. werden in (11) nicht wenige Menschen intuitiv *Frauen* als Subjekt klassifizieren, obwohl beispielsweise die Ersatzprobe (12) eindeutig auf ein Dativobjekt hinweist.

(11) *Frauen wird immer wieder Macht abgesprochen.*
(12) *Ihnen wird immer wieder Macht abgesprochen.*

Fallstrick 3: Wir gehen oft vorschnell davon aus, dass derjenige, der handelt (das **Agens**), das Subjekt des Satzes bildet. So werden in Satz (13) intuitiv viele fälschlicherweise *Paula* als Subjekt bestimmen, weil sie diejenige ist, die handelt.

(13) *Peter wird von Paula geküsst.*

Derjenige, der handelt, für den oder mit dem etwas getan wird, das, was durch Handeln entstehen kann (z. B. ein Kuchen durch Backen), und viele andere semantische Rollen werden durch Satzglieder repräsentiert. Im Beispiel (15) nimmt *Paula* die semantische Rolle des Agens ein, das Satzglied *Paula* aber nicht die des Subjekts. Die semantische Rolle ist von der Funktion eines Satzglieds (Subjekt, Objekt usw.) abzugrenzen. Einige semantische Rollen sind beispielsweise: Agens (derjenige, der handelt), **Patiens** (derjenige, der etwas erleidet), **Benefaktiv** (derjenige, für den etwas getan wird) und **Instrument** (der oder dasjenige, womit etwas getan wird).[3] Zwar wird dem Subjekt tatsächlich prototypisch die Rolle des Agens zugeschrieben, de facto aber können verschiedene Satzglieder verschiedene semantische Rollen übernehmen. Dies sei am Beispiel des Subjekts gezeigt:

(14) *Paula küsst Peter.* (Das Subjekt ist Agens.)
(15) *Peter wird von Paula geküsst.* (Das Subjekt ist Patiens.)
(16) *Hans bekommt von seiner Mutter immer Hühnersuppe gekocht.* (Das Subjekt ist Benefaktiv.)

Gerade bei einem vermeintlich „einfachen“ Satzglied, dem Subjekt, erliegen wir oft der Versuchung, die Proben nicht oder nicht sauber anzuwenden und dann über einen der Fallstricke zu stolpern.

Wie Tab. 1 zu entnehmen ist, gibt es neben den **Kasusobjekten**, also den Objekten, die insgesamt in einem Kasus stehen, zusätzlich auch **Präpositionale Objekte**. Sie zeichnen sich dadurch aus, dass das Satzglied aus einer (im spezifischen Satzkontext nicht ersetzbaren) Präposition und einer Nominalphrase im Dativ oder Akkusativ besteht. Auch hier helfen die eingeführten Verfahren zur Satzgliedanalyse dabei, diese Art der Objekte zu finden, da die Präposition bei Verschiebe- (18), Frage- (19) und Austauschprobe (20) erhalten bleibt und durch nichts ersetzt werden kann.

(17) *Paula wartet **auf die Nachrichten**.*
(18) ***Auf die Nachrichten** wartet Paula.*
(19) ***Worauf** wartet Paula?*
(20) *Sie wartet **darauf**.*

Die Präposition ist hier mit der Wahl des Verbs festgelegt und lässt sich, wie gesagt, nicht durch eine andere ersetzen oder tilgen. Des Weiteren sind in Präpositional-

3 Ein lesenswertes kleines Kapitel zu semantischen Rollen findet sich in Adamzik (2010: Kap. 30: Semantische Rollen).

objekten die Ursprungsbedeutungen der Präpositionen verblasst oder gar nicht mehr vorhanden. In (17) beispielsweise hat die Präposition *auf* nichts mehr mit der ursprünglichen lokalen Bedeutung zu tun. In Passivkonstruktionen wird so derjenige, der handelt (das Agens), zum Präpositionalobjekt (21).

(21) *Peter wird* ***von Paula*** *besucht.*

Auch Adverbiale enthalten manchmal Präpositionen, so dass sie Präpositionalen Objekten zum Verwechseln ähnlich sehen. In den Testverfahren verschwinden diese Präpositionen dann aber, wenn es sich um ein Adverbial handelt, wodurch eine Abgrenzung möglich wird (vgl. 22-24 im direkten Vergleich zu 17-20).

(22) *Paula wartet* ***auf dem Sofa.***
(23) *Sie wartet* ***dort.***
(24) ***Wo*** *wartet Paula?*

Manchmal verleitet auch die Semantik zu Fehlschlüssen. So ist *morgen* in (25) ein temporales Adverbial (*dann*), *auf morgen* in (26) hingegen ein Präpositionalobjekt (*darauf*).

(25) *Sie kommt* ***morgen.***
(26) *Sie freut sich* ***auf morgen.***

Ein vergleichbares Abgrenzungsproblem kann auch zwischen Kasusobjekten und Adverbialen entstehen, da Letztere in einigen Fällen auf den ersten Blick wie Objekte aussehen. Aber auch hier helfen Ersatzprobe und Frageprobe wiederum dabei, beide Gruppen anhand der oben bereits erläuterten Kriterien voneinander zu trennen: Kasusobjekte werden eben durch kasusmarkierte Pronomen ersetzt und erfragt (27-29), Adverbiale hingegen durch Adverbien ersetzt und durch Fragepronomen ohne Kasusmarkierung erfragt (30-32).

(27) *Ich hasse* ***diesen Montag.***
(28) *Ich hasse* ***ihn.***
(29) ***Wen oder was*** *hasse ich?*
(30) ***Diesen Montag*** *schreibe ich Klausur.*
(31) ***Dann*** *schreibe ich Klausur.*
(32) ***Wann*** *schreibe ich Klausur?*

Ebenfalls Schwierigkeiten bei der Bestimmung von Satzgliedern kann das **Prädikativum** bereiten. Dabei handelt es sich um die Gleichsetzung des Subjekts und eines weiteren nominalen Ausdrucks (d. h. eines Substantivs, Adjektivs oder Pronomens) über ein Kopulaverb (33-35; s. Kap. 5.1.5).

(33) *Meine Mutter ist **Malerin.***
(34) *Meine Mutter ist **sehr begabt.***
(35) ***Das** ist sie.*

Ist das Prädikativum ein Substantiv (**Prädikatsnomen**) (33), steht neben dem Subjekt ein zweites Satzglied im Nominativ, was bei der Klassifikation zu Verwechslungen führen kann, da die beschriebenen Testverfahren zum gleichen Ergebnis führen (36-38).

(36) *Wer oder was ist Malerin? – Meine Mutter.*
(37) *Wer oder was ist meine Mutter? – Malerin.*
(38) *Wer oder was ist sie? – Das.*

Im Falle eines Adjektivs (**Prädikatsadjektiv**) (34) funktionieren die Testverfahren analog zum modalen Adverbial, d. h. mit der Frage *Wie ist sie?* Unterscheidend wirkt lediglich, dass bei Prädikatsadjektiven eine Kopula vorhanden ist und bei modalen Adverbialen nicht (Genaueres zum Prädikativum s. auch Dürscheid 2012: 35).

Abschließend bleibt noch der Begriff des **Attributs** zu erläutern. Attribute werden zwar in der Schule im Bereich der Satzgliedanalyse behandelt; sie sind aber tatsächlich keine eigenständigen Satzglieder, sondern lediglich Satzgliedteile. Attribute charakterisieren Satzglieder genauer und werden (im Unterschied zu Adverbialen) in der Regel nach ihrer Form (und nicht nach ihrer Bedeutung) klassifiziert. Dabei ist eine große Formenvielfalt festzustellen. Häufig kommen z. B. Adjektivattribute (39), Adverbattribute (40), Appositionen (41), Genitivattribute (42) oder auch Präpositionale Attribute (43) sowie Relativsätze (44) vor. Die in den Beispielen genannten Attribute stellen allesamt genauere Erläuterungen ihres Bezugsworts *Pizza* dar.

(39) *Die **leckerste** Pizza backt immer noch mein Mitbewohner.*
(40) *Diese Pizza **hier** ist leider angebrannt.*
(41) *Pizza, **ein Grundnahrungsmittel vieler Studierender**, besticht nicht primär durch ihren Vitamingehalt.*
(42) *Die Pizza **des Tages** ist heute die Funghi.*
(43) *Die Pizza **mit Salami** schmeckt besser.*
(44) *Die Pizza, **die es immer in der Mensa gibt**, ist nichts für Vegetarier.*

Dabei können Attribute, wie die Beispiele zeigen, in Abhängigkeit von ihrer Form links oder rechts von ihrem Bezugswort stehen, und sie können darüber hinaus auch vielfältig kombiniert werden (45), wodurch attributive Strukturen im Erwerb eine relativ große Herausforderung darstellen.

(45) *Die **leckerste** Pizza **des Tages, ein Grundnahrungsmittel vieler Studierender, das es immer in der Mensa gibt**, kostet samstags nur einen Fünfer.*

8.2 Syntaxkonzept der Dependenz-Valenz-Grammatik

Das Problem der traditionellen Schulgrammatik besteht aus Sicht der Fremdsprachendidaktik nun allerdings darin, dass man mit ihrer Hilfe zwar Sätze analysieren und beschreiben kann, jedoch keine Informationen dazu erhält, wie korrekte Sätze zu bilden wären. Daher werden häufig ergänzend Konzepte der Valenzgrammatik für den Unterricht herangezogen.

8.2.1 Valenz und Rektion: der Grundgedanke

Die Grundidee der Valenzgrammatik besteht darin, dass Verben das Zentrum des Satzes bilden und dass sie jeweils verschiedene „Mitspieler“ zu sich nehmen, um das in ihnen ausgedrückte Geschehen vollständig beschreiben zu können (Abb. 1).

Lucien Tesnière (1980: 161), einer der Väter der Valenzgrammatik, bemerkt dazu:

> Man kann so das Verb mit einem Atom vergleichen, an dem Häkchen angebracht sind, so daß es – je nach der Anzahl der Häkchen – eine wechselnde Zahl von Aktanten an sich ziehen und in Abhängigkeit halten kann. Die Anzahl der Häkchen, die ein Verb aufweist, und dementsprechend die Anzahl der Aktanten, die es regieren kann, ergibt das, was man die Valenz des Verbs nennt.

Die **Valenz** des Verbs ist also seine Fähigkeit, eine bestimmte Anzahl (**quantitative Valenz**) und eine bestimmte Art (**qualitative Valenz**) von Ergänzungen (s. 8.2.2) zu fordern und damit den **Satzbauplan**, also das Grundmuster, nach dem man mit dem jeweiligen Verb einen grammatisch korrekten Satz bilden kann, festzulegen.[4] Wenn wir einen Satz bilden möchten, überlegen wir uns zunächst, worüber wir sprechen möchten und welchen Wortschatz wir dazu benötigen. Ausgehend von der im Verb repräsentierten Handlung müssen wir diese Überlegungen dann in eine Satzstruktur münden lassen. Auf den Auswahlprozess (Paradigma) folgt also die syntagmatische Anordnung und Einbettung (s. Kap. 1).

Verben, die nur einen zusätzlichen Mitspieler (also genau eine **Ergänzung**) benötigen, um einen grammatischen Satz zu bilden, nennt man **einwertig** (46), Verben, die zwei benötigen (47), **zweiwertig**, und Verben, die drei Ergänzungen benötigen, werden als **dreiwertig** (48) bezeichnet. Außerdem gibt es im Deutschen Verben, die zwar ein Subjekt benötigen (und somit als einwertig bezeichnet werden könnten), das jedoch semantisch leer ist und lediglich eine syntaktische Stellvertreterposition einnimmt (49). Diese Verben werden von einigen Autor*innen nicht als ein-, sondern als **nullwertig** bezeichnet. Es handelt sich bei diesen Verben vor allem um Wetterverben.

---

4 Bei einem Aktanten handelt es sich immer um ein Satzglied.

Abb. 1: Valenz des Verbs

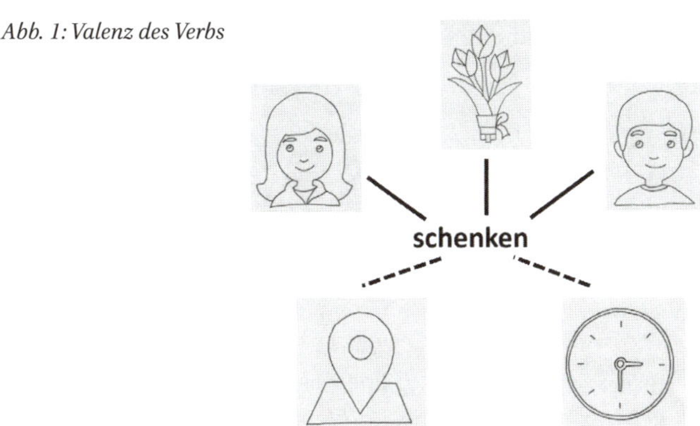

(46) *Er schläft.*
(47) *Ich mag Regen.*
(48) *Ich schenke dir Wasser ein.*
(49) *Es schneit.*

Im Zusammenhang mit der Valenz sind auch die Begriffe „Rektion" und „Kongruenz" zu diskutieren. **Rektion** beschreibt allgemein die Fähigkeit eines Lexems (z. B. eines Verbs, eines Substantivs, einer Präposition), seine syntaktische Umgebung vorzustrukturieren, indem es anderen Wortgruppen im Satz grammatische Merkmale auferlegt, d. h., sie regiert. So legt der Artikel die Flexion des Adjektivs in der Nominalphrase fest (50) und die Präposition *zwischen* regiert zwei Nominalgruppen im Dativ (51).

(50) *Sie mag **Ø grüne** Bohnen/**die grünen** Bohnen.*
(51) *Das Fußballfeld liegt **zwischen der Schule und dem Bahnhof**.*

Anders verhält es sich im Falle von **Kongruenz**. Diese liegt dann vor, wenn verschiedene Satzkonstituenten in einem grammatischen Merkmal übereinstimmen (müssen). Kongruenz meint also die Übereinstimmung von Satzelementen in Genus, Numerus, Kasus oder Person zur Markierung der syntaktischen Zusammengehörigkeit, ohne dass dabei ein Element das andere regiert. Der klassische Fall ist die Kongruenz von Subjekt und Prädikat hinsichtlich Person und Numerus: Beide müssen in der gleichen Person und entweder im Singular (52) oder im Plural (53) stehen; anderenfalls wäre der Satz ungrammatisch (54, 55).

(52) *Das Kind singt.*
(53) *Die Kinder singen.*
(54) **Das Kind singen.*
(55) **Die Kinder singt.*

Die unterschiedlichen syntaktischen Beziehungen lassen sich an Beispiel (56) veranschaulichen.

(56) *Sie trinkt ein kühles Bier.*

So fordert das Verb *trinken* in seiner Valenz eine Nominativergänzung (= Subjekt in der traditionellen Schulgrammatik) (*sie*) und eine Akkusativergänzung (*ein kühles Bier*). Subjekt (*sie*) und Prädikat (*trinkt*) kongruieren in Person und Numerus, stehen beide in der 3. Person Singular. Auch Artikel (*ein*), Adjektiv (*kühles*) und Substantiv (*Bier*) der Akkusativergänzung kongruieren hinsichtlich des Numerus (hier ebenfalls Singular). Darüber hinaus regiert das Substantiv (*Bier*) aber Artikel (*ein*) und Adjektiv (*kühles*) hinsichtlich des Genus, hier Neutrum. Eine weitere Rektionsbeziehung besteht hinsichtlich des unbestimmten Artikels (*ein*), der dem Adjektiv (*kühles*) die gemischte Deklination (s. Kap. 7.2.2) auferlegt.

Kongruenz kann also als Folge von Rektion oder unabhängig von den Rektionsbedingungen im Satz vorliegen.

▶ Exkurs: Präpositionen ◀

Im Kontext von Valenz und Rektion werfen wir an dieser Stelle einen genaueren Blick auf die Präpositionen im Deutschen. Präpositionen haben sich generell aus Ortsadverbien entwickelt (Paul et al. 1998: 394), die erste Funktion wird also die lokale gewesen sein. Sie geben in ihrer ursprünglichen Funktion Informationen dazu, wo sich etwas oder jemand in Relation zu einem Ort befindet (*Das Buch ist **auf** dem Tisch/**zwischen** den Ordnern/**unter** dem Papierstapel/**links von** der Kaffeetasse.*) oder in welche Richtung sich jemand bewegt oder etwas bewegt wird (*Ich lege das Buch **auf** den Tisch/**zwischen** die Order. Ich lege mich **in** die Sonne. Er geht **nach** Hause. Ich komme **zu*** dir.). In beiden Fällen sprechen wir von Lokalität (s. Kap. 7, Exkurs zu semantischen Konzepten). Einige Präpositionen können je nach Kontext entweder eine Position oder eine Richtung anzeigen; sie werden als **Wechselpräpositionen** bezeichnet (*Ich bin in der Schule/Ich gehe in die Schule*). Wechselpräpositionen, die zur Angabe eines Ortes dienen, regieren Nominalgruppen im Dativ, Präpositionen, die sich auf Richtungen beziehen, regieren Nominalgruppen im Akkusativ.

Selbst lokale Präpositionen, die uns häufig semantisch noch klar motiviert erscheinen, sind es im Deutschen nicht immer. Warum legen wir uns beispielsweise *in die Sonne* und nicht *unter die Sonne*? Im Lernertext von Zuzanna (Z. 11) tritt Martin *in die Leine* statt *auf die Leine*. Hier differenziert das Deutsche im Unterschied zu manchen anderen Sprachen, ob das, worauf getreten wird, nachgibt bzw. seine Form verändert (*in etwas treten*, z. B. *Er tritt in ein Kaugummi.*) oder eben nicht (*auf etwas treten*).

Von den Lokalangaben abgeleitet und sprachgeschichtlich daran anschließend entwickelte sich die Verwendung von Präpositionen in temporaler Verwendung, also im Zusammenhang mit Zeit (s. Kap. 7, Exkurs zu semantischen Konzepten). Dabei werden z. T. dieselben Präpositionen gebraucht, die wir auch lokal benutzen (***zwi-***

schen** drei und fünf Uhr, **in** fünf Minuten, **nach** dem Essen, **um** acht Uhr*), z. T. entwickeln sich neue, weitere Präpositionen (während** des Urlaubs*). Wechselpräpositionen, die auch Temporalität ausdrücken können, regieren bei temporaler Verwendung Nominalgruppen im Dativ. Noch später entwickelten sich weitere Verwendungen von Präpositionen, wie modale (***aus** Leder* (Dativ)), kausale (***aufgrund** der großen Hitze* (Genitiv)) oder instrumentale (***mit** dem Hammer* (Dativ)). Einige der Präpositionen werden von der Valenz des Verbs gefordert, wodurch die weiter oben bereits angesprochenen Präpositionalobjekte entstehen. Diese sog. **festen Präpositionen** sind häufig semantisch leer (oder nahezu leer), ihre ursprüngliche Bedeutung ist also nicht mehr relevant (z. B. *warten **auf**, nachdenken **über**, halten **für***). Sie müssen folglich mit dem jeweiligen Verb zusammen auswendig gelernt werden. Mit den festen Verbindungen beschäftigen wir uns in dieser Einführung nicht systematisch.

Präpositionen drücken immer aus, wie etwas in Verhältnis zu etwas anderem zu sehen ist. Welche Präposition wann eingesetzt wird, ob es sich um (vorangestellte) Prä- oder (nachgestellte) Postpositionen handelt oder ob gar ganz andere Konstruktionen, wie z. B. Kasus, genutzt werden, um das auszudrücken, wofür im Deutschen Präpositionen genutzt werden, ist von Sprache zu Sprache sehr unterschiedlich. Wir sehen dies beispielsweise in Tab. 2:

Tab. 2: Sprachenvergleich zur Übersetzung fester Präpositionen im Deutschen

		Sprachliche Struktur
Deutsch	**auf** jemand**en** warten	**auf** jemand-**AKK** warten
Englisch	wait **for** somebody	warten **für** jemand
Französisch	attendre quelqu´un	warten jemand
Türkisch	-**i** beklemek	jemand-**AKK** warten
Kiswahili	Kumngojea mtu	warten-***prepositional form***-Indikativ Mensch

Bereits das Englische als relativ nah mit dem Deutschen verwandte Sprache benutzt eine andere Präposition, um die betreffende Phrase auszudrücken, das Französische gar keine. Das Türkische hängt eine Akkusativendung an das Objekt, wobei das Objekt vor dem Verb steht. Und Kiswahili benutzt ein Suffix, das *prepositional form* genannt wird[5] und Gerichtetheit auf eine Person ausdrückt.

5 Dieses Suffix hat grammatisch nichts mit Präpositionen in unserem Sinn zu tun (*kupika* ‚kochen', *kumpik**ia** mtu* ‚für jemanden kochen', *kuandika* ‚schreiben', *kumwandik**ia** mtu* ‚jemandem schreiben').

Zusammenfassend können sprachliche Relationen, die im Deutschen durch Präpositionen ausgedrückt werden, in anderen Sprachen durch (gleiche oder andere) Präpositionen, Postpositionen, durch Suffixe, durch Kasus oder auch lexikalisch markiert werden. Insbesondere im Falle von der Valenz des Verbs geforderter fester, semantisch leerer Präpositionen (z. B. *schlussfolgern aus*, *bestehen auf*) ist es relativ wahrscheinlich, dass andere Sprachen andere linguistische Mittel nutzen. Je nachdem, welche Sprachen Lerner*innen bereits sprechen, ist das System der vorangestellten Präpositionen und ihrer jeweiligen semantischen Inhalte also nicht ganz leicht zu lernen. Wir sehen dies beispielsweise auch im Lernertext zum Tulpenbeet: Zuzanna schreibt in ihrem Text (Z. 7), dass Anna *angst von denn hund/Hund* hat. Auch hier muss im Deutschen eine feste Präposition verwendet werden, nämlich *vor* (*Angst vor etwas haben*), obwohl *von* semantisch eigentlich viel passender erschiene (so z. B. auch engl. *fear of* oder frz. *peur de*), da die Angst ja durch den Hund erzeugt wird. Zum Erwerb der mit Präpositionen verbundenen Konzepte in der Fremdsprache ist das Rezipieren, ggf. Analysieren und Memorieren von Sprache im Satzkontext unerlässlich.

8.2.2 Ergänzungen und Angaben

Hinsichtlich der Valenz von Verben wird unterschieden in die bereits oben aufgeführten **Ergänzungen** einerseits und **Angaben** andererseits. Diese Unterscheidung entspricht in vielen, allerdings nicht allen Fällen der in Subjekte/Objekte vs. Adverbiale. Während Ergänzungen fest im Satzbauplan des Verbs enthalten und für die Grundbedeutung des Verbs unabdingbar sind, lassen sich Angaben relativ frei mit einer Vielzahl unterschiedlicher Verben kombinieren. Außerdem sind sie problemlos weglassbar, da sie nicht die Kernbedeutung des Verbs betreffen, sondern vielmehr auf Begleitumstände der Handlung zielen. Daher nennt man sie auch **freie Angaben**. Wie Adverbiale geben sie genauere Hinweise beispielsweise auf Ort, Zeit, Art und Weise, Gründe usw.

Ergänzungen sind allerdings teilweise im Satzzusammenhang ebenfalls verzichtbar. Daher unterscheidet man noch einmal in **obligatorische** vs. **fakultative Ergänzungen**.[6] Um Ergänzungen und Angaben voneinander zu trennen, können wiederum verschiedene operationale Verfahren zur Satzgliedanalyse herangezogen werden. Die Unterscheidung ist für den Spracherwerb deshalb von Bedeutung, da es für die Bildung zielsprachlicher Sätze unabdingbar ist zu lernen, welche Satzkonstruktionen bestimmte Verben erfordern, d. h., welche Valenz ein Verb hat, also dass es beispielsweise heißt *Jemand wartet auf jemanden.* (s. Tab. 2 im Exkurs Präpositionen).

6 Weitere in verschiedenen Schulen übliche Termini für Ergänzung sind auch „Argument“ oder „Aktant“.

Die **Weglassprobe** (auch **Eliminierungs-** oder **Deletionstest**) zeigt zunächst auf, ob ein Satzglied prinzipiell weglassbar ist oder nicht. Ist dies nicht der Fall, handelt es sich um eine obligatorische Ergänzung. Kann das Satzglied hingegen aus dem Satz entfernt werden, ohne dass dieser ungrammatisch wird, handelt es sich entweder um eine fakultative Ergänzung oder um eine freie Angabe. Alle drei Satzgliedformen lassen sich am Beispiel eines Satzes mit *geben* beobachten, den wir daher im Folgenden als Ausgangsbeispiel heranziehen. In Satz (57) sind z. B. *Anna* (59) und *morgen* (60) weglassbar, *Paul* und *eine Fahrstunde* hingegen nicht (58, 61).

(57) *Paul gibt Anna morgen eine Fahrstunde.*
(58) **gibt Anna morgen eine Fahrstunde.*
(59) *Paul gibt morgen eine Fahrstunde.*
(60) *Paul gibt Anna eine Fahrstunde.*
(61) **Paul gibt Anna morgen.*

Etwas schwieriger gestaltet sich die anschließende Unterscheidung in fakultative Ergänzungen vs. Angaben. Sowohl *Anna* als auch *morgen* sind im Beispielsatz (57) weglassbar. Fraglich ist nun aber, ob die Konstituenten jeweils zentral für die Verbsemantik sind oder vielmehr freie zusätzliche Informationen zum Geschehen liefern. Mit Hilfe dreier Testverfahren kann man versuchen, dies herauszufinden: Der **Geschehenstest** hängt das zu testende Satzglied mit der Einleitung *und das geschieht/geschah...* hinten an den Satz an. Ist diese Form von Nachtrag möglich, handelt es sich um eine freie Angabe (63). Ist dies jedoch nicht möglich, weist diese Tatsache darauf hin, dass das zu testende Element so elementar für die Aussage des Satzes ist, dass es in einer Kommunikationssituation nur weggelassen werden kann, wenn es ohnehin Sprecher*innen und Hörer*innen bekannt ist (62). Da ein Nachtrag ja aber darauf hinweisen würde, dass die Information dem/der Hörer*in noch fehlt, wirkt der Testsatz ungrammatisch.

(62) **Paul gibt morgen eine Fahrstunde, und das geschieht Anna.*
(63) *Paul gibt Anna eine Fahrstunde, und das geschieht morgen.*

Einer ähnlichen Logik folgt der **Satzrahmentest**, der das zu testende Element rechts aus der Satzkonstruktion herausstellt, d. h. nach Abschluss des eigentlichen Satzes anfügt. Zur Durchführung des Tests benötigt man zunächst eine Satzklammer, d. h. ein Prädikat, das neben dem finiten Verb auch noch aus infiniten Teilen besteht, wodurch eine Klammerstruktur entsteht (s. zum Satzrahmen bzw. zur Satzklammer 8.5). Lässt das Satzglied sich (zumindest in einer im Mündlichen vorstellbaren Äußerung) ausklammern, handelt es sich um eine freie Angabe (65); lässt es sich nicht ausklammern, handelt es sich um eine fakultative Ergänzung (64).

(64) **Paul* ***wird*** *morgen eine Fahrstunde* ***geben,*** *Anna.*[7]
(65) *Paul* ***wird*** *Anna eine Fahrstunde* ***geben,*** *morgen.*

Der letzte Test, der **Ergänzungsfragetest**, versucht, das zu testende Element in einen Satz, der die im Satz beschriebene Handlung mit *Was macht...?* erfragt, einzufügen. Ist dies möglich, handelt es sich um eine Angabe (67). Ist es nicht möglich, weist das darauf hin, dass das erfragte Element konstituierender Teil der Handlung ist und daher nicht in der Frage, sondern in der Antwort stehen muss, es sich folglich um eine fakultative Ergänzung handelt (66).

(66) **Was macht Paul Anna?*
(67) *Was macht Paul morgen?*

Zusammenfassend weisen die Testverfahren also darauf hin, dass das Verb *geben* im Deutschen dreiwertig ist, nämlich eine obligatorische Subjektergänzung (*Paul*), eine obligatorische Akkusativergänzung (*eine Fahrstunde*) und eine fakultative Dativergänzung (*Anna*) erfordert. Darüber hinaus enthält der Beispielsatz eine freie Temporalangabe, nämlich *morgen*.

Folgendermaßen kann man die Valenz eines Verbs darstellen:

geben: NOM|AKK|(DAT)

Während Ergänzungen, wie bereits erwähnt, zumeist Subjekten und Objekten entsprechen, sind Angaben häufig deckungsgleich mit Adverbialien, allerdings nicht in allen Fällen. So würde *in München* in (68) schulgrammatisch als lokales Adverbial klassifiziert, jedoch valenzgrammatisch als lokale Ergänzung, und zwar als obligatorische. Die Valenzgrammatik bildet hier also im Vergleich zur Schulgrammatik klarer ab, dass das Verb *wohnen* nicht ohne einen dazugehörigen Ort, an dem jemand wohnt, verwendbar ist.

(68) *Ihre Tante wohnt in München.*

Die im Verlauf dieses Kapitels vorgestellten syntaktischen Testverfahren sind stark kritisiert worden, da sie eine muttersprachliche Intuition voraussetzen, eine Art Sprachgefühl, das nicht jedem/jeder Sprecher*in in gleicher Weise zu eigen ist. So bemerkt Dürscheid (2012: 53):

---

7 Natürlich wäre der Satz *Paul wird morgen eine Fahrstunde geben, Anna.* durchaus möglich. Aber in diesem Satz ist Anna eine Person, die angesprochen wird, und nicht diejenige, die eine Fahrstunde bekommt. Bei allen Proben muss die Aussage des jeweiligen Satzes gleich bleiben und die betrachteten Satzglieder dürfen nicht ihre Funktion ändern.

Die Grammatikalität wird jeweils vom Analysierenden beurteilt. Damit aber ist das Ergebnis des Tests abhängig von demjenigen, der den Test durchführt – und somit nicht objektiv. Außerdem resultiert daraus ein praktisches Problem: Die Tests setzen einen kompetenten Sprecher des Deutschen voraus, der in der Lage ist, die Grammatikalität der Sätze zu beurteilen. Sie sind somit nicht geeignet für ausländische Deutschlerner, die diese Tests durchführen wollen, um zu ermitteln, aus wie vielen Satzgliedern ein Satz besteht.

Somit ist dieses Hintergrundwissen eher für die bereits sehr sprachkompetenten Lehrer*innen relevant, während Deutschlerner*innen vor allem in die Lage versetzt werden müssen, die Grundidee der Valenz zu verstehen und einschlägige Nachschlagewerke zu nutzen.

Schließlich sind noch einige Sonderformen von Valenz erwähnenswert. Hierbei sind Fälle von Polyvalenz und Homonymie (s. Kap. 6.1.2) zu beachten. **Polyvalente Verben** sind Verben, die bei gleicher Bedeutung mit unterschiedlicher formaler Valenz gebildet werden können (69, 70). **Homonyme Verben** haben nicht nur oft eine unterschiedliche formale Valenz, sondern auch eine unterschiedliche Bedeutung (71, 72): *verpassen* in (71) meint ‚versäumen', in (72) hingegen ‚schlagen'. Auf Ebene der formalen Valenz unterscheiden sich sowohl *jemanden friert (es)* vs. *jemand friert* als auch *jemand verpasst etwas* vs. *jemand verpasst jemandem etwas* voneinander.

(69) *Mich friert (es).* (frieren1: (NOM)|AKK)
(70) *Ich friere.* (frieren2: NOM)
(71) *Schnell, wir verpassen die Bahn!* (verpassen1: NOM|AKK)
(72) *Ich verpass dir gleich eine!* (verpassen2: NOM|DAT|AKK)

Das **Pronomen *es*** (vgl. 69) stellt Lerner*innen dabei vor besondere Erwerbsschwierigkeiten, da es in mehreren unterschiedlichen Funktionen auftreten kann und je nachdem umstellbar oder weglassbar sein kann oder auch nicht. Zunächst kann das Pronomen *es*, wie alle anderen Pronomen auch, einfach eine Nominalgruppe ersetzen (73). Manche Verben fordern aber auch obligatorisch ein *es* als unpersönliches Subjekt (74) oder Objekt (75). Außerdem kommt *es* als Korrelat, also als eine Art Platzhalter, vor (76). Hier füllt es im Hauptsatz formal die Satzgliedstelle, die semantisch der folgende Nebensatz einnimmt. Ebenfalls als eine Art Platzhalter tritt das *es* vor dem flektierten Verb auf (s. 8.5, Vorfeld) (77). Dabei besetzt *es* formal die Stelle eines Subjekts, es kann aber einfach wegfallen, wenn das tatsächliche Subjekt die erste Position im Satz einnimmt (78). Verwendung findet dieses sog. *Vorfeld-es* auch in subjektlosen Passivsätzen (79 als Alternative zu 80; s. ausführlicher Duden 2016: 834ff.).

(73) *Das Kind weint, weil **es** hingefallen ist.*
(74) ***Es** geht ihr gut. **Es** regnet.*
(75) *Ich meine **es** ernst – sonst bekommst du **es** mit mir zu tun!*
(76) ***Es** gefällt mir nicht, wie lange das dauert.*

(77) ***Es** kamen Menschen von überall her.*
(78) *Menschen kamen von überall her.*
(79) ***Es** wurde begeistert applaudiert.*
(80) *Begeistert wurde applaudiert.*

Reflexivpronomen füllen, genau wie das Vorfeld-*es*, nur formal eine Valenzstelle aus (81). Sie sind weder ersetzbar (**ich wundere dich*) noch verschiebbar (**mich wundere ich nur*) noch auslassbar (**ich wundere über sein Verhalten*). Echte reflexive Verben sind von unechten reflexiven Verben zu unterscheiden: Auch Letztere weisen zwar einen pronominalen Rückbezug auf (82), das Pronomen kann aber auch durch ein beliebiges anderes Dativ- bzw. Akkusativobjekt ersetzt werden (83). Entsprechend sind hier neben dem Ersatz auch Verschieben (84) und Auslassen (85) möglich.

(81) *Ich wundere **mich** nur über sein Verhalten.*
(82) *Sie wäscht **sich** vor dem Essen gründlich die Hände.*
(83) *Sie wäscht **den Kindern** vor dem Essen gründlich die Hände.*
(84) *Sie wäscht sich vor dem Essen gründlich die Hände, **den Kindern** aber nicht.*
(85) *Sie waschen vor dem Essen die Hände.*

Ergänzungen und Angaben sind in der Valenzgrammatik in zahlreiche Klassen unterteilt worden (s. z. B. Rall, Engel & Rall 1985: 139-155; Engel 1994: 148-179), jedoch sind diese detaillierten Bezeichnungen nicht in die Fremdsprachendidaktik eingegangen, weshalb an dieser Stelle nicht weiter darauf eingegangen werden soll. In Lehrwerken und Wörterbüchern findet die Valenz von Verben häufig in der Kurznotation *jem. schenkt (jem.) etw.* Ausdruck, in Grammatiken auch in Form von Satzbauplänen (s. Tab. 3).

Tab. 3: Satzbauplan (Wöllstein und die Dudenredaktion 2016: 931)

Satzbauplan	**Beispiele**	**Randnummer**
Prädikat mit nur einer Ergänzung		
[Subjekt] + Prädikat	[Sie] lacht. [Anna] ist zornig.[8]	1456
[Akkusativobjekt] + Prädikat	[Mich] hungert.	1459
[Dativobjekt] + Prädikat	[Mir] ist kalt.	1460

8 Hier widerspricht die Duden-Grammatik dem Ansatz der Valenzgrammatik: Nach Letzterer benötigt das Verb *sein* zwei Ergänzungen (*Anna ist zornig.* und *Mir ist kalt.*).

Prädikat mit zwei Ergänzungen		
[Subjekt] + [Akkusativobjekt] + Prädikat	[Wir] bauen [ein Haus]. [Sie] ist [den Lärm] gewohnt.	1461

Hilfreich für den Fremdsprachenunterricht sind in diesem Zusammenhang auch kontrastive (Valenz-)Wörterbücher, die Unterschiede in den Satzbauplänen verschiedener Sprachen aufzeigen können und darüber hinaus auch Restriktionen in der Besetzung der einzelnen Satzpositionen aufzeigen (Tab. 4).

Tab. 4: Auszug aus einem sprachvergleichenden Valenzwörterbuch (Fischer 1997: 251)

schwimmen$_{<\text{sub sit}>}$ sub[AG; **hum/zool**] sit[POS; **loc**]	V$_a$: haben/sein	swim$_{<\text{sub sit}>}$ sub[AG; **hum/zool**] sit[POS; **loc**]
Hast/Bist du [schon einmal] im Rhein geschwommen?		Have you [ever] swum in the Rhine?
schwimmen$_{<\text{sub sit}>}$ sub[FER; **geg/mat**] sit[POS; **loc**]	V$_a$: haben/(sein)	float$_{<\text{sub sit}>}$ sub[FER; **geg/mat**] sit[POS; **loc**]
Die Leiche schwamm im See.		The corpse was floating in the lake.

Wie das hier gewählte Beispiel zeigt, wird *schwimmen* im Deutschen mit einer Subjekt- und einer Situativergänzung, also einer lokalen Ergänzung, gebildet. Dies ist auch im Englischen der Fall. Allerdings können im Deutschen als Subjektergänzung sowohl Menschen und Tiere als auch Gegenstände und Materialien fungieren. Im Englischen hingegen können nur belebte Subjekte mit *to swim* verbunden werden, für unbelebte Subjekte muss hingegen das Verb *to float* gewählt werden. Analog verwendet beispielsweise auch das Französische *nager* vs. *flotter*. Während es für englisch- oder französischsprachige Deutschlerner*innen also erforderlich ist zu lernen, dass zwei ihnen bekannte Konzepte in einem zusammenfallen, müssen deutschsprachige Englisch- oder Französischlerner*innen erkennen, dass für belebte vs. unbelebte Subjekte zwei unterschiedliche Verben für dt. *schwimmen* verwendet werden.

8.3 Satzarten

Ausgehend von der Valenz der in ihnen verwendeten Vollverben können Sätze ganz unterschiedliche Formen annehmen, die von einfachen bis hin zu sehr komplexen Sätzen reichen können.

Im Bereich der **Satzarten** bzw. **-modi** lassen sich dabei **Aussagesatz** (86; auch genannt **Deklarationssatz**), **Fragesatz** (87; **Interrogativsatz**), **Aufforderungssatz** (88; **Imperativsatz**), **Wunschsatz** (89; auch genannt **Desiderativsatz**) und **Ausrufesatz** (90; auch genannt **Exklamativsatz**) voneinander unterscheiden, die – wie ihre Bezeichnungen ja bereits deutlich machen – Aussagen, Fragen, Aufforderungen, Wünsche oder Ausrufe zum Ausdruck bringen.[9]

(86) *Das ist eine sehr leckere Pizza.*
(87) *Findest du die Pizza lecker? Dir schmeckt die Pizza? Wer hat diese leckere Pizza gemacht?*
(88) *Iss doch noch ein Stück von der Pizza!*
(89) *Wenn ich auch so gut kochen könnte!*
(90) *Ist das eine leckere Pizza!*

Während Wunsch- und Ausrufesätze eher selten vorkommen, stellt die Beherrschung der ersten drei Satztypen eine zentrale kommunikative Grundfertigkeit dar.

Denkpause 3

Überlegen Sie, wodurch sich Aussage-, Frage- und Aufforderungssätze typologisch voneinander unterscheiden. Woran erkennen Sie, ob es sich jeweils um eine Aussage, eine Frage oder eine Aufforderung handelt?

Denken Sie dabei sowohl an syntaktische als auch an lexikalische, morphologische, phonologische und orthographische Merkmale der unterschiedlichen Satztypen.

Während das flektierte Verb in Aussagesätzen (86) grundsätzlich an zweiter Position im Satz steht, erscheint es in Aufforderungssätzen (88) an erster Stelle im Satz. Darüber hinaus hat das Verb in Aufforderungssätzen Imperativform. Im Bereich der Fragesätze sind hier hingegen ganz unterschiedliche Formate möglich. **Entscheidungsfragen** (91; auch **Ja-Nein-Fragen**), die nur mit *ja* oder *nein* beantwortet werden können, weisen Verberststellung auf. **Ergänzungsfragen** (92) hingegen

9 Satzarten können als Illokutionsindikatoren für Sprechhandlungen fungieren (s. Kap. 2.3). Nicht immer aber zeigt die Satzart die tatsächlich durchgeführte Sprechhandlung an. So ist der Fragesatz *Kannst du mir mal die Butter geben?* eine Aufforderung und keine Frage.

enthalten ein flektiertes Verb in zweiter Position im Satz, während die erste Position durch ein mit <w> beginnendes Fragewort besetzt ist, weshalb dieser Satztyp manchmal auch als **W-Frage** bezeichnet wird.

(91) *Kommst du morgen mit ins Kino?*
(92) *Wer kommt morgen mit ins Kino?*

Im Unterschied zum Imperativsatz steht das flektierte Verb in der Entscheidungsfrage aber nicht im Imperativ, sondern im Indikativ (oder ggf. im Konjunktiv). Darüber hinaus markiert die Satzintonation in mündlicher bzw. die Interpunktion (Fragezeichen) in schriftlicher Sprache, dass es sich um eine Frage handelt. Analoges gilt für die Ergänzungsfrage, wobei hier zusätzlich das W-Wort als lexikalischer Indikator zeigt, dass es sich um eine Frage handelt.

8.4 Komplexe Sätze

Als **komplex** gelten Sätze, die aus mindestens zwei Teilsätzen zusammengesetzt sind. Die Kombination der Teilsätze kann dabei mit (**syndetisch**) oder ohne (**asyndetisch**) Konnektor-Element erfolgen. So können Haupt- und Hauptsatz mit (93) oder ohne (94) Konjunktion miteinander verbunden werden (**Parataxe**). Und auch Haupt- und Nebensatzkombinationen sind mit (95) und ohne (96) **Subjunktion** möglich (**Hypotaxe**). Zu beachten ist, dass der Begriff „Konjunktion" in der Praxis oft auch als Oberbegriff für hauptsatzverbindende Konjunktionen (z. B. *und, oder*) und nebensatzeinleitende Subjunktionen (z. B. *dass, als*) gebraucht wird.

(93) *Die Erwachsenen bestellten Fisch* ***und*** *die Kinder aßen Spaghetti.*
(94) *Die Erwachsenen bestellten Fisch, die Kinder aßen Spaghetti.*
(95) ***Wenn*** *es im März ausreichend regnet, entwickelt sich der Garten besonders gut.*
(96) *Regnet es im März ausreichend, entwickelt sich der Garten besonders gut.*

Die Unterscheidung zwischen Haupt- und Nebensatz macht sich grundsätzlich am Kriterium der syntaktischen Einbettung fest. **Hauptsätze** sind selbstständige Sätze, die im Prinzip für sich allein stehen können. Sie bestehen dabei minimal aus einem Subjekt und einem flektierten Verb. **Nebensätze** hingegen sind in Hauptsätze einbettet, d. h., sie haben Satzgliedstatus, füllen mithin Leerstellen im Hauptsatz aus. Im Beispielsatz (97) besetzt der Nebensatz *Dass er immer so viel raucht* beispielsweise die Subjektstelle im Hauptsatz (*Es*) *tut ihm nicht gut*. In Satz (98) stellt der Relativnebensatz *die du jeden Tag isst* eine genauere Beschreibung in Form eines Attributs der *Tafel Schokolade* dar.

(97) *Dass er immer so viel raucht, tut ihm nicht gut.*
(98) *Die Tafel Schokolade, die du jeden Tag isst, ist sicherlich auch nicht gesund.*

Darüber hinaus steht das flektierte Verb in Nebensätzen häufig an letzter Stelle (während es in Hauptsätzen an zweiter Stelle steht), wobei es von dieser Grundregel durchaus Ausnahmen gibt. Im Falle **uneingeleiteter Nebensätze** (96) steht das Verb z. B. an erster Position. Unterschiedliche Satztypen unterliegen also unterschiedlichen Bildungsregeln.

Bei den Nebensätzen selbst lässt sich eine noch größere formale und semantische Vielfalt als bei den Hauptsätzen feststellen. Diese können nach ihrer Stellung in Bezug auf den Hauptsatz, ihre Einbettungstiefe, ihren Satzgliedstatus, ihr Einleitewort oder auch nach ihrer Semantik genauer klassifiziert werden. Mit Blick auf die Stellung des Nebensatzes im Verhältnis zum Hauptsatz lassen sich zunächst **Vorder-** (99), **Nach-** (100) und **Zwischensätze** (101) voneinander unterscheiden.

(99) *Weil ihr Zug eine halbe Stunde Verspätung hatte, kam sie zu spät zur Vorlesung.*
(100) *Sie kam zu spät zur Vorlesung, weil ihr Zug eine halbe Stunde Verspätung hatte.*
(101) *Sie kam, weil ihr Zug eine halbe Stunde Verspätung hatte, zu spät zur Vorlesung.*

Komplexe Sätze mit mehreren Nebensätzen können darüber hinaus unterschiedliche **Einbettungstiefen** aufweisen.

(102) *Er aß noch einen Nachtisch, weil er so lecker aussah, obwohl er eigentlich satt war.*
(103) *Er aß noch einen Nachtisch, weil er so lecker aussah, dass ihm das Wasser im Munde zusammenlief.*

In Satz (102) beziehen sich beide Sätze auf den Hauptsatz; der erste nennt einen Grund, der zweite einen Gegengrund, aber beide beziehen sich auf die im Hauptsatz thematisierte Tatsache, dass ein weiterer Nachtisch verzehrt wurde. In Satz (103) hingegen bezieht sich nur der erste Nebensatz begründend auf den Hauptsatz, der zweite Nebensatz hingegen als Folge auf den ersten Nebensatz. Die unterschiedlichen Bezugsebenen werden klarer, wenn der erste Nebensatz jeweils ausgelassen wird, wie in (104) und (105).

(104) *Er aß noch einen Nachtisch, obwohl er eigentlich satt war.*
(105) **Er aß noch einen Nachtisch, dass ihm das Wasser im Munde zusammenlief.*

Verdeutlichen (auch für Lernende) lassen sich die Einbettungstiefen durch Einrückungen (106, 107):

(106) *Er aß noch einen Nachtisch,*
        weil er so lecker aussah,
        obwohl er eigentlich satt war.
(107) *Er aß noch einen Nachtisch,*
        weil er so lecker aussah,
            dass ihm das Wasser im Munde zusammenlief.

Nebensätze lassen sich weiterhin nach ihrer syntaktischen Funktion im Hauptsatz klassifizieren (**Satzgliedstatus**), also danach, welches Satzglied oder Satzgliedteil sie mit Bezug auf den Hauptsatz darstellen (s. 8.1). So können sie im Hauptsatz die Rolle des Subjekts einnehmen (108), die Rolle eines Objekts (109, 110) oder die eines Adverbials (111). Dementsprechend nennt man sie **Subjektsätze**, **Objektsätze** und **Adverbialsätze**. Insbesondere die Identifikation von Subjekt- und Objektsätzen ist sehr wichtig, wenn man komplexe Satzsstrukturen verstehen will.

(108) *Dass du kommst, freut mich.* (Ersatzprobe: ***Das** freut mich.*) freuen: NOM|AKK
(109) *Ich möchte, dass du morgen kommst.* (Ersatzprobe: *Ich möchte **das**.*) möchten: NOM|AKK
(110) *Ich frage Hans, ob er morgen kommen kann.* (Ersatzprobe: *Ich frage ihn **das**.*) fragen: NOM|AKK|(AKK)
(111) *Ich freue mich, wenn er kommt.* (Ersatzprobe: *Ich freue mich **dann**.*) freuen: NOM|AKK, Adverbial nicht in der Valenz enthalten.

Subjekt- und Objektsätze werden oft durch die Konjunktionen *ob* und *dass* eingeleitet, aber auch durch Fragepronomen (112).

(112) *Ich frage mich, was Hans heute macht.*

Ausgehend von ihrem **Einleitewort** kann man Nebensätze weiter in **Konjunktionalsätze** (100-111), eingeleitet durch eine Konjunktion, **Relativsätze** (113), eingeleitet durch ein Relativpronomen, **indirekte Fragesätze** (114), eingeleitet durch ein Interrogativpronomen, und in **uneingeleitete Nebensätze** (115) unterteilen. Besonders häufig stellen Letztere Formalternativen zu einem *dass*- (115, 116) oder einem *wenn*-Satz (117, 118) dar.

(113) *Das Seminar, **das** ich dieses Semester am interessantesten finde, ist das bei Frau Müller.*
(114) *Ich weiß nicht, **was** du meinst.*
(115) *Ich hoffe, du wirst noch rechtzeitig damit fertig.*
(116) *Ich hoffe, **dass** du noch rechtzeitig damit fertig wirst.*
(117) *Kommst du heute nicht, kommst du morgen.*
(118) ***Wenn** du heute nicht kommst, kommst du morgen.*

Innerhalb der Konjunktionalsätze kann eine semantische Unterscheidung getroffen werden, die sich darauf bezieht, ob der konjunktional eingeleitete Nebensatz in Bezug auf den Hauptsatz genauere Angaben zur Zeit (119, **Temporalsatz**), zum Ort (120, **Lokalsatz**), zum Grund (121, **Kausalsatz**), zu einem Gegengrund (122, **Konzessivsatz**), einem Gegensatz (123, **Adversativsatz**), einer Bedingung (124, **Konditionalsatz**), einer Folge (125, **Konsekutivsatz**), einem Ziel (126, **Finalsatz**) oder zur Art und Weise (127, **Modalsatz**) macht. Diese Klassifikation ist bereits in

Bezug auf die Adverbialien eingeführt worden, was sich dadurch erklärt, dass alle Adverbialien grundsätzlich auch Satzform haben können.

(119) ***Nachdem*** *das Seminar zu Ende war, gingen wir in die Mensa.*
(120) *Wir essen immer,* ***wo*** *früher auch die Abendmensa war.*
(121) ***Weil*** *wir vor lauter Hunger nicht mehr klar denken konnten, gingen wir in die Mensa.*
(122) ***Obwohl*** *das nächste Seminar schon in einer halben Stunde losging, liefen wir schnell in die Mensa.*
(123) *Ich ging gerne in die Mensa,* ***wohingegen*** *meine Mitbewohner sie mieden.*
(124) ***Wenn*** *man nicht gerne selbst kocht, kann man einfach in die Mensa gehen.*
(125) *Wir waren in der Mensa essen,* ***sodass*** *wir abends nicht mehr extra kochen mussten.*
(126) ***Damit*** *sich alle endlich mal wieder ordentlich satt essen konnten, gingen wir mit der gesamten WG in die Mensa.*
(127) *Indem er in die Mensa ging,* ***anstatt*** *selbst zu kochen, sparte er viel Zeit.*

Nicht mit Nebensätzen zu verwechseln sind **erweiterte Infinitive** (128) und **Partizipien** (129), die auch **Nebensatzäquivalente** genannt werden. Sie weisen weder eine flektierte Verbform noch ein Subjekt auf, können aber andere Satzglieder zu sich nehmen, weshalb sie eine Zwischenform zwischen Satzglied und Satz darstellen.

(128) *Sie stand auf und ging, ohne es jemals* ***zu bereuen.***
(129) *Aus vollem Halse* ***singend****(,) wanderten sie durch den Wald.*

8.5 Stellungsfeldermodell (Topologisches Modell)

Wir wissen nun zwar, welche möglichen Elemente ein Satz enthält; wir wissen aber noch nicht, in welcher Reihenfolge diese Elemente angeordnet werden können. Hier sind ergänzend weitere Modelle nötig, um letztendlich angemessene zielsprachliche Sätze bilden zu können. Dabei stellt die Anordnung von Elementen im Satz keine triviale Aufgabe dar, zumal sich Sprachen auch in diesem Punkt stark voneinander unterscheiden können. Darüber hinaus kann man oft zwischen sehr geläufigen, unmarkierten Anordnungen, weniger geläufigen, die bestimmte Hervorhebungen oder Nebenbedeutungen erzeugen, und falschen Anordnungen unterscheiden, wobei die Grenzen durchaus fließend sein können.

Denkpause 4

Betrachten Sie die folgenden Lerneräußerungen und überlegen Sie, wie Sie diese korrigieren würden und wie Sie Ihre Korrektur begründen würden. Am Ende der Kapitellektüre können Sie sich die Sätze erneut vornehmen und auf Regularitäten hin untersuchen.

(a) *Die Erzieherin singt Lieder immer den Kindern vor.*
(b) *Ich werde Anna es fragen.*
(c) *Gestern ich habe Paul gesehen.*
(d) *Ich muss meinen Schal im Bus im Februar verloren haben.*
(e) *Gib ihm es zurück!*

Betrachten wir zunächst die Anordnung von ganzen Satzgliedern im Satz, bevor wir uns mit der Anordnung von Elementen innerhalb von Satzgliedern beschäftigen. Im Deutschen ist die Satzgliedstellung grundsätzlich sehr flexibel, da die einzelnen Satzglieder in flektierenden Sprachen durch Kasusmarkierungen und morphologische Kongruenz in ihrer Funktion im Satz klar markiert sind.[10] Die Sätze (130-132) sind alle grammatisch korrekt und treffen auch grundsätzlich dieselbe Aussage. Sie heben lediglich unterschiedliche Satzelemente besonders hervor. Satz (133) hingegen ist grammatisch falsch, weil, wie schon zuvor dargestellt, im Deutschen in einem Aussagesatz das flektierte Verb an zweiter Position im Satz stehen muss.

(130) *Ein Bonbon **hat** sie ihrer Tochter **gegeben**.*
(131) *Ihrer Tochter **hat** sie ein Bonbon **gegeben**.*
(132) *Sie **hat** ihrer Tochter ein Bonbon **gegeben**.*
(133) **Sie ihrer Tochter **hat** ein Bonbon **gegeben**.*

Die Position des Verbs ist also festgelegt, so dass um das Verb herum Positionsfelder entstehen, die unterschiedlich besetzt werden können. Das **Stellungsfeldermodell**, das in seinen Grundgedanken auf Erich Drach (1937) zurückgeht, baut auf der Idee auf, dass finites und infinites Verb bzw. Verb und Verbzusatz im Deutschen häufig diskontinuierlich (also nicht direkt aufeinanderfolgend) auftreten,

10 Allerdings kommen durchaus auch im Deutschen ambige Äußerungen vor. In dem Satz *Die Mutter lässt Erna waschen.* ist z. B. nicht klar, ob *Erna* oder *die Mutter* Subjekt bzw. Akkusativergänzung sind. Dies liegt zum einen daran, dass ein Name verwendet wird, an den keine Flexionsendungen angehängt werden, zum anderen daran, dass *die Mutter* im Nominativ und Akkusativ formgleich ist. Darüber hinaus ist das Verb *lassen* mehrdeutig (homonym), da es sowohl ‚veranlassen' als auch ‚zulassen' bedeuten kann. In solchen Fällen kann nur der Kontext bei der Entschlüsselung helfen (Beispielsatz übernommen aus Vater 2002: 99-100).

wodurch eine Art Rahmenkonstruktion entsteht – die **Satzklammer.**[11] Diese ist ein Spezifikum des Deutschen (s. 134 vs. 135).

(134) *Ich **werde** das Auto definitiv **kaufen**.*
(135) **I **will** that car definitively **buy**.*

Aus erwerbstheoretischer Perspektive herausfordernd kann diese Struktur dadurch werden, dass das Vollverb, das den semantischen Kern der Satzaussage bildet, erst ganz am Ende des Satzes steht, wie auch Thurmair (1991) in ihrem Aufsatz „Warten auf das Verb" hervorhebt. In einem Satz wie *Paul hat den Vorschlag nach langer Bedenkzeit vor zwei Stunden schließlich doch noch...* bleibt bis zum letzten Wort des relativ langen Satzes unklar, ob Paul den Vorschlag beispielsweise *abgelehnt* oder *angenommen* hat.

Je nach Satztyp können unterschiedliche Elemente die Satzklammern bilden, wie Tab. 5 in der Übersicht zusammenfasst. Ausgehend von den Satzklammern können die verschiedenen Satzglieder dann entweder vor der linken Satzklammer (**Vorfeld** bzw. **Vor-Vorfeld**), zwischen den Satzklammern (**Mittelfeld**) oder hinter der rechten Satzklammer (**Nachfeld**) positioniert werden. Tab. 5 stellt die Satzklammer des Hauptsatzes in den Fokus.

Tab. 5: Hauptsätze im Stellungsfeldermodell (V1 = Verberststellung, V2 = Verbzweitstellung, VL = Verbletztstellung)

Verbstellung	**Vor-Vorfeld**	**Vorfeld**	**Linke Satzklammer**	**Mittelfeld**	**Rechte Satzklammer**	**Nachfeld**
V1			*Hast*	*du gestern bei mir*	*angerufen?*	
V1			*Mach*	*bitte das Fenster*	*zu,*	*damit es nicht so zieht.*
V1		*Isst du täglich einen Apfel,*	*bleibst*	*du gesund.*		

11 Eine übersichtliche Darstellung des Stellungsfeldermodells findet sich in Fandrych (2005).

V2	*Denn*	*die Karotten aus meinem Garten*	*sind*	*einfach die besten,*		*weil sie quasi bio sind.*
V2		*Dass du heute kommst,*	*freut*	*mich.*		

Stellt man die Satzklammer des Nebensatzes in den Fokus, steht außer bei uneingeleiteten Nebensätzen mit Verberststellung das Verb in der rechten Satzklammer, während die linke Satzklammer von einer Konjunktion oder einem Pronomen besetzt ist (Tab. 6).

Tab. 6: Nebensätze im Stellungsfeldermodell (V1 = Verberststellung, V2 = Verbzweitstellung, VL = Verbletztstellung)

	(Hauptsatz)	**Linke Satzklammer**	**Mittelfeld**	**Rechte Satzklammer**	**(Hauptsatz)**
VL	*Ich habe so viel gegessen,*	*weil*	*ich immer so viel Hunger*	*gehabt habe.*	
VL		*Wann*	*er*	*vorbeikommen möchte,*	*frage ich mich.*
VL	*Das ist das Buch,*	*das*	*ich in einer Nacht*	*verschlungen habe.*	
V1		*Isst*	*du täglich einen Apfel,*		*bleibst du gesund.*

Während die linke Satzklammer grundsätzlich besetzt sein muss (durch ein finites Verb, eine nebensatzeinleitende Konjunktion oder durch ein Interrogativ- oder Relativpronomen), kann die rechte Satzklammer auch leer bleiben.

Verbalklammern können durch analytische Tempusformen (136, 137) des Verbs, trennbare Verben (138), Passivkonstruktionen (139) oder Konstruktionen mit Modalverben (140) gebildet werden.[12]

12 Ferner können auch Nominalphrasen klammerbildend wirken, indem sich in **Nominalklammern** aus Artikelwort und Substantiv längere Attribute ansiedeln können (z. B.: *Der anhaltende, in langen Fäden die Fenster herabrinnende Regen schlug ihnen aufs Gemüt.*) (s. 8.1 zu Attributen).

(136) *Gestern* ***hat*** *es* ***geregnet.***
(137) *Und morgen* ***wird*** *es wahrscheinlich auch* ***regnen.***
(138) *Dieser Regen* ***hört*** *einfach nicht* ***auf.***
(139) *Hans* ***wird*** *von Anna* ***besucht.***
(140) *Ich* ***will*** *heute unbedingt noch* ***schwimmen gehen.***

Für die Besetzung der einzelnen topologischen Felder im Satz sind zahlreiche Regeln zu befolgen, die im Folgenden zusammenfassend dargestellt werden sollen. Für das **Vorfeld** gilt zunächst die Grundregel, dass nur genau ein Satzglied das Feld besetzen darf (s. auch bereits weiter oben zum Spitzenstellungstest). Nur in ca. 50% der Fälle handelt es sich dabei um das Subjekt (Dürscheid 2012: 97), wie in (141) und (142).

(141) ***Paul*** *liebt Anna.*
(142) ***Paul, der übrigens aus Hamburg kommt,*** *liebt Anna.*

Allerdings können manchmal auch nicht-definite Verbteile wie Infinitive oder Partizipien ins Vorfeld rücken (143) oder statt einem zwei Adverbiale (144).

(143) ***Gemeint*** *hat er wohl etwas ganz anderes.*
(144) ***Gestern am Telefon*** *klang das jedenfalls ganz anders.*

Die meisten Informationen befinden sich im **Mittelfeld**: Als erste Grundregel lässt sich festhalten: „N – D – A, so stehen sie meistens da." Das heißt, Nominativergänzungen (N) stehen tendenziell vor Dativergänzungen (D) und diese wiederum vor Akkusativergänzungen (A) (145).

(145) ***Die Frau (N)*** *gibt* ***ihrer Tochter (D) die Hand (A).***

Allerdings stehen definite Ergänzungen dabei vor indefiniten, was die Grundreihenfolge ändern kann (146-149).

(146) *Die Frau gibt* ***dem Mädchen*** *ein Bonbon.*
(147) **Die Frau gibt ein Bonbon* ***dem Mädchen.***
(148) *Die Frau gibt* ***das Bonbon*** *einem Mädchen.*
(149) *?Die Frau gibt einem Mädchen* ***das Bonbon.***

Außerdem stehen pronominalisierte Ergänzungen vor nicht-pronominalisierten (150, 151). Ist sowohl die Dativ- als auch die Akkusativergänzung pronominalisiert, ändert sich die Grundreihenfolge N – D – A in N – A – D (152).

(150) *Die Frau gibt* ***es*** *dem Mädchen.*
(151) *Die Frau gibt* ***ihm*** *das Bonbon.*
(152) *Die Frau gibt* ***es ihm.***

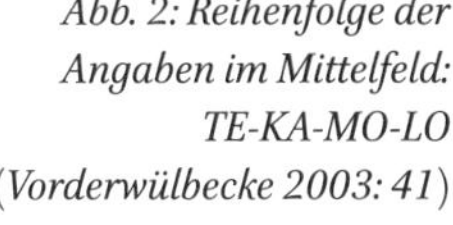

Abb. 2: Reihenfolge der Angaben im Mittelfeld: TE-KA-MO-LO (Vorderwülbecke 2003: 41)

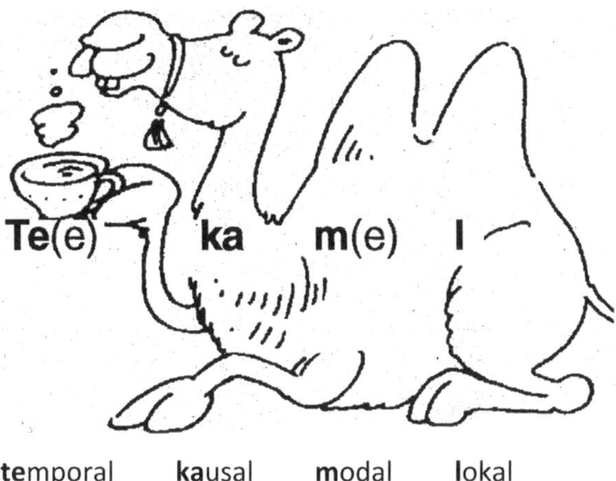

Zwischen den definiten und indefiniten Ergänzungen im Mittelfeld stehen die Angaben (s. 8.2.2), und zwar in der unmarkierten Grundfolge temporal vor kausal vor modal vor lokal, also TE-KA-MO-LO, was Vorderwülbecke (2003: 41; Abb. 2) zur Abbildung eines Tee trinkenden Kamels als Merkhilfe veranlasst hat.

Von dieser Grundreihenfolge (153) kann allerdings in Grenzen durchaus abgewichen werden, wobei die Trennlinie zwischen lediglich markierten und ungrammatischen Varianten teilweise recht schwer zu ziehen ist (154-157).[13] Somit sind mitnichten alle Abweichungen von TE-KA-MO-LO ungrammatisch; vielmehr dient die Beachtung der Grundreihenfolge dazu, einen mit Sicherheit angemessenen, unmarkierten Satz zu bilden.

(153) *Unsere Nachbarn haben gestern wegen des schönen Wetters fröhlich im Garten gespielt.* (TE-KA-MO-LO)
(154) *Unsere Nachbarn haben wegen des schönen Wetters gestern fröhlich im Garten gespielt.* (KA-TE-MO-LO)
(155) *?Unsere Nachbarn haben wegen des schönen Wetters fröhlich gestern im Garten gespielt.* (KA-MO-TE-LO)
(156) **Unsere Nachbarn haben wegen des schönen Wetters fröhlich im Garten gestern gespielt.* (KA-MO-LO-TE)
(157) **Unsere Nachbarn haben im Garten fröhlich gestern wegen des schönen Wetters gespielt.* (LO-MO-TE-KA)

13 TE muss allerdings tatsächlich immer vor LO stehen.

Abschließend ist noch zu ergänzen, dass die Satznegation mit *nicht* (158) sowie Genitiv- (E_{gen} (159)), Präpositional- (E_{prp} (160)), Situativ-(E_{sit}, d. h. Lokal- und Temporal- (161)) und Direktiv- (E_{dir}, d. h. Richtungs- (162)) Ergänzungen immer ganz hinten im Mittelfeld stehen.

(158) *Das gefällt mir insgesamt überhaupt* ***nicht.***
(159) *Das Problem bedarf leider immer noch* ***einer Lösung.***
(160) *Helga hängt seit der Scheidung so sehr* ***an ihrer Katze.***
(161) *Hans lebt jetzt schon seit Jahren* ***in einer Wagenburg.***
(162) *Nächstes Jahr will er aber auf jeden Fall wieder* ***in eine Wohnung*** *ziehen.*

Insgesamt ergibt sich so die folgende Grundreihenfolge von Ergänzungen und Angaben im Mittelfeld:

Definite Ergänzungen (N/D/A) vor **Angaben (TeKaMoLo)** vor **indefiniten Ergänzungen (N/D/A)** vor ***nicht*** vor $E_{gen}/_{prp}/_{sit}/_{dir}$. Eine Ausnahme bildet die Pronominalisierung.

In einigen Fällen können auch Elemente vor das Vorfeld – ins **Vor-Vorfeld** – treten. Dies betrifft vor allem Hauptsatzkonjunktionen (163), Interjektionen (164), Vokativformen (d. h. Anredeformen) (165) oder Satzglieder, die links aus dem Satz herausgezogen und dann im Trägersatz, also in dem Satz, in den die Struktur syntaktisch eingebettet ist, durch eine Proform wieder aufgenommen werden (166).

(163) ***Und*** *dann hat es auch noch angefangen zu regnen.*
(164) ***Hey,*** *wie geht es dir?*
(165) ***Paul,*** *das Essen bei dir war echt nett gestern.*
(166) ***Das Essen,*** *das war dermaßen lecker!*

Auch die Regeln zur Besetzung des Nachfelds sind noch relativ übersichtlich. Zunächst werden vor allem komplexe Satzglieder ins Nachfeld gezogen, um die Grundstruktur des Satzes zu vereinfachen. Obligatorisch ist die Nachfeldposition für mit *so dass* eingeleitete Nebensätze. Andere Nebensätze sowie erweiterte Infinitive und Partizipien stehen aufgrund ihrer Länge ebenfalls häufig im Nachfeld (167), können aber auch im Vorfeld (168) stehen oder sogar in den Kernsatz eingeschoben werden (169).

(167) *Sie ging erst einmal eine Runde spazieren,* ***anstatt ihre Hausarbeit fertig zu schreiben.***
(168) ***Anstatt ihre Hausarbeit fertig zu schreiben,*** *ging sie erst einmal eine Runde spazieren.*
(169) *Sie ging,* ***anstatt ihre Hausarbeit fertig zu schreiben,*** *erst einmal eine Runde spazieren.*

Dabei kann das Herausziehen von Satzgliedern aus dem Mittel- ins Vor- oder Nachfeld eines Satzes entweder eine besondere Hervorhebung (170) oder aber auch einen eher belanglosen Nachtrag (171) darstellen.

(170) ***Dass er das getan hat,*** *das werde ich ihm nie vergessen.*
(171) *Ich werde ihm das nie vergessen,* ***dass er das getan hat.***

Denkpause 5

Auf Basis der Grundreihenfolge sowie der Ausnahmen davon müssten Sie nun in der Lage sein, die weiter oben bereits vorgestellten Lerneräußerungen zu korrigieren. Gegen welche Regel verstoßen die Äußerungen jeweils?

(a) *Die Erzieherin singt Lieder immer den Kindern vor.*
(b) *Ich werde Anna es fragen.*
(c) *Gestern ich habe Paul gesehen.*
(d) *Ich muss meinen Schal im Bus im Februar verloren haben.*
(e) *Gib ihm es zurück!*

Im ersten Beispiel (a) müsste die definite Ergänzung (*den Kindern*) vor der Angabe (*immer*) stehen und diese wiederum vor der indefiniten Ergänzung (*Lieder*), was den Satz *Die Erzieherin singt den Kindern immer Lieder vor.* ergäbe. In Satz (b) muss das pronominalisierte *es* vor der nicht-pronominalisierten Ergänzung (*Anna*) stehen, d. h., *Ich werde es Anna fragen.* Der dritte Satz (c) ist wieder ein Beispiel für die Grundregel, dass im Vorfeld nur ein Satzglied stehen darf (entweder *gestern* oder *ich*) und das andere ins Mittelfeld verschoben werden müsste (*Gestern habe ich Paul gesehen.*, *Ich habe Paul gestern gesehen.*, *Ich habe gestern Paul gesehen.*). Im vierten Satz (d) muss die temporale Angabe (*im Februar*) vor die lokale (*im Bus*) gerückt werden (*Ich muss meinen Schal im Februar im Bus verloren haben.*), und in Satz (e) sollte im Falle pronominalisierter Ergänzungen die Akkusativergänzung (*es*) vor die Dativergänzung (*ihm*) rücken, d. h., *Gib es ihm zurück!*.

Abschließend ist allerdings einschränkend noch zu bemerken, dass viele der angesprochenen Regularitäten vor allem für die Schriftsprache gelten und in mündlicher Sprache gelockert wirken oder teilweise sogar anders lauten. Ein bekanntes Beispiel wäre die Verbstellung im konjunktionalen Nebensatz. Während es schriftlich immer noch obligatorisch ist, Verbletztstellung zu verwenden (172), gibt es in gesprochener Sprache viele Fälle, in denen Verbzweitstellung absolut üblich und funktional ist (173).

(172) *Ich kann gerade nicht, weil ich sehr viel anderes zu erledigen habe.*
(173) *Ich kann grad nicht, weil ich hab echt anderes zu tun.*

Auf diese und andere Formen von Variation wird genauer in Kap. 10 eingegangen. Das folgende Kapitel beschäftigt sich zunächst mit der nächstgrößeren Einheit, den Texten. Wir sind damit wieder, wie bereits in Kap. 2, bei den größten Einheiten von Sprache angekommen.

▶ Literaturtipps

Peyer, Ann (2011): *Sätze untersuchen*. Seelze: Klett/Kallmeyer.

Dürscheid, Christa (2012): *Syntax*. 6., aktual. Aufl. Göttingen: Vandenhoeck & Ruprecht.

Aufgaben nach diesem Kapitel

Aufgabe 1: Satzgliedanalyse

Bestimmen Sie die Satzglieder der jeweiligen **Hauptsätze** nach der traditionellen Schulgrammatik. Bedenken Sie dabei, dass Nebensätze in Bezug auf die Hauptsätze ebenfalls Satzglieder oder Satzgliedteile (Attribute) sind.

(1) *Der kleine Sohn von meiner Nachbarin isst gerne Eis, weil er im Sommer immer so schwitzt.*

(2) *Im Kino lachten sie lauthals über die komischen Szenen in der Komödie mit Til Schweiger.*

(3) *Obwohl er ein Auto hat, nimmt er in Hamburg immer die Bahn.*

Aufgabe 2: Valenz

Bestimmen Sie die Ergänzungen und Angaben zum Verb *fragen*. Unterscheiden Sie dabei auch obligatorische und fakultative Ergänzungen. Geben Sie an, welche Valenz das Verb *fragen* hat. (Setzen Sie dazu Permutation, Kommutation, Interrogativierung, Eliminierungs-, Geschehens-, Satzrahmen- und Ergänzungsfragetest ein.)

Anna hat mich in der Mensa gefragt, ob eigentlich alle die Klausur mitschreiben müssen.

Aufgabe 3: Satztypen

Ordnen Sie die links unten stehenden fettgedruckten Äußerungsteile den alphabetisch geordneten rechts stehenden Nebensatztypen bzw. dem erweiterten Infinitiv zu. Beachten Sie, dass auch Mehrfachzuordnungen möglich sind. (Ein Tipp: Insgesamt können Sie zwölf Klassifikationen vornehmen.)

Da ich gerne mit Kindern arbeite, *interessiert mich Ihre Stellenausschreibung sehr.*	Adverbialsatz
	Erweiterter Infinitiv
Damit auf keinen Fall jemand Wind davon bekam, *schrieb er seinen Roman immer nur nachts.*	Finalsatz
Dass einer der Nationalspieler, der mit Frankreich die WM gewonnen hat, versprochen hat, sein gesamtes Preisgeld an eine Sportförderorganisation für Kinder zu spenden, *hat Vorbildfunktion.*	Kausalsatz
	Konditionalsatz
	Objektsatz
Ich möchte nicht, ***dass er kommt.***	Relativsatz
Kommt sie heute nicht, *kommt sie morgen.*	Subjektsatz
Um rechtzeitig ins Theater zu kommen, *nahm sie ein Taxi.*	Uneingeleiteter Nebensatz

Aufgabe 4: Satzklammer und Stellungsfelder

Bestimmen Sie in den unten stehenden Sätzen die Satzklammern und die Stellungsfelder. Analysieren Sie Haupt- und Nebensätze zunächst getrennt voneinander und bestimmten Sie ggf. anschließend den Nebensatz in Bezug auf den Hauptsatz.

(1) *Nie wieder möchte ich regelmäßig um fünf Uhr aufstehen.*
(2) *Mit meiner Mutter möchte ich nächstes Jahr wieder in den Urlaub fahren.*
(3) *Und sie hat schon wieder gemeckert, diese alte Hexe.*
(4) *Das Stellungsfeldermodell hat mir überhaupt nicht gefallen.*
(5) *Viel zu schnell hat sie da die Folien heruntergerattert, die Dozentin.*
(6) *Weil ich meine Blumen nicht gegossen habe, sind sie vertrocknet.*
(7) *Ich will, dass du übst für die Klausur.*

9. Textlinguistik

Bereits beim Stellungsfeldermodell (s. Kap. 8.5) wurde gezeigt, dass das Verrücken von Konstituenten ins Vor-Vorfeld oder auch ins Nachfeld zum einen der Betonung bzw. Herausstellung der betreffenden Konstituente dienen kann. Zum anderen werden dadurch aber auch Zusammenhänge zwischen Phrasen, Sätzen oder Aussagen geschaffen. Mit diesen Zusammenhängen und mit der Sinnhaftigkeit von Texten insgesamt beschäftigt sich die Textlinguistik. Diese Disziplin ist zeitgleich mit der Pragmatik entstanden (s. Kap. 2).

Der Begriff **Text**, abgeleitet von lateinisch *textus* ‚Gewebe', ‚Geflecht', bezieht sich prototypisch und in einem engeren Sinn auf schriftliche, (relativ) komplexe, in sich abgeschlossene und zusammenhängende sprachliche Einheiten, die der Kommunikation dienen. In einem weiteren Textverständnis werden auch mündliche (in sich abgeschlossene) Einheiten als Text bezeichnet, also z. B. Vorträge, Verkaufsgespräche, mündliche Erzählungen, Streitgespräche und Beratungsgespräche.[1]

In der **Textlinguistik** geht es um die Herstellung von Zusammenhängen innerhalb von Texten, sowohl sprecher- als auch hörerseits. Der Begriff der **Textgrammatik** fokussiert entsprechend insbesondere auf die morphologischen und syntaktischen Mittel, die dazu dienen, diesen Textzusammenhang herzustellen.[2]

1 Zu genauerer Information s. Horstmann (2003a) und (2003b).

2 Wie in allen anderen Teilgebieten der Linguistik kann man auch in der Textlinguistik sehr unterschiedliche Perspektiven wählen und diese jeweils differenziert beschreiben. Man kann beispielsweise vom Text selbst ausgehen, vom Rezipienten oder Texte aus Sicht der kognitiven Linguistik betrachten. Wir wählen keine dieser spezifischen Perspektiven, sondern stellen in diesem Kapitel lediglich die wichtigsten Konzepte, die für DaF-/DaZ-Lehrende relevant sind, dar.

9.1 Kohäsion und Kohärenz

Denkpause 1

Schreiben Sie in Ihrer stärksten Fremdsprache (d. h. bei den meisten vermutlich in Englisch) einen Text zur hier abgebildeten Bildergeschichte. Schreiben Sie im Anschluss die Geschichte erneut, diesmal jedoch auf Deutsch bzw. in Ihrer Erstsprache.

Welche Unterschiede hinsichtlich der textuellen Qualität Ihrer Texte bemerken Sie?

Was ist Ihnen in der Fremdsprache schwerer gefallen zu versprachlichen als in der Erstsprache?

Abb. 1: Bildergeschichte „Der wehrhafte Schneemann". Plauen (1962: 66f.).

Möglicherweise haben Sie gemerkt, dass Sie sich in Ihrer Erstsprache abwechslungsreicher ausdrücken können und dass Sie die Zusammenhänge zwischen den Szenen besser beschreiben und so die Geschichte spannender erzählen können. Möglicherweise fehlen Ihnen manche Wörter in der Zweitsprache (Was beispielsweise heißt *Schneemann*, was *umstoßen* auf Englisch?) oder auch typische Erzählformeln wie *Es war einmal*. Insgesamt wird Ihr Text in der Erstsprache auch trotz oder gerade wegen komplexerer Satzmuster vermutlich eleganter formuliert sein.

Tatsächlich sind es häufig gerade die Verbindungen zwischen den einzelnen Textelementen, die in der L2 nicht immer einfach herzustellen sind. Ein erwachsener Lerner (34 Jahre alt) mit L1 Französisch, der in der Schule außerdem Englisch und Italienisch gelernt hat, erzählt in seiner L2 Deutsch, die er zum Zeitpunkt der Aufnahme etwa auf A2-Niveau spricht (Abb. 2).

[1]

0 [00:00.0] 1 [00:01.6] 2 [00:01.8] 3 [00:02.1] 4 [00:02.2] 5 [00:02.4] 6 [00:02.6]

LS [v] DA ist immer kalt. (bah); (--) ja. jetze äh (-) - ich habe viel FREUnde (--) - äh (-) wo sind in äh (--) - zu HAUse äh (--)

[2]

.. 7 [00:03.2] 8 [00:04.3] 9 [00:04.4] 10 [00:05.1] 11 [00:06.4]

LS [v] kommen; (1.17) und äh äh (---) in SOMmer, in WINter, in ERBSte - (--) und jetz es denks, ähm ((schnalzt)) äh

[3]

.. 12 [00:07.3] 13 [00:07.6] 14 [00:08.6] 15 [00:10.1] 16 [00:10.5] 17 [00:10.8] 18 [00:11.1]

LS [v] DEUTschland ist (-) - iste ein SCHÖne land. (1.43) Und äh wir habe äh - (--) FAST immer, (1.07) äh; (1.99)

[4]

19 [00:11.7] 20 [00:11.9] 21 [00:13.3] 22 [00:13.5] 23 [00:13.9] 24 [00:14.3] 25 [00:14.8] 26 [00:15.6] 27 [00:15.9]

LS [v] äh (---); ja (-), fast immer äh; - (--) viel FREUnde - (--) aus FRANKreich, (1.29) wo komme zu HAUS.

Abb. 2: Transkript einer Lerneräußerung

Typisch an dieser Sequenz ist, dass Äußerungen wiederholt allein durch die Konjunktion *und* miteinander verbunden werden, unter Verzicht auf Variation oder semantische Differenzierung. Außerdem wird anstelle einer *dass*-Konstruktion ein strukturell einfacherer uneingeleiteter Nebensatz verwendet (Z. 3-4: *und jetz denks, ehm äh* ***DEUTschland ist*** **(-)** ***-iste ein SCHÖne land.***), Relativsätze werden anstelle von Verbletztstellung mit Verbzweitstellung gebildet (Z. 1-2: *wo sind in äh* (--) *zu HAUse äh* (--) *kommen*; Z. 5-6 *wo komme zu HAUS.*) und durch *wo* eingeleitet. Dieses (hier falsch angewendete) Relativpronomen hat der Lerner möglicherweise aus dem Englischen (*who* → *wo*) abgeleitet, worauf auch seine (hier nicht dargestellte) Aussprache mit einem englischen /w/ im Anlaut hindeutet (s. Kap. 11.2 zum Transfer). Typischerweise werden Sätze asyndetisch (s. Kap. 8.4) aneinandergereiht, ohne weitere Verknüpfung der Elemente, so dass kein tieferer Zusammenhang abgebildet werden kann. Dieser ist aber sehr wichtig für das Textverständnis. In der Linguistik spricht man in diesem Zusammenhang von Kohäsion und Kohärenz.

Während **Kohäsion** auf eine formale Verknüpfung von Textelementen auf der Textoberfläche zielt, nimmt die **Kohärenz** zum einen die **Makrostruktur**, d. h. die Gesamtstruktur eines Textes und die inhaltlichen Zusammenhänge, in den Blick, zum anderen die Herstellung von Sinnhaftigkeit durch den Rezipienten.

Zentral für die Herstellung von Kohäsion und Kohärenz ist der adäquate Einsatz von **Kohäsionsmitteln**.

9.1.1 Kohäsion: Zusammenhänge auf der Textoberfläche herstellen

Zur Markierung des Zusammenhangs unterschiedlicher Textelemente zueinander können ganz unterschiedliche Kohäsionsmittel dienen. Durch sie entstehen Mehrfachwiederaufnahmen von Elementen, die Bezüge im Text herstellen. Wie stark Texte von solchen Bezügen durchwoben sind, zeigt exemplarisch unser Aussprachediagnosetext *Nordwind und Sonne*. In Abb. 3 sind exemplarisch die drei Akteure der Geschichte, Nordwind, Sonne und Wanderer, jeweils grau, fett bzw. kursiv markiert, um deutlich zu machen, wie häufig und in wie vielen unterschiedlichen Formen sie im Text jeweils wieder aufgegriffen werden. Der **zeitliche Verlauf der Geschichte** wird darüber hinaus durch mehrere Adverbiale und Konjunktionen markiert, die im Beispiel durch Großschreibung hervorgehoben sind.

Nordwind und **Sonne**

EINST stritten **sich** Nordwind und **Sonne, wer** von **ihnen beiden** wohl **der Stärkere** wäre, ALS *ein Wanderer, der* in einen warmen Mantel gehüllt war, des Weges daherkam. **Sie** wurden einig, dass **derjenige** für **den Stärkeren** gelten sollte, **der** *den Wanderer* zwingen würde, *seinen* Mantel abzunehmen. Der Nordwind blies mit aller Macht, aber je mehr er blies, desto fester hüllte sich *der Wanderer* in *seinen* Mantel ein. ENDLICH gab der Nordwind den Kampf auf. NUN erwärmte **die Sonne** die Luft mit **ihren** freundlichen Strahlen, und SCHON NACH WENIGEN AUGENBLICKEN zog *der Wanderer seinen* Mantel aus. DA musste der Nordwind zugeben, dass **die Sonne** von **ihnen beiden der Stärkere** war.

Abb. 3: Wiederaufnahme von Akteuren und Markierung des zeitlichen Verlaufs der Geschichte

Wie man an dem Beispiel bereits sieht, können sprachliche Bezüge zu anderen Textelementen in ganz unterschiedlichen Formen erfolgen. Im Folgenden sollen in Anlehnung an Linke et al. (2004: 241-292) die wichtigsten Kohäsionsmittel kurz vorgestellt werden. Zunächst kann ein und dasselbe Lexem mehrfach in derselben Form wieder aufgenommen werden, wie z. B. *der Nordwind* im Beispieltext. In diesem Fall spricht man von **Rekurrenz**. Ein weiteres Beispiel dafür ist (1).

(1) *Gestern haben wir eine* ***Pizza*** *bestellt. Die* ***Pizza*** *kam allerdings ganz schön spät.*

Stilistisch ist eine solche einfache Wiederaufnahme eher zu vermeiden; fachsprachlich kann sie jedoch häufig sogar notwendig sein, um die in Fachsprachen (s. Kap. 10.3) erforderliche Eineindeutigkeit (oder auch Unzweideutigkeit) zu gewährleisten. Im Falle lediglich **partieller Rekurrenz**, also teilweiser Wiederaufnahme, wird ein Lexem derselben Wortfamilie wieder aufgegriffen. Form und Referenzbereich, d. h. das, worauf sich das Lexem bezieht, sind also teilgleich (2).

(2) *Gestern haben wir eine* ***Pizza*** *bestellt. Der* ***Pizzabote*** *kam allerdings ganz schön spät.*

Bei der **Substitution** wird ein Lexem durch ein inhaltlich zwar verbundenes, formal aber ganz unterschiedliches Element wieder aufgegriffen, z. B. durch ein Synonym, Hyponym, Hyperonym (3) (s. Kap. 6.1.2) oder durch eine Metapher (also eine bildhafte Beschreibung für etwas) (4).

(3) *Gestern haben wir* ***Spaghetti*** *gekocht. Ich liebe* ***Pasta****!*
(4) *Ich bin mit meinem* ***alten Auto*** *in den Urlaub gefahren. Kaum zu glauben, aber die* ***Klapperkiste*** *hat den ganzen Weg gehalten.*

Wird stattdessen etwas durch eine **Proform**, also durch ein Pronomen oder ein Adverb, ersetzt, liegt der Fall zwar ähnlich, es kann jedoch aus der Proform selbst kein eindeutiger inhaltlicher Bezug hergestellt werden. Die Proform dient vielmehr als eine Art Suchanweisung für das Lexem, das sie vertritt. Dabei können Proformen rückverweisen (**anaphorisch**, 5) oder vorausweisen (**kataphorisch**, 6). Anaphorische Formen kommen jedoch bedeutend häufiger vor.

(5) *Die* ***Pizza*** *war kaum belegt, und* ***sie*** *hatte einen betonharten Boden.*
(6) ***Das*** *war wirklich kaum* ***Pizza*** *zu nennen.*

Ist hingegen im Text selbst nichts zu finden, worauf sich die Proform bezieht, spricht man von einer deiktischen Verwendung (7) (s. Kap. 2.2, Exkurs Zeichenmodelle). Der Hörerleser nutzt dann den situativen Kontext, um die Referenz zu verstehen.

(7) *Da kommt* ***der*** *schon wieder! Ich kann* ***den*** *hier nicht mehr sehen!*

In schriftlichen Texten sollte Deixis nicht vorkommen, weil Schreiber*in und Leser*in üblicherweise nicht zur selben Zeit am selben Ort sind und die Situation deshalb nicht teilen. Insbesondere in Texten von Kindern, die die schriftliche Kommunikation erst erlernen, findet sich aber oft noch eine deiktische Verwendung von Proformen. So beinhaltet (8) beispielsweise einen von einem Erstklässler (Person B) im Interview erzählten Teil einer Bildergeschichte.

(8) *A: Kannst du mir zu den Bildern eine GeSCHICHte erzählen?*
B: Ja.
A: Dann MACH mal.
B: Das der Tiger will den essen.
A: Aha, und was ist hier oben?
B: Er SINGT...

Wir können ohne den genauen Kontext der mündlichen Äußerung nicht verstehen, worauf sich *den* und *er* bezieht, wir sind aber auch irritiert von einem Geschichtenanfang mit *Das der Tiger*. (Weshalb das der Fall ist, s. auch weiter unten zu bestimmtem und unbestimmtem Artikel.) Erst wenn wir wissen, dass es um eine Katze geht, die einen Vogel jagt, können wir uns den Geschichtenanfang vorstellen.

Interessanterweise können auch **Auslassungen** kohäsionsstiftend wirken, indem Ellipsen bzw. Leerstellen im Satz, ähnlich wie Proformen, als Suchanweisungen fungieren. Sie dienen so der Herstellung lokaler und globaler Zusammenhänge im Text (9).

(9) *Pauls Pizza war sehr lecker, meine ___ weniger.*

Genau anders herum ist es aber auch möglich, sehr explizite Verweise in einen Text einzubauen, indem **metakommunikative Hinweise** gegeben werden. Im Text wird also explizit über (denselben) Text bzw. dessen textuelle Struktur gesprochen/geschrieben (10).

(10) ***Wie in Beispiel 5-6 bereits ausführlich dargelegt**, erfreut sich die Pizza in Deutschland hoher Beliebtheit. **Im Folgenden** soll daher kurz die Erfolgsgeschichte dieses Gerichts nachgezeichnet werden.*

Nicht zuletzt wirken natürlich auch **Konjunktionen** (11) und **Präpositionaladverbien** (12) satzverbindend, und auch die **Tempuskontinuität** in Texten hat kohäsive Wirkung. Bewusstmachen kann man sich diese Wirkung, indem man dieses auch *consecutio temporum* genannte Prinzip verletzt (13).

(11) *Sie **schrieb** ständig über Pizza, **weil** ihr einfach nichts Besseres **einfiel**.*
(12) *Ihr **fällt** nichts Besseres ein. **Deshalb schreibt** sie ständig über Pizza.*
(13) **Sie **schrieb** ständig über Pizza, **weil** ihr einfach nichts Besseres **einfällt**.*

Bestimmte und **unbestimmte Artikel** sowie **Demonstrativartikel** und **Pronomen** (alle Wortarten s. Kap. 5.1.4) haben über die reine Verknüpfung von Sätzen eine weitere besondere Funktion. Sie zeigen an, welche Informationen von Sprecher*in und Hörer*in geteilt werden – und welche Information als neue Information vom/von der Sprecher*in präsentiert wird (s. Grießhaber 2003-2004, https://spzwww.

uni-muenster.de/griesha/spw/artikel/funkt-kompakt.html, 05.09.2019). An der folgenden konstruierten Beispielunterhaltung lässt sich dies genauer erläutern:

> Susanne: *Guck mal, da schwimmt* **ein echt schöner Fisch.**
> Susanne (*etwas später*): *Guck mal,* **da ist der schöne Fisch wieder.**
> Grit: *Ich freue mich immer über* **Fische,** *davon gibt es in diesem See so wenige.* **Dieser** *hier ist besonders schön. Hoffentlich sehen wir* **ihn** *noch mal wieder.*

Im ersten Satz benutzt Susanne den indefiniten (unbestimmten) Artikel, um auf etwas hinzuweisen, was vorher nicht bekannt war. Etwas später weiß Susanne, dass Grit weiß, welcher Fisch gemeint ist – er ist vorerwähnt. Deshalb benutzt sie den definiten (bestimmten) Artikel. Sie re-thematisiert den Fisch. Grit antwortet und spricht nun zunächst über die Kategorie *Fische* – einen Artikel benötigt sie dafür nicht. Dann aber führt sie das beiden Gesprächspartnerinnen bekannte Thema fort und referiert mit dem Demonstrativpronomen *dieser* wieder auf den Fisch. Es handelt sich um ein „Pro-Nomen", weil das Nomen (*Fisch*) nicht mehr erwähnt wird. Das Pronomen betont aber diese eine Entität (dieses eine Exemplar) aus der Gruppe der Fische besonders. Abschließend wird das Thema fortgeführt, diesmal mit dem Personalpronomen *ihn*. Sehen wir uns an, welche Möglichkeiten, Artikel und Pronomen zu nutzen, andere Sprachen haben, und übersetzen die Nominalphrasen aus dem obigen Beispiel ins Kiswahili.

Tab. 1: Nominalphrasen des Beispiels im Sprachvergleich

	1	2	3	4	5
Deutsch	**ein** schöner Fisch	**der** schöne Fisch	**dieser** schöne Fisch	**dieser**	Wir werden **ihn** sehen.
Kiswahili	samaki (**mmoja**) mzuri Fisch (ein) schön	samaki mzuri Fisch schön	samaki mzuri Fisch dieser schön	**huyu**	(Sisi) Tutamwona (Wir) wir-Zukunft-**ihn**-sehen

Wir sehen in Spalte 2 in Kiswahili gar kein Funktionswort (s. Kap. 5.3), in Spalte 1 lediglich eines in Klammern. Definite und indefinite Artikel sind in dieser Sprache nicht vorhanden. Nur wenn man betonen möchte, dass genau ein Fisch zu sehen ist (und nicht zwei), benutzt man das Zahlwort *eins*. Die Bekanntheit des Diskursreferenten wird in Kiswahili also nicht markiert. Es gibt allerdings Demonstrativartikel. Diese werden zur Betonung vorangestellt (Spalte 3), können aber alternativ auch nachgestellt werden. Diese Form kann, wie im Deutschen auch, als Demonstrativpronomen gebraucht werden (Spalte 4). Personalpronomen können genutzt werden, sie werden aber im Normalfall nicht gebraucht und wie die Demonstrativartikel und Demonstrativpronomen lediglich zur Betonung eingesetzt. Wort für Wort aus Kiswahili übersetzt lautet der obige Kunsttext:

> Susanne: *Guck, Fisch schön schwimmt.*
> Susanne (*etwas später*)*: Guck, Fisch schön wieder.*
> Grit: *Ich-freue über Fische immer, und es-gibt wenige nur hier See-in. Dieser schön sehr. Ist Hoffnung meine, dass wir-Futur-ihn-sehen wieder.*

So wie Kiswahili haben viele Sprachen der Welt kein Artikelsystem und benutzen andere sprachliche Mittel, um zu zeigen, ob eine Information von Sprecher*in und Hörer*in bereits geteilt wird oder ob eine neue Information kommuniziert wird.

Welche Funktion haben Artikel nun im Deutschen? Die Grundregel bei der Verwendung von Artikeln im Deutschen lautet: Ist von einer ganzen Klasse, einer Kategorie, die Rede, wird **kein Artikel** gesetzt (14-17).

(14) *Ich mag **Pizza**.*
(15) *Ich kaufe **Milch**.*
(16) *Hast Du **Hunger**?*
(17) *Ich liebe **Kinder**.*

Wählt man nun aus einer solchen Klasse einen dem Gesprächspartner/Rezipienten vorher nicht bekannten Vertreter aus, so nutzt man (bei zählbaren Entitäten) den **indefiniten Artikel**.

(18) *Ich hätte jetzt echt Lust auf **eine Pizza**.*

Der unbestimmte Artikel signalisiert dem Hörerleser also, dass ein neuer Gegenstand eingeführt wird, über den bislang nicht gesprochen wurde. Bei nicht zählbaren Entitäten wird dann eine entsprechende zählbare (Maß-)Einheit gewählt (19).

(19) *Ich kaufe **einen Liter/eine Flasche** Milch.*

Dies ist allerdings nicht immer möglich, z. B., wenn es um Abstrakta geht (20).

(20) **Hast du einen Hunger? *Ich habe eine Flasche Hunger.*

Wenn der/die Gesprächspartner*in/Rezipient*in weiß, von welchem Vertreter die Rede ist, wird der **definite Artikel** benutzt. Dies kann aus verschiedenen Gründen der Fall sein:

- Die Entität wurde vorher bereits erwähnt (21, 22) oder wird direkt im Anschluss durch ein Attribut genauer bestimmt (23).

  (21) *Ich habe ein Kind.* ***Das Kind*** *ist noch klein.*
  (22) *Ich habe Hunger.* ***Der Hunger*** *wird immer stärker.*
  (23) ***Der Mann*** *von meiner Kollegin bestellt sich jedes Wochenende eine Pizza.*

- Das, worüber der/die Sprecher*in spricht, ist in der gemeinsamen Kommunikationsumgebung vorhanden, und aus der Situation ist ersichtlich, worauf referiert wird (24).

  (24) *Gibst du mir mal gerade* ***das Pizzamesser****?*

- Das, worauf referiert wird, gibt es in unserer Kommunikationswelt nur einmal (25-27). In diesem Fall spricht man auch von generischer Verwendung des definiten Artikels.

  (25) ***Die Bundeskanzlerin*** *isst angeblich auch sehr gerne Pizza.*
  (26) ***Die Sonne*** *scheint heute aber schön.*
  (27) *Warst du schon mal a****m Brandenburger Tor****?*

- Das, worauf referiert wird, gehört selbstverständlich zu unserer Lebenswelt, d. h., wir gehen davon aus, dass in unserer Lebenswelt jede Person ein Bett hat, jedes Kind zur Schule geht, der Paketbote an unsere Haustür kommt usw. (28-30). Dieses lebensweltliche Wissen ist selbstverständlich zum Teil kulturell unterschiedlich.

  (28) *Heute gehe ich früh ins* ***Bett****.*
  (29) *Gehst du schon in* ***die Schule****?*
  (30) *Machst du auf, wenn* ***der Paketbote*** *klingelt?*

Der bestimmte Artikel kann dem/der Leser*in also die Wiederaufnahme eines Gegenstandes signalisieren. Er kann aber auch auf einen genauer bestimmten Gegenstand oder auf gemeinsames Hintergrundwissen in Bezug auf einen bestimmten Satzgegenstand verweisen. Insgesamt wird im Deutschen aufgrund der unterschiedlichen Funktionen der definite Artikel viel häufiger verwendet, als man intuitiv denken würde.

Lernende machen im Bereich der Artikel häufig Fehler. Sehen wir uns noch einmal zwei Sätze von Önder (31a) und Zuzanna (32a) an:

(31 a) *Wir machen dieses Jahr mit bei Schulfest.*
(31 b) *Wir machen dieses Jahr mit beim Schulfest.*
(32 a) *An einem Sonnigentag hatte Papa Martin eine gute idee das sie in Park gehen*
(32 b) *An einem sonnigen Tag hatte Papa Martin die gute Idee, dass sie in den Park gehen.*

Önder benutzt für *Schulfest* keinen Artikel (31a); dieser müsste aber gesetzt werden, weil es nicht um eine Kategorie geht, sondern um ein bestimmtes Schulfest (das seiner Schule), und diese Schule hat nur ein Schulfest; der bestimmte Artikel müsste also generisch (so wie bei *die Sonne, das Brandenburger Tor*) verwendet werden (31b).

In (32a) finden sich hinsichtlich der Artikelverwendung drei interessante Stellen: Zunächst einmal wird der unbestimmte Artikel bei *An einem Sonnigentag* zielsprachlich angemessen verwendet. Zweitens ist bei *in Park* die Lage ähnlich wie beim *Schulfest*. Es scheint um einen bestimmten und allseits bekannten Park zu gehen; es fehlt also ein definiter Artikel. Eventuell kann man sogar davon ausgehen, dass Parks zu unserer Welt-Grundausstattung gehören. Dann wäre der Fall analog zu (28-30). Schließlich haben wir als dritte Nominalgruppe *eine gute idee*. Diese Idee wird zwar im Text ein erstes Mal erwähnt, was für den Einsatz eines indefiniten Artikels spricht; sie wird aber im direkt nachfolgenden Relativsatz spezifiziert, so dass auch hier der definite Artikel gesetzt werden müsste (32b, analog zu 23).

Die Art der Verwendung von Artikeln und Pronomen zeigt also immer an, ob der Sprecherschreiber meint, dass der Hörerleser bereits ein Hintergrundwissen zu einem Thema besitzt, oder ob er meint, neues Wissen zu präsentieren. Die Wahl des richtigen Artikels kann im Unterricht deshalb nur im Textkontext geübt werden.

Hintergrundwissen spielt auch bei unserem nächsten Thema, der Kohärenz, eine wichtige Rolle.

9.1.2 Kohärenz: Sinn herstellen und die Strukturen von Texten erkennen

Texte sind für den Hörerleser dann kohärent, wenn dieser Zusammenhänge auf der Inhaltsebene erkennen und einen Gesamtsinn herstellen kann. Wenn, wie z. B. in (33), Texte in der Makrostruktur nicht kohärent sind und keiner sinnvollen inhaltlichen Progression folgen, empfinden wir das als starke Normverletzung.

(33) *Der Elefant hat einen Rüssel.*
Der Rüssel hat die Form einer Schlange, Schlangen sind gefährlich.
Gefährlich ist es auch, nachts ohne Licht Fahrrad zu fahren.

Wir haben hier keinen Text, sondern eine Folge von Sätzen, bei denen jeder folgende zwar mit dem vorherigen durch Wiederaufnahmen zusammenhängt; wir sind aber nicht in der Lage, einen Gesamtsinn zu entnehmen. Anders bei dem folgenden, längeren Beispieltext, bei dem die Sätze zwar nicht zusammenhängen, aber trotzdem Assoziationen bei uns wecken:

Hurra! Helle Kritiker dichten
Und der Effekt ist langsam
Warm trillert der wertvolle Unsinn
Eine Gestalt gleitet rund und starr
Metrisch schaltet das sinnlose Metrum
Weil der Pinsel rasselt, sind wir ab und zu künstlich
Morgen ist die Balance schnell

Kunst ist beweglich und musikalisch
Die Lösung lernt
Wenn das GIeichmaß erscheint, musiziert ein Material

Man kann den Text (vermutlich ist es ein Gedicht) interpretieren, und es könnte um Kunst und Kunstkritik gehen (*Hurra! Helle Kritiker dichten*), um Hemmungen von Künstlern (*Weil der Pinsel rasselt, sind wir ab und zu künstlich*), um die Verbindung von Malerei und Musik (*Warm trillert der wertvolle Unsinn*), um den Schaffensprozess von Musikern, Malern, Tänzern (Künstlern) (*Kunst ist beweglich und musikalisch, Wenn das Gleichmaß erscheint, musiziert ein Material*). Die Interpretationen können zwar vielfältig und widersprüchlich sein – aber sie sind möglich. Das liegt daran, dass wir den Sinn eines Textes im Grunde nicht nur *bottom-up* entnehmen, sondern auch *top-down* herstellen, indem wir Schlüsselwörter hören/lesen und dadurch Vorstellungen in uns wachgerufen werden (s. auch Kap. 2.2, Exkurs Zeichenmodelle Bühler zur apperzeptiven Ergänzung).

Tatsächlich handelt es sich bei dem Gedicht um das Autopoem Nr. 51 (Stickel 1966: 120), das ein Computerprogramm geschrieben hat, nachdem es mit Wörtern zu einem Sachfeld (s. Kap. 6.3.2) und einigen syntaktischen Regeln des Deutschen gefüttert wurde. Kein*e Autor*in hat hier eine Absicht verfolgt; den Sinn stellen ausschließlich wir als Rezipient*innen her. Kohärenz ist also primär etwas, das der Hörerleser aufgrund seines Hintergrundwissens herstellen kann. Dieses Hintergrundwissen besteht aus **kognitiven Schemata** und ist in ***Frames***, ***Scenarios*** und ***Scripts*** geordnet. In grober Annäherung könnte man sagen, dass der ***Frame*** den Rahmen aufruft, vor dem eine Interpretation gemacht wird. In unserem Beispieltext könnte das „Gedicht, muss man interpretieren" sein. Würde jemand mit diesen Worten beim Bäcker am Tresen Brötchen bestellen wollen, würde man die Sätze als zusammenhangloses Gerede ansehen. ***Scenario*** und ***Script*** entsprechen dem, was wir in Kap. 6.3.2 unter Szenario und Skript diskutiert haben; es geht dabei also um Weltwissen, Handlungswissen und Handlungsabläufe und um konzeptionelle Deutungsmuster (s. auch Auer 2013: 212ff.).[3] In unserem Beispiel lägen die Szenarien, die durch das Gedicht aufgerufen würden, im Bereich Kunst und Kunstkritik. Ein mögliches Script in Bezug auf unser Interpretationsthema Kunstkritik könnte folgendes sein: Das Gedicht erscheint, der/die Kritiker*in liest es und schreibt daraufhin eine Rezension (*Warm trillert der wertvolle Unsinn*). Rezensionen haben Effekte (*Und der Effekt ist langsam*), auf lange Sicht führen Kritiken zu positiven oder negativen Effekten hinsichtlich der Publikumsbeliebtheit. Das Grundmuster ist beim Script also ein temporales. Linke et al. (2004: 259; 269ff.)

3 Manche Autor*innen unterscheiden auch nur zwischen *Frame* und *Script*, so z. B. Linke et al. (2004: 265ff.). In dem Fall werden unter „Frame" sämtliche statische Wissensbestände verstanden. „Frame" wäre dann eine Art Oberbegriff für das, was wir unter „Frame" und „Scenario" beschrieben haben.

unterscheiden insgesamt drei **Grundmuster** konzeptioneller Deutung als Bestandteil unseres Hintergrundwissens, die wir alternativ an Äußerungen anlegen: das koordinative (*und*), das temporale (*dann*) sowie das kausale (*weil*). So empfinden wir eine Äußerung wie (34) als kohärent, da wir sie kausal interpretieren, (35) hingegen als nicht-kohärent, da konzessive Deutungen nicht zu den Grundmustern gehören, sondern vielmehr explizit markiert werden müssen (36).

(34) *Anna kommt heute nicht. Sie ist krank.*
(35) *Anna kommt heute. Sie ist krank.*
(36) *Anna kommt heute, obwohl sie krank ist.*

Fehlt uns Hintergrundwissen, sind wir unbefriedigt und können nur teilweise Sinn herstellen. Diesen Eindruck des „fehlenden Wissens" können wir mit einem älteren Auszug aus einem Zeitungsartikel vom 15.01.2013 illustrieren:

> *Versuchter Anschlag am Hauptbahnhof. Bonner Bombe: Rechte Szene im Visier*
>
> *Wer steckt hinter dem gescheiterten Bombenanschlag am Bonner Hauptbahnhof und wie lief die Tat tatsächlich ab? Offenbar gibt es Zweifel am bisher dargestellten Szenario. Einem Medienbericht zufolge war die Bombe doch nicht zündfähig. „Die Bombe war nicht sprengfähig, weil ein Zünder fehlte", zitierte die „Frankfurter Allgemeine Sonntagszeitung" (FAS) einen hohen Sicherheitsbeamten. Bisher waren die Ermittler davon ausgegangen, dass die Bombe gezündet, aber wegen eines Baufehlers nicht detoniert war. Die Bundesanwaltschaft lehnte Kommentare zu den aktuellen Ermittlungen ab.*
>
> *Sie sucht einem „Spiegel"-Bericht zufolge jetzt aber auch nach Spuren in die rechtsextreme Szene. Sie habe das neue Abwehrzentrum gegen Rechtsextremismus eingeschaltet. Offiziell gehen die Ermittler bisher von einem Anschlagsversuch einer terroristischen Vereinigung radikal-islamistischer Prägung aus. Die „Süddeutsche Zeitung" hatte ebenfalls berichtet, die Täter könnten auch einen rechtsradikalen Hintergrund haben oder dem kriminellen Milieu entstammen.*
>
> (http://www.general-anzeiger-bonn.de/bonn/stadt-bonn/Bonner-Bombe-Rechte-Szene-im-Visier-article946316.html, 02.09.2019)

Zunächst ist man irritiert vom Gebrauch des bestimmten Artikels. Der/die Schreiber*in scheint davon auszugehen, dass alle Leser*innen wissen, wovon die Rede ist. Das wird am 15.01.2013 vermutlich auch der Fall gewesen sein; inzwischen kann sich an dieses Ereignis aber kaum jemand erinnern. Im zweiten Satz wird von einem bisher dargestellten Szenario gesprochen. Auch dieses Szenario ist nicht mehr bekannt, es wird aber in den Folgesätzen erläutert (*Die Bundesanwaltschaft* [...] *sucht* [...] *jetzt aber auch nach Spuren in die rechtsextreme Szene.*). Wir schließen daraus, dass zunächst Spuren in eine andere Szene gesucht wurden – welche, wird im Artikel erst später erwähnt. Der Artikel scheint uns (aus unserer heutigen Perspektive) schon ziemlich fremd, obwohl das berichtete Ereignis erst wenige Jahre zurückliegt und uns auch der lebensweltliche Kontext vertraut ist. Neben solch einer zeitlichen Fremde gibt es auch eine kulturelle Fremde: Wenn Texte nicht der Lebenswelt der Leser*innen entstammen, kommt diese zum Tragen. Kulturelle Fremde kann entweder reizvoll sein oder irritieren und zu Abwehr führen. Auf Unterricht bezogen heißt das, dass Lehrende unbedingt flankierende und Hintergrundwissen eröffnende Maßnahmen ergreifen sollten, um diese Abwehr zu vermeiden. Das gilt für Sachtexte genauso wie für Literatur und in jeglicher medialer Form.

Innerhalb eines Textes kann der/die Autor*in die Kohärenzbildung unterstützen, indem er/sie sprachliche Signale setzt, die zeigen, wie er/sie die Logik seines/ihres Textes verstanden wissen möchte. Dies ist insbesondere in Texten mit einem wissenschaftlichen Anspruch der Fall, in denen eben nicht (wie in der Kunst möglich) freies Assoziieren gefragt ist, sondern das Nachvollziehen logischer Gedankengänge. Solche Signalausdrücke können die oben erwähnten metakommunikativen Hinweise sein, es kann sich aber auch um Signalwörter/Marker handeln wie *also* und *zum Beispiel*.

In Abb. 4 (siehe folgende Seite) sind die Ausdrücke und Signalwörter markiert, die auf die Struktur des unten stehenden Textes hinweisen (Sambanis 2013: 7):

In Abschnitt 1 wird zunächst im Vorfeld des ersten Satzes das Thema genannt (*Vom Lernorgan Gehirn und seiner Erforschung*). Die Signalwörter *lange recht wenig, als dann* und *inzwischen* zeigen, dass dann ein geschichtlicher Überblick folgt, der mit den aktuellen Kenntnissen zum Thema endet. Das Wort *aber* signalisiert zusammen mit der direkt darauf folgenden Information *neben den euphorischen melden sich auch kritische Stimmen*, dass es hier um Einschränkungen geht, die dann auch noch etwas genauer erläutert werden (*d. h.*).

Abschnitt 2 scheint dieses Thema weiter auszuführen (*so nachvollziehbar die Faszination auch ist*), die gewählte Satzkonstruktion kündigt wieder eine Einschränkung des Themas (*Faszination*) an. Aus der darauf folgenden Äußerung wird abschließend eine Schlussfolgerung gezogen (*daher*) und angekündigt, dass man sich im Artikel mit der Verknüpfung von Neurowissenschaften und Fremdsprachenunterricht beschäftigen will.

Abschnitt 3 beginnt, vielleicht etwas irritierend, mit einem wohl aufgrund einer von ihm durchgeführten medial breit rezipierten Meta-Studie zu Einflussfaktoren auf den schulischen Lernerfolg als bekannt eingeführten Wissenschaftler, der aber im betreffenden Textausschnitt nicht vorerwähnt wurde. (Eine Einführung könnte lauten: *Laut dem Erziehungswissenschaftler John Hattie ...*). Es geht in diesem Abschnitt um das Thema *gute Lehrer* (*powerful, passionate, accomplished teachers*). Wir schlussfolgern, dass dieser Abschnitt wohl die Verknüpfung mit dem Fremdsprachenunterricht herstellen wird; wir wissen aber zunächst nicht, was dies mit unserem Thema *Gehirn* zu tun haben könnte. Eine Anknüpfung an unser Vorwissen finden wir erst wieder bei der Wiederaufnahme der Hirnforschung (*Es liegt auf der Hand, dass die Hirnforschung hierzu einen wichtigen Beitrag...*). Das Signalwort *da-*

Vom Lernorgan Gehirn und seiner Erforschung geht eine beachtliche Faszination aus. Diese ist wohl zumindest zum Teil darauf zurückzuführen, dass wir lange recht wenig über die Blackbox Gehirn wussten. Als dann die Neurowissenschaften in den zurückliegenden Jahren, besonders dank der Entwicklung der bildgebenden Verfahren, z.B. der funktionellen Magnetresonanztomographie, mehr Licht in das bisherige Halbdunkel bringen konnten, steigerte sich das Interesse, und die Faszination nahm sogar noch zu. Das Verständnis hat sich inzwischen erweitert, aber neben den euphorischen melden sich auch kritische Stimmen zu Wort, die in jüngster Zeit mit wachsender Deutlichkeit vor dem „Gehirn-Übertreibungssymptom" warnen, d.h. davor, „überzogenen Erklärungsansprüchen" zu verfallen (Rose 2013: 14).

So nachvollziehbar die Faszination auch ist, [...], muss auch die Warnung vor einer Überbewertung oder vor vorschnellen und ungeeigneten Übertragungen in die Praxis ernst genommen werden. Daher stellen wir uns gleich zu Beginn die Frage, in welcher Hinsicht Erkenntnisse der Neurowissenschaften für das Lehren und Lernen im Fremdsprachenunterricht von Bedeutung sein können.

Laut John Hattie (2012: 19) zeichnen sich „powerful, passionate, accomplished teachers" dadurch aus, dass sie ein vertieftes Verständnis davon besitzen, wie Lernen funktioniert. Es liegt auf der Hand, dass die Hirnforschung hierzu einen wichtigen Beitrag leisten kann. Sie stellt Informationen zur Verfügung, die bei didaktischen Entscheidungen (Was soll gelehrt und gelernt werden?) und bei unterrichtsmethodischen Entscheidungen (Wie soll gelehrt und gelernt werden?) bedeutsam und hilfreich sein können. Dabei findet das Erfahrungswissen guter Lehrkräfte in vielerlei Hinsicht Bestätigung und kann oftmals durch die Erkenntnisse der Neurowissenschaften belegt werden. Die Möglichkeit, fundierte Argumente für Entscheidungen anführen zu können, empfinden Lehrkräfte zu Recht als große Hilfe, da von ihnen erwartet wird, dass sie reflektiert vorgehen und ihr unterrichtliches Handeln begründen können. Auf der Grundlage des zunehmenden Wissens um kognitive Prozesse liefern die Neurowissenschaften Hinweise darauf, „welche der zahllosen psychologischen, pädagogischen und soziologischen Konzepte des Lernens für ein normal funktionierendes Gehirn sinnvoll sind und welche nicht" (Scheich in *Die Zeit online* 2003). Beispielsweise können sie zeigen, dass es der Arbeitsweise des Gehirns entgegenkommt, wenn bei der Entwicklung bestimmter Kompetenzen und Teilkompetenzen viele Wiederholungen stattfinden, wenn Bewegung beim Üben als Unterstützung eingesetzt wird, wenn anstelle von Belohnung von außen Herausforderungen geschaffen und wenn zu Fehlern Rückmeldungen gegeben werden etc. Aus der Grundlagenforschung lassen sich also einige Schlüsse ziehen, die in einem weiteren Schritt in recht konkrete Hinweise für die Praxis des Fremdsprachenunterrichts übertragen oder mit der Praxis abgeglichen werden können. Die Übertragung verlangt eine ernsthafte Auseinandersetzung mit der Forschung sowie die Zusammenführung verschiedener Perspektiven beim Übersetzen in die Praxis (Neurowissenschaften, teilweise mit ergänzendem Blick in die Erziehungswissenschaften, Fremdsprachendidaktik und Praxis des Fremdsprachenunterrichts).

Abb. 4: Textausschnitt Sambanis (2013: 7)

bei zeigt, dass die Autorin die Themen Lernen und Lehren nun miteinander verknüpft.

Anschließend wird ein Beispiel (*beispielsweise*) in Bezug auf das Thema *Nutzung der Arbeitsweise des Gehirns* (*Arbeitsweise des Gehirns entgegenkommt*) unter bestimmten Bedingungen (viermal *wenn*) angeführt. Ohne eigenen Abschnitt wird abschließend eine Schlussfolgerung angekündigt (*Aus der Grundlagenforschung lassen sich also einige Schlüsse ziehen ...*), und es werden Desiderata, also in der Zukunft Wünschenswertes, genannt (*verlangt*). In der letzten Klammer kündigt *teilweise mit* an, dass etwas mit etwas anderem zusammen gesehen werden muss; in diesem Fall sollen die Neurowissenschaften Erkenntnisse aus der Fremdsprachendidaktik und aus der Erforschung der tatsächlichen Praxis des Fremdsprachenunterrichts nutzen.

Am oben stehenden Textausschnitt (s. Abb. 4) ist sehr schön zu sehen, dass Signalwörter eine unterschiedliche **Reichweite** (**Skopus**) haben. So bezieht sich der vorletzte Signalausdruck (*Aus der Grundlagenforschung lassen sich also einige Schlüsse ziehen ...*) auf den gesamten vorhergehenden Text, hat also einen **globalen Skopus**, während das letzte *teilweise mit* hingegen nur (**lokal**) innerhalb der Klammer, in der es steht, fungiert. Zur Förderung von professionellem Textverständnis ist es insbesondere wichtig, global fungierende Signalwörter von lokaleren unterscheiden zu lernen.

Denkpause 2

Bitte sehen Sie sich den Text in Abb. 4 noch einmal an und überlegen Sie, welche der Signalwörter und -ausdrücke besonders wichtig für das Verständnis des Gesamttextes sind. Bitte verfassen Sie, diese berücksichtigend, eine kurze Zusammenfassung des Textes unter Berücksichtigung seiner globalen Struktur (Makrostruktur).
Tipp: Konzentrieren Sie sich besonders auf die Anfänge der einzelnen Absätze.

Vermutlich haben Sie herausgefunden, dass zum einen die im ersten Satz eines Absatzes gesetzten Themen wichtig sind, um die Makrostruktur des Textes zu erkennen. Die Erkennung der global wirkenden Signalwörter ist nur dann möglich, wenn man inhaltlich dem Text folgen kann. In unserem Text ist das die Einleitung in Z. 1 *Vom Lernorgan Gehirn und seiner Erforschung*, die das Thema des gesamten Artikels setzt. In Absatz 1 geht es dann um die Faszination, die das Thema ausübt. Das *inzwischen* [...], *aber* im selben Absatz zeigt, dass nun Einschränkungen folgen. Genau mit dem Thema *Einschränkung* geht es dann im zweiten Abschnitt weiter (*So nachvollziehbar* [...] *auch ist, ...*), und die Autorin warnt vor einer vorschnellen Übertragung der neurowissenschaftlichen Erkenntnisse auf die Praxis. Daraus wird die Schlussfolgerung gezogen (*daher*), dass man nun genau untersuchen werde, inwiefern sich Kenntnisse der Neurowissenschaft auf Unterricht übertragen lassen. Der dritte Abschnitt beginnt mit der oben erwähnten leicht irritierenden Äußerung eines dem Leser möglicherweise bisher unbekannten Autors über Lehrer*innen (*powerful, passionate, accomplished teachers*) und deren Wissen über Lernen und fährt dann fort mit der Herausstellung der Relevanz der Erkenntnisse der Hirnforschung einerseits (*Es liegt auf der Hand, dass ...*) und der Notwendigkeit, Erfahrungswissen der Lehrenden zu berücksichtigen, andererseits (*dabei*). Anhand eines Beispiels (*beispielsweise*) wird dieser Synergieeffekt abschließend demonstriert.

Es erfordert Übung und Praxis, die Struktur von Texten mit Hilfe von Schlüssel- und Signalwörtern und unter Aktivierung von Hintergrundwissen erkennen zu können. Auch im Fremd- und Zweitsprachenunterricht wird diese Fähigkeit trainiert. Der folgende Abschnitt zeigt beispielhaft einige Übungen aus Lehrwerken zu diesem Themenbereich.[4]

9. In den Sätzen aus Aufgabe 8 werden jeweils die Ursache (*weil*), die Folge (*infolgedessen*) oder das Ziel (*um ... zu*) hervorgehoben. Ordnen Sie die Wörter aus dem Kasten von Aufgabe 8 je nach Bedeutung und Satzstruktur in das folgende Schema ein.

Sollten Sie Zweifel haben, können Sie in einem Wörterbuch nach einem Beispielsatz suchen.

	koordinierende Verbindung	subordinierende Verbindung	Verbindungen mit Adverbien und Präpositionen	
URSACHE (Kausalsatz)		weil		wegen
FOLGE (Konsekutivsatz)			folglich	
ZIEL (Finalsatz)		um zu		

➤ GR 3.1, S. 133 f.

Vergleichen Sie anschließend mit der Übersicht im Materialienbuch.

Abb. 5: Auszug aus dem Lehrwerk „Unterwegs“ (Bahlmann et al. 1998: 148)

Das Lehrbuch *Unterwegs* (1998) versucht, den Einsatz und die Funktion von Signalwörtern zu trainieren. Dazu werden Signalwörter aus einem Text herausgesucht und in ein vorgegebenes Schema eingeordnet. Diese Einordnung erfordert allerdings schon sehr viel linguistisches Fachwissen und die dementsprechenden Fachbegriffe, was unseres Erachtens eher für eine linguistisch vorgeschulte Zielgruppe angemessen ist (s. Abb. 5).

Die Übung ließe sich aber vereinfachen, beispielsweise, indem man zunächst die Signalwörter heraussuchen lässt und induktiv gemeinsam mit den Lernenden eine Ordnung herstellt, die ihrem metasprachlichen Kenntnisstand entspricht. Möglicherweise wird dabei die Kategorie *Adverb* bewusst außer Acht gelassen, weil diese syntaktisch die Funktion eines Adverbials einnimmt, also im Gegensatz zur Konjunktion ein Satzglied bildet (vgl. *Ich habe Hunger, **aber** ich esse nicht.* (Konjunktion) mit *Ich habe Hunger, **dennoch** esse ich nicht.* (Adverb)). Vielleicht vereinfacht man auch die semantische Ordnung, indem man Folge und Ziel zu einer Kategorie zusammenfasst und der Ursache gegenüberstellt. Außerdem enthält die Tabelle auch Unklarheiten: Obwohl *wegen* tatsächlich Kausalität markiert (*We-*

4 Eine Einführung in die Linguistik, die ja auch noch vom Umfang her lesbar sein soll, bietet nur begrenzt Raum für all die mit Themen der Einführung zusammenhängenden Gebiete. In manchen Kapiteln ziehen wir Sprachvergleiche heran (stark z. B. in Kap. 5), in anderen bildet die Analyse der Lernerdaten aus Kap. 1 einen Schwerpunkt, und in diesem Kapitel analysieren wir einige Lehrwerksübungen. Selbstverständlich könnte man alles für alle Themengebiete ergänzen – wir versuchen in unserem Buch jedoch lediglich, exemplarisch Anregungen zu geben.

gen des Regens konnte ich nicht kommen.), wird dadurch kein Nebensatz eingeleitet. Vielmehr regiert die Präposition eine Nominalphrase im Genitiv.

Die Übung aus Eismann (1994: 32) knüpft an das Hintergrundwissen der Lernenden an: Diese sollen aus Reihen von Begriffen herausfinden, welcher passt bzw. nicht passt. Zu der betreffenden Reihe werden Informationen gegeben, und durch die Beschreibung wird die Lösung jeweils deutlich: In Aufgabe 1 weiß man, dass der Computer die richtige Lösung ist (d. h. nicht passt), weil Computer keinen Charme haben können, in der zweiten Aufgabe zeigen das Adverb *hier* und die Farbe *grün*, dass es sich um einen Ort im Freien handeln muss usw. Anhand der Reflexion der Lösungen können Sachfelder und syntagmatische Vernetzungen erarbeitet und auch eventuelle Abweichungen zu Sachfeldern und syntagmatischen Vernetzungen anderer Sprachen thematisiert werden (s. Abb. 6).

S 2 **Rätsel: Wer/was ist er, es, sie?**

Welche Nomen passen (nicht)? *Notieren Sie.*

er = ein Computer? der Chef? ein Kollege? ein Park? ein Platz?

Information 1:
Hier, kommen Sie, das ist **er.** **Er** ist nicht sehr groß, aber **er** hat Charme, finden Sie nicht?

Was paßt nicht? ein Computer

Information 2:
Er ist im Zentrum, und das ist natürlich praktisch. Ich mache Sport hier, oder ich lese. **Er** ist so grün und ruhig, das finde ich wunderbar.

Was paßt? ______

sie = eine Psychologin? eine Maschine? die Mutter? eine Sekretärin? eine Rose?

Information 1:
Dort, sehen Sie, das ist **sie**. Haben Sie ein Problem? **Sie** versteht es. **Sie** hat immer Zeit.

Was paßt nicht? ______

Information 2:
Suchen Sie Informationen? Fragen Sie **sie**! Sind Sie nervös? **Sie** ist immer ruhig. Sind Sie müde? **Sie** macht Kaffee, **sie** schreibt Texte, und **sie** macht die Organisation. Ich finde **sie** nicht sehr sympathisch, aber **sie** ist kompetent.

Was paßt? ______

Abb. 6: Auszug aus Eismann (1994: 32)

Bei beiden Übungen geht es letztlich nur um Relationen zwischen einzelnen Sätzen, Themen wie der Skopus von Signalwörtern oder größere Frames spielen keine Rolle. Genau dieses Wissen muss bei den Lernenden aber aktiviert werden. Deshalb ist es im Unterricht selbst wichtig, vor dem Einsatz eines Textes (Films, Radiobeitrags...) zu überlegen, welches Hintergrundwissen (Frames, Scenarios, Scripts) die Lernenden bereits haben und welches Wissen gemeinsam erarbeitet werden muss, damit der Text verständlich wird (kognitive Schemata). Dies wird in der Vorbereitung nicht immer in ausreichendem Maße möglich sein. Der/die Lehrende muss also weiterhin in der Auseinandersetzung mit dem Text Verständnislücken und möglichst viel über das Hintergrundwissen der Lernenden in Erfahrung bringen, so dass Gemeinsamkeiten und Unterschiede mit den im Text kommunizierten Konzepten herausgearbeitet werden können. Geschieht dies nicht, verfestigen sich Fehlinterpretationen bzw. Falschzuschreibungen.

Wenn Lehrende Texte von Lernenden textlinguistisch analysieren, ist es sinnvoll, zunächst auf die Kohärenz und erst dann auf die Kohäsion zu achten (also eher *top-down* vorzugehen); sonst besteht die Gefahr, dass man nicht vorhandene Mängel ankreidet. Beispielsweise wird der Einsatz von Kohäsionsmitteln gefordert, obwohl die Kohärenz in ausreichendem Maße gegeben ist.

9.2 Thema und Rhema: neue und bereits bekannte Information

Wie am Beispiel des oben stehenden kognitionswissenschaftlichen Textausschnittes (s. Abb. 4) zu sehen ist, werden grundsätzlich in einem längeren zusammenhängenden Text zunächst Themen eingeführt, über die im Folgenden etwas ausgesagt wird. In der Linguistik spricht man in diesem Zusammenhang von Thema und Rhema, wobei **Thema** das bereits Bekannte, **Rhema** hingegen das Neue, das über das Thema ausgesagt wird, darstellt. Sätze können also quasi zerlegt werden in den Ausgangspunkt einer Aussage, das Thema, und den Kern der Aussage, das Rhema. Das Rhema erkennt man im Deutschen zunächst einmal in gesprochener Sprache daran, dass es in der Regel den Satzakzent trägt (s. Kap. 3.1.3 zum Satzakzent).

Häufig wird das Rhema eines Satzes zum Thema des Folgesatzes, da es im Laufe des Textes vom neu Eingeführten zum bereits Bekannten, Vorerwähnten wird.[5] Dies zeigt Tab. 2:

Tab. 2: Thematische Progression/Thema-Rhema-Gliederung von Texten (Wiederaufnahme bei zwei Referenten jeweils markiert)

	Thema	Rhema
1	Gestern hab ich übrigens	deinen Mitbewohner getroffen.
2	Er	war mit seiner Freundin unterwegs.
3	Die beiden	haben *bei Venezia* ein **Eis** gegessen.
4	*Da*	war ganz schön was los.
5	**Das** ist *da*	aber auch dermaßen lecker.

In den Sätzen 1 bis 4 der Tabelle wird das Rhema des vorhergehenden Satzes direkt zum Thema des nachfolgenden; in Satz 5 wird das Rhema des dritten Satzes zum Thema.

5 Genauere Informationen zu Thema und Rhema gibt Dürscheid (2012) im Kap. 10.3.1. Gerade die *aboutness* ist relevant für Satzkonstruktionen im (ungesteuerten) L2-Erwerb. Siehe auch Kap. 11.2 und hier insbesondere die Struktur der Äußerungen von Yu im Map-Task, die in ihren Sätzen oft erst sagt, worüber sie spricht, und dann das, was sie darüber sagen will.

Das Modell der Thema-Rhema-Gliederung ist nicht ohne Kritik geblieben (s. z. B. Hoffmann 2008), da zum einen eindeutige Kriterien für die genauen Grenzen zwischen Thema und Rhema fehlen und zum anderen verschiedene Gesichtspunkte vermischt werden, wie z. B. semantische Aspekte (Satzgegenstand – Satzaussage) und kommunikativ-pragmatische (das Bekannte – das Neue). Außerdem ist es insofern letztlich immer noch satzverhaftet, weil es lediglich den Übergang zwischen zwei Sätzen klärt. Will man es auf ganze Texte anwenden, so wird, wie anfangs angedeutet, häufig das Kriterium der *aboutness* für die Bestimmung des Themas in Absätzen und dem Gesamttext genutzt.[6] Damit ist das gemeint, worüber in einem Text bzw. Textabschnitt gesprochen wird. Bezogen auf unseren kognitionswissenschaftlichen Beispieltext aus 9.1.2 (s. Abb. 4) hieße das: Es wird gesprochen über die Zusammenarbeit von Neurowissenschaft und Didaktik (global), über die Faszination der Neurowissenschaften (Abschnitt 1), über die Relevanz der neurowissenschaftlichen Erkenntnisse für die Praxis (Abschnitt 2) usw.

Trotzdem besitzt das Thema-Rhema-Modell didaktischen Erklärungswert und ist daher weiter geläufig. Insbesondere kann es Umstellungen im Satz erklären, die zu besonderen Hervorhebungen führen. Die **Linksherausstellung**, bei der etwas ins Vor-Vorfeld gestellt wird (37), bezeichnet man als **freies Thema** (FTh). Sie wird in Gesprächen häufig gewählt, um etwas zum Thema (Th) zu machen, das bisher noch nicht im Fokus der Unterhaltung stand. Eine Verrückung des Rhemas (Rh) ins Vorfeld (38) kann andererseits eine besondere Betonung erzeugen.

(37) *Die Susanne (FTh), die finde ich (Th) übrigens voll nett (Rh).*
(38) *Sie (Th) hat ihrer Tochter (Rh) ein Bonbon gegeben.* → *Ein Bonbon (Rh) hat sie (Th) ihrer Tochter gegeben (und keine Reiswaffel).*

Passivstrukturen können ebenfalls einen unmittelbaren thematischen Anschluss zwischen zwei Sätzen ermöglichen (39) im Gegensatz zu (40).

(39) *Gestern hatte „Die Gerechten" **Premiere. Die Inszenierung** wurde vom Publikum frenetisch gefeiert.*
(40) *Gestern hatte „Die Gerechten" **Premiere.** Das Publikum feierte **die Inszenierung** frenetisch.*

Auch unterschiedliche **Rechtsverrückungen** im Satz können am Modell erläutert werden. So rückt ein Vorfeld-*es* das Thema ins Mittelfeld, wodurch es im Verhältnis zum Rhema noch stärker in den Hintergrund tritt (41) im Gegensatz zu (42).

---

6 Siehe z. B. Hoffmann (2008: 344-356).

(41) *Es gelang den Forschern endlich, das Higgs-Teilchen zu beobachten.*
(42) *Den Forschern gelang es endlich, das Higgs-Teilchen zu beobachten.*

Eine Rechtsverrückung ans Ende des Satzes betont hingegen das ausgelagerte Element, weil der Hörerleser auf den Anfang und das Ende von Sätzen, aber auch von Texten, Reden usw., immer mehr Aufmerksamkeit legt und sich insofern besser daran erinnert als an das, was in der Mitte zu finden ist. Der Einsatz von Funktionsverbgefügen erzeugt eine Rechtsverrückung dieser Art und damit eine Akzentuierung des Rhemas (43) im Gegensatz zu (44).

(43) *Er bringt den Vorfall zur Anzeige.*
(44) *Er zeigt den Vorfall an.*

Im Fremd- und Zweitsprachenunterricht können Aufgaben und Übungen zu Thema und Rhema eine Sensibilität für Textzusammenhänge wecken.

So fordert beispielsweise die Einsetzübung in Abb. 7 jeweils den Einsatz des Themas, was möglich ist, da dieses jeweils vorher bekannt ist. Ein Abgleich mit dem Originalmärchen „Rapunzel" und die Aufgabe, die dort an Stelle der Lücken stehenden originalen Ausdrücke weiter zu ersetzen, trainiert darüber hinaus die Nutzung der Ersatzprobe (s. Kap. 8.1) auf Ebene des Zusammenhangs zwischen Satz und Text.

Einsetzübung:
Fülle die Lücken aus.

Es waren einmal ein Mann und eine Frau,

[ ] wünschten sich schon lange vergeblich ein Kind,

[ ] machte sich die Frau Hoffnung,

der liebe Gott werde ihren Wunsch erfüllen.

[ ] hatten in ihrem Hinterhaus ein kleines Fenster,

[ ] konnte man in einen prächtigen Garten sehen,

[ ] voll der schönsten Blumen und Kräuter stand.

Abb. 7: Einsetzübung zum thematischen Anschluss (Quelle: Rapunzel. Ein Märchen der Brüder Grimm; zit. nach Esa & Graffmann 1993: 33f.)

9.3 Textsorten und Textmuster

Abgesehen davon, dass sie üblicherweise einer thematischen Progression folgen, können Texte aber natürlich ganz unterschiedlich aufgebaut sein. Ihr Aufbau hängt dabei von der Textsorte ab. Unser Text zum Gehirn gehört beispielsweise zur Textsorte „Wissenschaftlicher Text“, was wir an einigen Signalausdrücken erkennen (z. B. *Daher stellen wir uns [...] die Frage, ...*), aber auch am Aufbau des Textes (Themeneinleitung, historischer Überblick, Forschungsfrage, Diskussion des Themas). Der Text zum versuchten Anschlag am Bonner Hauptbahnhof aus dem Jahr 2013 wiederum ist klar als Zeitungsartikel erkennbar. Es geht um ein damals aktuelles Thema, und es werden dazu neuere Erkenntnisse referiert, Personen und andere Berichte werden zitiert usw.

Als **Textsorten** bezeichnet man „Gruppen von Texten“ (Linke et al. 2004: 278), die „bestimmte Bündel von Merkmalen“ (ebd.) miteinander teilen. Textsorten können auf unterschiedliche Weise eingeteilt werden.

Eine mögliche Einteilung orientiert sich an den Handlungen, die durch sie vollzogen werden. Demnach könnten Texte in direktive Texte (z. B. Kochrezepte), kommissive Texte (Schuldschein), expressive Texte (Beileidsbekundung), deklarative Texte (Taufschein) und repräsentative Texte, die hauptsächlich die Funktion haben zu informieren, unterteilt werden.[7] (Zur Erinnerung: Diese Einteilung findet sich in Kap. 2.3, Stichwort Sprechaktklassen, und kann auf Texte übertragen werden.)

Verschiedene Textsorten sind außerdem mit verschiedenen jeweils typischen Textmustern verbunden. Sowohl für das Lesen als auch für das Schreiben von Texten ist es sehr hilfreich, diese Muster zu kennen.

Texte sind in „bestimmte[n] konventionalisierte[n], wiedererkennbare[n] und auch erwartbare[n] Mustern des Sprachgebrauchs“ organisiert (Linke et al. 2004: 283). Diese Muster nennen wir **Textmuster**.

7 Zu Textsorten s. auch Brinker (2010: Kap. 5.)

Nehmen wir die Textsorte *Erzählung*: Hier finden sich innerhalb der Geschichte als grobe Schritte die Exposition, also die Orientierung, innerhalb derer das Setting beschrieben wird, die Komplikation, innerhalb derer ein ungewöhnliches (erzählenswertes) Ereignis stattfindet, und die Auflösung, die einen Abschluss der Geschichte bildet.[8] Innerhalb der einzelnen Schritte können mehr oder weniger komplexe Ereignisfolgen stattfinden (s. z. B. Bielefelder Geschichtenmodell: Boueke et al. 1995) und die Schritte oder auch einzelne Ereignisfolgen werden u. a. durch Signalausdrücke markiert.

Denkpause 3

Nehmen Sie sich Ihre Bildergeschichte aus Denkpause 1 noch einmal vor: Welche der Schritte/Phasen/Stufen aus dem Bielefelder Geschichtenmodell haben Sie eingebaut? Falls welche fehlen, fügen Sie sie hinzu.

Auch bei Lernertexten ist einer der zu analysierenden Aspekte der Aufbau der Texte und die Beantwortung der Frage, inwieweit die Texte bestimmten Textsortenmustern entsprechen. Die Erzählung von Zuzanna zum *Tulpenbeet* (s. Kap. 1.3) beispielsweise entspricht unseren Erwartungen eines erzählten Textes bereits zum großen Teil:

Es gibt eine Exposition, eine Einleitung, in der das Szenario etabliert wird (*Am einen Sonnigentag hatte Papa Martin eine gute Idee das sie in Park gehen*). Durch die Nennung von *Papa Martin* wird das Szenario *Familie* aufgerufen. Anschließend wird der Ausgangspunkt der Handlung beschrieben (*Nun sind sie gegangen mit Anna und Luca. Sie haben sich auf die Bank hinsetzen.*). Es folgen die Komplikation (*Aber dann ist ein Hund gegang. Anna hatte Angst von denn Hund. Anna hat so schneel gelaufen. Der Hund hat er hinterheer gelauft.*), der Höhepunkt (*Aber dann ist der Hund sten gebliben und Martin ist in die Leine getreten. Und ist in Tulpen gebüsch gewallen.*) und die Auflösung (*Anna hat Foto gemacht und alle haben gelacht.*).

Das Schema ist sicherlich durch die Bildergeschichte bereits nahegelegt. Die Schreiberin zeigt aber durch ihre Geschichte, dass sie das Schema (er)kennt und dass sie einige Wendungen und Signalwörter, die die verschiedenen Schritte der Geschichte kennzeichnen und den Gesamttextzusammenhang herstellen, bereits beherrscht (*Am einen Sonnigentag... Nun... Aber... Aber*). Irritierend bleibt allerdings das explizite Benennen der einzelnen Bilder, das auch in einer schriftlichen Erzählung nicht üblich ist.

8 Möglicherweise wird der Kern der Geschichte noch einmal gerahmt durch eine Orientierung in Form einer Ankündigung einer Geschichte und eines Schlusses (z. B. *Das war meine Geschichte.* oder *Ja, so war das.*).

Erzählmuster können in unterschiedlichen Kommunikationsgemeinschaften stark voneinander abweichen. Nehmen Sie zum Beispiel die „Legende“[9] *Das Kind der Weisheit* aus dem von Einstein 1983 herausgegebenen Buch *Der Gaukler der Ebene und andere afrikanische Legenden.*

> Das Kind der Weisheit
> Der Mann war mit Körnern in den Haaren. Der Weise sprach zu ihm: „Ziehen wir aus, hacke Baumäste“. Er hackte, verbrannte sie. Der Weise kratzte das Haar des Menschen, streute, wo die Baumäste verbrannt waren, Samen auf die Erde. Der Mann kehrte zum Baum zurück, sah hin, sprach: „Wahrlich, das Gras sprosset aus dem Samen.“ Er kam wiederum, sah das Gras, wie oben Köpfe rötlich wurden. Er sprach zu den Seinen: „Erntet, daß wir sehen.“ Sie ernteten, reinigten im Mörser, breiteten aus unter der Sonne, mahlten auf dem Stein, sahen Mehl, es war weiß. Der Mann sagte: „Kocht es im Topf, daß wir sehen.“ Sie kochten, kosteten, freuten sich, sagten: „Es ist süß, wie sehr.“ Der Mensch kannte nun den Mehlbrei, seine Nahrung. (ebd.: 18)

Dieser Text wurde vermutlich relativ direkt aus der afrikanischen Sprache, in der er erzählt wurde, übersetzt, und wir finden keine unserer Phasen und auch keinen der besonderen Aspekte (oder gar festen Formulierungen), die wir in Märchen und Legenden erwarten: Es gibt keine für unseren Sprachgebrauch typische Etablierung der Situation, keinen Beginn der Aktion und keine Komplikation. Eine Auflösung ist allerdings durchaus vorhanden (*Der Mensch kannte nun den Mehlbrei, seine Nahrung.*). Wenn wir den Eindruck haben, dass unsere Lernenden keine einschlägigen Textmuster verwenden, kann dies also möglicherweise damit zusammenhängen, dass ihre Erwartung an die jeweilige Textsorte eine andere ist.

Um Textmuster zu erarbeiten, ist es im Unterricht sinnvoll, bei der Erarbeitung von Texten immer wieder auch die Aufmerksamkeit auf deren Aufbau zu lenken.

Denkpause 4

Welche Elemente benötigt man Ihres Erachtens in einem informellen Brief? Notieren Sie diese, und sehen Sie sich daran anschließend den Brief von Önder an (Kap. 1.3): Welche der Ihres Erachtens notwendigen Aspekte finden sich? Gibt es hier Sätze, die nicht passen? Sehen Sie sich abschließend den Textkörper aus Önders Brief an: Können Sie auch hier Schritte identifizieren?

Vermutlich werden Sie feststellen, dass ein informeller Brief mit einer Anrede und einem ersten einleitenden Satz – vielleicht mit einer Frage nach dem Wohlergehen

9 Es handelt sich hier nicht wirklich um eine Legende, als solche wird sie aber vom Herausgeber benannt. Vom Typ her ist die Geschichte eher ein Mythos, eine Ursprungsgeschichte.

oder einer Situationsbeschreibung, wo man sich befindet – beginnt. Am Ende erwarten Sie vermutlich Grüße und eine Unterschrift; die Gestaltung des Textkörpers (Mittelteil) ist relativ frei.

Bei Önder ist all das vorhanden. Lediglich der erste Satz (*ich bin dein Freund*) irritiert. Man würde hier eher eine Frage nach dem Befinden des Freundes erwarten oder den Ausdruck der Hoffnung, dass es ihm gut geht. Vermutlich ist der erste Satz Önders darauf zurückzuführen, dass es sich eben nicht um einen tatsächlichen Brief handelt, sondern um einen Schulaufsatz in Briefform. Es ist also kein tatsächliches Gegenüber vorhanden, mit dem man befreundet ist.

Innerhalb des Textkörpers wählt Önder eine sinnvolle Abfolge der Schritte: Nach der Etablierung des Themas (Mitmachen beim Schulfest) und der Äußerung des Bedauerns, dass der Freund nicht kommen kann, folgt eine Argumentation, weshalb der Freund trotz Krankheit kommen soll (Spaß und Geschenkgutscheine). Abschließend schlägt er sogar noch eine Lösung vor, wie eine Teilnahme möglich wäre, nämlich mit einem Rollstuhl. Es folgen Abschiedsformel und Unterschrift.

Wie schriftliche folgen auch mündliche (monologische und dialogische) Texte Mustern: Ein Bewerbungsgespräch folgt anderen möglichen Mustern als eine Beschwerde über den Lärm des Nachbarn, ein informelles Kneipengespräch mit Kommiliton*innen oder das Verhandeln mit Freund*innen, was man heute Abend unternehmen möchte. Wir können hier an die möglichen Sprechhandlungsfolgen in Kap. 2 anknüpfen.

Schriftliche und mündliche Textmuster gehören zu unseren kognitiven Schemata und können in unterschiedlichen Kommunikationskulturen voneinander abweichen. Sie sind nicht starr abzuarbeiten, sondern das Vorhandensein und Erkennen eines Schemas ermöglicht, innerhalb der gegebenen Situation flexibel zu reagieren. Deshalb ist es wichtig, im Fremd- und Zweitsprachenunterricht Deutsch die hiesigen Muster kennenzulernen und zu reflektieren, u. a. indem man in Texten Muster, Schlüsselwörter und Signalwörter findet und die Schritte bzw. den Aufbau rekonstruiert (s. Hallet 2016: 48f.). Auf diese Weise kann der Zusammenhang zwischen sprachlichen Formen und kommuniziertem Inhalt reflektiert werden (s. ebd.: 98f.). Wichtig ist es, dabei eine Themen- und Aufgabenorientierung zu verfolgen, d. h. den Formfokus immer nur dienend zu legen (s. Kap. 2.6). ***Noticing*-Aufgaben**, d h. Aufgaben, die dabei helfen, auf bestimmte Aspekte des Textes aufmerksam zu werden (s. Hallet 2016: 106), helfen dabei, Regelhaftigkeiten zu erkennen. Durch umfangreiche Textrezeption und das bewusste Herausarbeiten von Ähnlichkeiten bestimmter Texte untereinander entstehen dann **Schreibpläne**, die den Lernenden dabei helfen könnten, Texte vorzubereiten, zu schreiben, aber auch gezielt zu überarbeiten, indem der Schreibplan am Ende des Schreibprozesses als Checkliste eingesetzt wird.[10] Zur

10 Günther et al. (2013: 57) zeigen am Beispiel eines Schreibplans für eine Vorgangsbeschreibung, wie das Modell insbesondere auch im sprachbildenden Fachunterricht an Schulen gewinnbringend eingesetzt werden kann.

Erarbeitung von Textmusterwissen stehen viele verschiedene Methoden zur Verfügung, wie z. B. nach einem Mustertext schreiben, Texte vervollständigen (z. B. Lücken vervollständigen oder einen Schluss schreiben), Texte überarbeiten, Textabschnitte ordnen bzw. zuordnen, Satzanfänge ergänzen usw. (Leisen 2013: 172, 174).

Sehr hilfreich können in diesem Zusammenhang auch Formen **kooperativen Schreibens** (also der gemeinsamen Arbeit mehrerer Personen am gleichen Text) sein, wie Schmölzer-Eibinger (2012: 166f.) ausführlich erläutert:

> Das kooperative Schreiben ‚entschleunigt' das Lerngeschehen und ermöglicht es den Lernenden, komplexe Lernanforderungen wahrzunehmen und bewusst zu bearbeiten. Die Texte müssen von den Schülern gemeinsam geplant, realisiert und überarbeitet werden, Formulierungen müssen vorgeschlagen, begründet, akzeptiert oder neu konzipiert werden. Dies erfordert einen intensiven Austausch in Bezug auf die Verwendung einzelner Begriffe, die reflektierte Konstruktion von Sätzen und die nachvollziehbare Entfaltung des Themas. Interaktion spielt in diesem Prozess eine zentrale Rolle: Die Aushandlungsaktivitäten der Lernenden machen nicht nur ihre Probleme im Umgang mit der Schreibaufgabe sichtbar, sondern auch ihre Anstrengungen, diese zu lösen.

Eine bekannte Form kooperativen Schreibens ist beispielsweise die **Schreibkonferenz** (auch als *Schreibwerkstatt* oder *Schreibkreis* beschrieben, z. B. Reuschling 2000; Richter 2008: 56ff.; Steets 2011: 71f.), die auch in die Kernlehrpläne der Grundschule und Sekundarstufe eingegangen ist. Schüler*innen stellen einander dabei in Kleingruppen selbst verfasste Texte vor und geben sich gegenseitig Feedback. Ein ähnlich funktionierendes schriftliches Verfahren, bei dem Lernende einander ebenfalls Rückmeldung auf eigene Texte geben, ist beispielsweise die **Textlupe** (Richter 2008: 59; Steets 2011: 70f.).

Um Muster mündlicher Texte zu erarbeiten, bietet sich der Ansatz des **generischen Lernens** an (s. auch Hallet 2016). Hier werden mündliche (meist dialogische) Texte unterschiedlicher Sorten und Register auf ihre Schritte hin untersucht und reflektiert und diese Muster werden dann benutzt, um weitere, eigene Texte nach analogem Muster zu verfassen.

Im folgenden Kapitel werden wir uns genauer mit Mündlichkeit und Schriftlichkeit beschäftigen und u. a. sehen, dass die Grenzen zwischen den beiden Modi gar nicht so klar verlaufen, wie wir bisher vereinfachend angenommen haben.

▶ Literaturtipps

Adamzik, Kirsten (2016): *Textlinguistik. Grundlagen, Kontroversen, Perspektiven.* 2. Aufl. Berlin; Boston: De Gruyter.

Schwarz-Friesel, Monika; Consten, Manfred (2014): *Einführung in die Textlinguistik.* Darmstadt: WBG.

Aufgaben nach diesem Kapitel

Aufgabe 1: Kohäsionsmittel

Lesen Sie sich den Text durch. Markieren Sie alle sprachlichen Elemente, die Kohäsion erzeugen, indem Sie Bezüge zwischen den einzelnen Textelementen herstellen.

Wie schon mehrfach erwähnt, müssen Texte auf der Oberfläche kohäsiv sein, um in der Tiefenstruktur kohärent zu erscheinen. Diese Kohärenz wird durch Kohäsionsmittel erzeugt. Ein Kohäsionsmittel ist z. B. Rekurrenz. Eine solche Wiederaufnahme eines Lexems gilt jedoch als stilistisch unschön, weil sie monoton wirkt. Sie ist also einfach und klar, aber nicht elegant.

Aufgabe 2: Textmuster bei Wegbeschreibung

Bitte nehmen Sie sich den Map-Task (s. Anhang) vor, führen Sie die Aufgabe mit einer anderen Person durch und nehmen Sie das Gespräch auf. (Am besten lassen Sie die andere Person den Weg erklären, denn Sie kennen ja nun beide Blätter und wissen auch, wie Yu und Malik das gemacht haben.) Analysieren Sie anschließend das Gespräch. Welche Schritte finden Sie in Ihrer Wegbeschreibung?

Sehen Sie sich anschließend das von Yu und Malik geführte Gespräch noch einmal an. Welche der Schritte befolgen die beiden? Fehlt etwas? Sehen Sie sich abschließend an, mit welchen Formulierungen die beiden die verschiedenen Kommunikationsaufgaben realisieren. Welche sprachlichen Mittel stehen Malik bereits zur Verfügung, welche Yu? Und welche fehlen den beiden oder einem der beiden?

Aufgabe 3: Artikelverwendung (Nullartikel, definite und indefinite Artikel) sowie Pronomen

Bitte markieren Sie im unten stehenden Text alle Nominalphrasen, falls vorhanden, mit ihrem Artikel. Überlegen Sie anschließend, warum welche Form jeweils gewählt wurde.

Warnung vor der Heißzeit. *Ist uns der Klimawandel egal?*
Forscher sagen eine mögliche Heißzeit voraus, von der es in diesem Sommer einen Vorgeschmack gibt. Sie warnen, viele Orte könnten wegen der Hitze unbewohnbar werden. Müssen wir aufgrund solcher Erkenntnisse noch einmal umdenken? Oder sollten wir es mit dem Klimaschutz nicht übertreiben?
(https://www.deutschlandfunk.de/warnung-vor-der-heisszeit-ist-uns-der-klimawandel-egal.1784.de.html?dram:article_id=425141, 02.09.2019)

Aufgabe 4: Thema-Rhema-Gliederung

Versuchen Sie, den hier stehenden Beginn des Märchens „Rumpelstilzchen" von den Gebrüdern Grimm nach Thema (TH) und Rhema (RH) zu gliedern.

Es war einmal ein Müller, der war arm, aber er hatte eine schöne Tochter. Nun traf es sich, dass er mit dem König zu sprechen kam. Er sagte zu ihm:
„Ich habe eine Tochter, die kann Stroh zu Gold spinnen."
Der König sprach zum Müller:
„Das ist eine Kunst, die mir wohl gefällt."

10. Sprachliche Variation: Mündlichkeit und Schriftlichkeit

Bislang haben wir meist so argumentiert, als gäbe es „eine" Sprache, die es zu erwerben gelte. Tatsächlich kommunizieren wir jedoch alle – unabhängig, ob in unserer L1 oder L2 – in verschiedenen Situationen und mit verschiedenen Menschen auf ganz unterschiedliche Art und Weise. Und je nach Kontext empfinden wir verschiedene Ausdrucksformen als passender oder weniger passend, wobei wir auch nicht immer einer Meinung darüber sind, wann welche Äußerung angemessen sein könnte (s. Kap. 2.2 sowie 2.1 zu verbalen Kommunikationswegen). Einen großen Unterschied macht es dabei zunächst, ob man mündlich oder schriftlich kommuniziert. Eine Arbeitskollegin, der wir auf der Straße begegnen, würden wir vielleicht mit *Hallo, Frau Müller!* ansprechen oder aber auch mit *Hallo, Anne!*, je nachdem, wie persönlich oder wie distanziert unser Verhältnis zueinander wäre. Auch schriftlich könnten wir besagte Kollegin mit *Hallo, Anne!* anschreiben, während wir im Siezfall wahrscheinlich eher *Liebe Frau Müller* oder *Sehr geehrte Frau Müller* als Anrede wählen würden. *Hallo, Frau Müller!* zu schreiben, wäre ebenfalls möglich, in einer mobilen Textnachricht jedoch beispielsweise viel üblicher als in einem formelleren Geschäftsschreiben, wo die Anrede *Hallo!* in den meisten Zusammenhängen als nicht angemessen gelten würde. An diesem kleinen Alltagsbeispiel wird bereits deutlich, wie komplex und wenig eindeutig zu klären die Frage nach der Angemessenheit von Äußerungen in spezifischen Kontexten ist. Sprache stellt sich demnach als ein vielschichtiges System dar, das auf den unterschiedlichen linguistischen Teilebenen sehr häufig mehrere Alternativen zur Auswahl bereitstellt. Wir sprechen daher auch von unterschiedlichen **Varietäten** oder **Registern** einer Sprache. Aus diesen Formalternativen wählen wir kontinuierlich – bewusst oder unbewusst – aus.

Denkpause 1

Überlegen Sie, mit welchen unterschiedlichen Formulierungen die folgenden Sprechakte (s. Kap. 2.3) zum Ausdruck gebracht werden können:

(a) sich nach dem Befinden von jemandem erkundigen,
(b) sich über etwas freuen,
(c) mitteilen, wie das Wetter ist.

Von welchen Faktoren hängt es ab, welche Formulierung Sie jeweils wählen würden? Welche Effekte hätte es, jeweils alternative Formulierungen zu nutzen?

Vielleicht haben Sie beispielsweise bei (b) Formulierungen wie *Yeah! Cool! Das freut mich sehr., Es freut mich sehr, dass..., Ich bin so glücklich!* gefunden – und Sie werden schnell gemerkt haben, dass die Formulierung, die Sie wählen würden, beispielsweise abhängig davon ist, wie sehr Sie sich freuen, aber auch abhängig von Ihrem Gegenüber und der Situation, in der Sie sich befinden. Abgesehen von der bereits angesprochenen Frage, ob eine Äußerung **mündlich** oder **schriftlich** getätigt wird, spielen also für die Auswahl aus Formalternativen das persönliche **Verhältnis von Sprecher*in und Hörer*in** zueinander sowie einige **situative Variablen** eine Rolle. Relevante Fragen hierfür sind z. B.: Kennen die Interaktanten einander? Sind sie vielleicht sogar miteinander befreundet oder verwandt? Ist ihr Verhältnis hierarchisch gestaltet, oder sind sie einander gleichgestellt? Und befinden sich Sprecher*in und Hörer*in in demselben Raum (und wenn ja, eher nah beieinander oder eher weit entfernt voneinander)? Oder sind sie räumlich voneinander getrennt und können ihre jeweiligen Äußerungen erst mit zeitlicher Versetzung vom Kommunikationspartner wahrgenommen werden? Ist Letzteres der Fall, kann der/die jeweilige Hörer*in keine spontanen Rückfragen stellen, so dass die Äußerung des Sprecherschreibers von vornherein viel eindeutiger ausgearbeitet sein muss. Hinzu kommt, dass der Sprecherschreiber nicht auf den umgebenden Kontext referieren kann, wenn der Hörerleser nicht anwesend ist. Ein Satz wie *Noch fünf Minuten.* wäre ohne geteilten Kontext völlig uninterpretierbar. Stehen Hörer*in und Sprecher*in aber nebeneinander an einer Bushaltestelle, an der nur eine Buslinie verkehrt, und ist der/die Hörer*in gerade erst hinzugekommen, während der/die Sprecher*in den Busfahrplan bereits kurz zuvor studiert hat, so ist unmittelbar klar, was der/die Sprecher*in sagen möchte, ohne dass er/sie sprachlich weitere Ausführungen machen muss (s. Kap. 2.2, Exkurs Zeichenmodelle, Deixis). Solche Kontextvariablen bestimmen also einerseits, wie genau und ausführlich eine Äußerung sein muss, andererseits, wie elaboriert bzw. wie umgangssprachlich sie sein sollte.

Dieses Kapitel beschäftigt sich also mit den unterschiedlichen Weisen zu sprechen und zu schreiben und bietet damit einen Anknüpfungspunkt an Kapitel 2.2 (Kontextualisierung). Wir überlegen, nach welchen Parametern sich diese Unterschiede richten (10.1) und welche verschiedenen Arten zu sprechen und zu schreiben es gibt (10.2 und 10.3). Nachdem die konkreten Merkmale dieser unterschiedlichen Kommunikationsweisen beschrieben wurden (10.4 und 10.5), überlegen wir abschließend, wie die Kompetenz von Lernenden in den jeweiligen Bereichen gefördert werden kann (10.6 und 10.7). Im Bereich der Schriftlichkeit beziehen wir uns dabei insbesondere auf den DaZ-Schulkontext, weil diese hier als besonders ausschlaggebend für Bildungskarrieren und deshalb als sehr förderungswürdig angesehen wird. Das heißt aber selbstverständlich nicht, dass sie nur dort eine Rolle spielt.

10.1 Eine Sprache – viele Varietäten

Verschiedene theoretische Ansätze haben versucht, diesem oben angedeuteten komplexen Begriff von Sprache gerecht zu werden. Gemein ist allen Ansätzen, dass Sprache als **Diasystem** (gr. *dia-* bedeutet ‚durch, hindurch'; s. z. B. Riebling 2013: 111) modelliert wird, wobei in der Regel **diatopische** (‚durch den geographischen Raum hindurch', also auf dialektale und nationale Varietäten bezogen), **diastratische** (‚durch soziale Schichten hindurch', also auf Gruppenvarianten bezogen) und **diaphasische** (‚durch verschiedene Kommunikationssituationen hindurch', hier also **Register** im engeren Sinne) Variation voneinander unterschieden werden.

▶ Exkurs: Defizit- und Differenzhypothese ◀

Insbesondere die diastratische Variation (der sog. **Soziolekt**) wurde dabei zunächst kritisch beäugt. Bernstein (1971, 1973) unterschied in diesem Zusammenhang beispielsweise zwischen einem **elaborierten** und einem **restringierten Code**, wobei die sog. Unterschichtsprache als defizitär gegenüber der Standardsprache galt. Mittlerweile hat sich jedoch die Erkenntnis durchgesetzt, dass unterschiedliche Register grundsätzlich als gleichwertig zu betrachten sind, da sie ihre kommunikativen Funktionen (s. Kap. 2.5, Konversationsmaximen) jeweils optimal erfüllen. Wenn in einem Gespräch unter Freunden der Satz *Ich geh Aldi.* fällt, ist dieser durchaus funktional, da er klar verständlich ist. Er ist zunächst einmal ökonomischer, weil er kürzer als die Variante mit Präposition ist, die der/die Sprecher*in zudem erst noch aus mehreren möglichen richtungsanzeigenden Präpositionen (*nach*, *zu*, *in*; s. Kap. 8.2.1, Exkurs Präpositionen) auswählen müsste. Möglicherweise ist die Formulierung weiterhin auch identitätsstiftend als Merkmal einer **Gruppensprache**, d. h. einer besonderen Sprechweise einer bestimmten Sprachgemeinschaft. Eine solche Sprachgemeinschaft kann z. B. eine Gruppe von Jugendlichen sein, die durch ihre Ausdrucksweise anzeigen, dass sie einer bestimmten Szene angehören. Wenn hingegen während eines Experiments im Physikunterricht der Satz *Ich stell Glas Kiste.* fällt, bleibt unklar, ob das Glas beispielsweise *auf*, *unter* oder *neben* eine Kiste gestellt werden soll, womit der Satz in der gegebenen Kommunikationssituation als nicht klar genug und damit als dysfunktional zu beurteilen wäre. Die ursprünglich formulierte **Defizit-Hypothese** ist daher in eine **Differenz-Hypothese** abgewandelt worden. Alltagsweltlich ist die Sichtweise, dass informelle, gesprochene Sprache gegenüber elaborierter mündlicher oder geschriebener Sprache minderwertig sei, aber durchaus noch anzutreffen. Man geht oft selbstverständlich von einer besonders zu fördernden Schriftlichkeit aus, man beschreibt die Regeln gesprochener (informeller) Sprache ausgehend von der schriftlichen und man richtet insgesamt viel weniger Aufmerksamkeit auf das Mündliche.

Zur Diatopik, Diastratik und Diaphasik gehören jeweils verschiedene Bereiche: Die **Diatopik** bezieht sich auf ausgewiesene Dialekte, aber auch auf regionale, dialektal gefärbte Sprechweisen, die **Diastratik** im engen Sinn auf Soziolekte, im weiteren Sinn aber beispielsweise auch auf Alterssprachen und die unterschiedlichen Sprachstile von Frauen und Männern und evtl. weiteren Geschlechtern (Genderlekte), also auf Gruppensprachen aller Art. Zur **Diaphasik** zu zählen sind die Sprachstile, die man in verschiedenen Situationen wählt (Situolekte/Textsorten). Der ebenfalls der Diaphasik zuzuordnende Begriff **Funktiolekt** fokussiert darauf, dass sich manche Sprachstile aufgrund der Funktionen, die sie erfüllen, überhaupt erst herausgebildet haben. Zu den Funktiolekten zählen beispielsweise Sprechweisen, die möglichst eindeutig sein müssen, wie die Kommunikation von Ärzten im Operationssaal. Der **Mediolekt** liegt quer zu den bisher genannten Größen; er bezieht sich auf das Medium, in dem kommuniziert wird, also zunächst einmal auf Mündlichkeit oder Schriftlichkeit. Und schließlich verfügt jeder auch über einen individuellen Kommunikationsstil, den **Idiolekt** (s. Löffler 2008).

Jede unserer Äußerungen ist grundsätzlich auf all diesen Ebenen anzusiedeln: Ich kann beispielsweise nicht allein einen Dialekt sprechen; vielmehr spielt immer auch eine Rolle, wie alt ich bin, welches Geschlecht und welchen sozialen Hintergrund ich habe, in welcher Situation ich kommuniziere und welches Medium ich nutze. Linguistische Untersuchungen zu einer der Größen müssen folglich immer versuchen, möglichst viele der genannten Parameter konstant zu halten und idealerweise nur einen zu variieren.

▶ Exkurs: Standardsprache ◀

Nichtsdestotrotz existiert tatsächlich auch das Konstrukt einer einheitlichen Sprache in der deutschen Gesellschaft (und in vielen anderen auch). Man nennt dies **Standardsprache** bzw. **Standarddeutsch** (oder alltagssprachlich auch Hochdeutsch). Die standardsprachlichen Normen sind in Grammatiken (in Deutschland insbesondere in der Duden-Grammatik) und Wörterbüchern kodifiziert – und nur, wenn ein solches Regelwerk existiert, spricht man von einer Standardsprache. Für das Deutsche geht man deshalb von vier nationalen Standardvarietäten in den Staaten Deutschland, Schweiz, Österreich und Luxemburg aus. Interessant ist die Frage, wie eine solche Standardvarietät entsteht. Hierzu gibt es zwei Erklärungsmöglichkeiten: Eine Standardsprache kann entweder als „kleinster gemeinsamer Nenner" verschiedener Varietäten eines Staates gesehen werden, oder aber eine der lokalen Varietäten wurde irgendwann einmal als Standardsprache ausgewählt und festgelegt. Der Übergang zwischen Dialekten und regionalen Umgangssprachen kann fließend sein (wie in Österreich) oder klar abgegrenzt (wie in der Schweiz). Auch der Standard verändert sich, wie Sprache generell, im Laufe der Zeit. Wenn Sie beispielsweise nachschlagen, ob *bestehen auf* mit Dativ oder mit Akkusativ gebildet wird, so finden Sie in älteren Grammatiken den Dativ, in neueren Dativ und Akkusativ, und in einigen Jahren wird vermutlich der Dativ nicht mehr verwendet werden und sich mit leichter zeitlicher Verzögerung schließlich auch nicht mehr in den Referenzwerken finden. Aus der tatsächlichen Kommunikation der Menschen in einer Gesellschaft wird also einerseits durch Beschreibung ein Standard gewonnen (die sog. **deskriptive Norm**), die dann **präskriptiv** (also ‚vorschreibend') in das öffentliche Leben (insbesondere die Bildungseinrichtungen) hineinwirkt. Durch den permanenten Sprachwandel wird aber längerfristig auch wiederum die Norm fortlaufend beeinflusst. Einen „reinen" Standard spricht dabei tatsächlich niemand – trotzdem haben wir, wie oben erwähnt, diesen immer im Kopf, wenn wir an „das Deutsche" denken.[1]

Während nicht alle Sprecher*innen ausgeprägt diatopisch oder diastratisch variieren (können), nutzen wir alle regelmäßig unterschiedliche diaphasische Varianten, und zwar in Abhängigkeit von verschiedenen Variablen des kommunikativen Kontextes und den damit verbundenen situativen Anforderungen, und zwar sowohl in der L1 als auch in der L2. Diese Variation betrachten wir daher im Folgenden noch einmal genauer. Halliday & Hasan (1989) unterscheiden im Rahmen ihrer **Register-Theorie** in diesem Zusammenhang zwischen ***Field of Discourse*** (Gesprächssituation und -gegenstand bzw. Texttyp und -thema), ***Tenor of Discourse*** (Rollenbeziehungen der Diskursteilnehmer untereinander) und ***Mode of Discourse*** (gesprochener vs. geschriebener Kanal und Planungsgrad der Äußerung).

> Beim Sprechen oder Schreiben wählt man also entsprechend der jeweiligen Situation – und damit entsprechend der drei Kontextvariablen *Field, Tenor* und *Mode* – die lexikalischen und grammatischen Elemente aus, die dem Kontext angemessen erscheinen – oder genauer: die man im Laufe der Sozialisation als dem Kontext angemessen erfahren und gelernt hat. Dies geschieht in einem erheblichen Maße als Routine und gleichsam unbewusst. Trotzdem wird sich jede/r an Situationen erinnern, in denen sie/er sich „im Ton vergriffen" oder eine Irritation gespürt hat, in denen eine Äußerung vielleicht zu umgangssprachlich oder im Gegenteil zu ‚abgehoben' erschien, oder auch an eine Situation, in der der soziale Kontext so ungewohnt war, dass man nicht recht wusste, was man sagen sollte. (Quehl & Trapp 2013: 15f.)

Ein Beispiel wäre die Frage, wie im Sprachunterricht (Unterrichtskontext) die Lehrperson von den Lerner*innen (potentiell hierarchische Rollenbeziehung) angesprochen (mündliche Sprache) werden kann/sollte. Während es Sprachen gibt, in denen sich nahezu alle duzen (Dänisch, Kiswahili), müsste in anderen (Arabisch, Französisch) eine Lehrperson in jedem Fall gesiezt werden; man kann den Lehrenden beim Vornamen oder beim Nachnamen oder mit Frau/Herr + Nachname anreden. In einigen Sprachen ist auch die Anrede mit ‚(Frau/Herr/mein) Lehrer' (z. B. im Türkischen) möglich. In den meisten Sprachkursen in Deutschland wird

1 Genauere Information zum Thema Standardsprache gibt Löffler (2008).

wahrscheinlich geduzt und sich beim Vornamen angesprochen. Auch in der Kindertagesstätte ist es durchaus üblich, dass Eltern und Erzieher*innen sich duzen. Eltern sollten aber beispielsweise auf keinen Fall auf die Idee kommen, dem/der Gymnasiallehrer*in ihrer Kinder das Du anzubieten. Genauso haben wir beispielsweise auch Vorstellungen davon, wie man einen/eine Kellner*in auf sich aufmerksam macht, ob und, wenn ja, wie man mit dem/der Busfahrer*in spricht und was man wie in der Sprechstunde mit einem/einer Dozenten/Dozentin besprechen darf oder sollte und welche Themen dort nicht hingehören. All diese Regeln erwerben wir im Laufe unserer Sozialisation, und zwar in großen Teilen unbewusst und durch Imitation. Hier sind Kinder aus bildungsnahen Haushalten also bereits bei Schuleintritt klar im Vorteil gegenüber Kindern aus bildungsfernen[2] Familien, da sie sich im Schulkontext funktionale Register wie Bildungs- und Fachsprache (s. 10.3) zumindest teilweise bereits im familiären Umfeld angeeignet haben.

10.2 Konzeptionelle Mündlichkeit vs. Schriftlichkeit

Genau wie wir uns die verschiedenen Interaktionsnormen „nebenbei“ aneignen, erwerben wir auch Vorstellungen davon, „wie man spricht“ und „wie man schreibt“. Intuitiv würden wir wahrscheinlich in etwa annehmen, dass mündliche Kommunikation eher spontan stattfindet und schriftliche eher geplant sowie ggf. auch mehrfach überarbeitet wird, dass schriftliche Kommunikation insgesamt normorientierter und komplexer, mündliche eher dynamisch, kreativ, aber auch bruchstückhaft und vorläufiger sein könnte. Ganz so klar und einfach gestaltet sich die Unterscheidung jedoch nicht, so dass hier im Folgenden noch einmal genauer differenziert werden soll.

Denkpause 2

Welche Merkmale der ersten Zeilen des Romans *Das Muschelessen* von Birgit Vanderbeke (1990: 5) erscheinen Ihnen „typisch mündlich“ bzw. „typisch schriftlich“?

> *Daß es an diesem Abend zum Essen Muscheln geben sollte, war weder ein Zeichen, noch ein Zufall, ein wenig ungewöhnlich war es, aber es ist natürlich kein Zeichen gewesen, wie wir hinterher manchmal gesagt haben, es ist ein ungutes Omen gewesen, haben wir gesagt, aber das ist es sicherlich nicht gewesen, auch kein Zufall. Gerade an diesem Tag wollten wir Muscheln essen, ausgerechnet an diesem Abend, haben wir gesagt, aber so ist es wiederum auch nicht gewesen, keinesfalls kann man von Zufall sprechen, wir haben nachträglich nur ver-*

2 Auch dieser Begriff wird inzwischen durchaus kritisch gesehen. So titelt die Süddeutsche online am 6. August 2015: „‚Bildungsfern‘ ist grausamer als ‚ungebildet‘“ (https://www.sueddeutsche.de/bildung/bildungspolitik-ganz-weit-weg-1.2596342, 02.09.2019).

sucht, dieses Muschelessen als Zeichen oder als Zufall zu nehmen, weil das, was auf dieses ausgefallene Muschelessen dann folgte, tatsächlich von solcher Ungeheuerlichkeit gewesen ist, daß sich am Ende keiner von uns mehr davon erholt hat, und schließlich haben wir immer Muscheln gegessen, wenn es etwas Besonderes sein sollte, und dies ist etwas Besonderes gewesen, allerdings in einem ganz anderen Sinne, als wir uns das vorgestellt hatten.

Offensichtlich ist, dass es sich grundsätzlich um einen geschriebenen, d. h. medial graphischen, Text handelt. Die Art und Weise, wie er geschrieben ist, trägt jedoch auch Züge des Mündlichen, ist also konzeptionell zwischen mündlich und schriftlich anzusiedeln. Einerseits folgen die Sätze einander in lockerer Folge und die Aussagen erscheinen teilweise redundant, teilweise widersprechen sie einander oder scheinen unmittelbar gar keinen Sinn zu ergeben, so dass der Text, der eine Form von innerem Monolog bzw. Bewusstseinsstrom darstellt, insgesamt nicht sehr kohärent und tendenziell „mündlich" wirkt. Andererseits sind die Sätze grammatisch durchaus korrekt, und es sind im Gegensatz zu medial phonischer Sprache keine Abbrüche, Selbstkorrekturen oder Verzögerungsphänomene (wie beispielsweise *äh*) enthalten.

Koch & Oesterreicher (1985) unterscheiden in diesem Zusammenhang zwischen dem **Medium** (also quasi dem Kanal), das **phonisch** vs. **graphisch** sein kann, und der **Konzeption** (der Planung der Äußerung), die **mündlich** oder **schriftlich** charakterisiert sein kann (Abb. 1). Schriftliche Konzeption zeichnet sich dabei gegenüber der mündlichen durch ihre Dekontextualisiertheit aus, was wiederum einen höheren Planungsgrad sowie Komplexität und Exaktheit der Versprachlichung nach sich zieht. Dabei kommen durchaus alle vier möglichen Kombinationen aus Medium und Konzeption vor, wenn auch die Kombinationen phonisch/mündlich und graphisch/schriftlich sicherlich häufiger vertreten sind als phonisch/schriftlich und graphisch/mündlich. Eine Äußerung kann, wie beispielsweise ein Alltagsgespräch, medial phonisch und konzeptionell mündlich sein; sie kann aber auch medial graphisch und gleichzeitig konzeptionell mündlich sein, wie z. B. eine *WhatsApp*-Nachricht. Ein konzeptionell schriftlicher Text kann medial graphisch sein, wie z. B. ein Gesetzestext, er kann aber auch medial phonisch sein, wie beispielsweise eine Urteilsverkündung. Dabei ist die Unterscheidung in phonisch vs. graphisch dichotom; die Pole mündlich vs. schriftlich stellen hingegen die Extrempunkte eines Kontinuums dar. Gibbons (2006: 271-273) spricht in diesem Zusammenhang von einem ***mode continuum***, das von kontextgebundener, konzeptionell mündlicher zu kontextentbundener, konzeptionell schriftlicher Sprache verläuft.

Auffällig ist, dass informelle Kommunikation eher konzeptionell mündlich zu sein scheint und formelle Kommunikation konzeptionell schriftlich. Deshalb wird die konzeptionelle Mündlichkeit auch als **Nähesprache** und die konzeptionelle Schriftlichkeit auch als **Distanzsprache** charakterisiert.

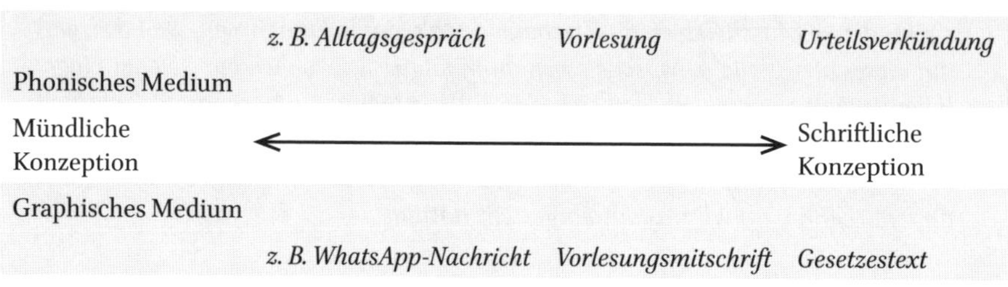

Abb. 1: Medium und Konzeption

Das Modell von Koch & Oesterreicher fand, obwohl es bereits 1985 für die Romanistik entwickelt wurde, ab den 2000er Jahren in Linguistik und Didaktik eine große Resonanz, da es in eingängiger Weise die alltagsweltlich gängige Dichotomie zwischen Mündlichkeit und Schriftlichkeit aufbricht. Gleichwohl wird es inzwischen auch kritisiert. So ist eine klare Verortung von Texten auf dem Nähe-Distanz-Kontinuum schwierig zu leisten, zumal Mündlichkeit nicht automatisch mit Nähesprache gleichzusetzen ist. Möglicherweise ist von unterschiedlichen Nähekategorien auszugehen; mit meiner mir sehr vertrauten Großmutter spreche ich beispielsweise anders als mit meinem mir ebenfalls sehr vertrauten Freund. Auch nimmt das Modell eine Struktur- und keine Prozessperspektive ein (s. Feilke et al. 2016, insb. die Artikel von Maas, Feilke und Imo zur wissenschaftstheoretischen und -historischen Verortung). Für Fragen des Sprachausbaus (s. Ohm 2017), d. h. der Verbesserung jeweiliger konzeptionell schriftlicher bzw. konzeptionell mündlicher Kompetenz, ist es deshalb nur bedingt nutzbar. Trotzdem lenkt es die Aufmerksamkeit auf unterschiedliche Formalitätsgrade von Varietäten und ist deshalb im Rahmen der Sprachsensibilisierung sinnvoll einzusetzen.

Ähnlich wie die Unterscheidung zwischen konzeptioneller Mündlichkeit und Schriftlichkeit ist auch die Unterscheidung in *Basic Interpersonal Communicative Skills* (**BICS**) vs. *Cognitive Academic Language Proficiency* (**CALP**) angelegt, die Cummins (2000: 66-71) mittels eines doppeldichotomen (d. h. in zweifacher Hinsicht dichotomen) Kontinuums von *cognitively undemanding* und *context embedded* vs. *cognitively demanding* und *context reduced* charakterisiert. Der Begriff BICS bezieht sich auf basale Kommunikationsfähigkeiten, während CALP die schulbezogenen Sprachfähigkeiten in den Blick nimmt. Entscheidend sind hier wiederum die Faktoren Kontextreduktion und konzeptionelle Schriftlichkeit. Während Cummins annimmt, dass BICS von Seiteneinsteiger*innen ins Schulsystem bereits binnen sechs Monaten bis zwei Jahren als erworben gelten können, nimmt er für CALP fünf bis acht Jahre Erwerbsdauer an (s. auch Leisen 2013: 67-69).

Auch dieses Modell wird zwar in der Sprachförderdiskussion häufig genutzt, aber inzwischen durchaus auch kritisiert. Es impliziert, dass kontexteingebundene Kommunikation kognitiv nicht herausfordernd sei, kontextfreie Kommunikation hingegen sehr wohl, hält also das konzeptionell Mündliche für leichter als das konzeptionell Schriftliche. Damit bewegt es sich wiederum eher innerhalb eines Defizitmodells als innerhalb eines Differenzmodells (s. 10.1, Exkurs Defizit- und Differenzhypothese).

10.3 Allgemeinsprache, Bildungssprache, Fachsprache

Entlang des Kontinuums von konzeptioneller Mündlichkeit zu konzeptioneller Schriftlichkeit werden gängig drei Register unterschieden: Unter der den BICS weitgehend entsprechenden **Allgemeinsprache** werden „alle sprachlichen Ausdrucksmittel [...], die zur Bewältigung alltäglicher Kommunikation notwendig sind" (Ahrenholz 2010: 15), gefasst. Es handelt sich also um situativ eingebetteten, konzeptionell mündlichen Sprachgebrauch. Im Bereich der konzeptionellen Schriftlichkeit wird aktuell noch einmal unterteilt in Bildungs- und Fachsprache. **Bildungssprache** bezeichnet dabei allgemein das „Register, das Merkmale formaler Rede trägt und an der Schriftsprache orientiert ist" (Ahrenholz 2010: 16).[3] Demgegenüber bezeichnet der Terminus **Fachsprache** zunächst einmal generell Sprachen, die in spezifischen fachlichen Bereichen gesprochen werden, z. B. im Bereich Bauwesen, im Bereich Medizin oder im Bereich Verwaltung. Bezogen auf die Schule sind dies „jene sprachlichen Mittel, die für ein bestimmtes Schulfach (z. B. Physik) typisch sind" (ebd.). Fach- und Bildungssprache sind primär durch konzeptionelle Schriftlichkeit charakterisiert, wobei sich die Fachsprache gegenüber der Bildungssprache zusätzlich durch Fachspezifika, insbesondere im Bereich von Fachtermini, sowie diskurs- bzw. textsortenspezifische Merkmale auszeichnet. Allerdings stehen die drei Varietäten gleichzeitig in einem Inklusionsverhältnis insofern, als dass Fachsprache auf Bildungssprache und diese wiederum auf Allgemeinsprache fußt, weshalb die Register auch nicht immer klar voneinander abzugrenzen sind. So konstatiert auch Ahrenholz (2010: 17), bezogen auf die Schule:

> Allgemeinsprache, Bildungssprache und Fachsprache sind folglich nicht immer trennscharf und jeder Text, jede Unterrichtskommunikation wie auch jeder Fachdiskurs hat in unterschiedlichem Maße Elemente aller drei Register. Unterschiede zeigen sich aufgrund des unterschiedlichen Grades an Spezialisierung in den verschiedenen Schultypen und Klassenstufen, wobei auch in der Grundschule Bildungssprache bereits von zentraler Bedeutung ist.

Hinzu kommt, dass sich die genannten Register weniger durch exklusive linguistische Merkmale voneinander unterscheiden lassen, sondern dass vielmehr **Frequenzunterschiede** in der Nutzung linguistischer Mittel beobachtbar sind. So kommen beispielsweise Passivformen, Präfixverben oder auch Abkürzungen zwar häufiger in Bildungs- und Fachsprache als in Allgemeinsprache vor; sie kommen in der Allgemeinsprache aber eben durchaus auch vor (z. B. *Wird gemacht!*, *einkaufen*, *PC*).

---

3 Einen sehr gut lesbaren Einstieg in das Thema Bildungssprache bietet Feilke (2012).

10.4 Merkmale konzeptioneller Schriftlichkeit

Im letzten Punkt wurden einige Merkmale konzeptioneller Schriftlichkeit bereits genannt; wir werden diese nun im Folgenden systematisch erarbeiten.

Denkpause 3

Die Äußerungen (a)-(d) sind auf einem *mode continuum* aufsteigend nach dem Grad der konzeptionellen Schriftlichkeit angeordnet. Aktivieren Sie Ihr gesammeltes linguistisches Wissen und beschreiben Sie, welche sprachlichen Veränderungen von Satz zu Satz vorgenommen wurden, um von einer eher alltagssprachlichen Äußerung in (a) zu einer eher bildungssprachlichen Äußerung in (d) zu gelangen.

(a) *Wir haben Gelb und Blau zusammengemacht, und dann ist das Grün geworden.*
(b) *Wenn man Gelb und Blau mischt, wird daraus Grün.*
(c) *Mischt man mindestens zwei Farben, entsteht daraus eine andere Farbe.*
(d) *Durch Vermischen zweier Farbtöne entsteht ein neuer.*

Zunächst kann man festhalten, dass aus dem Erzählen eines Erlebnisses im ersten Satz in der vierten Version ein allgemeingültiger Lehrsatz geworden ist. Anstelle konkret verwendeter Farben wird der bildungssprachliche Oberbegriff „Farbton" verwendet. Außerdem wird das ***Passepartout*-Wort** *machen* bzw. die Spontanbildung *zusammenmachen* durch das treffendere Verb *mischen* ersetzt. Während in (a) das Personalpronomen *wir* und in (b) und (c) das unpersönliche Pronomen *man* verwendet werden, handelt es sich bei (d) um einen entpersonalisierten Ausdruck, der durch die Nominalisierung *durch Vermischen* erreicht wird. Diese Struktur ist kompakter als der uneingeleitete Konditionalsatz in (c), der Konditionalsatz in (b) oder auch die syndetische Parataxe in (a) (s. Kap. 8.4). Die Verallgemeinerbarkeit des Lehrsatzes wird darüber hinaus durch die Verwendung des Präsens (anstelle des Perfekts in (a)) markiert. Die Verwendung von Fachbegriffen, unpersönlichen Ausdrucksweisen oder auch die kompakten syntaktischen Strukturen tragen dazu bei, dass die Sprache exakt, kompakt und entpersonalisiert wird. Übersichten über sprachliche Merkmale von bildungs- und fachsprachlichen Texten finden sich bei vielen Autor*innen (z. B. Leisen 2011: 148; Kniffka 2012: 210ff.; Schmölzer-Eibinger et al. 2013: 13). Auch die Fachsprache Linguistik weist diese Merkmale selbstverständlich auf. Deshalb werden wir im Folgenden zur Erläuterung der jeweiligen neuen Fachbegriffe Beispiele aus diesem Bereich heranziehen.

Das Erste, was einem Laien in der Regel einfällt, wenn man ihn fragt, was Fachsprachen seines Erachtens schwierig macht, sind die Fachbegriffe. **Fachtermini**, häufig auch noch in Form von Komposita (z. B. aus der Fachsprache Linguistik die Wörter *Determinativkompositum*, *Kopulativkompositum*, *morphosemantisch*), müssen in ihrer Bedeutung natürlich erschlossen werden, auch wenn sie tatsächlich nur einen kleinen Teil der Erwerbsaufgabe ausmachen. Hinzu kommen im Bereich der Lexik je nach Fachgebiet mehr oder weniger häufig **Abkürzungen** (z. B. *L2*, *CV-Struktur*, *GER*). Manche Fachwörter erscheinen uns auch zunächst geläufig, weil wir sie aus der Alltags-, teilweise auch Bildungssprache zu kennen glauben, entpuppen sich dann aber als **fachsprachlich** ganz **anders definiert** (z. B. *markiert*, *synthetisch*, *Stamm*). Typisch für Bildungs- und Fachsprache im Deutschen im morphologischen Bereich ist weiter eine häufige **Nominalisierung** (*die Verwendung*, *die Bildung*, *die Auswahl*), weshalb auch von *Nominalstil* die Rede sein kann. Die Nominalisierung wirkt ökonomisch und lässt Äußerungen besonders kompakt werden (s. auch Denkpause 1). Auch werden zahlreiche **Präfixe** (z. B. *uneingeleitet*, *Einbettungstiefe*, *Vorfeld*) und **Suffixe** (z. B. *steigerbar*, *stimmlos*, *vokalreich*) verwendet. **Funktionsverbgefüge** (s. Kap. 6.2.5, Tab. 2) werden ebenfalls häufig als Merkmal bildungs- und fachsprachlicher Texte angeführt. Wie häufig sie in der Linguistik (beispielsweise auch in dieser Einführung) tatsächlich vorkommen, müsste geprüft werden (zu denken wäre beispielsweise an *Überlegungen anstellen*, *einen Unterschied machen zwischen*, *in Zusammenhang stehen mit*). Mit Sicherheit in größerer Anzahl kommen hingegen auf syntaktischer Ebene **komplexe Attribute** (s. Kap. 8.1) vor. Geht man in diesem Text etwas zurück, so stößt man auf Formulierungen wie *Übersichten über sprachliche Merkmale von bildungs- und fachsprachlichen Texten* oder auch *linguistische Beispiele, von denen Ihnen die meisten bei der Lektüre dieser Einführung bereits begegnet sind.* Auch **Passiv** und **Passiversatzkonstruktionen** werden Ihnen in nahezu jedem bildungs- bzw. fachsprachlichen Text in großer Zahl begegnen (1)-(3).

(1) *Eine Merkmalsanalyse wird tabellarisch dargestellt.*
(2) *Sprechhandlungen (= illokutive Akte) lassen sich klassifizieren, d. h. in verschiedene Gruppen einteilen.*
(3) *Außerdem sind sie problemlos weglassbar.*

Analoges gilt für **unpersönliche Ausdrucksweisen** (4)-(6).

(4) *..., um welche Art von Satzglied es sich jeweils handeln könnte.*
(5) *In der Linguistik spricht man in diesem Zusammenhang von Kohäsion und Kohärenz.*
(6) *Bei der Flexion geht es darum, dass...*

Was den Satzbau betrifft, so ist dieser nicht nur allgemein als komplex zu bezeichnen, sondern er weist ein besonders hohes Vorkommen **uneingeleiteter Konditionalsätze** auf (7)-(9).

(7) *Führt man die Umstellprobe mit den verbleibenden Satzteilen fort, ...*
(8) *Sind die gleichrangigen Teilsätze, Wortgruppen oder Wörter durch* und, oder, [...] *verbunden, ...*
(9) *Werden Adjektive wie* schön *in entsprechenden verbalen Kontexten verwendet, ...*

Komplex sind auch die **Verweisstrukturen** innerhalb der Texte, die zur Herstellung von Kohärenz verwendet werden (s. Kap. 9.1.1 zu metakommunikativen Lesehinweisen und den Text zum „Lernorgan Gehirn" in Kap. 9.1.2).

10.5 Merkmale konzeptioneller Mündlichkeit

Genauso lassen sich auch sprachliche Merkmale beschreiben, die es nur oder zumindest deutlich häufiger in konzeptionell mündlicher Sprachverwendung zu beobachten gibt. Auch hier steigen wir wieder mit einer Denkpause ein.

Denkpause 4

Lesen Sie den kurzen Chatverlauf zwischen Sara (hell hinterlegt) und Johanne (etwas dunkler hinterlegt) (beide mit der L1 Deutsch). Schauen Sie sich außerdem einige Ihrer eigenen deutschsprachigen Chatgespräche (falls vorhanden) an.

Welche Merkmale können Sie finden, die Sie für konzeptionell mündliche Kommunikation charakteristisch halten? Wenn Sie Schwierigkeiten haben, solche Charakteristika zu identifizieren, stellen Sie sich vor, Sie würden einen formellen Brief schreiben. Welche Strukturen oder Ausdrücke aus dem Chatverlauf würden Sie dann anders formulieren bzw. vermeiden?

Abb. 2: Chat-Verlauf zwischen Sara und Johanne (L1 Deutsch)

Zunächst sind Ihnen vermutlich, abgesehen von den vielen Emoticons und anderen durch das spezifische Medium (hier also das Smartphone bzw. die Anwendung *WhatsApp*) bestimmte Erscheinungen, die vielen unvollständigen Sätze bzw. Satzfragmente (wie *bin aber nicht sicher, kaufe aber sonst noch einfach welche, alles klar* oder *Aufführung war gut*) aufgefallen. Weiterhin gibt es mitten im Gespräch einen abrupten Themenwechsel: Zunächst sprechen die Beteiligten über den organisatorischen Ablauf eines Besuchs und dann unvermittelt über eine vergangene Theateraufführung. All das ist typisch für konzeptionell mündliche Kommunikation, bei der die Beteiligten ja typischerweise den Gesprächskontext und viel Vorwissen teilen, wodurch plötzliche (Gedanken-)Sprünge in der Regel ohne Weiteres nachvollziehbar sind. Ein Problem im Fremdsprachenunterricht besteht häufig darin, dass den Lehrenden nicht bewusst ist, dass wir mündlich eben oft nicht in vollständigen Sätzen sprechen und dass sie diese Formen einfordern, auch wenn sie mündlich in manchen Kontexten unüblich oder sogar unangemessen sind (s. auch Kap. 2.4).

Während manche dieser Besonderheiten gesprochener Sprache im Unterrichtskontext nicht explizit vermittelt werden müssen, weil sie (aufgrund der Produktionsbedingungen mündlicher Sprache) ohnehin automatisch entstehen, wie beispielsweise **Abbrüche**, **Wiederholungen** oder auch Verzögerungen (**Häsitationsphänomene)**, sollten andere im Rahmen eines kommunikativen Fremdsprachenunterrichts daher durchaus Gegenstand expliziter Betrachtung werden. Breindl & Thurmair (2003: 90) schlagen entsprechend vor:

> Wir plädieren für eine klare Differenzierung in:
>
> 1. Normabweichungen, die sich zwar prozedural als Planungsbesonderheiten der besonderen Bedingungen gesprochener Sprache begründen lassen, aber weder eine funktionale Differenzierung gegenüber der geschriebenen Varietät noch eine potenzielle Entwicklungstendenz markieren, eben „Performanzfehler“, und
> 2. funktional differenzierte „Abweichungen“, die Ausgangspunkt für Sprachentwicklung sind. Nur für letztere gilt: „Die Fehler von heute sind die Regeln von morgen“, und nur für sie lässt sich eine didaktische Relevanz begründen.

Aus dieser zweiten, funktionalen Kategorie sollen im Folgenden die für den DaF-/DaZ-Vermittlungskontext relevantesten Phänomene in enger Anlehnung an Fiehler (2016: Abschnitt 5.3.3.3) überblicksartig dargestellt werden.

Referenz-Aussage-Strukturen bestehen aus einem referierenden Ausdruck und einer Aussage über das Referenzobjekt. Der Referenzausdruck wird dabei in der Regel in der anschließenden Aussage über eine Proform wieder aufgenommen (10).

(10) *Das Spiel gestern, das war ja wohl der Hammer!*

Entsprechende Strukturen werden auch als **Linksherausstellungen** oder als **freies Thema** bezeichnet, Letzteres, weil es die Struktur erlaubt, etwas, über das bislang möglicherweise noch gar nicht oder zuletzt nicht gesprochen wurde, zum Gesprächsthema zu machen (s. zum Stellungsfeldermodell Kap. 8.5). Andersherum sind auch **Rechtsherausstellungen** möglich, die hingegen in der Regel eine Form von Nachtrag oder Ergänzung darstellen (11).

(11) *Die Anja hat gestern geheiratet, meine Freundin aus Bonn.*

Auch **Operator-Skopus-Strukturen** bestehen aus zwei Elementen, wobei der Operator einen Hinweis darauf gibt, wie der/die Hörer*in den (in der Regel darauf folgenden) Skopus kommunikativ einordnen bzw. verstehen soll. Mit Skopus ist also hier (anders als in Kap. 9) die inhaltliche Aussage des Satzes gemeint. Die Einordnung durch den Operator kann dabei bzgl. des Handlungstyps (Illokutionstyps) erfolgen (in (12) ein Versprechen). Sie kann sich aber auch darauf beziehen, für wie wahrscheinlich der/die Sprecher*in das Zutreffen eines Sachverhalts hält (epistemische Modalität (13), s. auch Kap. 7, Exkurs semantische Konzepte, Modalität), oder eine Relation der inhaltlichen Aussage zu anderen Äußerungsteilen herstellen (14).

(12) **Versprochen:** *Morgen bringe ich dir das Buch auf jeden Fall mit.*
(13) **Ich schätz mal,** *der kommt nicht mehr.*
(14) **Wie gesagt,** *mir ist das egal.*

Möglich ist dabei auch, den Operator in den Inhaltsteil der Äußerung einzuschieben oder ihn folgen zu lassen (15)-(16).

(15) *Morgen* – **versprochen!** – *bringe ich dir das Buch auf jeden Fall mit.*
(16) *Morgen bringe ich dir das Buch auf jeden Fall mit,* **versprochen.**

Insbesondere nach Verben des Sagens und Denkens entstehen so in Gesprächen auch zahlreiche **Verbzweitkonstruktionen** in uneingeleiteten Nebensätzen (17)-(18).

(17) *Sie sagt, sie kommt.*
(18) *Ich hoffe, sie kommt!*

Weitere Verbzweitkonstruktionen in Operator-Skopus-Strukturen sind nach Subjunktionen wie *weil, obwohl, wobei* und *während* zu beobachten (19)-(20).

(19) *Wobei: Mir ist das echt egal.*
(20) *Ich sag's ja nur, weil: Der ist wirklich ziemlich wütend.*

In dieser Verwendung (20) spricht man auch vom **epistemischen *weil*** (im Gegensatz zum **faktischen *weil***), das begründet, wie man auf eine Aussage kommt.

Eine weitere Besonderheit gesprochener Sprache besteht in der Möglichkeit, **pronominale Subjekte oder Objekte auszulassen**, wodurch **Verbspitzenstellung** entsteht. Dies geschieht häufiger bei emotionalen bzw. wertenden Äußerungen (21), aber auch in besonderen Textsorten wie beispielsweise dem Witz (22).

(21) *Seh ich nicht so.*
(22) *Treffen sich zwei Tomaten auf der Straße...*

In ähnlicher Weise kommen in Erzählungen häufiger Partizipialkonstruktionen ohne flektiertes Verb vor (23).

(23) *Wir also sofort losgedüst, den ganzen Kram eingekauft, gekocht, die ganze Bude aufgeräumt, den Tisch gedeckt usw.*

Darüber hinaus sind generell in gesprochener Sprache **Ellipsen** aller Art geläufig, da sie sehr ökonomisch sind (24)-(25). In einem Gesprächskontext mit geteiltem Vorwissen umständlich lange Sätze zu bilden, wäre hier nicht zielführend.[4]

(24) *1,90 zurück, einen schönen Tag noch!*
(25) *Oh, ja, meiner, danke!*

Nicht zuletzt werden eine Vielzahl unterschiedlicher **Partikeln** (s. Kap. 5.1.5) eingesetzt, insbesondere Gesprächspartikeln und Modalpartikeln.

Neben diesen grammatischen Merkmalen spielen die in Kapitel 9.3 besprochenen Textsorten und Textmuster eine wichtige Rolle: Konzeptionell mündliche Kommunikation folgt anderen Mustern als konzeptionell schriftliche. Des Weiteren sind Besonderheiten der gesprochenen Sprache auch auf lexikalischer, morphologischer und phonetischer Ebene beschrieben worden. Auf der lexikalischen Ebene geht es um umgangssprachliche Ausdrücke wie *kriegen* oder *quatschen*, die häufig auch emotional konnotiert sein können (z. B. *Bombenstimmung* oder *wahnsinnig cool*). Auf morphologischer Ebene sind beispielsweise das *am*-Progressiv wie *Ich bin gerade am Telefonieren.* sowie weitere, tendenziell als non-normativ geltende Formen wie Doppelformen im Plusquamperfekt interessant, z. B. *Ich hatte das dem gesagt gehabt.*, und auf phonetischer Ebene geht es u. a. um Reduktionsformen wie *ich mach, wie geht's* usw. Auf all das soll hier aus Platzgründen jedoch nicht weiter eingegangen werden (vgl. aber z. B. Thurmair 2013 für einen Überblick).

4 Denkbare Äußerungskontexte könnten für Satz (24) ein Verkaufsgespräch und die Rückgabe des Wechselgeldes sein, und bei Satz (25) könnte es sich beispielsweise um die Rückgabe eines Gegenstandes handeln, wobei derjenige, der gerade etwas zurückgibt, nicht genau weiß, wem dieser Gegenstand gehört.

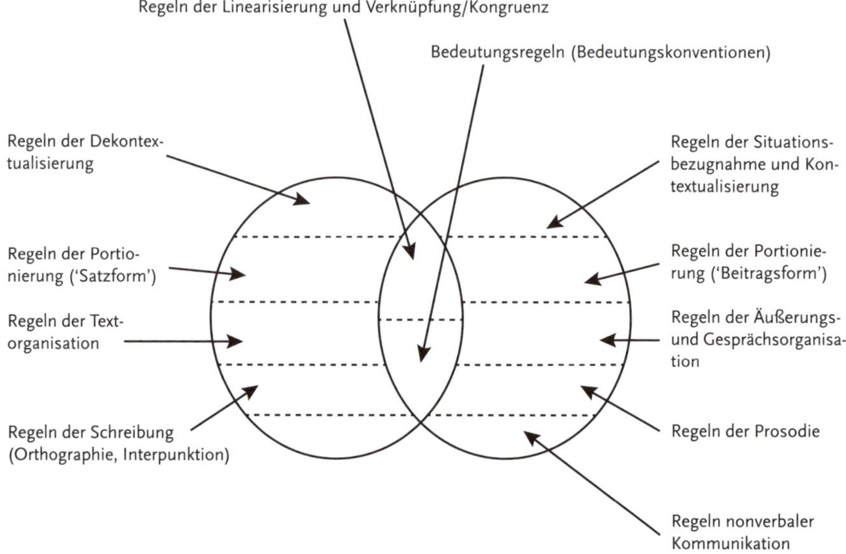

Abb. 3: Regelmengen zur Produktion eines schriftlichen Textes bzw. eines Redebeitrags/Gesprächs (Fiehler 2013: 31)

Gesprochene Sprache weist zusammenfassend also einige eigene, sich von geschriebener Sprache deutlich unterscheidende Regularitäten auf, die Sprachenlernenden bekannt sein sollten, um ihre kommunikative Kompetenz (s. Kap. 2.6) zu fördern. Abb. 3 fasst, die letzten beiden Teilkapitel abschließend, diese Regularitäten zusammen.

10.6 Förderung von konzeptioneller Schriftlichkeit

In den letzten Jahren hat sich die Erkenntnis durchgesetzt, wie eng Sprach- und Fachkompetenz bzw. sprachliches und fachliches Lernen miteinander verwoben sind und dass Sprache somit für das gesamte schulische Lernen, aber auch für die berufliche Qualifikation eine Schlüsselfunktion zukommt.

> Sprache ist in der Schule ein zentrales Medium des Lehrens und Lernens. Dies gilt für den Mathematikunterricht ebenso wie für den Geschichts- oder den Physikunterricht. Inhalte werden in jedem Fach anhand von Sprache vermittelt und mittels Sprache erworben. Fachlichkeit und Sprachlichkeit sind daher nicht voneinander zu trennen, fachlicher Kompetenzerwerb ist stets sprachlich verankert. Sprache regelt damit den Zugang zu den Lerngegenständen und -inhalten des Fachs: dieser [sic] Zugang ist für manche SchülerIn-

> nen offen, für andere, denen die sprachlichen Voraussetzungen fehlen, jedoch nicht. Dies gilt im Besonderen für SchülerInnen aus bildungsfernen Familien und jene mit Deutsch als Zweitsprache. (Schmölzer-Eibinger et al. 2013: 11)

Deutlich wird der enge Zusammenhang z. B., wenn man einen Blick in Bildungsstandards und Rahmenlehrpläne für die Schule wirft. So zeigt Tajmel (2013) am Beispiel des Berliner Rahmenlehrplans Physik für die Sekundarstufe I, dass Sprachhandlungen (sog. **Operatoren**) wie „Beschreiben", „Interpretieren" und „Begründen" mit 52, 41 bzw. 35 Nennungen vom Lehrplan deutlich häufiger gefordert werden als vermeintlich fachspezifische Handlungen wie *Experimentieren* (14), *Protokollieren* (6) oder *Berechnen* (3). Tajmel (2010) zeigt weiter, dass Lehrer*innen neben den fachlichen auch die sprachlichen Leistungen ihrer Schüler*innen in die fachliche Bewertung einfließen lassen.

Dass genuin sprachliche Schwierigkeiten durchaus dazu führen können, dass fachliche Probleme unlösbar werden, zeigen z. B. Gogolin & Lange (2011: 115f.) am Beispiel einer Mathematikaufgabe. So ist die Aufgabe *Im Salzbergwerk Bad Friedrichshall wird Steinsalz abgebaut. Das Salz lagert 40 m unter Meereshöhe, während Bad Friedrichshall 155 m über Meereshöhe liegt. Welche Strecke legt der Förderkorb zurück?* nur lösbar, wenn die mathematischen Schlüsselwörter *unter*, *während*, *über* und *zurücklegen* so interpretiert werden, dass deutlich wird, dass 40 und 155 addiert werden sollen.

Dabei wäre es allerdings ein Missverständnis anzunehmen, dass es ausschließlich bildungs- und fachsprachliche Formen sind, die Schüler*innen beim Fachlernen Steine in den Weg legen können. Auch die Allgemeinsprache wird im schulischen Kontext spezifisch verwendet, was teilweise zu Missverständnissen führen kann, wie Martin (2012) ebenfalls am Beispiel der Mathematik zeigt. Während mathematische Symbolsprache (z. B. das Plus- oder Minuszeichen) sowie mathematische Fachsprache (z. B. *addieren*, *subtrahieren*) eineindeutig sind und daher, wenn sie einmal bekannt sind, leicht die Zuordnung des passenden Rechenwegs ermöglichen, erfordert die mathematische Allgemeinsprache (z. B. *ergänzen*, *verringern*) bereits mehr Interpretation. Und allgemein- bzw. bildungssprachliche Ausdrücke mit impliziter mathematischer Bedeutung schließlich müssen noch aufwändiger, auch unter Rückgriff auf Kontext- und Weltwissen, entschlüsselt werden (z. B. *sparen*, *vom Konto abbuchen*). Dabei kommt es leicht zu Fehlinterpretationen, wie Gürsoy et al. (2013: 18f.) am Beispiel des Wortes *Erlös* zeigen. Ein Schüler leitet das ihm unbekannte Wort von dem ihm bekannten Wort (*jdn. von etw.*) *erlösen* ab, was er als ‚etwas wegnehmen' interpretiert und daher subtrahiert, anstatt zu addieren.

Denkpause 5

Wie schwierig es sein kann, in einer Sprache, die man in der Alltagskommunikation eigentlich relativ gut beherrscht, konzeptionell schriftlich bzw. bildungssprachlich zu handeln, kann man sich, wie bereits in Kapitel 9 in Denkpause 3, gut mit einem sog. *Seitenwechsel* vor Augen führen. Eine typische Sprachhandlung im Fachunterricht stellt der Operator *Beschreiben* dar. Versuchen Sie doch einmal, zunächst in Ihrer Erstsprache mündlich zu beschreiben, wie man Kartoffeln kocht. Versuchen Sie es im Anschluss mündlich in Ihrer stärksten Fremdsprache bzw. auf Deutsch, falls dies nicht Ihre erste Sprache ist, und verfassen Sie anschließend einen Rezepttext in derselben Sprache. Was fällt Ihnen leicht, was schwerer, und woran könnte das liegen? (Einen englischsprachigen Beispieltext finden Sie online unter https://www.utb-shop.de/einfuhrung-in-die-linguistik-fur-daf-daz-9470.html.)

Die mündliche Beschreibung in Ihrer Erstsprache ist Ihnen wahrscheinlich sehr leicht gefallen, die mündliche Beschreibung in Ihrer stärksten Fremdsprache bzw. auf Deutsch evtl. schon schwerer. Vermutlich haben Sie daher eine kürzere Beschreibung gewählt, sich auf die wesentlichen Punkte beschränkt und vielleicht auch einige Vermeidungsstrategien angewandt, wie z. B. im Englischen Formulierungen wie *You can use a knife to test if the potatoes are ready.* anstelle von Formulierungen aus dem Musterbeispiel wie *Pierce the potato with a knife, skewer or fork. If the utensil easily goes into the potato with little resistance, they should be done.* verwendet. Noch schwerer fällt in der Regel die Verschriftlichung der Handlungsanweisungen, da sich nun auch stilistische Fragen stellen, wie beispielsweise, ob Rezepte im Englischen eher in Imperativen (*Season the water with salt./Geben Sie eine Prise Salz ins Wasser.*), Infinitiven (*Season the water with salt./Eine Prise Salz ins Wasser geben.*), mit Modalverben (*You have to season the water with salt./Sie müssen eine Prise Salz ins Wasser geben.*) oder noch ganz anders formuliert werden sollten. Auch können keine Gesten, *Passepartout*-Wörter usw. genutzt werden, was eine zusätzliche Erschwernis darstellt. Und vielleicht ist es Ihnen auch hier wiederum besonders schwergefallen, einzelne Sätze so miteinander zu verbinden, dass ein kohärenter Text entsteht (s. Kap. 9).

Denkpause 6

Werfen Sie in diesem Zusammenhang auch erneut einen Blick auf den Brief von Önder, den Sie ja bereits im vorherigen Kapitel in Bezug auf seine Textsortenadäquatheit untersucht haben: Welche Merkmale konzeptioneller Mündlichkeit bzw. Schriftlichkeit weist der Text auf?

Önders Text weist zahlreiche Charakteristika konzeptioneller Mündlichkeit auf. Er zeigt eine Rechtsherausstellung (*wir machen dieses Jahr mit bei Schulfest*) und mehrere Operator-Skopus-Strukturen (*weil ich habe gehört das du krank bist*; *glaube mir das macht sehr sehr spaß*; *glaub mir es wir*[*d*] *sehr schön*). Auch eine Modalpartikel (*mal*) verwendet Önder in seinem Brief. Gleichzeitig finden sich allerdings auch zwei Sätze, die den Anforderungen konzeptioneller Schriftlichkeit bereits entsprechen (*es ist schade das du nicht kommen kannst, ich weiß das du krank bist* und nicht etwa *ich weiß du bist krank*). In beiden Fällen handelt es sich um einen *dass*-Satz. Aus förderdiagnostischer Perspektive könnte man also festhalten, dass Önder im Unterricht dabei unterstützt werden sollte, konzeptionell schriftliche Register weiter auszubauen.

In den letzten Jahren sind verschiedene Konzepte entwickelt worden, die darauf zielen, Schüler*innen in ihrem Erwerb bildungs- und fachsprachlicher Register zu unterstützen und so einen Beitrag zur Chancengleichheit im Bildungssystem zu leisten. Das Konzept der **durchgängigen Sprachbildung** beispielsweise, dessen Ziel der kumulative Aufbau bildungssprachlicher Fertigkeiten ist (Lange & Gogolin 2010: 14), bezieht sich dabei auf mehrere Ebenen: Die **diachrone/vertikale Ebene** verweist darauf, dass Sprachbildungsprozesse durch die gesamte Kindheit und Jugend hindurch stattfinden und selbst im Erwachsenenalter noch eine Rolle spielen, z. B. im Rahmen von Ausbildung und Beruf. Die **synchrone/horizontale Ebene** bezieht sich darauf, dass Sprachbildungsprozesse zeitgleich in unterschiedlichen Sozialisierungskontexten, also z. B. in Schule, Elternhaus, bei der Hausaufgabenbetreuung, im Verein, stattfinden können. Das Konzept richtet sich an alle Lernenden, wobei die Herausforderung darin besteht, mehrsprachige Schüler*innen einerseits nicht per se als eine Gruppe mit sprachlichem Förderbedarf zu konstruieren und andererseits die jeweils spezifischen individuellen Lernvoraussetzungen, zu denen auch ihre Mehrsprachigkeit gehören kann, aufzugreifen, um jede und jeden bestmöglich fördern zu können. Die sprachlichen Anforderungen der Bildungsinstitutionen steigen dabei im Verlauf der Bildungsbiographie immer mehr an (s. Abb. 4).

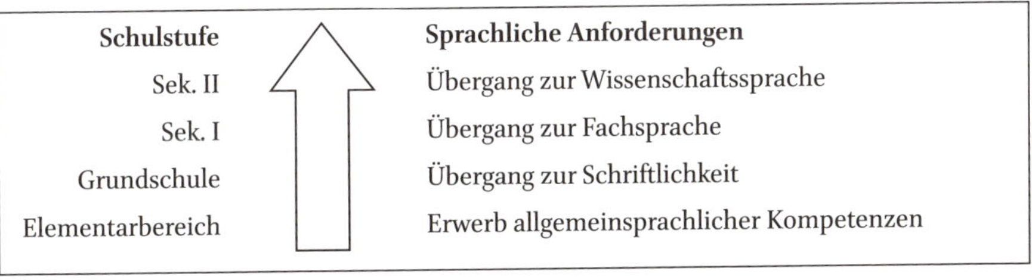

Abb. 4: Anstieg sprachlicher Anforderungen im Bildungsverlauf (*s. Lange & Gogolin 2010: 16*)

Während im Elementarbereich der allgemeine Spracherwerb und hier insbesondere der Wortschatzaufbau sowie die Förderung von Vorläuferfertigkeiten wie der phonologischen Bewusstheit oder Literalitätserfahrungen im Vordergrund stehen, markiert der Beginn der Grundschulzeit den Einstieg in die mediale Schriftlichkeit, verbunden mit bildungssprachlichem Ausbau. In der Sekundarstufe findet eine Ausdifferenzierung des Fächerkanons und damit auch ein Anstieg fachsprachlicher Anforderungen statt. An die Stelle des Sachunterrichts der Grundschule treten nun

z. B. Fächer wie Chemie, Physik, Biologie, Geschichte, Erdkunde. In der Sekundarstufe II wird die Fachlichkeit noch einmal vertieft (insbesondere im Bereich der Wahl von Schwerpunktkursen) und im Übergang zum Studium, das dann auch Wissenschaftssprache umfasst, die Fachsprachlichkeit noch weiter ausgebaut.

Zur Implementierung durchgängiger Sprachbildung im Fachunterricht sind wiederum unterschiedliche didaktische Ansätze entstanden, wie beispielsweise der **sprachsensible** (Leisen 2013) bzw. sprachaufmerksame **Fachunterricht** (Schmölzer-Eibinger et al. 2013), die Arbeit mit dem **Planungsrahmen** (Tajmel & Hägi-Mead 2017) oder auch das Scaffolding (Gibbons 2014). Der aktuell wohl bekannteste der genannten Ansätze ist das **Scaffolding**, das Schüler*innen dabei unterstützt, Fachinhalte zunächst im Rahmen konzeptionell mündlicher Unterrichtssettings zu durchdringen, und sie dann sukzessive zu konzeptionell schriftlichen Äußerungen befähigt. Durch die Bereitstellung unterschiedlicher sprachlicher Hilfsangebote (**scaffolds**) wird eine Art Hilfsgerüst zunächst auf- und dann schrittweise wieder abgebaut. Scaffolding soll die Lernenden also befähigen, Aufgabenstellungen nach und nach immer eigenverantwortlicher zu bearbeiten (vgl. einführend z. B. Kniffka 2012). Durch die oben genannten Ansätze rückt zusammenfassend in den Fokus, dass nicht nur fachliche, sondern auch sprachliche Lernziele explizit gemacht und gezielt gefördert werden müssen, um allen Schüler*innen Zugang zu Bildung zu eröffnen.

10.7 Förderung von konzeptioneller Mündlichkeit

Noch immer lässt sich jedoch in vielen Kontexten – und auch in diesem Kapitel – ein ***written language bias*** beobachten (vgl. auch Vorderwülbecke 2008, der einen datengeleiteten Einblick in den Umgang mit gesprochener Sprache in Lehrwerken, Grammatiken und Didaktiken gibt). Dieser Bias (hier: ‚Ungleichgewicht') ist zum einen darauf zurückzuführen, dass die Dauerhaftigkeit der Schriftsprache gegenüber der Flüchtigkeit des Gesprochenen die Untersuchung Ersterer gegenüber Letzterer einfacher erscheinen lässt. Zum anderen ist er aber auch darauf zurückzuführen, dass geschriebene Sprache gesellschaftlich höher bewertet wird als die mündliche und in der Folge selegierend wirkt (Fiehler 2016: 1182f.). Das heißt, Personen, die konzeptionell schriftliche Sprache beherrschen, genießen durchschnittlich ein höheres Ansehen und üben besser bezahlte Berufe aus. Insbesondere im Bereich der Diagnostik und des Testens und Prüfens ist es daher wichtig, sich bewusst zu machen, dass gesprochene Sprache eigenen Gesetzen folgt und daher auch anders zu bewerten ist. Das von Sprachlehrer*innen sprichwörtlich eingeforderte „Im ganzen Satz, bitte!" verdeutlicht diesen Widerspruch sehr gut. Während die Lehrperson selbst elliptisch spricht, was angesichts der Sprechsituation auch absolut angemessen erscheint, fordert sie von ihren Schüler*innen, kommunikativ unnatürlich und überflüssigerweise ganze Sätze zu formulieren, was letztlich zu unfairen Bewertungen (Notengebungen) führen kann. Bei jeder Lernergruppe ist aber zu bedenken, welche Lernziele sie jeweils hat. Um zwei Extreme zu nennen: Wenn das Lernziel darin besteht, im Alltag kommunizieren zu können, und die Schriftsprache nur eine geringe Rolle spielt, muss der Unterricht anders gestaltet werden, als wenn beispielsweise wissenschaftliche Texte in der Zielsprache gelesen werden sollen und das Sprechen letztlich nicht beherrscht werden muss.

Im Fremdsprachenunterricht stellt die (tatsächlich) gesprochene (Alltags-) Sprache noch immer eine große Herausforderung dar. Zwar wurde schon in den 1970er/1980er Jahren mit der kommunikativen Wende in der Didaktik versucht, die Sprachhandlungskompetenz der Lernenden zu fördern; allerdings stellten sich die jeweils gewählten Dialoge nicht selten als hölzern und nicht tatsächlich der gesprochenen Sprache entnommen heraus. Seitdem entwickelte sich eine noch immer nicht beendete Diskussion um die Integration „authentischer", d. h. nicht für didaktische Zwecke erstellter, Dialoge in den Fremdsprachenunterricht. Inzwischen behandeln Lehrwerke zumindest einige grammatische Besonderheiten gesprochener Sprache, wie z. B. Modalpartikeln.

Um gesprochene Sprache im Ausland gezielt fördern zu können, benötigen Lehrende zunächst einmal ein Musterwissen (s. Kap. 9.3). Im Unterricht selbst sollten die für die Lernenden relevanten Themen – auch kommunikationskulturvergleichend – diskutiert werden, bevor authentisch-didaktische (Begriff von Honnef-Becker 1996: 50) und später ggf. auch authentische Musterdialoge erarbeitet werden können. Dabei sollten selbstverständlich auch Audio und Video benutzt werden. Insbesondere das Hör- und das Hör-Seh-Verstehen sollten dabei unbedingt gezielt geschult werden. (Ideen hierzu gibt beispielsweise Solmecke 2010.) Bei genauerer Gesprächsreflexion zur Förderung der Sprachbewusstheit (Language Awareness, s. Kap. 11.3.2) sind dann auch die Transkriptionen der gehörten/gesehenen Texte zu nutzen (zunächst einmal in deutscher Standardorthographie). Beobachtungsaufgaben für Audio/Video und später Transkripte helfen, den Fokus auf die relevanten (Struktur-)Gesichtspunkte zu legen. Besonders eignen sich Minimalpaardialoge, d. h. kurze Gespräche zu einer Sprachhandlungsfolge, in denen nur ein Parameter variiert wird, z. B. Ablehnung einer Bitte formell und Ablehnung einer Bitte informell (s. Horstmann 2017a). Zur Erarbeitung der Muster dieser Gespräche kann beispielsweise der „Theatrale Ansatz" von Kieweg (2011) genutzt werden, bei dem die Sprechhandlungen und die Art und Weise ihrer Durchführung in einer Tabelle notiert und dann nach demselben Muster weitere Gespräche zum Thema entworfen werden. Weiterhin sinnvoll ist im Bereich der Förderung mündlicher Gesprächskompetenz das Einüben von Chunks (s. Kap. 11.2 und Koeppel 2010: 40-42), da mündliche Alltagskommunikation einen hohen Anteil an Formelhaftigkeit beinhaltet und die Beherrschung dieser Formeln die Interaktanten in der tatsächlichen Gesprächssituation entlastet. Schließlich ist auch die praktische Einübung von möglichen Gesprächsverläufen nicht zu vernachlässigen.

Die Gesprächsmuster selbst bieten zunächst eine Strukturperspektive. Tatsächlich wird aber in jeder Interaktion Bedeutung gemeinsam von den Interaktanten hergestellt, die Annahme geteilten Wissens wird kommuniziert, und die Wissensstände ändern sich laufend in der Interaktion. Die Kenntnis der Muster ist notwendig, um dann frei innerhalb dieser Muster zu variieren, aber auch die Muster selbst variieren zu können. Die Nicht-Dogmatizität der Muster lässt sich zum einen durch Kennenlernen vielfältiger Musterdialoge einer Textsorte/eines Genres zeigen; zum anderen sollte in der Reflexion der Dialoge auch eine Schritt-für-Schritt-Perspektive eingenommen werden, um darzustellen, wie durch Äußerungen weitere präferierte und nichtpräferierte Äußerungsmöglichkeiten eröffnet werden (s. Kap. 2.4. zu *Adjacency Pairs*, Paarsequenzen).

Ist jemand hingegen in Deutschland geboren oder als Kind zugewandert, wird die mündliche Alltagssprache bereits in der Kindheit in zahlreichen Facetten ganz nebenbei auf der Straße oder im Kindergarten erworben und muss im Unterricht also nicht explizit erlernt werden. Sinnvoll ist es aber, auch hier eine Registerkompetenz zu fördern, die verdeutlicht, wann welche der den Lernenden zur Verfügung stehenden Varietäten jeweils angemessen erscheinen und dass es Kontexte gibt, in denen *Ey was gucks du, bin isch Kino oder was* eine durchaus funktionale Variante ist, und andere Situationen, in denen Präpositionen, Artikel usw. verwendet werden sollten. Letztlich geht es dabei auch um Sprachbewusstheit. Wenn die Lernenden jeweils für die unterschiedlichen Sprechwirkungen von Varianten sensibilisiert werden, d. h. sowohl funktionale als auch soziale Aspekte in die Vermittlung einbezogen werden (s. Breindl & Thurmair 2003: 92), lernen sie auch, bewusst und gezielt zu entscheiden, wann sie welches Register in welcher Situation wählen wollen (s. Dirim & Mecheril 2010: insb. 118). Unter anderem mit der Sprachbewusstheit werden wir uns im folgenden Abschlusskapitel des Buches noch etwas genauer beschäftigen.

▶ Literaturtipps

Schwitalla, Johannes (2012): *Gesprochenes Deutsch. Eine Einführung*. 4., neu bearb. u. erw. Aufl. Berlin: Erich Schmidt.

Quehl, Thomas; Trapp, Ulrike (2013): *Sprachbildung im Sachunterricht der Grundschule. Mit dem Scaffolding-Konzept unterwegs zur Bildungssprache.* Waxmann: Münster u. a.

Aufgaben nach diesem Kapitel

Aufgabe 1: Diatopische, diastratische und diaphasische Variation

Unten stehend sehen Sie Beispiele für mündlich geäußerte Begrüßungsformen, die jeweils diatopische, diastratische oder diaphasische Variation zeigen. Überlegen Sie, in welchen Kommunikationskontexten Sie welche Form jeweils für angemessen(er) oder für deplatziert halten würden. Finden Sie auch neutrale Formen? Argumentieren Sie mit diatopischer, diastratischer und diaphasischer Variation.

(1) *Einen geruhsamen Abend wünsche ich!*
(2) *Ey, Alter, was geht?*
(3) *Grüezi!*
(4) *Guten Abend, meine Damen und Herren!*
(5) *Hallo!*
(6) *Hey, Paul, wie geht's?*
(7) *Moin!*
(8) *Servus!*

Aufgabe 2: Modell von Koch & Oesterreicher

Kreuzen Sie jeweils an, welche der folgenden Äußerungen Sie im Doppeldichotomiemodell von Koch & Oesterreicher (1985) wie einordnen würden.

Tab. 1: Einordnung in das Doppeldichotomiemodell

	Medium		Konzeption	
	phonisch	graphisch	mündlich	schriftlich
Beschwerdebrief				
Referat				
Notiz vor der Bürotür (*Bin gleich zurück*)				
Selbstgespräch				
Tagesschau				

Aufgabe 3: Bestimmung bildungs- und fachsprachlicher Merkmale
Lesen Sie den Anfang des Textes über „Abwehr und Immunisierung" aus einem Biologiebuch für die 9./10. Klasse (Bauer 2000: 110). Markieren und benennen Sie die im Text vorkommenden bildungs- und fachsprachlichen Merkmale:

Abwehrsystem des Körpers
Gegenüber fremden Zellen und körperfremden Stoffen baut der Körper ein wirksames Abwehrsystem auf. Bei einer Verletzung oder Infektion dringen Fremdkörper in den Körper ein. Sie tragen Merkmale auf ihrer Oberfläche, die man als Antigene bezeichnet. Diese Antigene werden vom Abwehr- oder Immunsystem des Körpers sofort überprüft. Werden sie als körperfremd eingestuft, entwickelt es Gegenmaßnahmen.

Fresszellen, die überall im Körper vorkommen, umschließen die Eindringlinge und lösen sie auf. Außerdem werden vermehrt Plasmazellen gebildet.

11. Lernersprachenanalyse und didaktische Grundüberlegungen für den Fremd- und Zweitsprachenunterricht

Wir haben uns in diesem Buch mit vielen Teilgebieten der Linguistik intensiv beschäftigt und haben im letzten Kapitel bereits angefangen, über didaktische Konsequenzen für die Förderung von konzeptioneller Schriftlichkeit und konzeptioneller Mündlichkeit nachzudenken. Nun werfen wir mit dem neu erworbenen Wissen abschließend noch einmal einen genaueren Blick auf die in der Einleitung eingeführten Lernertexte. So wollen wir die eingangs gestellte Frage, wie lernersprachliche Äußerungen im Rahmen der Lernersprachenanalyse unter Rückgriff auf einschlägige linguistische Konzepte so analysiert werden können, dass aus ihnen diagnostische und letztlich didaktische Schlussfolgerungen gezogen werden können, zusammenfassend exemplarisch beantworten.

Dazu erhalten Sie zunächst Gelegenheit, Ihre im Laufe der Lektüre erworbenen Kompetenzen anzuwenden (11.1). Im weiteren Verlauf des Kapitels werden wir anschließend einige diagnostische (11.2) sowie didaktische Grundlagen (11.3) des Fremd- und Zweitsprachenunterrichts und der Sprachförderung generell erläutern, ohne die eine sinnvolle Einordnung sowie didaktische Nutzung der Analyseergebnisse nicht möglich wäre.

11.1 Linguistische Analyse der Lernertexte

Denkpause 1

Lesen bzw. hören Sie die Lerneräußerungen von Zuzanna, Önder, Yu und Malik sowie Can erneut und analysieren Sie sie. Vergleichen Sie Ihre erneute Analyse mit der von Ihnen in Kap. 1 durchgeführten. Können Sie alle Auffälligkeiten linguistisch kategorisieren oder verbleiben unklare Zuordnungen?

Im Folgenden stellen wir einige der prägnantesten Auffälligkeiten der Lernertexte jeweils knapp vor. Natürlich können in einer detaillierten Analyse noch mehr Aspekte festgestellt werden – viele davon haben wir in den entsprechenden Teilkapiteln ausführlicher besprochen, weshalb wir uns hier auf eine Zusammenfassung beschränken.

Bei Zuzannas Erzählung zum *Sturz ins Tulpenbeet* fällt zunächst auf, dass ihre Geschichte textuell eine stringente Erzählstruktur (s. Kap. 9.3) aufweist: Sie erzählt eine Geschichte mit Einleitung, Komplikation und Höhepunkt sowie Auflösung und verwendet dafür auch die passenden erzähltypischen Redemittel (z. B. *an einem Sonnigentag*, Z. 2). Erzähltypisch ungewöhnlich bzw. diskursspezifisch unangemessen erscheint lediglich der explizite Bezug auf die einzelnen Bilder.

Was die Grammatik betrifft, so ist festzustellen, dass die Geschichte im Grundtempus Perfekt steht. Allerdings wählt Zuzanna im Bereich der Flexion nicht immer die richtige Verbform (z. B. *sind sie gegang, haben sie auf die Bank hinsetzen, hat gelaufen*) und manchmal fehlen auf syntaktischer Ebene auch Artikelwörter (*ist in Tulpengebüsch gefallen, hat Foto gemacht*). Im Bereich des Wortschatzes verwendet sie *gehen* statt *kommen* (*aber dann ist ein Hund gegang*), drückt sich aber ansonsten sehr passend aus. Auf orthographischer Ebene wird die Großschreibung oft richtig eingesetzt, wobei der Text mehrere Selbstkorrekturen zeigt, die darauf hindeuten, dass Zuzanna diesen Aspekt ihres Spracherwerbs offenbar gerade selbst besonders im Fokus hat.

Bei Önder fällt auf, dass er nahezu durchgängig grammatisch korrekte Sätze bildet (Syntax) und dass sein Text, wenn man ihn sich laut vorliest, grammatisch fast fehlerfrei erscheint. Lediglich in der Artikelverwendung scheint er noch nicht sicher zu sein (*wir machen mit bei Schulfest*).

Im Bereich der Orthographie ist allerdings zu beobachten, dass Önder so gut wie keine Satzzeichen setzt und auch Großschreibung eher selten anwendet. Des Weiteren trennt er Wörter mehrfach an Stellen, an denen eine Trennung orthographisch nicht erlaubt ist (*di-eses, be-sser, ko-mmen*). Bemerkenswert ist, dass er sich an einigen Stellen für eine phonetische Trennung entscheidet (*be-sser, ko-mmen*). Er macht sich also offensichtlich bereits Gedanken über die mögliche Trennung von Wörtern, hat allerdings vermutlich noch nicht in seine Lernersprache integriert, dass die orthographische Trennung anderen Regeln folgt als die phonetische. Ferner fallen einige Normabweichungen im Bereich der Getrennt- und Zusammenschreibung auf (*mit mache, geschenke gutscheine*).

Weiterhin scheinen ihm Wörter wie *viel* oder die Intensivierung von *viel* (*sehr viel*) zu fehlen (*das macht sehr sehr spaß*) bzw. an anderen Stellen verwendet er Wörter, die in einem schriftlichen Text unpassend erscheinen, da sie konzeptionell mündlich einzuordnen wären (*kriegen*). Insgesamt drückt er sich allerdings auch in Bezug auf den Wortschatz angemessen aus.

Pragmatisch bzw. textlinguistisch ist zu beobachten, dass er in seinem Text dafür argumentiert, dass Freund Christian trotz Krankheit zum Schulfest kommt, und diese Argumentation auch gut in den Textrahmen einbettet, indem er beispielsweise nicht etwa unvermittelt ins Thema einsteigt. In Önders Brief sind insgesamt die Textelemente Anrede, Selbstvorstellung (ungewöhnlich für einen persönlichen Brief), Bedauern, dass der Freund aus Krankheitsgründen nicht kommen kann, Genesungswunsch, Argumentation dafür, dass er trotzdem kommt, und Lösungsvorschlag sowie Abschiedsformel zu finden. Die Argumentation wird allerdings nicht durch ein Signalwort oder eine entsprechende Satzgliedstellung eingeleitet, so dass sie etwas unvermittelt einsetzt. Desgleichen lässt Önder dem

Freund mit dem Gruß *bis morgen* keinen Raum, auch anders zu entscheiden, wodurch die Äußerung etwas unhöflich wirkt.

Obwohl die Grundbausteine eines Briefes somit textlinguistisch betrachtet vorhanden sind, scheint der Text insgesamt eher konzeptionell mündlich gestaltet zu sein; Indikatoren dafür wären auch die Verwendung der Modalpartikel *mal* in *ich würde mal an dein stelle kommen* sowie die Verbzweitstellung im Kausalsatz. Auch die an einigen Stellen fehlenden Endungen von Wörtern könnten auf seine konzeptionell mündliche Anlage zurückzuführen sein. Schnell gesprochen, hört man sie möglicherweise nicht (*ich würde mal an dein stelle kommen, glaub mir es wir sehr schön*).

Im Map-Task mit Yu und Malik zeigt sich, dass die beiden zielsprachlich unterschiedlich weit entwickelt sind. Malik verwendet komplexe Sätze mit Modalverben (*wenn du spazierst... kannst du sehen*), ihm scheint nur das passende Verb zu fehlen; das unmarkiertere *gehen* wäre angemessener als *spazieren* gewesen.

Yu hingegen verwendet zum Teil noch Zweiwortkonstruktionen (Thema-Rhema-Konstruktionen), die aber noch nicht der Syntax der Zielsprache entsprechen und bei denen oft das Verb fehlt. Auch wiederholt sie häufig Äußerungen oder Teiläußerungen von Malik. Yu ist unter anderem deshalb nicht leicht zu verstehen, weil sie Sprossvokale verwendet, so dass man bei vielen Wörtern nicht weiß, ob ein Schwa-Laut am Ende eines Wortes lediglich ein Sprossvokal ist oder eine (grammatisch korrekte oder falsche) Endung darstellt.

Das Beispiel von Malik und Yu ist das einzige in unserer kleinen Sammlung, in dem tatsächlich Interaktion zwischen Personen stattfindet; es kommt der alltäglichen Kommunikation also am nächsten. Aus pragmatischer Perspektive ist Yu grundsätzlich in der Lage, sich mit Malik darüber zu verständigen, wo sich bestimmte Landmarken befinden. Sie verfügt über einen einschlägigen Wortschatz (*steht/stätte, links, oben, vom starte*), um dieses Ziel zu erreichen. Sie kann Ortsangaben machen und erfragen (pragmatische Kompetenz), sie kann Einhalt gebieten und Informationen erneut erfragen (*äm: momoment* (-) *hm: SCHWARZ vovogel* – [*hm steht links*]). Sie formuliert in Z. 21 sogar einen Konditionalsatz (*wenn ist vom STARTE gehen* = *wenn ich vom start gehe*). Sie nimmt relativ häufig Elemente des Gehörten einfach wieder auf, und es ist nicht zu entscheiden, ob sie diese Formulierungen versteht. Wenn sie frei spricht, verwendet sie einen Satzbau, bei dem sie zunächst das Thema nennt und anschließend die Information, an der sie bezüglich des Themas interessiert ist (das Rhema, s. Kap. 9.2). Festzuhalten ist, dass Yu trotz Wortschatz-, grammatischer und Ausspracheproblemen die Verständigung mit Malik gelingt. Die beiden handeln eine Wegbeschreibung aus und können sich über die Differenzen auf ihren Papieren austauschen. Pragmatisch ist dieser Text also durchaus als gelungen anzusehen. Allerdings benötigt Yu aufgrund sprachlicher Unschärfen einen höheren Formulierungsaufwand, d. h. beispielsweise sehr viele Nachfragen.

Beim Text von Can hingegen handelt es sich um eine Vorleseaufgabe, so dass wir zu den meisten Teilgebieten seiner Lernersprache auf Basis dieser Elizitierungsform gar keine Aussagen treffen können. Hinsichtlich seiner Aussprache ist festzuhalten, dass die Intonationskontur am Ende der Aussagesätze stark genug fällt (Endauflösung). Allerdings sind seine Intonationseinheiten viel zu kleinteilig; in jeder dieser kleinen Einheiten sinkt die Melodie am Ende, und es folgt eine Pause. Sowohl der Rhythmus als auch falsch gesetzte Wortakzente führen in Kombination mit Fehlern der Vokalgespanntheit, aber auch mit Problemen im Bereich der Konsonanten dazu, dass man den Text vergleichsweise schwer verstehen kann.

Vielleicht ist Ihnen bei den Analysen der unterschiedlichen Texte aufgefallen, dass auch eine tiefergehende strukturell-linguistische Betrachtung an einigen Stellen dennoch an der Oberfläche zu verbleiben scheint. Wenn man lernersprachliche Äußerungen rein linguistisch analysiert, also eine klassische **Fehleranalyse** durchführt, zieht man lediglich in Betracht, an welchen Stellen die Äußerungen von der Zielsprachennorm abweichen. Würde man beispielsweise Zuzannas Erzählung vom *Sturz ins Tulpenbeet* rein fehleranalytisch betrachten, ergäbe sich auf den linguistischen Teilebenen in etwa das folgende Gesamtbild (s. Tab. 1).

Tab. 1: Fehleranalyse zum Lernertext von Zuzanna

TEXTLINGUISTIK/ TEXTGRAMMATIK	SYNTAX	WORTSCHATZ
– Das Nennen der jeweils einzelnen Bilder, entlang derer sich die Geschichte hangelt, ist erzähluntypisch. – Verwendung des bestimmten anstelle des unbestimmten Artikels (*auf die bank/ Bank hinsetzen* in Z. 5)	– Auslassen von Artikeln (*in Park gehen* in Z. 3, *ist in Tulpen gebüsch gewallen* in Z. 12, *Anna hat Foto gemacht* in Z. 13)	– *gehen* anstelle von *kommen* (Z. 6) – *in die Leine treten* anstelle von *über die Leine stolpern* o. Ä. (Z. 11)

ORTHOGRAPHIE	MORPHOLOGIE	PHONOLOGIE
- Mangelnde Großschreibung von Substantiven (*bild*, *idee* in Z. 2, *angst* in Z. 7 usw.) - Nichtrealisierung unbetonter Nebensilben (*gegang* in Z. 4 und 6, *sten* in Z. 10). - *dass* vs. *das* (Z. 3) - Fehler in der Markierung von Vokalquantität und -qualität (*hate* in Z. 2 und 7, *denn* in Z. 7, *schneel* in Z. 8, *hinterheer* in Z. 9, *gebliben* in Z. 10) - Fehler in der Getrennt- und Zusammenschreibung (*Sonnigentag* in Z. 2, *hinterheer gelauft* in Z. 9, *sten geblieben* in Z. 10, *Tulpen gebüsch* in Z. 12) - Ersatz von <f> durch <w> (*gewallen* in Z. 12)	- Fehler in der Perfektbildung (div. Belege, s. genauer oben im Text) - Fehler im Dativ (*Am einen Sonnigentag* in Z. 2, *angst von denn hund* in Z. 7, *Der hund hat er hinterheer gelauft* in Z. 9)	- Aufgrund der Schriftlichkeit höchstens indirekt über Orthographie zu diagnostizieren, z. B. Unsicherheiten in der Markierung von Vokalqualität und -quantität

Insbesondere stellt sich häufig die Frage, warum ein/eine Lerner*in eine bestimmte Form gewählt hat. Dass dies in der Regel nicht zufällig geschieht, erkennt man z. B. daran, dass viele Abweichungen mehrfach vorkommen und eine Systematik aufzuweisen scheinen. In anderen Fällen stellt man fest, dass dasselbe Phänomen im Wechsel richtig und falsch umgesetzt wird. Darüber hinaus gelingen Äußerungen in einigen Bereichen auch bereits vollständig zielsprachenadäquat, was diagnostisch ebenfalls eine wichtige Feststellung darstellt. Dieses System hinter den Lerneräußerungen gilt es, diagnostisch und, darauf aufbauend, auch didaktisch ergänzend in den Blick zu nehmen, um einzelne Lerner*innen in ihrem Erwerb optimal unterstützen zu können.

11.2 Lernersprachen (*Interlanguages*) und Sprachdiagnostik

Für Diagnostik und Förderung ist es zunächst wichtig zu hinterfragen, wie die jeweiligen Abweichungen zustande gekommen sind, was also „hinter" ihnen steckt und welche der Auffälligkeiten mit Blick auf den aktuellen Erwerbsverlauf der Lernenden zu einem gegebenen Zeitpunkt gute Anknüpfungspunkte für didaktische Interventionen bieten, um so den/die Lerner*in im Erwerbsprozess möglichst gezielt unterstützen zu können. Warum macht Zuzanna beispielsweise relativ viele Fehler bei der orthographischen Markierung von Vokalquantität und -qualität? Schreibt sie tatsächlich alle Substantive klein? Welche Satzmuster verwendet sie bereits und welche noch nicht? Wenn sie den Dativ noch nicht sicher bildet, gelingt ihr dies denn bereits mit dem Akkusativ? Alle diese Fragen sind förderdiagnostisch überaus relevant. Es muss daher eine sog. **Lernersprachenanalyse** (z. B. Apeltauer 2010; Ahrenholz 2014; Marx & Mehlhorn 2016) durchgeführt werden. Diesem Konzept soll sich im Folgenden angenähert werden. Betrachten wir z. B. zum Einstieg die folgenden drei Lerneräußerungen:

(1) *Sie hat getanzt.*
(2) **Sie ist gelauft.*
(3) *Sie ist gelaufen.*

Auf den ersten Blick erscheinen Satz (1) und (3) die fortgeschritteneren zu sein, weil sie normgerechte Formen darstellen. Auf den zweiten Blick kann man in diesen drei Sätzen aber auch eine aufsteigende Erwerbsprogression sehen. Im ersten Satz wird ein schwaches Verb korrekt ins Perfekt gesetzt, so dass das Perfekt „erworben" erscheint. Ob und, wenn ja, welche unregelmäßigen Formen jedoch ebenfalls bereits vom Lernenden erworben wurden, ist an diesem richtigen Satz gar nicht zuverlässig abzulesen. Ebenso wäre es möglich, dass der Satz einfach gesamthaft als **Chunk**, also als unanalysierte Einheit, memorisiert wurde (s. Kap. 6.4). Die Verwendung von Chunks ist ein wichtiger erster Schritt im Spracherwerb, eine notwendige und sinnvolle Zwischenstufe, bevor Äußerungen dann auf einer späteren Stufe analysiert und synthetisiert (d. h. wieder zusammengefügt) werden. In diesem Fall würde der zweite Satz gegenüber dem ersten einen Fortschritt im Erwerb anzeigen, da das Partizip-Morphem *ge-t* offenbar eigenständig mit einem Verbstamm verbunden wurde. Im dritten Satz schließlich wird zusätzlich zum richtigen Hilfsverb auch das korrekte Partizipialmorphem ausgewählt. Diese Übergangs- und Zielformen können auch im selben Text vorkommen und werden von Lerner*innen nicht selten alternierend genutzt.

Coseriu (1952) unterscheidet in diesem Zusammenhang zwischen **System**, **Norm** und **Rede**, d. h. gesprochener Sprache in tatsächlicher Kommunikation. Das System einer Sprache stellt verschiedene Möglichkeiten zur Verfügung, eine grammatische Information auszudrücken (z. B. das Perfekt mit *sein* oder *haben* und mit *ge-t* oder mit *ge-en* zu bilden). Die Norm, die sich aus der Sprachverwendung einer sozialen Gruppe, also der Rede, ergibt, regelt dann, welche dieser Möglichkeiten wann gewählt werden muss (s. Kap. 2, Exkurs Zeichenmodelle, Saussure, *langage*, *langue*, *parole*).

Lernende nähern sich schrittweise der Norm des zielsprachlichen Systems an, indem sie kreativ – bewusst oder unbewusst – verschiedene Hypothesen über das Funktionieren der Zielsprache bilden, unterschiedliche Strategien anwenden und Formen ausprobieren. Dabei folgt auf eine **Phase der Imitation** eine **Phase der Restrukturierung**, in der dann erst einmal besonders viele Fehler auftreten, und schließlich die **Phase der Konsolidierung**, in der das System tatsächlich als erworben gelten kann. Somit verläuft der Spracherwerb häufig **u-kurven-förmig** (s. Abb. 1).

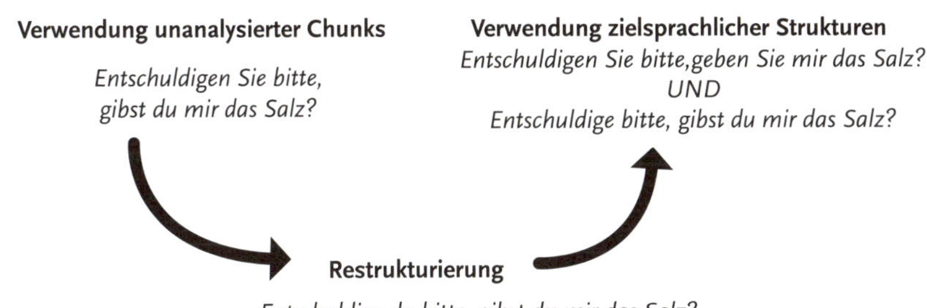

Abb. 1: U-kurven-förmiger Erwerbsverlauf

Die auf dem Weg zur zielsprachlichen Form entstehenden Zwischenformen können von der L1, anderen bereits erworbenen Fremd- oder Zweitsprachen der Lerner*innen, von der L2 selbst oder auch durch andere Faktoren, wie z. B. Zeitdruck, Müdigkeit usw., beeinflusst sein. Auch der (bewusste oder unbewusste) Einsatz von Lern- und Kommunikationsstrategien kann eine Rolle spielen. Einflüsse der L1 können sich in **positivem** oder auch **negativem Transfer** (**Interferenz**) äußern. So kann ein Lernender mit der L1 Deutsch das Konzept des bestimmten und unbestimmten Artikels beispielsweise grundlegend positiv auf das Englische als L2 übertragen. Negativer Transfer hingegen entsteht z. B. dann, wenn derselbe Lernende die Auslautverhärtung des Deutschen unangemessenerweise auf das Englische überträgt. Allerdings sind nicht alle Lernerfehler auf Transfer zurückzuführen. Das lernersprachliche System zeichnet sich dadurch aus, dass es durchaus auch Strukturen enthält, die weder in der Erst- noch der Zielsprache zu finden sind.

Denkpause 2

Lesen Sie die folgende Lerneräußerung von Jake, einem 27-jährigen Deutsch-als-Zweitsprache-Schreibenden aus Südafrika mit L1 Englisch. Er spricht weiterhin Afrikaans und hat bereits ein geisteswissenschaftliches Hochschulstudium abgeschlossen. Jake lebt seit einem Jahr in Deutschland und hat dort direkt angefangen, in einem Sprachkurs Deutsch zu lernen. Welchen positiven und welchen negativen Transfer aus dem Englischen können Sie entdecken?[1]

1 Wir beschränken uns auf potentiellen Transfer aus dem Englischen, weil wir nicht alle Afrikaans sprechen. Weiterhin sind selbstverständlich nicht alle Fehler auf Interferenzen zurückzuführen.

> *Der Mann, der vor mir steht, lächelt. Sagte er, „Wilkommen." Ich kann nicht grinsen, und sage nichts. Ich weiß, dass er mich merkwürdig findet. Und es ist wahr, ich fühle mich merkwürdig. Alles ist neu, alles ist fremd. Gestern ich in Kapstadt, Süd Afrika. Gestern ich in der Land, das alle meine Freunde darin hat. Gestern war ich mit meine Familie. Jetzt bin ich im Frankfurter Flughafen, im ein Land in dem ich nur zwei Leute kennen, und ich kennen sie nicht so gut. Alles ist neu und alles ist fremd, und denke ich, dass ich zurückfliegen muss. Mein nächster Gedanke ist, dass ich nicht genug Geld habe.*
>
> *Ich gehe draußen. Die Wetter ist wirklich schlecht. Der Himmel ist grau und die Stadt wirkt auch grau. Ich Find die Bushalte und warte. Alle leute spricht Deutsch. Ich verstehe gar nichts. In der nähe von mich eine Amerikanische Frau spricht perfekt Deutsch. Ich denke, kann jeder Deutsch sprechen außer mich?*
>
> *Der grüner Flixbus komm und ich glaube das ist der richtige Bus. Ich steig in. Die Reise ist ein paar stunde durch die Landschaft. Ich Habe noch angst aber find ich die Landschaft richtig schön. Es ist so anders als Süd Afrika. In Kapstadt es gibt ein trockenheit. Es gibt keine Wasser. Hier ist das nicht ein problem. Die Häuser wirkt gemütlich und die Felder ordentlich. Ich fuhle mich entspannter.*
>
> *Um 23:00 komm ich nach Bielefeld. Meine Tante und Onkel warten auf mich. Ich fühle mich bereit. Ich fühle mich bereit für meinen neuen Job und ein neues Leben in Deutschland. Ich Denke, man muss immer nach vorne schauen.*

Jake ist schon ein fortgeschrittener Lerner; es lassen sich daher typischerweise nicht mehr so viele Interferenzerscheinungen finden wie bei Lernanfängern. Wie so häufig fällt aber beispielsweise die Orthographie ins Auge. So scheint Jake die Großschreibung von Nationalitäten aus dem Englischen zu übernehmen (*eine Amerikanische Frau*). Auch die Getrenntschreibung bei *Süd Afrika* scheint durch Transfer begründbar zu sein (analog zu *South Africa*). Im Bereich der Morphologie könnte beispielsweise die fehlerhafte Konjugation im Satz *Alle leute spricht Deutsch* auf einen Transfer aus dem Englischen hinweisen – der englische Ausdruck *everybody* (analog zu *Alle leute*) verlangt abweichend vom Deutschen nach der Markierung der 3. Person Singular. Ähnliche Interferenzen könnten etwa bei fehlenden oder fehlerhaften Präpositionen (*Ich gehe draußen. Ich steig in.*) vermutet werden. Auf syntaktischer Ebene fallen weniger offensichtliche Fehler auf – vielmehr finden wir im Deutschen eher unübliche Ausdrücke und Strukturen, die im Englischen häufig vorkommen. *Und es ist wahr* ist beispielweise eine im Englischen übliche Wendung ((*and*) *it's true*), würde ohne weiteren Kontext von deutschen Muttersprachler*innen aber selten so verwendet. Ähnliches gilt für die im Englischen gebräuchliche stilistische Dopplung in der Satzstruktur (*Alles ist neu, alles ist fremd.*).

Positiver Transfer ist nicht durch Fehler markiert und deswegen häufig deutlich schwieriger zu identifizieren bzw. weniger auffällig. Wir können hier meist nur Vermutungen anstellen. Jake könnte beispielsweise seinen Wortschatz durch Transfer aus dem Englischen erweitern. Durch die abweichende und an das englische *welcome* angelehnte Schreibung von *Willkommen* liegt diese Vermutung hier besonders nahe. Ähnliches gilt bei *problem*. Aber auch *Mann, Job, Land* oder *Fa-*

milie haben ähnliche Entsprechungen im Englischen. Andere Wörter unterscheiden sich im Deutschen und Englischen zwar mehr, sie weisen durch die Sprachverwandtschaft aber immer noch Ähnlichkeiten auf, die einem/einer Englisch-Muttersprachler*in (etwa im Gegensatz zu einem/einer chinesischen Muttersprachler*in) beim Wortschatzerwerb helfen können. (Dies gilt beispielsweise für die Mehrzahl der von Jake verwendeten Verben wie *stehen, sagen, finden, fühlen, haben, sprechen, warten, kommen* oder *müssen.*) Viele dieser Beispiele für positiven Transfer kann man sich auch bewusst beim Lernen zunutze machen. Als Lehrende*r kann man Lernende darin beispielsweise unterstützen, indem man explizit auf ähnliche Strukturen verweist oder Methoden einführt, die auf expliziten Transferleistungen beruhen (beispielsweise Interkomprehension, s. 11.3.2).

Der Einfluss der zu erwerbenden L2 selbst wird vor allem in **Übergeneralisierungen** deutlich, also in der fälschlichen Übertragung von Grundregeln auf Bereiche, die von den jeweiligen Regeln ausgenommen sind. Dies kann auch aufgrund von Unterricht geschehen, indem bestimmte Formen dort intensiv eingeübt werden und dann von den Lernenden auch in Fällen benutzt werden, in denen sie grammatisch falsch sind. In dem Fall spricht man von „transfer-of-training" (Selinker 1972: 218f.). Bei der Übergeneralisierung wird aus den systematisch möglichen Formen einer Sprache eine im spezifischen Kontext nicht-normative ausgewählt (vgl. auch Beispiel (2) weiter oben im Text). So könnte man die im Deutschen als L2 häufig zu beobachtende konsonantische Aussprache eines auslautenden <-r> als Übergeneralisierung auffassen, insofern, als dass Lernende in diesem Fall offenbar davon ausgehen, dass jedem graphischen <r> auch ein konsonantischer R-Laut entspräche, obgleich dies nur auf einen Teil der Kontexte zutrifft (s. Kap. 4.2).

Lernersprachen (auch ***Interlanguages*** oder **Interimsprachen** genannt) sind grundsätzlich variabel, häufig kreativ und in sich durchaus systematisch, auch wenn sie nicht immer dem System bzw. der Norm der Zielsprache entsprechen, sondern vielmehr einer eigenen Systematik folgen (s. zum Konzept der *Interlanguage* Selinker 1972). Es handelt sich bei der Lernersprache um eine „Sprachvarietät, die Lernende in einem bestimmten Stadium ihres Sprechlernprozesses entwickeln" (Boeckmann 2010: 192) und die sich im Lernverlauf fortwährend weiterentwickelt.

Die Lernersprachenanalyse untersucht dieses „individuelle sprachliche System, das Lernende beim Aneignen einer Zielsprache im Verlaufe ihres Sprachlernprozesses aufbauen und das ihren Äußerungen zugrundeliegt [sic]" (Marx & Mehlhorn 2016: 297). Insbesondere die Phänomene, die wir traditionell als „Fehler" bezeichnen, sind häufig tatsächlich Ausdruck von Erwerbsaktivitäten der Lernenden und werden daher in der Diagnostik metaphorisch als „Lernfenster" bezeichnet. Lernersprachen und insbesondere auch Fehler zeigen also Hypothesen der Lernenden über die Zielsprache, und ihre Analyse ist diagnostisch höchst aufschlussreich. Aus den Performanzdaten, d. h. dem tatsächlich Gesprochenen oder Geschriebenen, lassen sich Rückschlüsse auf die zugrunde liegenden Kompetenzen der Lernenden ziehen, um so gezielt an deren Aufbau arbeiten zu können. Zu beachten ist dabei allerdings stets, dass Lernersprachen „vor allem durch Dynamik und Individualität gekennzeichnet“ (Marx & Mehlhorn 2016: 297) sind, was eine Analyse „nach Schema F“ unmöglich macht und noch einmal verdeutlicht, wie wichtig fundierte linguistische Kenntnisse für die Sprachdiagnostik sind, da es nur auf dieser Grundlage möglich ist, die Vielzahl individueller und immer wieder neuartiger Formen von Lernersprache eigenständig zu analysieren.

So ist beispielsweise der Gebrauch des Wortes *stätte* in Variation mit *steht* bei Yu im Map-Task lernersprachlich interessant.

[1]	0 [00:00.0]	1 [00:11.4]	2 [00:19.9]
Yu [v]		mh: erste (---) stätte ist mh:: (---) in AH start (---) und then?	
Malik [v]			(---) ja ICH

...

[7]	..	11 [00:58.0]	12 [01:01.6]	13 [01:02.9]
Yu [v]	[SCHWARZ-]	fing äh: VOgel (--) hm:: linkeäh stätte.	[LINKS ja.]	
Malik [v]	[(da da)-]		[LINKS ja.]	LINKS von

....

[12]	18 [01:28.8]	19 [01:34.2]
Yu [v]	(1.7) äm: momoment (-) hm: SCHWARZ vovogel -	[hm steht links.]
Malik [v]		[SCHWARZvogel legt

[13]	..	20 [01:36.4]	21 [01:38.3]	22 [01:38.6]
Yu [v]		äm:: (1.2)°h.		vom START (-) hm bis:: (---)
Malik [v]	links (links dir).]		und-	

[14]	..	23 [01:43.6]	24 [01:46.4]
Yu [v]	schwarzvogel hm:::-	[(1.2) stätt äh stätte-]	(--) stätte LINKS und
Malik [v]		[(1.2)geRAdeaus (bis) dann.]	

[15]	..	25 [01:48.4]
Yu [v]	dann?	
Malik [v]		und dann äh du:äh: äh: spaziert geRAdeaus (1.6) und danach äh: LINKS

.....

[19]	..	29 [02:27.0]
Yu [v]	wei> ich weiste nichtte (-) hm:: (1.8) äm:: Oben der:: schwarzvogel?	
Malik [v]		(2.4)

[20]	..	30 [02:29.7]	31 [02:32.9]
Yu [v]		(-) ja (--) äh SCHWARZvogel-	[hm stätte hm (-)-]
Malik [v]	Oben?		[SCHWARZvogel ist ist ist links (-) und

[21]	..	32 [02:35.6]	33 [02:38.7]	34 [02:38.9]
Yu [v]		ja wenn ist vom STARte hm: gehen.		äm:: SCHWARZvogel
Malik [v]	danach-]		ja.	

[22]	35 [02:41.1]	36 [02:42.2]	37 [02:43.0]	38 [02:44.2]
Yu [v]	[hm <<lachend>>link>-]	LINKS-	[vovon mi?]	LINKS von (.) und THEN (-
Malik [v]	[ist LINKS von dir.]		[von DIR ja.]	

Das Wort könnte allgemein für *Stätte* im Sinne von ‚Ort' stehen, aber auch für das Verb *stehen* i. S. v. ‚sich an einem Ort befinden'. Yu verwendet es als Substantiv in Z. 1, in Z. 7 hingegen ist die Verwendung in Verbindung mit dem darauf folgenden *links* nicht mehr so eindeutig (*stätt äh stätte-* (--) *stätte LINKS*). In Z. 12-14 werden nun *steht links* und *stätte links* direkt hintereinander verwendet. Die Formen *steht* und *stätte* werden hier beide als Verb gebraucht. In Z. 19ff. fragt Yu wiederum nach dem Standort des schwarzen Vogels, was eine Verwendung von *stätte* als Substantiv nahelegt (*schwarzvogel hm stätte hm* (-)). Denkbar wäre allerdings auch ein Selbstabbruch nach flektiertem Verb und vor einer lokalen Ergänzung als Aufforderung an Malik, den Satz weiterzuführen. Möglicherweise werden beide Formen bei ihr aber auch gar nicht unterschieden. Yu verwendet Sprossvokale (Z. 19: *nichtte*, Z. 21: *starte*), und evtl. sind auch die Endungen von *stätte* und *linke* Sprossvokale. Abgesehen vom {-e} verwendet sie nämlich keinerlei Flexionsendungen. Auch müsste man überprüfen, ob sie tatsächlich systematisch zwischen den beiden E-Lauten [e:] und [ɛ] unterscheidet. Im negativen Fall wären *stätte links* und *steht links* für Yu einfach nur zufällig verteilte Aussprachevarianten desselben Wortes (in diesem Fall vermutlich Flexionsformen des Verbs *stehen*). Für diese These könnte auch sprechen, dass *Stätte* ein bildungssprachliches Wort ist, das üblicherweise auf A1-Niveau noch nicht im Wortschatz der Lerner*innen vorhanden ist.

Folgende Thesen sind also aufstellbar:

1. Die Lernerin benutzt das Substantiv *Stätte* und das Verb *steht* und ist auf dem Weg, beide Formen zu erwerben.
2. Die Lernerin übergeneralisiert das Wort *Stätte.*
3. Die Lernerin benutzt nur das Verb *steht.* Dazu wären wiederum verschiedene Erklärungen denkbar:
   a. Da sie Sprossvokale einsetzt und möglicherweise auch Vokallänge und -gespanntheit nicht erkennt, handelt es sich beide Male um das gleiche Wort.
   b. Da sie die Valenz von *steht* nicht kennt (*stehen*: NOM|E_{sit}), benutzt sie es oft ohne Situativergänzung.
   c. Die fehlenden lokalen Ergänzungen, die dem Verb im Satz folgen sollten (siehe b.), sind dadurch zu begründen, dass die Lernerin pragmatisch die Strategie anwendet, eine Äußerung zu beginnen (Thema), dann abzubrechen und den Rhemaslot durch den zielsprachlich bereits kompetenteren Gesprächspartner füllen zu lassen.
4. Die Lernerin hat eine (sprachlich leicht variierende) lexikalische Form für einen Ort zur Verfügung (*stätte/steht*). Die Kategorien Verb und Substantiv wie auch Erwartungen über den Verlauf sprachlich korrekter Sätze sind bei ihr erst ansatzweise vorhanden.

Nach dem ersten Eindruck scheinen These 1 und 2 unwahrscheinlicher, aber alle Thesen müssten an weiteren Daten überprüft werden, um einschlägige didaktische Maßnahmen ergreifen zu können.

Jeuk (2018: 100) formuliert in diesem Zusammenhang mit Blick auf Schulkinder die folgenden diagnostischen Leitfragen: „Was kann das Kind? Was muss es noch lernen? Was soll es als nächstes lernen?" Es geht also zunächst um eine ressourcenorientierte Herangehensweise, die auch bereits ausgebaute sprachliche Stärken eines Lernenden wahrnimmt. Ausgehend von den noch auszubauenden Kompetenzbereichen wird dann die Frage nach der jeweils folgenden Spracherwerbsstufe gestellt. Auf welcher Stufe steht der/die Lerner*in gerade? Woran arbeitet er/sie im Moment? Zeigt sich in einem Lernertext Variation hinsichtlich eines bestimmten linguistischen Phänomens? Das heißt, finden sich in dem Text einige zielsprachliche Belege, aber auch einige Abweichungen von der Zielsprachennorm und lassen sich insbesondere Regelhaftigkeiten darin erkennen, so ist es recht wahrscheinlich, dass der Lernende sich gerade in einem Restrukturierungsprozess befindet, in dem unterrichtlicher Input fördernd wirken kann.

Denkpause 2

Betrachten Sie erneut den Text von Zuzanna. In Bezug auf welche linguistischen Kategorien würden Sie Restrukturierungsprozesse vermuten?

Zuzanna scheint gerade das Perfekt zu erwerben. Dabei nutzt sie bereits beide Hilfsverben (z. B. *sind gegang* in Z. 4, *hat gemacht* in Z. 13) und beide Zirkumfixe (z. B. *gelaufen* in Z. 8, *gelacht* in Z. 14), allerdings noch nicht immer zielsprachenadäquat (*haben hinsetzen* in Z. 5, *hat gelauft* in Z. 9). Auch die Großschreibung von Substantiven scheint sich Zuzanna gerade anzueignen, worauf auch die zahlreichen Selbstkorrekturen von Klein- auf Großschreibung (*Papa* in Z. 2, *Park* in Z. 3, *Bank* in Z. 5 usw.) hinweisen. In beiden Bereichen wäre folglich eine Förderung vielversprechend.

Dass der Lernende genau an einem bestimmten Punkt seines Erwerbs angelangt ist, ist insofern bedeutsam, als dass es in der Zweitsprachenerwerbsforschung als gesichert gelten kann, dass bestimmte sprachliche Phänomene in immer derselben Reihenfolge (i. d. R. vom Einfachen zum Komplexen) erworben werden. Eine einfache Alltagsbeobachtung ist in diesem Zusammenhang, dass Kinder sich im Erstspracherwerb von Einwort- über Zweiwort- zu Dreiwortäußerungen vorarbeiten. Auch erwerben wir den Akkusativ vor dem Genitiv, das Aktiv vor dem Passiv usw. Diese sog. **Erwerbssequenzen** gelten als relativ unbeeinflusst von der Erstsprache von Sprecher*innen und sie gelten als durch Unterricht kaum oder gar nicht umkehrbar. Unterricht sollte den natürlich verlaufenden Erwerb also vielmehr begleiten als im eigentlichen Sinne modellieren.

Eine für den Zweitspracherwerb besonders gut erforschte Erwerbssequenz betrifft die **Satzmodelle** des Deutschen. Hier sind einige voneinander leicht abweichende[2] Sequenzierungen vorgeschlagen worden (vgl. Settinieri & Spaude 2014 für eine Übersicht), z. B. von Grießhaber (2013) (s. Abb. 2).

Stellungsmuster	(I) Vorfeld	(II) Finitum / Konj.	(III) Mittelfeld	(IV) Nachfeld
4 Verbendstellung	...,	*dass*	*sie* ins Theater*	*geht.*
3 Inversion	*Danach*	*geht*	*Maria* nach Hause.*	
	Wen	*will*	*Maria**	*treffen?*
		Kommst	*du* morgen?*	
		Komm!		
2 Separation	*Maria**	*kommt*	*um 8 Uhr*	*an.*
	*Maria**	*ist*	*ins Theater*	*gegangen.*
	*Er**	*hat*	*Angst, die Tür*	*aufzumachen.*
1 Finitum	*Maria**	*geht*	*ins Kino.*	
0 Bruchstücke	*Danke!*			

Tabelle 1: Grundlegende Wortstellungsmuster, * Subjekt

Abb. 2: Erwerbssequenz Satzmodelle (Grießhaber 2013: 2)

Denkpause 3

Welchen Profilstufen können Sie Zuzannas Äußerungen zuordnen?

Segmentieren Sie den Text dazu zunächst in einzelne Äußerungen, um dann jeweils die syntaktische Stufe zu bestimmen. Es gilt dabei immer die höchstmögliche Zuordnung: So enthält der in Abb. 2 angeführte Beispielsatz *Wen will Maria morgen treffen?* beispielsweise sowohl ein Finitum in Verbzweitposition (Stufe 1) als auch eine Separation von Verbteilen (Stufe 2) als eben auch eine Inversion des Subjekts (Stufe 3), weshalb er als Stufe 3 klassifiziert wird. Beachten Sie auch, dass Grießhaber (2013: 6) zufolge eine Stufe erst dann als erworben gelten kann, wenn sie mindestens dreimal korrekt realisiert wird.

2 Eine Ausnahme bilden allerdings beispielsweise Lerner*innen mit L1 Französisch, die die Verbletztstellung vor der Inversion erwerben (s. Diehl et al. 2000).

In unserem Lösungsvorschlag (s. Tab. 2) sind die Verbteile jeweils durch Fettdruck hervorgehoben und die Subjekte durch einen Asterisk.[3] Zusammenfassend ist der Tabelle zu entnehmen, dass Zuzanna im Bereich der Satzmodelle des Deutschen bereits sehr weit fortgeschritten ist. Separation und Inversion beherrscht sie sicher, und sie beginnt offenbar gerade imit dem Aufbau von Nebensätzen (s. den Beleg in Z. 3), befindet sich also insgesamt auf Stufe 3.

Tab. 2: Stellungsmuster in Zuzannas Lernertext

Zeile	Text	Stufe
2	bild 1: Am einen Sonnigentag **hate** papa/Papa Martin* eine gute idee	3
3	das sie* in park/Park **gehen**	4
4	Nun **sind** sie* **gegang** mit Luca und Anna.	3
5	bild 2: Sie* **haben** sich auf die bank/Bank **hinsetzen.**	2
6	Aber dann **ist** ein hund/Hund* **gegang.**	3
7	Anna* **hate** angst von denn hund/Hund.	1
8	Anna* **hat** so schneel **gelaufen.**	2
9	bild 3: der/Der hund* **hat** ~~Sie~~ er **hinterheer gelauft.**	2
10	Aber dann **ist** der hund/Hund* **gten/sten gebliben**	3
11	und Martin* **ist** in die Leine **getreten.**	2
12	bild 4: Und **ist** in Tulpen gebüsch **gewallen.**	2
13	bild 5: Anna* **hat** Foto **gemacht**	2
14	und alle* **haben gelacht.**	2

Gerade die Profilstufen eignen sich gut, um den Blick auch auf das zu lenken, was die Lernerin bereits erworben hat. Insgesamt muss im diagnostischen Prozess also inventarisiert werden, was Lerner*innen bereits können, woran sie aktuell arbeiten und auch, was für sie auf der erreichten Erwerbsstufe noch zu komplex ist, um es bereits jetzt zu trainieren. So scheint Zuzanna möglicherweise noch nicht bereit für den Erwerb des Dativs zu sein (vgl. *Am einen Sonnigentag* in Z. 2, *Der Hund hat er hinterheer gelauft* in Z. 9). Hier müssten zur diagnostischen Abklärung allerdings noch mehr Texte der Lernerin herangezogen werden. Ähnliches gilt für die Markierung der Vokalquantität in der Orthographie (s. Kap. 5). Insbesondere wäre zunächst zu klären, ob Zuzanna distinktive Vokalquantitäten (und -qualitäten,

3 Der Asterisk * hat hier also eine andere Funktion als üblicherweise in diesem Buch. Wir übernehmen diese Form, weil auch Grießhaber sie verwendet (s. Abb. 2).

s. Kap. 4) überhaupt hören kann oder ob nicht vielmehr zunächst Hördistinktionsübungen sinnvoll wären, bevor entsprechende Schreibungen trainiert werden können.

Insgesamt könnte Zuzannas Lernersprache auf Basis ihres Textes tentativ wie in Tab. 3 dargestellt beschrieben werden. Vergleichen Sie die Darstellung und ihre Aussagekraft auch mit Tab.1, die sich ja allein auf Fehler konzentriert.

Tab. 3: Analyse der Lernersprache von Zuzanna (+ = Das kann sie bereits gut., ↗ = Daran arbeitet sie gerade., – Dieser Bereich scheint im Erwerb erst später anzustehen., ? = Hier ist weitere diagnostische Abklärung erforderlich.)

TEXTLINGUISTIK/ TEXTGRAMMATIK	SYNTAX	WORTSCHATZ
+ stringente Erzählstruktur (Etablierung von Zeit/Ort/ Personen unter Verwendung einer einleitenden Formel (*an einem sonnigen Tag*), Handlung chronologisch, Komplikation, eingeleitet durch *aber dann*, Auflösung/Höhepunkt durch lächerliche Situation, Auflösung durch Foto und Lachen) (Höhepunktgeschichte) + erzähltypische Redemittel (*Am einen Sonnigentag* in Z. 2, *Nun* in Z. 4, *Aber dann* in Z. 10); Nennen der jeweils einzelnen Bilder, entlang derer sich die Geschichte hangelt, allerdings erzähluntypisch ↗ bestimmter vs. unbestimmter Artikel (*auf die bank/Bank hinsetzen* in Z. 5)	+ Separation + Inversion ↗ Nebensätze (Z. 3) ↗ Artikel (*in Park gehen* in Z. 3, *ist in Tulpen gebüsch gewallen* in Z. 12, *Anna hat Foto gemacht* in Z. 13, aber sonst vorhanden)	↗ Wortschatz im Aufbau (z. B. *Leine* in Z. 11) ? *gehen* vs. *kommen* (Z. 6) - *in die Leine treten* anstelle von *über die Leine stolpern* o. Ä. (Z. 11)

MORPHOLOGIE	ORTHOGRAPHIE	PHONOLOGIE
+ Akkusativ (div. Belege, auch in Präp.-Phrase, z. B. *auf die Bank* in Z. 5) ↗ Perfekt (div. Belege, s. oben im Text) - Dativ (*Am einen Sonnigentag* in Z. 2, *angst von denn hund* in Z. 7, *Der hund hat er hinterheer gelauft* in Z. 9)	+ generell sicher, z. B. Auslautverhärtung erkannt (*Sonnigentag* in Z. 2, *Hund* in Z. 6ff.) ↗ Groß- und Kleinschreibung (div. Belege, insb. Selbstkorrekturen) ↗ Nebensilben (*gegang* in Z. 4 und 6, *sten* in Z. 10; sonst <-en> realisiert) - *dass* vs. *das* (Z. 3) ? Vokalquantität und -qualität (*hate* in Z. 2 und 7, *denn* in Z. 7, *schneel* in Z. 8, *hinterheer* in Z. 9, *gebliben* in Z. 10) (unklar, ob es eine phonologische oder orthographische Unsicherheit ist) ? Getrennt- und Zusammenschreibung (*Sonnigentag* in Z. 2, *hinterheer gelauft* in Z. 9, *sten geblieben* in Z. 10, *Tulpen gebüsch* in Z. 12, aber: *Tulpenbeet* in Z. 1) ? <f, w, v> (*gewallen* in Z. 12)	? Vokalquantität und -qualität (*hate* in Z. 2 und 7, *denn* in Z. 7, *schneel* in Z. 8, *gebliben* in Z. 10) (unklar, ob es eine phonologische oder orthographische Unsicherheit ist)

Selbstverständlich kann auf Basis einer einzelnen Lerneräußerung keine zuverlässige Diagnose erstellt werden. Vielmehr müssen kontinuierlich weitere Lernerdaten erhoben werden, um zunehmend sicherere diagnostische Schlussfolgerungen ziehen zu können. Der vorliegende Text umfasst nicht einmal 100 Wörter und kann somit auf keinen Fall einen repräsentativen Eindruck von der Kompetenz der Lernerin vermitteln. Trotzdem sind interessante Einblicke möglich, die schließlich in der Zusammenschau mit anderen Daten ein genaues Bild der Lernersprache zeichnen können.

Weiter oben wurde besonders betont, dass eine an die Diagnostik anschließende Förderung grundsätzlich auf die im Erwerb als Nächstes anstehende Stufe zielen sollte. Darüber hinaus sind aber auch noch andere Kriterien hilfreich, um einen **Förderhorizont** abzustecken. So stellt sich beispielsweise die Frage, ob bestimmte lernersprachliche Merkmale möglicherweise die Kommunikation behindern könnten und daher prioritär behandelt werden sollten. Das kann beispielsweise auf bestimmte Aussprachemerkmale zutreffen. Auch die Frequenz bestimmter Phänomene in der Lernersprache kann eine Rolle spielen. Den Grundwortschatz einer Sprache zu beherrschen, ist zunächst sicherlich wichtiger als den Fachwortschatz auszubauen. Aber auch der erforderliche Korrekturaufwand sowie die Bedürfnisse und Wünsche der Lerner*innen selbst stellen für die Förderplanung relevante Entscheidungskriterien dar.

11.3 Didaktische Schlussfolgerungen für den Unterricht

Letztendlich geht es im Spracherwerb immer um Kommunikation. Sprachförderung in der Praxis besteht folglich nicht darin, grammatische Regelhaftigkeiten einzupauken. Vielmehr überlegt die/der Lehrende, ggf. im Anschluss an eine Sprachstandserhebung, mit welchen für die jeweiligen Lernenden interessanten und relevanten Themen die jeweils einschlägigen linguistischen Inhalte verbunden werden sollten. Im Unterricht selbst hat der Fokus auf der sprachlichen Form damit grundsätzlich eine dienende Funktion, letztliches Ziel ist die kommunikative Kompetenz (s. Kap. 2.6). Nichtsdestotrotz stehen Kommunikation und Sprachsystematik bzw. *focus on meaning* und *focus on form* in einem ständigen Wechselverhältnis zueinander (s. Knapp 2014: 136-140).

Denkpause 4

In der Regel werden in einer der ersten Lektionen eines fremdsprachlichen Lehrwerks die Monatsnamen thematisiert, da sie in den Bereich des lebensweltlichen Grundwortschatzes fallen. Überlegen Sie, welche linguistischen Erwerbsaufgaben auf den einzelnen Teilebenen im Deutschen als Fremd- und Zweitsprache mit diesem Thema verbunden werden könnten.

Auf phonetisch-phonologischer Ebene würde es sich bei Monatsnamen z. B. anbieten, konsonantisches vs. vokalisches <r> zu untersuchen (z. B. *Februar, März, September*). Auch Hörübungen zum Wortakzent wären denkbar (z. B. *'Januar, Au'gust, Sep'tember*). Orthographisch ist das Thema (von den o. g. bereits angesprochenen Laut-Buchstaben-Korrespondenzen im Bereich der R-Laute abgesehen) kaum ergiebig; im Bereich der Lexik jedoch wäre über die Monatsnamen hinaus beispielsweise eine Verknüpfung mit der Lexik des Wetters oder der Jahreszeiten denkbar. Im grammatischen Bereich würden Äußerungen mit Präposition erst einmal als Chunk präsentiert werden (*Im März regnet es viel.*), da Wechselpräpositionen im Erwerb erst deutlich später anstehen. Auf Syntaxebene könnte aber bereits der Erwerb der Inversion angebahnt werden (*Ich besuche im*

September meine Eltern./Im September besuche ich meine Eltern.). Auf pragmatischer Ebene könnten Datumsangaben in Briefen in den Blick genommen werden (*Bielefeld, (den) 3. Juni 2009*). Insgesamt entfaltet sich so bereits an lediglich zwölf kommunikativ früh relevanten Wörtern ein breites Spektrum damit verbundener möglicher formbezogener Lernfelder.

11.3.1 Unterrichtsplanung

Bei der Unterrichtsvorbereitung können und müssen also viele unterschiedliche Aspekte berücksichtigt werden. Dabei kann man sich beispielsweise an folgender Reihenfolge orientieren:

- Lernersprachenanalyse
- Welche kommunikativen Lernziele kann und will ich für die Lernenden formulieren?
- Welches sind die als Nächstes zu fördernden sprachlichen Bereiche auf den verschiedenen linguistischen Ebenen?
- Welches inhaltliche Thema ist sinnvollerweise mit den sprachlichen Themen zu verbinden? Welche Themen sind für die Zielgruppe besonders interessant und relevant?
  - Noch einmal zurückschauen: Welche sprachlichen Themen stecken im Inhaltlichen? Welche davon möchte ich auch systematisch einbinden, auf welche sollte zu diesem Zeitpunkt im Erwerb kein expliziter Fokus gelegt werden?
  - Oft ist ein Thema vom Lehrwerk vorgegeben; auch dort: Welche sprachlichen Themen stecken im Inhaltlichen? Welche davon möchte ich auch systematisch einbinden, auf welche sollte zu diesem Zeitpunkt im Erwerb kein expliziter Fokus gelegt werden?
- Sind die ursprünglich formulierten kommunikativen Lernziele mit diesen sprachlichen und inhaltlichen Themen erreichbar?
- Welche Unterthemen/Kommunikationsanlässe/Aufgaben bieten sich, daraus schlussfolgernd, für die Unterrichtsplanung an?
- Zu beachten ist für die konkrete Unterrichtsgestaltung selbst die didaktische Reihenfolge Inhaltsfokus, ggf. Fokus auf Form/sprachliche Strukturen und wieder Inhaltsfokus. Das heißt, der Unterricht sollte immer von einem inhaltlichen Thema ausgehen, möglicherweise wird es – davon abgeleitet – irgendwann in der Stunde einen Formfokus geben, und am Ende sollte es in der Stunde wieder um Inhalte gehen. Der Fokus auf sprachliche Regularitäten ist also immer dienend und nie Selbstzweck.

Die folgende Graphik versucht, den hier vorgeschlagenen Prozess der Unterrichtplanung grob zusammenfassend zu visualisieren (s. Abb. 3). Die von der Lernersprachenanalyse ausgehenden Lernziele sind dabei zentral – als Anfangspunkt und als immer wieder aufzunehmender Bezugsrahmen.

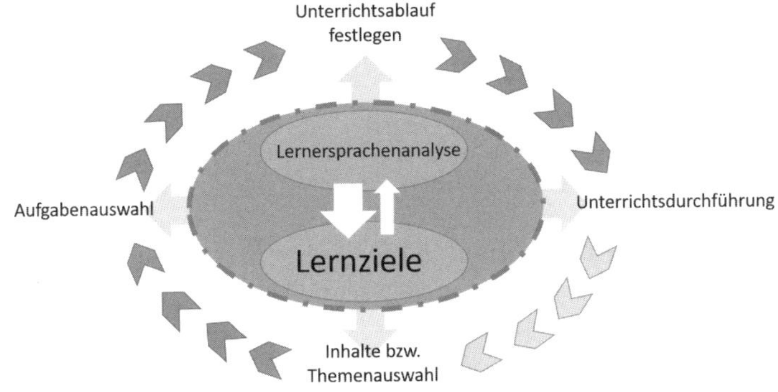

Abb. 3: Prozess der Unterrichtsplanung[4]

Bei der Themenwahl kann man sich von unterschiedlichen Aspekten leiten lassen. Grundsätzlich existieren zwei unterschiedliche Herangehensweisen, die einander selbstverständlich überlappen können:

1. Universelle (also für alle Menschen wichtige) Themen ansprechen und Erfahrungen, Vorwissen und Assoziationen der Lernenden berücksichtigen und wertschätzen.
2. Für die jetzige oder zukünftige Lebenswelt der Lernenden relevantes (neues) Wissen anbieten.

Guter Unterricht geht immer vom Lernenden aus. Das heißt, es ist immer wichtig, zunächst herauszufinden, was die Lernenden interessiert und was sie anstreben und wünschen, d. h., was sie lernen möchten. Es müssen aber auch inhaltliche Anknüpfungspunkte bei den Lernenden eruiert werden, d. h., der/die Lehrende muss herausfinden, welche prototypischen Assoziationen, Abläufe und Muster mit einem Konzept (Begriff) in der Lebenswelt der Lerner*innen verknüpft sind, d. h., wozu bereits Szenarien und Skripte vorhanden sind und wie diese gefüllt sind, um dann Gemeinsamkeiten und Unterschiede auf Basis der entsprechenden Normalitätserwartungen der Lernenden zu reflektieren. Hierbei sind insbesondere zwei Bereiche wichtig: die Themenwahl und der Einbezug der Sprachen der Lernenden.

Abgesehen von universellen Themen (das kann etwa Erziehung, Bildung, Wohnen, Ernährung, Liebe, Freundschaft, Familie, Arbeit oder auch Kleidung und Mode sein) sollte die Lehrkraft auch herausfinden, welches Wissen für die jetzige oder zukünftige spezifische Lebenswelt der Lernenden relevant ist. Ein klassisches Lehrwerkthema ist beispielsweise *Wohnen*. Detaillierte Informationen zur Wohnungs-

4 Weitere differenzierte Informationen zur Unterrichtsplanung gibt beispielsweise Hilbert Meyer (2009) im *Leitfaden Unterrichtsvorbereitung*. Dieses Buch hat keinen expliziten DaF- oder DaZ-Bezug, ist aber dennoch auch für unseren Fachbereich mit Gewinn zu lesen.

suche in Deutschland sind vermutlich jedoch nur dann interessant, wenn die Lernenden irgendwann ins deutschsprachige Ausland reisen und dort eventuell leben wollen (oder bereits dort leben). Die Lehrkraft muss also, will sie kultursensitiv arbeiten, zunächst selbst überlegen, welche Themengebiete mit dem gewählten Hauptthema zusammenhängen, was daran die Lernenden konkret interessieren könnte, wie diese Themengebiete in dem Land, in dem die Lernenden sich befinden, besetzt sind bzw. welche Gesprächsanlässe sie im Unterricht schaffen kann, um vorhandenes Wissen und vorhandene Routinen zum Thema bei den Lernenden zu aktivieren und Gemeinsamkeiten und Unterschiede herauszuarbeiten.

11.3.2 Mehrsprachigkeit und Language Awareness

Damit zusammenhängend bilden die Sprachen der Lernenden und die Förderung ihrer Sprachbewusstheit (Language Awareness) einen weiteren im Unterricht unbedingt didaktisch zu berücksichtigenden Bereich: Fremd- und Zweitsprachenlernende, egal welchen Alters, sind keine unbeschriebenen Blätter; sie alle beherrschen bereits eine oder mehrere Sprachen. Sie besitzen dadurch eine wichtige Ressource, die das Lernen weiterer Sprachen erleichtert.[5] An diese Sprachen, das Sprachwissen und -können der Lernenden kann und soll bei der Förderung des Deutschen angeknüpft werden. In Kap. 5 beispielsweise wurde demonstriert, inwiefern Sprachvergleiche in Form von induktiver Grammatikarbeit sinnvoll sind, um die Aufmerksamkeit auf bestimmte Strukturen zu richten und die lernerseitige Reflexionskompetenz zu fördern. Auch bei der Wortschatzarbeit (s. Kap. 6) ist es wichtig, sprach- und kulturkontrastiv vorzugehen (Stichworte Kontrastive Semantik, Interkulturelle Semantik). Und schließlich illustrierte das sechste Kapitel, inwiefern Lernende im mehrsprachigen Modus, d. h., wenn sie in einer Situation darauf eingestellt sind, mehrsprachig zu agieren (abgeleitet von Grosjeans „bilingual mode" (1998: 136), auch diskutiert von Butler (2013: 115), alle bei ihnen vorhandenen Sprachen nutzen, um unbekannte Texte zu entschlüsseln (s. Kap. 6.2, der Beginn der rumänischen Nationalhymne).

All dies steht in Zusammenhang mit dem für die Sprachdidaktik sehr relevanten Konzept der **Language Awareness**.[6] Der Begriff „Language Awareness" ist in der Sprachdidaktik inzwischen weit verbreitet und etabliert, was auch dazu führt, dass nicht immer deckungsgleiche Konzepte darunter verstanden werden. Die ursprüngliche und auch heute immer noch gültige Kernidee fasst Donmall wie folgt zusam-

---

5 Bei Interesse am Thema: Lüdi (1996) gibt interessante Basisinformation zum Thema Mehrsprachigkeit.

6 Ein von Gnutzmann (2010) verfasster guter Basisartikel dazu findet sich im Handbuch Fremdsprachendidaktik (Hallet & Königs 2010). Dieses Handbuch enthält auch zu weiteren interessanten didaktischen Themen knapp und übersichtlich dargestellte wichtige Informationen.

men: „Language Awareness is a person's sensitivity to and conscious awareness of the nature of language and its role in human life." (Donmall 1985: 7) Dabei geht es, wie Luchtenberg (2014: 107) es auf Deutsch formuliert, darum, dass „ein höheres Interesse an und eine größere Sensibilisierung für Sprache, sprachliche Phänomene und den Umgang mit Sprache und Sprachen geweckt bzw. die vorhandenen metalinguistischen Fähigkeiten und Interessen vertieft werden sollen". Weitere in diesem Zusammenhang im Deutschen verwendete Begriffe sind beispielsweise „Sprachaufmerksamkeit, Sprachbewusstheit, Sprachbewusstsein, Sprachlernbewusstsein, Sprachsensibilisierung, Sprachbewusstmachung" usw. (Gürsoy 2010: 1). Ein Ziel dieser und verwandter Konzepte ist dabei insbesondere mit Blick auf den DaZ-Kontext auch, „das von der jeweiligen Mehrheitssprache dominierte Unterrichtsangebot für die von den Lernenden mitgebrachten bzw. zuvor gelernten Sprachen als wichtige Ressource für das weitere (Sprachen-)Lernen zu öffnen" (Krumm & Reich 2016: 231). Gürsoy (2010: 1f.) differenziert noch weiter aus:

„Ziel ist es, durch den Einbezug der Herkunftssprachen
- aktive Akzeptanz sprachlicher Vielfalt herzustellen, was für Schülerinnen und Schüler mit Migrationshintergrund motivierend für weiteres Lernen sein kann,
- Neugierde auf und Interesse an Sprache, Sprachen, sprachlichen Phänomenen, Sprachen- und Kulturvielfalt zu wecken,
- sprachanalytische Fähigkeiten zu stärken durch (vergleichende) Sprachanalyse von Sprachsystem und Sprachgebrauch (z. B. Deutsch im Vergleich zum Englischen, Türkischen, Französischen, Arabischen usw.),
- sprachliches Handeln im soziokulturellen Kontext bewusst(er) zu machen,
- metasprachliche Kommunikation zu entwickeln,
- Verhältnis von Sprache und Manipulation bzw. von Sprachmissbrauch kritisch zu durchleuchten."

Somit lassen sich unterschiedliche Ebenen bzw. Domänen der Language Awareness unterscheiden. Häufig werden dabei die kognitive, die affektive, die soziale und die strategische Ebene angeführt (s. Luchtenberg 2014: 107, Gürsoy 2010: 2), wobei die kognitive und die affektive Ebene für den Sprachunterricht besonders zentral erscheinen. Beispielsweise können Sprachen vergleichend betrachtet werden (kognitive Language Awareness), um forschendes Lernen zu ermöglichen, das Aufstellen von Hypothesen zu erproben und Phasen mit morpho-syntaktischem Sprachstrukturfokus zu etablieren, ohne dass der Eindruck „trockenen Grammatikunterrichts" entsteht. Sprachvergleiche sind weiterhin in der kultursensitiven Wortschatzarbeit unabdingbar. Und schließlich sind auch im Bereich der Aussprache – je nach Lernergruppe – kontrastive Reflexionen einzubeziehen: Beispielsweise kann es helfen, sich im Vergleich zur Zielsprache Intonationsspannen bewusst zu machen oder auch unterschiedliche Betonungsmuster. Viele Beispiele für sprachenvergleichendes Vorgehen haben Sie bereits bei der Lektüre dieses Buches kennengelernt. Ein weiteres, auch für den sprachbildenden Fachunterricht relevantes Beispiel (und viele mehr) liefert Behr (2006: 42), die vorschlägt zu untersuchen, wie eine bestimmte sprachliche Funktion, nämlich das Fehlen einer Eigenschaft, in unterschiedlichen Sprachen realisiert wird (s. Tab. 4).

Tab. 4: Sprachvergleichendes Arbeiten (Behr 2006: 42)

Deutsch	Englisch	Französisch	Russisch
Ein Stoff ist ...	A material is ...	Une matière est ...	вещество ...
farbig / farblos ...los	coloured / colourless ...less	colorée / incolore in...	цветное / безцветное без...
organisch / anorganisch an...	organic / inorganic in...	organique / inorganique in...	органическое / неорганическое не...
metallisch / nichtmetallisch nicht...	metallic / non-metallic non-...	métallique / non métallique non ...	металлическое / неметаллическое не...

Weiterhin haben Mehrsprachige gewöhnlich zahlreiche Strategien entwickelt, neue Sprachen zu lernen (strategische Language Awareness) (s. Hufeisen 2011). Sie können andere (kompetentere) Sprecher*innen dazu bringen, Hilfestellung zu leisten und beispielsweise Wörter anzubieten, wenn eigene fehlen. Mehrsprachige, die zumindest eine ihrer Sprachen gesteuert erworben haben, haben darüber hinaus bereits (bewusste oder unbewusste und effektive oder weniger effektive) Strategien zum Umgang mit Wortschatz- und Grammatiklernen entwickelt. Dieses Können zu reflektieren, d. h., ein Bewusstsein für Sprachlernstrategien zu wecken und diese weiterzuentwickeln, ist Aufgabe und Chance des Unterrichts in der neuen Sprache (s. Goeritz 2015, die herausstellt, dass vorhandene individuelle Mehrsprachigkeit nicht automatisch impliziert, dass auch Sprachbewusstsein vorhanden ist). Guter Unterricht hilft also, bereits vorhandene Strategien offenzulegen und bewusst zu nutzen. Er bietet darüber hinaus weitere Strategien an (s. auch

Bimmel 2012: Themenheft *Lernstrategien* der Zeitschrift *Fremdsprache Deutsch*, Heft 46). Ein in diesem Zusammenhang besonders interessantes Konzept ist das *EuroCom-Projekt*, das Erkenntnisse der Interkomprehensionsdidaktik anwendet und systematisiert (www.eurocomgerm.de, 02.09.2019). Ausgehend von ausgewählten Brückensprachen leitet es dazu an, rezeptive Sprachkompetenz in weiteren Sprachen derselben Sprachfamilie zu entwickeln (z. B. Oleschko & Olfert 2014). Dafür werden sieben analytische Schritte („Sieben Siebe") angeboten, mit deren Hilfe man die fremdsprachigen Texte (besser) analysieren und entschlüsseln kann.

Viele Erstsprachen (z. B. Arabisch, Türkisch, Russisch) der Lernenden im DaZ-Bereich genießen keinen hohen Status in der Gesellschaft, in der die Lernenden leben, und werden deshalb auch in der Schule häufig marginalisiert.[7] Andere Sprachen sind besonders positiv besetzt, wie es in Deutschland aktuell beispielsweise für das Englische gilt, das daher u. a. sehr häufig in Werbekontexten eingesetzt wird. Das Prestige, also das Ansehen, das Sprachen innerhalb einer Gesellschaft haben, hängt beispielsweise mit der Anzahl der Sprecher*innen weltweit, aber auch mit der wahrgenommenen kulturellen oder wirtschaftlichen Ausstrahlung der jeweiligen Sprechergruppen zusammen. Ob ihre Sprache(n) im Schulsystem eine eher große oder eine eher kleine Rolle spielt (s. Allemann-Ghionda 1997, zit. nach Kniffka & Siebert-Ott 2012: 165 zu „großen" vs. „kleinen" Sprachen), wirkt sich auch auf die Sprecher*innen dieser Sprache aus, die sich entsprechend mehr oder weniger in ihrer Gesamtpersönlichkeit angenommen fühlen können. Diese und ähnliche Aspekte berühren vor allem die soziale Ebene der Language Awareness.[8]

Die affektive Ebene der Language Awareness schließlich nimmt den einzelnen Lernenden noch etwas mehr in den Fokus; bereits vorhandene Sprachen der Lernenden sollten beispielsweise in den Unterricht einbezogen werden, weil Sprachen, insbesondere auch Erstsprachen, für die Konstruktion der eigenen Identität[9] durchaus relevant sind (s. Baquedano-Lopez & Kattan 2009).[10] Gerade dieser Aspekt wird im DaZ-Tagesgeschäft oft übersehen. Die Wertschätzung der Sprachen eines Menschen zeigt auch die Wertschätzung dieser Person mit allem, was sie mitbringt. Es ist jedoch wichtig, unterschiedliche Sprachen nicht nur plakativ wertzuschätzen – hier besteht u. a. die Gefahr der stereotypisierenden Zu-

---

7 Sprachvergleiche steuern dem zumindest ein wenig entgegen – ein weiterer Grund, sie durchzuführen!

8 Auch die Beschäftigung mit der sozialen und politischen Dimension von Mehrsprachigkeit ist für uns als Sprachlehrende wichtig. Zum Einstieg ins Thema sind Mecheril & Quehl (2006) zu empfehlen sowie zur Vertiefung Hornberg (2010).

9 Bei Interesse führt Lüdi (1996) sehr systematisch und übersichtlich ins Thema Mehrsprachigkeit ein. Interessante Artikel finden sich weiterhin in Hufeisen & Thonhauser (2014), dem Themenheft *Mehrsprachigkeit* der Zeitschrift *Fremdsprache Deutsch*, Heft 50.

10 Damit ist nicht gemeint, dass sich diese Identitäten nicht im Laufe des Lebens immer wieder verändern.

schreibung (ausführlicher dazu z. B. Springsits & Dirim 2016), sondern sie explizit auf der sprachreflexiven Ebene in den Unterricht einzubeziehen. Im Schulkontext werden in diesem Zusammenhang beispielsweise Sprachenporträts eingesetzt (z. B. Galling 2011). Weitere Beispiele des Einbezugs anderer Sprachen neben dem Deutschen in den Unterricht bieten z. B. Oomen-Welke (2014: 484-486), Schader (2012) oder Gürsoy (2010: 3).

All dies ist nur möglich, wenn die Lehrkraft solide linguistische Kenntnisse und Kompetenzen besitzt. Diese bilden das Fundament, auf dem Diagnostik und Vermittlung des Deutschen als Erst-, Zweit- oder Fremdsprache aufbauen. Wenn die Lehrenden beispielsweise nicht das System der Wechselpräpositionen kennen, können sie weder Übungen entwickeln, um diese einzuüben, noch können sie Fragen der Lernenden beantworten, und sie können erst recht keine sprachvergleichenden Minimalpaarsätze bilden, um mit den Lernenden gemeinsam über das Problem nachdenken zu können. Die linguistischen Basisfertigkeiten müssen im Weiteren durch zweitsprachenerwerbstheoretische und didaktische ergänzt werden, um professionelle und somit letztlich erfolgversprechende diagnostische und didaktische Entscheidungen treffen zu können und ein Repertoire an für die Lernenden interessanten Lernaktivitäten zu entwickeln.

▶ Literaturtipps

Riemer, Claudia (2002): Wie lernt man Sprachen? In: Quetz, Jürgen; von der Handt, Gerhard (Hrsg.): *Neue Sprachen lehren und lernen. Fremdsprachenunterricht in der Weiterbildung*. Bielefeld: wbv, 49-83.

Jeuk, Stefan (2018): *Deutsch als Zweitsprache in der Schule. Grundlagen – Diagnose – Förderung*. 4. Aufl. Stuttgart: Kohlhammer.

Aufgaben nach diesem Kapitel

Aufgabe 1: Lernersprachenanalyse Noah

Noah ist 35 Jahre alt. Er ist in Großbritannien monolingual mit der Erstsprache Englisch aufgewachsen und lebt seit seinem 21. Lebensjahr in Deutschland. In der Schule hat er Französisch und Deutsch gelernt, wie er selbst berichtet.

Markieren Sie (z. B. mittels unterschiedlicher farblicher Unterstreichung) in der unten stehenden ursprünglich handschriftlich verfassten Kurzbiographie Noahs zunächst alle Auffälligkeiten, die Sie den Bereichen Phonetik, Orthographie, Morphologie, Syntax, Semantik oder Pragmatik zuordnen würden, um so noch einmal die Zuordnung zu den linguistischen Teilebenen zu wiederholen. Geben Sie dann eine kurze Einschätzung von Noahs Sprachkompetenz auf den jeweiligen Teilebenen.

Als ich 10 jahre alt war, bin ich angefangen Französisch zu lernen. Ich habe es nie großartig benutzt und ich habe schon vergessen alles was ich damals gelernt haben. Zwei jahre später, als ich 12 jahre alt war, ich habe die Möglichkeit bekommen mit Französisch aufzuhören und mit Deutsch zu beginnen. Ich hab Deutch gelernt 4 jahre lang bis ich 16 war und zu der Army gegangen. Nach ein paar jahre habe ich schon wieder alles vergessen!! Nach 5 jahre, als ich 21 war, ich war nach Deutschland geschickt. Ich habe alles vergessen was ich in der schule gelernt haben! Ich habe versucht Deutsch zu sprechen, aber viele Menschen in Deutschland sprechen Englisch. Es war einfacher zu Englisch sprechen. Als ich 24 war, habe ich mein frau kennen gelernt. Die familie von mein frau sprechen kein Englisch. Seit dann versuche ich mein Deutsch zu verbessern. Ich habe ein abendkurs gemacht und ich versuche mehr Deutsch zu sprechen.

Aufgabe 2: Lernersprachenanalyse Malik

Erstellen Sie in Anlehnung an Tab. 1 und Tab. 3 eine möglichst umfassende Lernersprachenanalyse für Malik. Was fällt Ihnen besonders auf? Welche Förderempfehlungen würden Sie geben?

Literaturverzeichnis

Adamzik, Kirsten (2010): *Sprache. Wege zum Verstehen*. 3., überarb. Aufl. Tübingen u. a.: Francke; UTB.

Adamzik, Kirsten (2016): *Textlinguistik. Grundlagen, Kontroversen, Perspektiven*. 2. Aufl. Berlin; Boston: De Gruyter.

Aguado, Karin (2002): Formelhafte Sequenzen und ihre Funktionen für den L2-Erwerb. *Zeitschrift für Angewandte Linguistik* 37 (2), 27-49.

Ahrenholz, Bernt (2010): Bildungssprache im Sachunterricht der Grundschule. In: Ahrenholz, Bernt (Hrsg.): *Fachunterricht und Deutsch als Zweitsprache*. 2. Aufl. Tübingen: Narr, 15-35.

Ahrenholz, Bernt (2014): Lernersprachenanalyse. In: Settinieri, Julia; Demirkaya, Sevilen; Feldmeier, Alexis; Gültekin-Karakoç, Nazan; Riemer, Claudia (Hrsg.): *Empirische Forschungsmethoden für Deutsch als Fremd- und Zweitsprache. Eine Einführung*. Paderborn: Ferdinand Schöningh; UTB, 167-182.

Apeltauer, Ernst (2010): Lernersprache(n). In: Krumm, Hans-Jürgen; Fandrych, Christian; Hufeisen, Britta; Riemer, Claudia (Hrsg.): *Deutsch als Fremd- und Zweitsprache. Ein internationales Handbuch*. 2. Aufl. Berlin; New York: De Gruyter, 833-842.

Auer, Peter (Hrsg.) (2013): *Sprachwissenschaft. Grammatik – Interaktion – Kognition*. Stuttgart u. a.: Metzler.

Austin, John L. (1958): Performative und konstative Äußerungen. In: Hoffmann, Ludger (Hrsg.) (2019): *Sprachwissenschaft. Ein Reader*. 4., aktual. u. erw. Aufl. Berlin u. a.: De Gruyter, 252-262.

Bahlmann, Clemens; Breindl, Eva; Dräxler, Hans-Dieter; Ende, Karin; Storch, Günther (1998): *Unterwegs. Lehrwerk für die Mittelstufe. Deutsch als Fremdsprache. Kursbuch*. Berlin; München: Langenscheidt.

Baquedano-López, Patricia; Shlomy, Kattan (2009): Growing up in a multilingual community: Insights from language socialization. In: Auer, Peter; Wei, Li (Hrsg.): *Handbook of multilingualism and multilingual communication*. Berlin u. a.: De Gruyter, 69-100.

Bauer, Ernst Waldemar (2000): *Humanbiologie*. Berlin: Cornelsen.

Behr, Ursula; Bohn, Petra; Riemann, Regina; Bettzieche, Uta (Hrsg.) (2005): *Sprachen entdecken – Sprachen vergleichen. Kopiervorlagen zum sprachenübergreifenden Lernen Deutsch, Englisch, Französisch, Russisch, Latein*. Berlin: Cornelsen.

Bernstein, Basil B. (Hrsg.) (1971): *Class, codes and control. Band 1: Theoretical studies towards a sociology of language*. London: Routledge & Kegan Paul.

Bernstein, Basil B. (Hrsg.) (1973): *Class, codes and control. Band 2: Applied studies towards a sociology of language*. London: Routledge & Kegan Paul.

Bichsel, Peter (1991): *Ein Tisch ist ein Tisch*. http://www.deutschunddeutlich.de/contentLD/GD/GT67cTischistTisch.pdf (02.09.2019).

Bimmel, Peter; Kast, Bernd; Neuner, Gerhard (2011): *Deutschunterricht planen neu*. Berlin u. a.: Langenscheidt.

Bimmel, Peter (Hrsg.) (2012): Lernstrategien. *Fremdsprache Deutsch* 46. Ismaning; Berlin: Hueber; Schmidt.

Boeckmann, Klaus-Börge (2010): Lernersprache. In: Barkowski, Hans; Krumm, Hans-Jürgen (Hrsg.): *Fachlexikon Deutsch als Fremd- und Zweitsprache*. Tübingen: Francke, 192.

Boueke, Dietrich; Schülein, Frieder; Büscher, Hartmut; Terhorst, Evamaria; Wolf, Dagmar (1995): *Wie Kinder erzählen. Untersuchungen zur Erzähltheorie und zur Entwicklung narrativer Fähigkeiten*. München: Wilhelm Fink.

Braune, Wilhelm (2004 [1886]): *Althochdeutsche Grammatik I. Laut- und Formenlehre*. 15. Aufl. Tübingen: Niemeyer.

Breindl, Eva (2017): Nomen. In: *grammis 2.0 – das grammatische Informationssystem des Instituts für deutsche Sprache (ids). Systematische Grammatik.* https://grammis.ids-mannheim.de/systematische-grammatik/273 (05.09.2019).

Breindl, Eva (2018): Modalverb. In: *grammis 2.0 – das grammatische Informationssystem des Instituts für deutsche Sprache (ids). Systematische Grammatik.* https://grammis.ids-mannheim.de/systematische-grammatik/380 (05.09.2019).

Breindl, Eva; Thurmair, Maria (2003): Wie viele Grammatiken verträgt der Lerner? Zum Stellenwert einer „Grammatik der gesprochenen Sprache" (nicht nur) für Deutsch als Fremdsprache. *Deutsch als Fremdsprache* 40 (2), 87-93.

Brinker, Klaus (2010): *Linguistische Textanalyse. Eine Einführung in Grundbegriffe und Methoden*. 7., durchges. Aufl. Berlin: Schmidt.

Bühler, Karl (1982 [1934]): *Sprachtheorie*. Stuttgart; New York: Fischer.

Busch, Albert; Stenschke, Oliver (2014): *Germanistische Linguistik. Eine Einführung*. 3., überarb. u. erw. Auflage. Tübingen: GNV Wissen.

Busse, Dietrich (2009): *Semantik*. Paderborn: Fink.

Bußmann, Hadumod (Hrsg.) (2002): *Lexikon der Sprachwissenschaft*. 3., aktual. u. erw. Aufl. Stuttgart: Kröner.

Butler, Yuko Goto (2013): Bilingualism/Multilingualism and Second-Language Acquisition. In: Bhatia, Tej K.; Ritchie, William C. (Hrsg.): *The Handbook of Bilingualism and Multilingualism*, Bd. 2., Blackwell Publishing, 109-136.

Canoonet: *Deutsche Wörterbücher und Grammatik*. http://www.canoonet.eu/ (02.09.2019).

Chomsky, Noam (1965): *Aspects of a Theory of Syntax*. Cambridge Mass.: MIT Press.

Chomsky, Noam (1972): *Language and Mind*. New York: Hartcourt, Brace, Jovanovich.

Coseriu, Eugenio (1952): *Sistema, norma y habla*. Montevideo: Universidad de la República.

Crystal, David; Röhrich, Stefan; Böckler, Ariane; Jansen, Manfred (Bearbeitung und Übersetzung) (1993): *Die Cambridge Enzyklopädie der Sprache*. Frankfurt am Main: Campus.

Cummins, Jim (2000): *Language, power, and pedagogy. Bilingual children in the crossfire*. Clevedon u. a.: Multilingual Matters.

Dauer, R. M. [sic] (1983): Stress-timing and syllable-timing reanalysed. *Journal of Phonetics* 11, 51-62.

Diehl, Erika; Christen, Helen; Studer, Thérèse; Leuenberger, Sandra; Pelvat, Isabelle (2000): *Grammatikunterricht: Alles für der Katz? Untersuchungen zum Zweitsprachenerwerb Deutsch*. Tübingen: Niemeyer.

Dieling, Helga; Hirschfeld, Ursula (2000): *Phonetik lehren und lernen*. Berlin u. a.: Langenscheidt.

Dirim, İnci; Mecheril, Paul (2010): Die Sprachen der Migrationsgesellschaft. In: Mecheril, Paul; do Mar Castro Varela, María; Dirim, Inci; Kalpaka, Annita; Melter, Claus (Hrsg.): *Migrationspädagogik*. Weinheim; Basel: Beltz, 99-120.

Domenech, Madeleine; Krah, Antje; Hollmann, Jelena (2017): Entwicklung und Förderung argumentativer Fähigkeiten in der Sekundarstufe I: Die Relevanz familiärer Ressourcen. *Bildung und Erziehung* 70 (1), 91-107.

Donalies, Elke (2003): Hochzeitstorte, laskaparasol, elmas küpe, cow's milk, casa de campo, cigarette-filtre, ricasdueñas... Was ist eigentlich ein Kompositum? *Deutsche Sprache. Zeitschrift für Theorie, Praxis, Dokumentation* 31 (1), 76-93.

Donalies, Elke (2005): *Die Wortbildung des Deutschen. Ein Überblick.* 2., überarb. Aufl. Tübingen: Narr.

Donalies, Elke (2006): *Schorn* in *Schornstein, plötz* in *plötzlich* – Unikale Einheiten. In: *grammis 2.0 – das grammatische Informationssystem des Instituts für deutsche Sprache (ids). Grammatik in Fragen und Antworten.* https://grammis.ids-mannheim.de/fragen/3062 (05.09.2019)

Donalies, Elke (2011): *Basiswissen Deutsche Wortbildung.* 2., überarb. Aufl. Tübingen u. a.: Francke.

Donalies, Elke (2015): Hutschachtel, Hochzeitstorte – Fugenelemente und Flexionsaffixe. In: *grammis 2.0 – das grammatische Informationssystem des Instituts für deutsche Sprache (ids). Grammatik in Fragen und Antworten.* https://grammis.ids-mannheim.de/fragen/3205 (05.09.2019).

Donalies, Elke (2017a): Schweiz. Abfahrtzeit, bundesdt. Abfahrtszeit. Regionale Unterschiede bei den Fugenelementen. In: *grammis 2.0 – das grammatische Informationssystem des Instituts für deutsche Sprache (ids). Grammatik in Fragen und Antworten.* https://grammis.ids-mannheim.de/fragen/3039 (05.09.2019).

Donalies, Elke (2017b): Genus. In: *grammis 2.0 – das grammatische Informationssystem des Instituts für deutsche Sprache (ids). Systematische Grammatik.* https://grammis.ids-mannheim.de/systematische-grammatik/2263 (05.09.2019).

Donalies, Elke (2018a): Konfix. In: *grammis 2.0 – das grammatische Informationssystem des Instituts für deutsche Sprache (ids). Systematische Grammatik.* https://grammis.ids-mannheim.de/systematische-grammatik/487 (05.09.2019).

Donalies, Elke (2018b): Fugenelement. In: *grammis 2.0 – das grammatische Informationssystem des Instituts für deutsche Sprache (ids). Systematische Grammatik.* https://grammis.ids-mannheim.de/systematische-grammatik/547 (05.09.2019).

Donmall, B. Gillian (Hrsg.) (1985): *Language awareness.* London: Centre for Information on Language Teaching and Research. National Congress on Languages in Education.

Doyé, Peter (2010): Interkomprehensives Lernen als ein Weg zur Selbstständigkeit. In: Doyé, Peter; Meißner, Franz-Joseph (Hrsg.): *Lernerautonomie durch Interkomprehension. Projekte und Perspektiven. Promoting learner autonomy through intercomprehension. projects and perspectives. L'autonomisation de l'apprenant par l'intercompréhension. projets et perspectives.* Tübingen: Narr, 128-145.

Drach, Erich (1937): *Grundgedanken der deutschen Satzlehre.* 2. Neuaufl. Frankfurt am Main: Diesterweg.

Dryer, Matthew S. (2013a): Determining Dominant Word Order. In: Dryer, Matthew S.; Haspelmath, Martin (Hrsg.): *The world atlas of language structures Online (Oxford linguistics).* https://wals.info/chapter/s6 (05.09.2019).

Dryer, Matthew S. (2013b): Order of Subject, Object, and Verb. In: Dryer, Matthew S.; Haspelmath, Martin (Hrsg.): *The world atlas of language structures Online (Oxford linguistics).* https://wals.info/chapter/81 (05.09.2019).

Dryer, Matthew S. (2013c): Order of Subject, Object, and Verb. Datapoint Russian. In: Dryer, Matthew S.; Haspelmath, Martin (Hrsg.): *The world atlas of language structures Online* (*Oxford linguistics*). https://wals.info/feature/81A#2/18.0/152.8 (05.09.2019).

Dürscheid, Christa (2006): *Einführung in die Schriftlinguistik*. 3., überarb. u. erg. Aufl. Göttingen: Vandenhoeck & Ruprecht.

Dürscheid, Christa (2012): *Syntax. Grundlagen und Theorien*. 6., aktual. Aufl. Göttingen: Vandenhoeck & Ruprecht.

Ehrhardt, Claus; Heringer, Hans Jürgen (2011): *Pragmatik*. Paderborn: Fink; UTB.

Eifring, Halvor; Theil, Rolf (2005): *Linguistics for Students of Asian and African Languages. Chapter 4: Linguistic Typology*. Universität Oslo. https://www.uio.no/studier/emner/hf/ikos/EXFAC03-AAS/h05/larestoff/linguistics/ (02.09.2019).

Einstein, Carl (1983): *Der Gaukler der Ebene und andere afrikanische Märchen und Legenden*. Ungekürzte Ausg. Frankfurt am Main: Fischer.

Eismann, Volker; Enzensberger, Hans Magnus; van Eunen, Kees; Helmling, Brigitte; Kast, Bernd; Mummert, Ingrid; Thurmair, Maria (1994): *Die Suche. Das andere Lehrwerk für Deutsch als Fremdsprache. Arbeitsbuch 1*. Berlin u. a.: Langenscheidt.

Engel, Ulrich (1994): *Syntax der deutschen Gegenwartssprache*. 3., völlig neu bearb. Aufl. Berlin: E. Schmidt.

Esa, Mohamed; Graffmann, Heinrich (1993): Grammatikarbeit am Text. Einige textlinguistische Ansätze im Deutschunterricht. *Fremdsprache Deutsch* 9, 25-34.

Fandrych, Christian (2005): Schauplatz Wortstellung. Wichtige Regeln und Tendenzen. *Fremdsprache Deutsch* 32, 12-18.

Fandrych, Christian; Thurmair, Maria (2018): *Grammatik im Fach Deutsch als Fremd- und Zweitsprache. Grundlagen und Vermittlung*. Berlin: Erich Schmidt.

Feilke, Helmuth (2012): Bildungssprachliche Kompetenzen fördern und entwickeln. *Praxis Deutsch* 233, 4-13.

Feilke, Helmuth (2016): Nähe, Distanz und literale Kompetenz. Versuch einer erklärenden Rezeptionsgeschichte. In: Feilke, Helmuth; Hennig, Mathilde (Hrsg.): *Zur Karriere von „Nähe und Distanz". Rezeption und Diskussion des Koch-Oesterreicher-Modells*. Unter Mitarbeit von Peter Koch und Wulf Oesterreicher. Berlin; Boston: De Gruyter, 113-154.

Feilke, Helmuth; Hennig, Mathilde (Hrsg.) (2016): *Zur Karriere von „Nähe und Distanz". Rezeption und Diskussion des Koch-Oesterreicher-Modells*. Unter Mitarbeit von Peter Koch und Wulf Oesterreicher. Berlin; Boston: De Gruyter.

Feldmeier, Alexis (2004): Die Alphabetisierung von Erwachsenen nicht deutscher Muttersprache. In: Genz, Julia (Hrsg.): *25 Jahre Alphabetisierung in Deutschland*. Barcelona u. a.: Klett Sprachen, 101-139.

Feldmeier, Alexis (2010): *Von A bis Z – Praxishandbuch Alphabetisierung. Deutsch als Zweitsprache für Erwachsene*. Stuttgart: Ernst Klett Sprachen.

Fiehler, Reinhard (2013): Die Besonderheiten gesprochener Sprache – gehören sie in den DaF-Unterricht? In: Moraldo, Sandro M.; Missaglia, Federica (Hrsg.): *Gesprochene Sprache im DaF-Unterricht. Grundlagen, Ansätze, Praxis*. Heidelberg: Univ.-Verl. Winter, 19-38.

Fiehler, Reinhard (2016): Gesprochene Sprache. In: Wöllstein, Angelika; Dudenredaktion (Hrsg.): *Duden: Die Grammatik. 9., vollst.* überarb. *u. aktual. Aufl. Berlin: Dudenverl., 1181-1260.*

Fischer, Klaus (1997): *German-English Verb Valency. A Contrastive Analysis*. Tübingen: Narr.

Fleischer, Wolfgang; Barz, Irmhild (2007): *Wortbildung der deutschen Gegenwartssprache. Vollständige Neufassung*. 3., unveränd. Aufl. Tübingen: Narr.

Frith, Uta (1985): Beneath the surface of developmental dyslexia. In: Patterson, Karalyn E.; Marshall, John C.; Coltheart, Max (Hrsg.): *Surface dyslexia. Neuropsychological and cognitive studies of phonological reading*. London; Hillsdale N.J.: L. Erlbaum Associates, 301-330.

Galling, Isabella (2011): Sprachenporträts im Unterricht. Eine Unterrichtseinheit über Mehrsprachigkeit. In: Fürstenau, Sara; Gomolla, Mechthild (Hrsg.): *Migration und schulischer Wandel: Mehrsprachigkeit*. Wiesbaden: Springer VS [online 1-27]. http://www.springer.com/de/book/9783531153810 (25.09.2018).

Gantefort, Christoph; Roth, Hans-Joachim (2008): Ein Sturz und seine Folgen. In: Klinger, Thorsten; Schwippert, Knut; Leiblein, Birgit (Hrsg.): *Evaluation im Modellprogramm FörMig. Planung und Realisierung eines Evaluationskonzepts*. Münster u. a.: Waxmann, 29-50.

Gibbons, Pauline (2006): Unterrichtsgespräche und das Erlernen neuer Register in der Zweitsprache. In: Mecheril, Paul; Quehl, Thomas (Hrsg.): *Die Macht der Sprachen. Englische Perspektiven auf die mehrsprachige Schule*. Münster u. a.: Waxmann, 269-290.

Gibbons, Pauline (2014): *Scaffolding language, scaffolding learning. Teaching English language learners in the mainstream classroom*. 2. Aufl. Portsmouth NH: Heinemann.

Gnutzmann, Claus (2010): Language Awareness. In: Hallet, Wolfgang; Königs, Frank (Hrsg.): *Handbuch Fremdsprachendidaktik*. Seelze; Velber: Kallmeyer, 115-119.

Goeritz, Sarah (2015): *Deutsch als Tertiärsprache in Ghana. Eine empirische Untersuchung zur Wahrnehmung und Nutzung der Mehrsprachigkeit im Deutschunterricht*. Masterarbeit. Universität Bielefeld.

Gogolin, Ingrid; Lange, Imke (2011): Bildungssprache und Durchgängige Sprachbildung. In: Fürstenau, Sara; Gomolla, Mechthild (Hrsg.): *Migration und schulischer Wandel: Mehrsprachigkeit*. Wiesbaden: Springer VS, 107-127.

Graefen, Gabriele; Liedke, Martina (2008): *Germanistische Sprachwissenschaft. Deutsch als Erst-, Zweit- oder Fremdsprache*. Tübingen: Francke.

Grice, H. P. (1975): Logik und Konversation. In: Hoffmann, Ludger (Hrsg.) (2019): *Sprachwissenschaft. Ein Reader*. 4., aktual. u. erw. Aufl. Berlin u. a.: De Gruyter, 283-302.

Grießhaber, Wilhelm (2003-2004): *Artikel: Funktionen*. https://spzwww.uni-muenster.de/griesha/spw/artikel/funkt-kompakt.html (05.09.2019).

Grießhaber, Wilhelm (2013): *Die Profilanalyse für Deutsch als Diagnoseinstrument zur Sprachförderung*. https://www.uni-due.de/imperia/md/content/prodaz/griesshaber_profilanalyse_deutsch.pdf (05.09.1019).

Grosjean, François (1998): Studying bilinguals: Methodological and conceptual issues. *Bilingualism: Language and Cognition* 1 (2), 131-149.

Grotjahn, Rüdiger (1998): Ausspracheunterricht: Ausgewählte Befunde aus der Grundlagenforschung und didaktisch-methodische Implikationen. *Zeitschrift für Fremdsprachenforschung* 9 (1), 35-83.

Günther, Katrin; Laxczkowiak, Jana; Niederhaus, Constanze; Wittwer Franziska (2013): *Sprachförderung im Fachunterricht an beruflichen Schulen*. Berlin: Cornelsen.

Gürsoy, Erkan; Benholz, Claudia; Renk, Nadine; Prediger, Susanne; Büchter, Andreas (2013): Erlös = Erlösung? Sprachliche und konzeptuelle Hürden in Prüfungsaufgaben zur Mathematik. *Deutsch als Zweitsprache* 1, 14-24.

Hakkarainen, Heikki J. (1995): *Phonetik des Deutschen*. München: Fink.

Hallet, Wolfgang; Königs, Frank (Hrsg.) (2010): *Handbuch Fremdsprachendidaktik*. Seelze; Velber: Kallmeyer.

Hallet, Wolfgang (2016): *Genres im fremdsprachlichen und bilingualen Unterricht. Formen und Muster der sprachlichen Interaktion*. Seelze: Klett/Kallmeyer.

Halliday, Michael A. K.; Hasan, Ruqaiya (1989): *Language, context, and text. Aspects of language in a social-semiotic perspective*. 2. Aufl. Oxford: Oxford Univ. Press.

Hansen, Klaus P. (2011): *Kultur und Kulturwissenschaft. Eine Einführung*. 4., vollst. überarb. Aufl. Tübingen; Basel: A. Francke.

Haß, Frank (2010): Methoden im Fremdsprachenunterricht. In: Hallet, Wolfgang; Königs, Frank (Hrsg.): *Handbuch Fremdsprachendidaktik*. Seelze; Velber: Kallmeyer, 151-155.

Helbig, Gerhard; Buscha, Joachim (2001): *Deutsche Grammatik. Ein Handbuch für den Ausländerunterricht*. Neubearb. Berlin u. a.: Langenscheidt.

Heringer, Hans J. (1984): Wortbildung: Sinn aus dem Chaos. *Deutsche Sprache* 12, 1-13.

Hinnenkamp, Volker (1998): *Mißverständnisse in Gesprächen. Eine empirische Untersuchung im Rahmen der interpretativen Soziolinguistik*. Opladen; Wiesbaden: Westdt. Verl.

Hirschfeld, Ursula (2001): Vermittlung der Phonetik. In: Helbig, Gerhard; Götze, Lutz; Henrici, Gert; Krumm, Hans-Jürgen (Hrsg.): *Deutsch als Fremdsprache. Ein internationales Handbuch*. Berlin; New York: De Gruyter, 872-879.

Hirschfeld, Ursula; Reinke, Kerstin (2016): *Phonetik im Fach Deutsch als Fremd- und Zweitsprache. Unter Berücksichtigung des Verhältnisses von Orthografie und Phonetik*. Berlin: Erich Schmidt.

Hochstadt, Christiane (2015): Förderung der Musterverfügbarkeit im Sprachunterricht am Beispiel des Präteritums – ein rezeptionsorientierter Zugang über das Nacherzählen. In: Bredel, Ursula; Schmellentin, Claudia (Hrsg.): *Welche Grammatik braucht der Grammatikunterricht?* 2., korr. Aufl. Baltmannsweiler: Schneider Verl. Hohengehren, 23-45.

Hoffmann, Ludger (2008): Thema, Themenentfaltung, Makrostruktur. In: Brinker, Klaus (Hrsg.): *Text- und Gesprächslinguistik. Ein internationales Handbuch zeitgenössischer Forschung*, Bd. 1. Berlin u. a.: De Gruyter, 344-356.

Hoffmann, Ludger (Hrsg.) (2019): *Sprachwissenschaft. Ein Reader*. 4., aktual. u. erw. Aufl. Berlin u. a.: De Gruyter.

Honnef-Becker, Irmgard (1996): Hörverstehen in Sprachlehrwerken Deutsch als Fremdsprache. In: Kühn; Peter (Hrsg.): *Hörverstehen im Unterricht Deutsch als Fremdsprache. Theoretische Fundierung und unterrichtliche Praxis*. Frankfurt am Main: Lang, 45-77.

Hornberg, Sabine (2010): Mehrsprachigkeit. Kulturelles Kapital oder Bürde in der Schule? In: Mecheril, Paul; Dirim, İnci; Gomolla, Mechtild; Hornberg, Sabine; Stojalnov, Kassimir (Hrsg.): *Spannungsverhältnisse. Assimilationsdiskurse und interkulturell-pädagogische Forschung*. Münster u. a.: Waxmann, 115-134.

Horstmann, Susanne (2002): SchülerInnen als Experten. Mehrsprachigkeit als Ressource im Lernbereich Sprachreflexion nutzen. *Der Deutschunterricht* 54 (3), 79-83.

Horstmann, Susanne (2003a): Text. In: Müller, Jan-Dirk (Hrsg.): *Reallexikon der deutschen Literaturwissenschaft*, Bd. 3. Berlin u. a.: De Gruyter, 594-597.

Horstmann, Susanne (2003b): Texttheorie. In: Müller, Jan-Dirk (Hrsg.): *Reallexikon der deutschen Literaturwissenschaft*, Bd. 3. Berlin u. a.: De Gruyter, 615-618.

Horstmann, Susanne (2017a): Audiovisueller Input (Minimalpaarrollenspiele) und Reflexion zur Förderung der Gesprächskompetenz in der Fremdsprache. In: Colliander, Peter; Drumbl, Hans; Höhmann, Doris; Ivanenko, Svitlana; Knorr, Dagmar; Moraldo, Sandro M. (Hrsg.): *Linguistische Grundlagen für den Sprachunterricht. IDT 2013*, Bd. 5. 2., erw. Aufl. Bozen-Bolzano: University Press, 461-478. http://pro.unibz.it/library/bupress/ publications/fulltext/9788860461308.pdf (05.09.2019).

Horstmann, Susanne (2017b): Theaterpädagogische Elemente in Fremdsprachenunterricht integrieren – am Beispiel eines Kiswahili-Kurskonzeptes. *Scenario* 11 (2), 67-91. http://research.ucc.ie/scenario/2017/02/Horstmann/05/en (20.09.2019).

Hufeisen, Britta (2011): Theoretische Fundierung multiplen Sprachenlernens. Faktorenmodell 2.0. In: Bogner, Andrea; Ehlich, Konrad; Eichinger, Ludwig M.; Kelletalt, Andreas F.; Krumm, Hans-Jürgen; Michel, Willy; Reuter, Ewald; Wierlacher, Alois; Dengel, Barbara (Hrsg.): *Jahrbuch Deutsch als Fremdsprache* 36. München: iudicium, 200-207.

Hufeisen, Britta; Thonhauser, Ingo (Hrsg.) (2014): *Mehrsprachigkeit. Fremdsprache Deutsch* 50. Berlin: Schmidt.

Hymes, Dell H. (1972): On Communicative Competence. In: Pride, John Bernard; Holmes, Janet (Hrsg.): *Sociolinguistics. Selected readings*. Harmondsworth: Penguin Books, 269-293.

Imo, Wolfgang (2016): Das Nähe-Distanz-Modell in der Konversationsanalyse/ Interaktionalen Linguistik. Ein Versuch der Skizzierung einer ‚Nicht-Karriere'. In: Feilke, Helmuth; Hennig, Mathilde (Hrsg.): *Zur Karriere von „Nähe und Distanz". Rezeption und Diskussion des Koch-Oesterreicher-Modells*. Unter Mitarbeit von Peter Koch und Wulf Oesterreicher. Berlin; Boston: De Gruyter, 155-186.

Imo, Wolfgang (2016a): *Grammatik. Eine Einführung*. Stuttgart: Metzler.

Institut für Deutsche Sprache Mannheim: *DGD (Datenbank gesprochenes Deutsch)*. https://dgd.ids-mannheim.de/dgd/pragdb.dgd_extern.corpora?v_session_id=2FDB3F499C3BEB25AA94144BD94508E7&v_doctype=t&v_corpus=FOLK&v_doc_id=FOLK_E_00260_SE_01_T_02 (05.09.2019)

Institut für Deutsche Sprache Mannheim: *grammis 2.0 – das grammatische Informationssystem des Instituts für deutsche Sprache (ids)*. https://grammis.ids-mannheim.de/ (05.09.2019).

Jeuk, Stefan (2018): *Deutsch als Zweitsprache in der Schule. Grundlagen – Diagnose* – Förderung. 4. Aufl. Stuttgart: Kohlhammer.

Kelz, Heinrich P. (1992): Lernziel deutsche Aussprache. In: Vorderwülbecke, Klaus (Hrsg.): *Phonetik, Ausspracheschulung und Sprecherziehung im Bereich Deutsch als Fremdsprache. Fachtagung Didaktik Deutsch als Fremdsprache IV, 19. 22. September 1990 an der Universität Regensburg*. Regensburg: FaDaF, 23-38.

Kessel, Katja; Reimann, Sandra (2012): *Basiswissen deutsche Gegenwartssprache. Eine Einführung*. 4., durchges. Aufl. Tübingen; Stuttgart: Francke; UTB.

Kieweg, Werner (2011): Mit Praxeogrammen Gespräche führen. *Der fremdsprachliche Unterricht Englisch* 45 (114), 8-10.

Kleiner, Stefan; Knöbl, Ralf (2015): *Das Aussprachewörterbuch*. 7., komplett überarb. u. aktual. Aufl. Berlin; Mannheim: Dudenverl.

Kluge, Friedrich (2002): *Etymologisches Wörterbuch der deutschen Sprache*. 24., durchges. u. erw. Aufl. Berlin: De Gruyter.

Knapp, Annelie (2013): Interkulturelle Kompetenz: eine sprachwissenschaftliche Perspektive. In: Auernheimer, Georg; Bukow, Wolf-Dietrich; Butterwege, Christoph; Reuter, Julia; Roth,

Hans-Joachim; Yildiz, Erol (Hrsg.): *Interkulturelle Kompetenz und pädagogische Professionalität.* 4., durchges. Aufl. Wiesbaden: Springer VS, 85-101.

Knapp, Karlfried; Antos, Gerd; Becker-Mrotzek, Michael; Deppermann, Arnulf; Göpferich, Susanne; Grabowski, Joachim; Klemm, Michael; Villiger, Claudia (Hrsg.) (2011): *Angewandte Linguistik. Ein Lehrbuch.* 3., vollst. überarb. u. erw. Aufl. Tübingen u. a.: Francke; UTB, 443-466.

Knapp, Werner (2014): Didaktische Konzepte Deutsch als Zweitsprache. In: Ahrenholz, Bernt; Oomen-Welke, Ingelore; Ulrich, Winfried (Hrsg.): *Deutsch als Zweitsprache.* 3., korr. Aufl. Baltmannsweiler: Schneider Verl. Hohengehren, 133-148.

Kniffka, Gabriele (2012): Scaffolding. Möglichkeiten, im Fachunterricht sprachliche Kompetenzen zu vermitteln. In: Michalak, Magdalena; Kuchenreuther, Michaela (Hrsg.): *Grundlagen der Sprachdidaktik Deutsch als Zweitsprache.* 2., unveränd. Aufl. Baltmannsweiler: Schneider Verl. Hohengehren, 208-225.

Kniffka, Gabriele; Siebert-Ott, Gesa (2012): *Deutsch als Zweitsprache. Lehren und lernen.* 3., aktual. Aufl. Paderborn: Schöningh; UTB.

Koch, Peter; Oesterreicher, Wulf (1985): Sprache der Nähe – Sprache der Distanz. Mündlichkeit und Schriftlichkeit im Spannungsfeld von Sprachtheorie und Sprachgeschichte. *Romanistisches Jahrbuch* 36, 15-43.

Koeppel, Rolf (2010): Deutsch als Fremdsprache – spracherwerblich reflektierte Unterrichtspraxis. Baltmannsweiler: Schneider Verl. Hohengehren.

Köster, Lutz (2010): Wortschatzerwerb und Wortschatzvermittlung. In: Krumm, Hans-Jürgen; Fandrych, Christian; Hufeisen, Britta; Riemer, Claudia (Hrsg.): *Deutsch als Fremd- und Zweitsprache. Ein internationales Handbuch.* 2. Aufl. Berlin; New York: De Gruyter, 1021-1032.

Konopka, Marek (2018): Ablaut. In: *grammis 2.0 – das grammatische Informationssystem des Instituts für deutsche Sprache (ids). Systematische Grammatik.* https://grammis.ids-mannheim.de/systematische-grammatik/2779 (05.09.2019).

Krech, Eva-Maria; Stock, Eberhard; Hirschfeld, Ursula; Anders, Lutz Christian (2009): *Deutsches Aussprachewörterbuch.* Berlin; New York: De Gruyter.

Krenn, Wilfried (2001): Alles ist Grammatik. Ein Plädoyer für die Erweiterung des Grammatikbegriffs in der Didaktik Deutsch als Fremdsprache. In: Portmann-Tselikas, Paul R.; Schmölzer-Eibinger, Sabine (Hrsg.): *Grammatik und Sprachaufmerksamkeit.* Innsbruck u. a.: Studienverl., 49-85.

Krifka, Manfred; Błaszczak, Joanna; Leßmöllmann, Annette; Meinunger, André; Stiebels, Barbara; Tracy, Rosemarie; Truckenbrodt, Hubert (Hrsg.) (2014): *Das mehrsprachige Klassenzimmer.* Über die Muttersprachen unserer Schüler. Berlin; Heidelberg: Springer VS.

Krumm, Hans-Jürgen; Reich, Hans H. (2016): Ansätze zum Mehrsprachigkeitsunterricht. In: Burwitz-Melzer, Eva; Mehlhorn, Grit; Riemer, Claudia; Bausch, Karl-Richard; Krumm, Hans-Jürgen (Hrsg.): *Handbuch Fremdsprachenunterricht.* 6., völlig überarb. u. erw. Aufl. Tübingen: Francke; UTB, 230-234.

Kultusministerkonferenz der Länder (KMK) (1982): *Verzeichnis Grundlegender Grammatischer Fachausdrücke.* http://www.kmk.org/fileadmin/Dateien/pdf/Bildung/AllgBildung/Verzeichnis-Grammatische-Fachausdruecke_01.pdf (02.09.19).

Lange, Imke; Gogolin, Ingrid (2010): *Durchgängige Sprachbildung. Eine Handreichung.* Münster: Waxmann.

Leisen, Josef (2011): Sprachsensibler Fachunterricht. Ein Ansatz zur Sprachförderung im mathematisch-naturwissenschaftlichen Unterricht. In: Prediger, Susanne; Özdil, Erkan (Hrsg.): *Mathematiklernen unter Bedingungen der Mehrsprachigkeit. Stand und Perspektiven der Forschung und Entwicklung in Deutschland*. Münster: Waxmann, 143-162.

Leisen, Josef (2013): *Handbuch Sprachförderung im Fach. Sprachsensibler Fachunterricht in der Praxis. Grundlagenteil/Praxismaterialien*. Stuttgart: Klett.

Lemcke, Christiane; Rohrmann, Lutz; Scherling, Theo (2002): *Berliner Platz 1, Deutsch im Alltag für Erwachsene. Lehr- und Arbeitsbuch 1*. In Zusammenarbeit mit Anne Köker. Berlin; München: Langenscheidt.

Linke, Angelika; Nussbaumer, Markus; Portmann-Tselikas, Paul R. (2004): *Studienbuch Linguistik*. 5., erw. Aufl. Tübingen: Niemeyer.

Löffler, Heinrich (2008): Wieviel Variation verträgt die deutsche Standardsprache? Begriffsklärung. Standard und Gegenbegriffe. In: Eichinger; Ludwig M.; Kallmeyer, Werner (Hrsg.): *Standardvariation. Wie viel Variation verträgt die deutsche Sprache? Fragestellungen und Ergebnisse der 40. Jahrestagung des Instituts für Deutsche Sprache, Mannheim*. Berlin; New York: De Gruyter, 7-27.

Luchtenberg, Sigrid (2014): Language Awareness. In: Ahrenholz, Bernt; Oomen-Welke¸ Ingelore; Ulrich, Winfried (Hrsg.): *Deutsch als Zweitsprache*. 3., korr. Aufl. Baltmannsweiler: Schneider Verl. Hohengehren, 107-117.

Lüdi, Georg (1996): Mehrsprachigkeit. In: Goebl, Hans; Nelde, Peter H.; Stary, Zdenek; Wölck, Wolfgang (Hrsg.): *Kontaktlinguistik. Ein internationales Handbuch zeitgenössischer Forschung*, Bd. 1. Berlin u. a.: De Gruyter, 233-244.

Lühr, Rosemarie (2000): *Neuhochdeutsch. Eine Einführung in die Sprachwissenschaft*. 6., durchges. Aufl. München: Fink.

Maas, Utz (2016): Was wird bei der Modellierung mit Nähe und Distanz sichtbar und was wird von ihr verstellt? In: Feilke, Helmuth; Hennig, Mathilde (Hrsg.): *Zur Karriere von „Nähe und Distanz“. Rezeption und Diskussion des Koch-Oesterreicher-Modells*. Unter Mitarbeit von Peter Koch und Wulf Oesterreicher. Berlin; Boston: De Gruyter, 89-112.

Machelett, Kirsten (1996): *Das Lesen von Sonagrammen V1.0. Begleitendes Hypertext-Dokument zur Vorlesung*. https://www.phonetik.uni-muenchen.de/studium/skripten/SGL/SGLUebungen.html (02.09.2019).

Maddieson, Ian (2013a): Consonant Inventories. In: Dryer; Matthew S.; Haspelmath, Martin (Hrsg.): *The world atlas of language structures Online* (*Oxford linguistics*). https://wals.info/chapter/1 (05.09.2019).

Maddieson, Ian (2013b): Vowel Quality Inventories. In: Dryer; Matthew S.; Haspelmath, Martin (Hrsg.): *The world atlas of language structures Online* (*Oxford linguistics*). https://wals.info/chapter/2 (05.09.2019).

Magin, Ulrike (1991): Methodische Ansätze der Alphabetisierung in der Muttersprache Deutsch. Überlegungen für den Einsatz in der Alphabetisierung mit MigrantInnen. *Deutsch lernen* 16 (1-2), 62-116.

Martin, Carsten (2012): Probleme mit der Allgemeinsprache in Textaufgaben bei Lernenden mit Deutsch als Zweitsprache (DaZ). *Praxis der Mathematik in der Schule. Sekundarstufen I und II* 54 (46), 20-25.

Marx, Nicole; Mehlhorn, Grit (2016): Analyse von Lernersprache. In: Caspari, Daniela; Klippel, Friederike; Legutke, Michael; Schramm, Karen (Hrsg.): *Forschungsmethoden in der Fremdsprachendidaktik. Ein Handbuch*. Tübingen: Narr, 297-306.

Mecheril, Paul; Quehl, Thomas (Hrsg.) (2006): *Die Macht der Sprachen. Englische Perspektiven auf die mehrsprachige Schule*. Münster u. a.: Waxmann.

Mehlhorn, Grit (2019): Phonetik. In: Jeuk, Stefan; Settinieri, Julia (Hrsg.): *Handbuch Sprachdiagnostik Deutsch als Zweitsprache*. Berlin: De Gruyter, 239-269.

Mehlhorn, Grit; Trouvain, Jürgen (2007): Sensibilisierung von Lernenden für fremdsprachliche Prosodie. *Zeitschrift für Interkulturellen Fremdsprachenunterricht* 12 (2), [online 1-25]. http://tujournals.ulb.tu-darmstadt.de/index.php/zif/article/download/304/296 (05.09.19).

Meibauer, Jörg; Demske, Ulrike; Geilfuß-Wolfgang, Jochen; Pafel, Jürgen; Ramers, Karl Heinz; Rothweiler, Monika; Steinbach, Markus (Hrsg.) (2015): *Einführung in die germanistische Linguistik*. 3., überarb. u. aktual. Aufl. Stuttgart; Weimar: J.B. Metzler.

Meyer, Hilbert (2009): *Leitfaden Unterrichtsvorbereitung*. Kompl. überarb. Neuausg., 4. Aufl. Berlin: Cornelsen Scriptor.

Müller, Horst M. (Hrsg.) (2009): *Arbeitsbuch Linguistik. Eine Einführung in die Sprachwissenschaft*. 2., überarb. u. aktual. Aufl. Paderborn u. a.: Schöningh; UTB.

Müller-Hartmann, Andreas (2016): Let's Chunk It! Wortschatz und Grammatik integriert entwickeln. *Der fremdsprachliche Unterricht Englisch* 50 (140), 2-8.

Nerius, Dieter (1994): Orthographieentwicklung und Orthographiereform. In: Günther, Hartmut (Hrsg.): *Schrift und Schriftlichkeit. Ein interdisziplinäres Handbuch internationaler Forschung*, Bd. 1. Berlin; New York: De Gruyter, 720-739.

Neuschild, Elena (2017): Wir haben kommen müssen oder kommen gemusst, ich habe früh lesen können oder lesen gekonnt? – Perfekt von Modalverben. In: *grammis 2.0 – das grammatische Informationssystem des Instituts für deutsche Sprache (ids). Grammatik in Fragen und Antworten*. https://grammis.ids-mannheim.de/fragen/99 (05.09.2019).

Ohm, Udo (2017): Literater Sprachausbau im Übergang Schule-Beruf. In: Daase, Andrea; Ohm, Udo; Mertens, Martin (Hrsg:): *Interkulturelle und sprachliche Bildung im mehrsprachigen Übergang Schule-Beruf*. Münster: Waxmann, 213-248.

Oleschko, Sven (2010): *Interkomprehension am Beispiel der germanischen Sprachen*. Stiftung Mercator. proDaz – Deutsch als Zweitsprache in allen Fächern. Universität Duisburg-Essen. https://www.uni-due.de/imperia/md/content/prodaz/interkomprehension 20110412.pdf (02.09.19).

Oleschko, Sven; Olfert, Helena (2014): Förderung von Sprach(lern)bewusstheit und Sprach(lern) kompetenz durch germanische Interkomprehensionsansätze. In: Morys, Nancy; Kirsch, Claudine; de Saint-Georges, Ingrid; Gretsch, Gérard (Hrsg.): *Lernen und Lehren in multilingualen Kontexten. Zum Umgang mit sprachlich-kultureller Diversität im Klassenraum*. Frankfurt am Main: Peter Lang, 31-45. https://www.pedocs.de/volltexte/2017/12864/pdf/OleschkoOlfert_2014_Foerderung_von_Sprachlernbewusstheit.pdf (02.09.2019).

Oomen-Welke, Ingelore (2014): Didaktik der Sprachenvielfalt. In: Ahrenholz, Bernt; Oomen-Welke, Ingelor; Ulrich, Winfried (Hrsg.): *Deutsch als Zweitsprache*. 3., korr. Aufl. Baltmannsweiler: Schneider Verl. Hohengehren, 479-492.

Paul, Hermann; Wiehl, Peter; Grosse, Siegfried (1998): *Mittelhochdeutsche Grammatik*. 24., überarb. Aufl. Tübingen: Niemeyer.

Peyer, Ann (2011): *Sätze untersuchen. Lernorientierte Sprachreflexion und grammatisches Wissen*. Stuttgart; Seelze: Klett/Kallmeyer.

Plauen, E. O. (1962): *Vater und Sohn*. Ravensburg: Maier.

Pompino-Marschall, Bernd (2003): *Einführung in die Phonetik*. 2., durchges. u. erw. Aufl. Berlin; New York: De Gruyter.

Püschel, Ulrich; Stang, Christian (2006): *Duden. So schreibt man jetzt! Das Übungsbuch zur neuen deutschen Rechtschreibung*. 4., aktual. u. überarb. Aufl. Mannheim u. a.: Dudenverl.

Quasthoff, Uta; Wild, Elke (2012): *FUnDuS – Die Rolle familialer Unterstützung beim Erwerb von Diskurs- und Schreibfähigkeiten in der Sekundarstufe I* (Förderkennzeichen: 01 GJ 0983 und -84.). http://www.uni-bielefeld.de/psychologie/abteilung/arbeitseinheiten/09//forschung/fundus/ (27.09.2018).

Quehl, Thomas; Trapp, Ulrike (2013): *Sprachbildung im Sachunterricht der Grundschule. Mit dem Scaffolding-Konzept unterwegs zur Bildungssprache*. Münster u. a.: Waxmann.

Rall, Marlene; Engel, Ulrich; Rall, Dietrich; Essen, Dietmar (1985): *DVG für DaF, Dependenz-Verb-Grammatik für Deutsch als Fremdsprache*. 2., verb. u. erg. Aufl. Heidelberg: Groos.

Ramers, Karl Heinz (2015): Phonologie. In: Meibauer, Jörg; Demske, Ulrike; Geilfuß-Wolfgang, Jochen; Pafel, Jürgen; Ramers, Karl Heinz; Rothweiler, Monika; Steinbach, Markus (Hrsg.): *Einführung in die germanistische Linguistik*. 3., überarb. u. aktual. Aufl. Stuttgart; Weimar: J.B. Metzler, 71-121.

Rat für deutsche Rechtschreibung (Hrsg.) (2006): *Deutsche Rechtschreibung. Regeln und Wörterverzeichnis. Amtliche Regelung*. Tübingen: Narr. http://www1.ids-mannheim.de/fileadmin/service/reform/regeln2006.pdf (02.09.2019).

Reich, Hans H.; Roth, Hans-Joachim; Döll, Marion (2009): ‚Fast Catch Bumerang'. Deutsche Sprachversion. Auswertungsbogen und Auswertungshinweise. In: Lengyel, Drorit; Reich, Hans H.; Roth, Hans-Joachim; Döll, Marion (Hrsg.): *Von der Sprachdiagnose zur Sprachförderung*. Münster u. a.: Waxmann, 209-241.

Reinke, Kerstin (2016): Lehr-/Lernmaterialien und Medien zur Ausspracheschulung. In: Burwitz-Melzer, Eva; Mehlhorn, Grit; Riemer, Claudia; Bausch, Karl-Richard; Krumm, Hans-Jürgen (Hrsg.): *Handbuch Fremdsprachenunterricht*. 6., völlig überarb. u. erw. Aufl. Tübingen: Francke; UTB, 453-456.

Reuschling, Gisela (2000): Schreibkonferenzen in der Sekundarstufe I. *Deutschunterricht* 53, 5-14.

Richter, Bastian (2008): *Didaktische Konzepte der Schreibkompetenz in der Sekundarstufe I*. http://linse.uni-due.de/tl_files/PDF_in_Katalog/publikationen/ESEL/schreibkompetenzfoerderung.pdf (02.09.2019).

Richter, Julia (2008): *Phonetische Reduktion im Deutschen als L2. Eine empirische Querschnittsstudie*. Baltmannsweiler: Schneider Verl. Hohengehren.

Riebling, Linda (2013): Heuristik der Bildungssprache. In: Gogolin, Ingrid; Lange, Imke; Michel, Ute; Reich, Hans H. (Hrsg.): *Herausforderung Bildungssprache – und wie man sie meistert*. Münster: Waxmann, 106-153.

Riemer, Claudia (2002): Wie lernt man Sprachen? In: Quetz, Jürgen; von der Handt, Gerhard (Hrsg.): *Neue Sprachen lehren und lernen. Fremdsprachenunterricht in der Weiterbildung.* Bielefeld: wbv, 49-83.

Röder, Peter (1996): *Französische Phonetik und Phonologie. Ein Grundkurs.* Erlangen; Jena: Palm & Enke.

Rosebrock, Cornelia; Nix, Daniel (2014): *Grundlagen der Lesedidaktik und der systematischen schulischen Leseförderung.* 7., überarb. u. erw. Aufl. Baltmannsweiler: Schneider Verl. Hohengehren.

Rothstein, Björn (Hrsg.) (2011): *Sprachvergleich in der Schule.* Baltmannsweiler: Schneider Verl. Hohengehren.

Rues, Beate (1997): Angemessenheit und Aussprachenorm in Sprecherziehung und Zweitspracherwerb. In: Mattheier, Klaus J. (Hrsg.): *Norm und Variation.* Frankfurt am Main u. a.: Peter Lang, 117-127.

Sambanis, Michaela (2013): *Fremdsprachenunterricht und Neurowissenschaften.* Tübingen: Narr.

Saussure, Ferdinand de; Baskin, Wade (Übersetzung); Meisel, Perry (Hrsg.) (2011 [1916]): *Course in general linguistics.* New York: Columbia University Press.

Schader, Basil (2012): *Sprachenvielfalt als Chance. Das Handbuch. Hintergründe und 101 praktische Vorschläge für den Unterricht in mehrsprachigen Klassen.* Zürich: Orell Füssli.

Schirrmeister, Lars (2015): Möglichkeiten der regelgeleiteten Genusvermittlung im Deutschen als Fremdsprache. In: Handwerker, Brigitte; Bäuerle, Rainer; Doval Reixa, Irene; Lübke, Barbara (Hrsg.): *Zwischenräume. Lexikon und Grammatik im Deutschen als Fremdsprache.* Baltmannsweiler: Schneider Verl. Hohengehren, 137-154.

Schmölzer-Eibinger, Sabine (2012): Interaktion und kooperatives Schreiben in mehrsprachigen Klassen. Ein didaktisches Modell zur Förderung von Textkompetenz. In: Michalak, Magdalena; Kuchenreuther, Michaela (Hrsg.): *Grundlagen der Sprachdidaktik Deutsch als Zweitsprache.* 2., unveränd. Aufl. Baltmannsweiler: Schneider Verl. Hohengehren, 163-182.

Schmölzer-Eibinger, Sabine; Dorner, Magdalena; Langer, Elisabeth; Helten-Pacher, Maria-Rita (2013): *Sprachförderung im Fachunterricht in sprachlich heterogenen Klassen.* Stuttgart: Filibach bei Klett.

Schwarz-Friesel, Monika; Consten, Manfred (2014): *Einführung in die Textlinguistik.* Darmstadt: WBG.

Schwitalla, Johannes (2012): *Gesprochenes Deutsch. Eine Einführung.* 4., neu bearb. u. erw. Aufl. Berlin: E. Schmidt.

Searle, J. R. (1969): Was ist ein Sprechakt? In: Hoffmann, Ludger (Hrsg.) (2019): *Sprachwissenschaft. Ein Reader.* 4., aktual. u. erw. Aufl. Berlin u. a.: De Gruyter, 263-282.

Segermann, Krista (2011): Wortschatzarbeit einmal anders. Vom Wort zur lexiko-grammatischen Lerneinheit. In: Reinfried, Marcus; Rück, Nicola (Hrsg.): *Innovative Entwicklungen beim Lehren und Lernen von Fremdsprachen. Festschrift für Inez De Florio-Hansen.* Unter Mitarbeit von Inez de Florio-Hansen. Tübingen: Narr, 253-268.

Selinker, Larry (1972): Interlanguage. *IRAL* 10 (1-4), 219-231.

Selting, Margret; Auer, Peter; Barth-Weingarten, Dagmar; Bergmann, Jörg; Bergmann, Pia; Birkner, Karin; Couper-Kuhlen, Elizabeth; Deppermann, Arnulf; Gilles, Peter; Günthner,

Susanne; Hartung, Martin; Kern, Friederike; Mertzlufft, Christine; Meyer, Christian; Morek, Miriam; Oberzaucher, Frank; Peters, Jörg; Quasthoff, Uta; Schütte, Wilfried; Stukenbrock, Anja; Uhmann, Susanne (2009): Gesprächsanalytisches Transkriptionssystem 2 (GAT 2). In: *Gesprächsforschung – Online-Zeitschrift zur verbalen Interaktion* 10, 353-402. www.gespraechsforschung-ozs.de (13.10.19).

Settinieri, Julia (2014): *Ausspracheschulung.* https://www.uni-bielefeld.de/lili/studium/faecher/daf/personen/richter_julia/lehre/ausspracheschulung/ (02.09.2019).

Settinieri, Julia; Spaude, Magdalena (2014): Verbkontexte als Sprachstandsindikatoren. In: Lütke, Beate; Petersen, Inger (Hrsg.): *Deutsch als Zweitsprache – erwerben, lernen und lehren. Beiträge aus dem 9. Workshop „Kinder mit Migrationshintergrund", 2013.* Stuttgart: Fillibach bei Klett, 157-176.

Simons, Gary F.; Fennig, Charles D. (2017): *Ethnologue: Languages of the World.* 20. Aufl. Dallas; Texas: SIL International. https://www.ethnologue.com/guides/how-many-languages (02.09.2019).

Solmecke, Gert (2010): Vermittlung der Hörfertigkeit. In: Krumm, Hans-Jürgen; Fandrych, Christian; Hufeisen, Britta; Riemer, Claudia (Hrsg.): *Deutsch als Fremd- und Zweitsprache. Ein internationales Handbuch.* 2. Aufl. Berlin; New York: De Gruyter, 969-975.

Sperber, Dan; Wilson, Deirdre (1986): *Relevance. Communication and cognition.* Oxford: Blackwell.

Springsits, Birgit; Dirim, İnci (2016): „Türkisch ist voll gangster!". Zur Berücksichtigung gesellschaftlicher Diskurse in der Mehrsprachigkeitsdidaktik. In: Geier, Thomas; Zaborowski, Katrin U. (Hrsg.): *Migration: Auflösungen und Grenzziehungen. Perspektiven einer erziehungswissenschaftlichen Migrationsforschung.* Wiesbaden: Springer VS, 135-152.

Steets, Angelika (2011): Schreiben. In: Beste, Gisela (Hrsg.): *Deutsch-Methodik. Handbuch für die Sekundarstufe I und II.* 4. Aufl. Berlin: Cornelsen, 55-96.

Stocker, Christa; Macher, Daniela; Studler, Rebekka; Bubenhofer, Noah; Crvelin, Daniel; Liniger, Reto; Volk, Martin (2004): *Studien-CD Linguistik. Multimediale Einführungen und interaktive* Übungen zur germanistischen Sprachwissenschaft. Tübingen: Niemeyer.

Tajmel, Tanja (2010): DaZ-Förderung im naturwissenschaftlichen Fachunterricht. In: Ahrenholz, Bernt (Hrsg.): *Fachunterricht und Deutsch als Zweitsprache.* 2. Aufl. Tübingen: Narr, 167-184.

Tajmel, Tanja (2013): Möglichkeiten der sprachlichen Sensibilisierung von Lehrkräften naturwissenschaftlicher Fächer. In: Röhner, Charlotte; Hövelbrinks, Britta (Hrsg.): *Fachbezogene Sprachförderung in Deutsch als Zweitsprache. Theoretische Konzepte und empirische Befunde zum Erwerb bildungssprachlicher Kompetenzen.* Weinheim; Basel: Beltz-Juventa, 198-211.

Tajmel, Tanja; Hägi-Mead, Sara (2017): *Sprachbewusste Unterrichtsplanung. Prinzipien, Methoden und Beispiele für die Umsetzung.* Münster; New York: Waxmann.

Tesnière, Lucien (1980): *Grundzüge der strukturalen Syntax.* Herausgegeben und übersetzt von Ulrich Engel. Stuttgart: Klett-Cotta.

The International Phonetic Association (Hrsg.) (1999): *Handbook of the International Phonetic Association. A guide to the use of the international phonetic alphabet.* International Phonetic Association. Cambridge: Univ. Press.

Thurmair, Maria (1991): Warten auf das Verb. Die Gedächtnisrelevanz der Verbklammer im Deutschen. *Jahrbuch Deutsch als Fremdsprache* 17, 174-202. https://epub.uni-regensburg.de/25061/1/ubr13057_ocr.pdf (02.09.2019).

Thurmair, Maria (2013): Gesprochene Sprache und Deutsch als Fremdsprache. In: Oomen-Welke, Ingelore; Ahrenholz, Bernt (Hrsg.): *Deutsch als Fremdsprache*. Baltmannsweiler: Schneider Verl. Hohengehren, 98-106.

Uhl, Benjamin (2015): Memorieren oder analysieren? Eine Didaktik der Verbklassen im Spannungsfeld zwischen traditionellem und formal-analytischem Vorgehen. In: Bredel, Ursula; Schmellentin, Claudia (Hrsg.): *Welche Grammatik braucht der Grammatikunterricht?* 2., korr. Aufl. Baltmannsweiler: Schneider Verl. Hohengehren, 107-134.

Ulrich, Winfried (2001)*: Didaktik der deutschen Sprache. Ein Arbeits- und Studienbuch in drei Bänden. Texte, Materialien, Reflexionen*. Stuttgart u. a.: Klett.

Ulrich, Winfried (2007): Den Wortschatz erweitern und vertiefen. *Deutschunterricht* 60 (2), 4-9.

Universität Duisburg Essen. Fakultät für Geisteswissenschaften. Institut für Deutsch als Zweit- und Fremdsprache. Projekt ProDaZ: Deutsch als Zweitsprache in allen Fächern (2017): *Sprachbeschreibungen*. https://www.uni-due.de/prodaz/sprachbeschreibung.php (02.09.2019).

Vanderbeke, Birgit (1990): *Das Muschelessen*. 2. Aufl. Berlin: Rotbuch-Verl.

Vater, Heinz (2001)*: Einführung in die Textlinguistik. Struktur und Verstehen von Texten*. 3., überarb. Aufl. München: Fink; UTB.

Völtz, Michael (1994): Sprachrhythmus und Fremdsprachenerwerb. *Deutsch als Fremdsprache* 31 (2), 100-104.

Volmert, Johannes (Hrsg.) (2005): *Grundkurs Sprachwissenschaft. Eine Einführung in die Sprachwissenschaft für Lehramtsstudiengänge*. 5., korr. u. erg. Aufl. München: Fink; UTB.

Vorderwülbecke, Anne (2003): *Das Grammatikheft. Deutsch als Fremdsprache für Jugendliche und Erwachsene*. Stuttgart: Klett.

Vorderwülbecke, Klaus (2008): Sprache kommt von Sprechen – Gesprochene Sprache im DaF-Unterricht. In: Chlosta, Christoph; Leder, Gabriela; Krischer, Barbara (Hrsg.): *Auf neuen Wegen. Deutsch als Fremdsprache in Forschung und Praxis; 35. Jahrestagung des Fachverbandes Deutsch als Fremdsprache 2007 an der Freien Universität Berlin*. Göttingen: Univ.-Verl., 275-292.

Whaley, Lindsay J. (1997): *Introduction to typology. The unity and diversity of language*. Thousand Oaks Calif.: Sage Publ.

Wild, Elke; Quasthoff, Uta; Hollmann, Jelena; Otterpohl, Nantje; Krah, Antje; Ohlhus, Sören (2012): Die Rolle familialer Unterstützung beim Erwerb von Argumentationskompetenz in der Sekundarstufe I. *Diskurs Kindheits- und Jugendforschung* 7 (1), 101-112.

Wöllstein, Angelika; Dudenredaktion (Hrsg.) (2016): *Duden. Die Grammatik*. 9., vollst. überarb. u. aktual. Aufl. Berlin: Dudenverl.

Zifonun, Gisela; Strecker, Bruno; Donalies, Elke (2011): Würde-Formen. In: *grammis 2.0 – das grammatische Informationssystem des Instituts für deutsche Sprache (ids). Systematische Grammatik*. https://grammis.ids-mannheim.de/systematische-grammatik/312 (05.09.2019)

Zimmer, Ben (2010): Ghoti. *The New York Times Magazine*. https://www.nytimes.com/2010/06/27/magazine/27FOB-onlanguage-t.html?searchResultPosition=1 (02.09.2019)

Onlinequellen:

http://sz-magazin.sueddeutsche.de/texte/anzeigen/45780/Sagen-Sie-jetzt-nichts-Bill-Kaulitz (02.09.2019)

http://weston.ruter.net/projects/ipa-chart/view/keyboard/ (02.09.2019)

http://www.europaeischer-referenzrahmen.de (02.09.2019)

http://www.gebaerdenlernen.de/index.php?article_id=26 (02.09.2019)

http://www.general-anzeiger-bonn.de/bonn/stadt-bonn/Bonner-Bombe-Rechte-Szene-im-Visier-article946316.html (02.09.2019)

http://www.gespraechsforschung-ozs.de/heft2009/px-gat2.pdf (02.09.2019)

http://www.phon.ucl.ac.uk/home/sampa/ (02.09.2019)

http://www.sprachlog.de/2009/03/02/ach-ich-und-die-kirschen-teil-1/ (02.09.2019)

http://www.visuelles-denken.de/Schnupperkurs5.html (02.09.2019)

https://page-online.de/branche-karriere/warum-studieren-die-gewinner-des-30-plakatwettbewerbs-des-deutschen-studentenwerks/ (02.09.19)

https://www.internationalphoneticassociation.org/ (02.09.2019)

https://www.internationalphoneticassociation.org/content/ipa-fonts (02.09.2019)

https://www.schulentwicklung.nrw.de/lehrplaene/lehrplannavigator-s-i/hauptschule/englisch/englisch-klp/anhang/anhang.html (02.09.19)

https://www.sueddeutsche.de/bildung/bildungspolitik-ganz-weit-weg-1.2596342 (02.09.2019)

Map-Task

Speakertable
Yu (L1 = Chinesisch), Sex: f
Malik (L1 = Arabisch), Sex: m
Moderator, Sex: f

[1]	0 [00:00.0] 1 [00:11.4] … 2 [00:19.9]
Yu [v]	mh: erste (---) stätte ist mh:: (---) in AH start (---) und then?
Malik [v]	(---) ja ICH

[2]	.. 3 [00:21.1] 4 [00:21.7]
Malik [v]	rede ja? ok (verstehe) °h äh:: wenn du:äh: spazierstst äh:: kannst du:äh:: (-
Moderator [v]	hm.

[3]	..
Malik [v]	-) am (.)am START anfangen und danach kannst du: (--) eine schwar ein

[4]	.. 5 [00:37.4] 6 [00:38.4]
Yu [v]	[(--)hm:-]
Malik [v]	schwarZ::er einen SCHWARzen vogel sehen. [(--)äh:-] (.) das ist äh:: (---) am

[5]	.. 7 [00:45.8]
Yu [v]	eh mh:
Malik [v]	LINKS von dich (-) und kannst du: danach äh spazieren (-) weiter.

[6]	.. 8 [00:48.9] 9 [00:49.8] 10 [00:56.2]
Yu [v]	schwarzer vogel an LINKS? (--) hm:: (3.4) hier (-) hm:: (--) hm::
Malik [v]	ja LINKS ich.

[7]	.. 11 [00:58.0] 12 [01:01.6] 13 [01:02.9]
Yu [v]	[SCHWARZ-] fing äh: VOgel (--) hm:: linkeäh stätte. [LINKS ja.]
Malik [v]	[(da da)-] [LINKS ja.] LINKS von

[8]	.. 14 [01:05.0] 15 [01:05.3]
Yu [v]	ja.
Malik [v]	dich (-) von DIR (-). äh - danach du äh:: du spazieren WEITER (-) du

[9]	..
Malik [v]	weiter sparzierst (--) äh: (1.1) mh (--) weiter spazieren danach gehst du äh:: (-)

[10]	.. 16 [01:20.9] 17 [01:21.2]
Yu [v]	hm:-
Malik [v]	LINKS auch (---) gibt es ein weg links (1.3) gehst du links. und weiter

[11]	..
Malik [v]	zwischen äm:: (--) äh:: HIMmelblau fabrik und äh: (-) dieäh: HOhen alpen.

[12]	18 [01:28.8] 19 [01:34.2]
Yu [v]	(1.7) äm: momoment (-) hm: SCHWARZ vovogel - [hm steht links.]
Malik [v]	[SCHWARZvogel legt

[13]	.. 20 [01:36.4] 21 [01:38.3] 22 [01:38.6]
Yu [v]	äm:: (1.2)°h. vom START (-) hm bis:: (---)
Malik [v]	links (links dir).] und-

[14]	.. 23 [01:43.6] 24 [01:46.4]
Yu [v]	schwarzvogel hm:::- [(1.2) stätt äh stätte-] (--) stätte LINKS und
Malik [v]	[(1.2)geRAdeaus (bis) dann.]

[15]	.. 25 [01:48.4]
Yu [v]	dann?
Malik [v]	und dann äh du:äh: äh: spaziert geRAdeaus (1.6) und danach äh: LINKS

[16]	.. 26 [01:56.6] 27 [01:57.6]
Yu [v]	(.) äh::-
Malik [v]	gehen. (3.2) LINKS gehen danach kannst duäh: (-) äh:: sehen äh:: (1.0)

[17]	..
Malik [v]	HIMmelblau fabrik und äh:: (-) hohen alpen (-) du bist jetzt zwischen äh:::

[18]	.. 28 [02:14.8]
Yu [v]	(2.2) ((lacht)) mh <<lachend> ich
Malik [v]	himmelblau fabrik und äh hohem alpen.

[19]	.. 29 [02:27.0]
Yu [v]	wei> ich weiste nichtte (-) hm:: (1.8) äm:: Oben der:: schwarzvogel?
Malik [v]	(2.4)

[20]	.. 30 [02:29.7] 31 [02:32.9]
Yu [v]	(-) ja (--) äh SCHWARZvogel- [hm stätte hm (-)-]
Malik [v]	Oben? [SCHWARZvogel ist ist ist links (-) und

[21]	.. 32 [02:35.6] 33 [02:38.7] 34 [02:38.9]
Yu [v]	ja wenn ist vom STARte hm: gehen. äm:: SCHWARZvogel
Malik [v]	danach-] ja.

[22]	35 [02:41.1] 36 [02:42.2] 37 [02:43.0] 38 [02:44.2]
Yu [v]	[hm <<lachend>>link>-] LINKS- [vovon mi?] LINKS von (.) und THEN (-
Malik [v]	[ist LINKS von dir.] [von DIR ja.]
[23]	.. 39 [02:47.3] 40 [02:49.2] 41 [02:50.9]
Yu [v]	)ähm::. (1.2) äh:.
Malik [v]	und danach gehst du LINKS. (-) und weiter sparZIERen
[24]	42 [02:52.4] 43 [02:53.0] 44 [02:55.2] 45 [02:55.9]
Yu [v]	(-) äh:. ZWIschen?
Malik [v]	(--) und du bist JETZT zwischen äh- äh:: - HOhe alpen und äh -
[25]	46 [02:57.1] 47 [02:57.5] 48 [02:58.5] 49 [02:59.0] 50 [03:00.7]
Yu [v]	ja. ja. (-) äh:-
Malik [v]	äh::- HIMmelblau fabrik. und danach spaZIERen: gehen.
[26]	51 [03:01.2]
Malik [v]	gibt es jetzt ein äh:: gibt es vieleäh: (-) GELbe blumen:äh (1.8) in äh: LINKS
[27]	.. 52 [03:10.7] 53 [03:11.4]
Yu [v]	(-) ja.
Malik [v]	link äh links von dir? und danach du sparzieren zwischen äh:: (-) äh:
[28]	.. 54 [03:19.8]
Yu [v]	(--) äm: (-) hm::
Malik [v]	den ALten spiegel und den äh: (-) geBRAUCH(-)ten wagen?
[29]	.. 55 [03:26.0] 56 [03:27.9]
Yu [v]	(2.7) äh: wa WAgen ? (3.3) hm:: ich habe keine äh:
Malik [v]	(-) ja wagen (--) AUto.
[30]	.. 57 [03:39.8] 58 [03:40.5]
Yu [v]	AUto (---) hm:: (2.2) und äh: hm: (--) äh:- [(-) ja.]
Malik [v]	soll ich WIEderhole? [NACH äh-]
[31]	59 [03:41.8]
Malik [v]	himmel himmelblau fabrik und hohe alpen (-) gibt es äh GELbe blaumen?
[32]	60 [03:46.2] 61 [03:46.8] 62 [03:47.6] 63 [03:48.2]
Yu [v]	ja. (.) ja.
Malik [v]	LINKS von dir? und danach du sparzieren auch und du bist jetzt
[33]	..
Malik [v]	zwischen äh::: zwischen den ALten spiegel und den äh:: geBRAUCHten
[34]	.. 64 [03:56.7]
Yu [v]	(1.9) hm:: (1.1) äh:: (2.8) ich muss hie hier äh: schprei schreiben (--)
Malik [v]	wagen.
[35]	.. 65 [04:11.8]
Yu [v]	oder <<lachend> hm > (---) äh: (.) äh:: was WAgen?
Malik [v]	(--) ja du bist nach nach
[36]	.. 66 [04:17.3] 67 [04:17.8]
Yu [v]	ja.
Malik [v]	gelben blau nach gelben (--) nach gelben BLUmen. du sparziert (.)
[37]	..
Malik [v]	weiter (.) du sparZIERST weiter und du bist jetzt zwischen alten spiegel und (-
[38]	.. 68 [04:26.3]
Yu [v]	(3.4) <<flüsternd>gebrauchten wa WAgen> (---)
Malik [v]	-) äh: geBRAUCHten wagen.
[39]	.. 69 [04:33.3]
Yu [v]	un und dann?
Malik [v]	(---) danach du sparzieren: äh: weiter du sparZIERST weiter (-)
[40]	..
Malik [v]	und äh:: jetzt bäh:: und jetzt ist äh: und jetzt und jetzt wird äh: (-) der der äh
[41]	.. 70 [04:51.6]
Yu [v]	hm:hm ich
Malik [v]	geBRAUCHte wagen (-) äh: RECHTS von dir (1.3) und danach-
[42]	.. 71 [05:00.6]
Yu [v]	habe keine: (.) hm: WAgen (1.2) hmhm in meine: Papier (---) hm::- [hm -]
Malik [v]	[MAIle
[43]	.. 72 [05:02.1] 73 [05:02.4] 74 [05:04.8]
Yu [v]	ah:- mh mh WAgen liegt äh liegt äh ähm (--)
Malik [v]	einfach.] und du hast KEIN?
[44]	.. 75 [05:13.9] 76 [05:15.6]
Yu [v]	links (.) ah (.) links von alte SPIEgel? [(von)] gegenÜber?
Malik [v]	[NEIN] äh (.) gegenÜber.
[45]	77 [05:16.4] 78 [05:16.7] 79 [05:24.1]
Yu [v]	(--) ähähn (---) hm (---) <<flüsternnd> WAgen> hm- (---) zwisch alt ah
Malik [v]	(ja.)
[46]	.. 80 [05:29.3] 81 [05:31.1]
Yu [v]	ja - zwische alte (.) SPIEgel- [und äh (wa)-] [geBRAUCHter?]
Malik [v]	[und geBRAUCHter wegen.] [WAgen.]
[47]	82 [05:32.4] 83 [05:32.7] 84 [05:34.0] 85 [05:36.8]
Yu [v]	geBRAUCHter- (--) äh (-) und äh-
Malik [v]	JA. geBRAUCHter ja (.) nicht NEU.

[48]	86 [05:39.0] 87 [05:39.5] 88 [05:40.1] 89 [05:42.8] 90 [05:43.0]
Yu [v]	[xx (.) dann-] ja-
Malik [v]	und. [daNACH?] du (.) du spaZIERTST weiter auch- und äh (---) der

[49]	.. 91 [05:51.0]
Yu [v]	re RECHT von
Malik [v]	äh (.) geBRAUCHte wagen fährt jetzt (-) äh RECHTS von dir-

[50]	..92 [05:52.6] 93 [05:53.0] 94 [05:54.0]
Yu [v]	- [ja_a.]
Malik [v]	RECHTS- [von dir.] danach du WEIter äh (-) du weiter äh spazierts (.) oder

[51]	.. 95 [06:00.0] 96 [06:00.2]
Yu [v]	hm.
Malik [v]	spazierts weiter- und (-) äh gibt es jetzt äh (-) äh (.) ein schöne brillen (.)

[52]	.. 97 [06:07.6] 98 [06:09.5] 99 [06:10.4] 100 [06:10.9] 101 [06:12.5]
Yu [v]	RECHT von- ja:. (-)
Malik [v]	geSCHÄFTte (-)? äh RECHTS von dir? ja. und äh

[53]	..
Malik [v]	danach äh gehst du äh (-) RECHTS (.))und weiter (.) und weiter spazierts-

[54]	102 [06:20.4] 103 [06:28.8]
Malik [v]	und äh (.) kannst du äh (-) sehen jetzt äh (--) eine äh (-) caFE- das ist nich so

[55]	.. 104 [06:30.9] 105 [06:31.6] 106 [06:31.9] 107 [06:34.6]
Yu [v]	caFE? mh äh. (--
Malik [v]	RAUchercafe. ja? nicht raucher ca/ NICHT raucher cafe.

[56]	..108 [06:37.1] 109 [06:42.7]
Yu [v]	)mh (.) mh es liegte mein rechte oder LINKS.
Malik [v]	nein du bist jetzt zwischen äh

[57]	.. 110 [06:50.0]
Yu [v]	(3.0) mh (.)
Malik [v]	NICHT (.) rauchercafe und äh viele blumen (.) viele APfelblumen?

[58]	.. 111 [06:56.1] 112 [06:56.8] 113 [06:58.3] 114 [07:00.2]
Yu [v]	äh (.) APf(el)- ÄPfelblumen- [ah::.] le LEckere äpfel?
Malik [v]	ÄPfel ja. [oder (Äpfel ja-).]

[59]	115 [07:02.6] 116 [07:03.7] 117 [07:05.2] 118 [07:05.7] 119 [07:06.8]
Yu [v]	ähm ZWIschen? [(ist)-]
Malik [v]	ja LECKere äpfel (.) ja. [ja du bist-] jetzt ZWIschen äh- [(x

[60]	.. 120 [07:07.7] 121 [07:09.6] 122 [07:10.0] 123 [07:10.5] 124 [07:11.8]
Yu [v]	[zwischen ist-] (TORen) cafe und leckere- [apfel-] [ja.]
Malik [v]	apfel).] [ja.] [(x).] ja. (-) und danach

[61]	.. 125 [07:15.8] 126 [07:16.5]
Yu [v]	(ja-)
Malik [v]	(.) äh WEIter äh weiterspaziertst- äh (-) (spa weiter) spaziertst gibt es

[62]	.. 127 [07:26.7]
Yu [v]	(---)[(.)
Malik [v]	jetzt (.) in äh an die icke gibt es äh (--) ein bekannt geMUSe GARten- (---)[ein]

[63]	.. 128 [07:32.2] 129 [07:33.0]
Yu [v]	mh-] [(---)äh ein.] be bekannt gemüse (.) JA.
Malik [v]	bekannt gemüse GARten in den ecke- [(xx)-]

[64]	130 [07:34.7] 131 [07:35.2] 132 [07:36.5] 133 [07:37.5] 134 [07:38.3]
Yu [v]	ähm (.) LINKS (oder/und) rechts- LINK-
Malik [v]	ja? ja Okay. (-) rechts äh (.)

[65]	.. 135 [07:40.5] 136 [07:43.8] 137 [07:45.9]
Yu [v]	LINKS von mir.
Malik [v]	LINKS dir? (-) NEIN äh- (---) (-) äh wenn du wenn DU äh vom

[66]	.. 138 [07:48.6] 139 [07:49.2] 140 [07:50.2]
Yu [v]	leckere AP [fel?] [und-]
Malik [v]	äh- [LECKere apfel-] [zwischen] leckere apfel und nicht äh (.)

[67]	.. 141 [07:52.3] 142 [07:53.0]
Yu [v]	(ja-)
Malik [v]	RAUCHer cafe- äh (.) bis äh (---) bis beKANNte (.) bis bekannte

[68]	.. 143 [07:59.8] 144 [08:05.1]
Yu [v]	(--) VOR
Malik [v]	gemüsgarten- äh die bekannte gemüseGARten äh wird äh (-) vor dir.

[69] .. 145 [08:06.8] 146 [08:07.9]

Yu [v]	mir? (--) ähm (.) nicht äh (.) mh zwischen bekannte
Malik [v]	(-) ja VOR dir.

[70] .. 147 [08:15.7] 148 [08:16.4] 149 [08:17.9]

Yu [v]	gemüsegarten und INselbesucher? mh (VON) mir?
Malik [v]	nein nein. ja VON dir.=

[71] 150 [08:18.6] 151 [08:19.5] 152 [08:20.6] 153 [08:23.0] 154 [08:25.3]

Yu [v]	[(vo von)-] mh (NEUem über)?
Malik [v]	=daNACH gehst du:- (x.) (-) nein nein. nicht von -

[72] 155 [08:25.7] 156 [08:28.3] 157 [08:29.4] 158 [08:34.3]

Yu [v]	[(vovon)] (-) mh- (---) nicht äh nicht äh LINKS oder recht? VOR.
Malik [v]	[(meiner).] VON dir?

[73] 159 [08:35.1] 160 [08:36.1] 161 [08:38.3]

Yu [v]	(-) mh: JA.
Malik [v]	JA vor. wenn du wenn du äh (..) an beKANnte gemusegarten äh (-)

[74] .. 162 [08:50.1]

Yu [v]	(--)
Malik [v]	ereichtest (.) äh (--) gehst du bisschen LINKS (.) bisschen RECHTS-

[75] .. 163 [08:53.6] 164 [08:57.7]

Yu [v]	RECHT-
Malik [v]	(--) ein bisschen (x) gibt es auch andere (.) ICKe- und wenn du äh (--)

[76] .. 165 [09:03.1] 166 [09:04.9]

Yu [v]	(---) hm- (---)
Malik [v]	diese ecke errichte (-) erREICHhtest- äh (.) gehst du (.) LINKS-

[77] ..

Yu [v]	mh (i ist) mh (steht) VOR der bekannte gemüsegarten und äh re RECHT-

[78] 168 [09:16.2] 169 [09:17.1] 170 [09:17.5] 171 [09:19.5] 172 [09:20.9]

Yu [v]	[RECHte-] mh (-) Icke- und äh LINKS.
Malik [v]	und RECHT. [danach-] gibt es andere Icke? und

[79] .. 174 [09:23.3] 175 [09:24.4]

Yu [v]	[LINKS ähm.] (wo wo steht ist) mh inzwischen INselbesucher
Malik [v]	LINKS ja und- [und JETZT-]

[80] .. 176 [09:28.3] 177 [09:29.2] 178 [09:29.8]

Yu [v]	und- [und-] bekannte-
Malik [v]	und [äh-] nach nach nach äh (.) du LINKS gehst (.) du bist jetzt

[81] ..

Malik [v]	in ähm (.) der (.) der äh bekannte (.) der b der beKANnte gemüsegarten ist

[82] .. 179 [09:43.9] 180 [09:44.6] 181 [09:45.2]

Yu [v]	ja.
Malik [v]	jetzt (äh) LINKS von dir. oKAY. und gibt es äh (-) und gehst du: äh (--

[83] .. 182 [09:52.2]

Malik [v]	-) link äh RECHTS jetzt- RECHTS und äh (6.0) ge gehst du rechts und die

[84] .. 183 [10:06.2]

Yu [v]	(--) mh (.)
Malik [v]	nach (.) NACHTbushaltestelle ist äh LINKS von dir.

[85] 184 [10:09.5] 185 [10:11.2]

Yu [v]	BUShaltestelle? mh ich habe keine <<lachend>(xx)> äh
Malik [v]	NACHTbushaltestelle.

[86] .. 186 [10:14.3]

Yu [v]	BUShaltestelle- äh es liegt es liegt äh mh (.) es steht ZWIschen inselbesucher

[87] .. 187 [10:22.0] 188 [10:31.0] 189 [10:31.9]

Yu [v]	und leckere äpfel? (--) und (-----) Oder ähm-(3.0) (--)mh (---) oben der
Malik [v]	nein.

[88] .. 190 [10:40.3]

Yu [v]	(.) (ins) ich habe keine BUS HALte STELle.
Malik [v]	(3.0) hast du KEIN bushaltestelle?

[89] 191 [10:44.8] 192 [10:45.6] 193 [10:51.6] 194 [10:52.1]

Yu [v]	<<lachend> ja.> (5.0) mh- [ähm w-] wo stehte es ähm (-) von (.) LEckere
Malik [v]	[(noch ein).]

[90] .. 195 [11:00.6]

Yu [v]	äpfel und inselbesucher bekannte gemüse (xx)-
Malik [v]	nein er ist äh NACH äh

[91] .. 196 [11:05.7] 197 [11:06.5] 198 [11:06.9]

Yu [v]	NACH? (--) ähm äh (.)
Malik [v]	bekannter /beKANNtem (.) gemusegarten. ja.

[92]	.. 199 [11:11.5] 200 [11:12.0] 201 [11:12.3] 202 [11:12.7]
Yu [v]	ZWIschen kaPUTte fernseher? [und-] [ja.]
Malik [v]	ja. [ja.] [zwisch-] en kaPUTte fernseher

[93]	.. 203 [11:14.8] 204 [11:16.0] 205 [11:18.5]
Yu [v]	[äh:-] [(-)hmmm-]
Malik [v]	und beKANNter gemüse(abbau). [bis (xx).] (--) nach äh LINKS- [(-)zw

[94]	.. 206 [11:20.6] 207 [11:23.3]
Yu [v]	[(---) hmm.]
Malik [v]	BISSchen nach links.] wenn du SEhe die (-) weg. [(---) siehst du

[95]	.. 208 [11:27.1] 209 [11:28.5]
Yu [v]	(--) hm?
Malik [v]	NACHTbushaltestelle?] kannst du BUShaltestelle: sehen (.) oder nicht.

[96]	210 [11:30.5]
Yu [v]	ich han (.) in MEIN papier ha (.) gibt es keine <<lachend> BUS (.) halte>

[97]	.. 211 [11:35.4] 212 [11:37.7]
Yu [v]	stelle. hmm (.) hmm moment in- wenn is (-) zwischen NICHThau/

[98]	.. 213 [11:48.4]
Yu [v]	NICHTrauchencafe und leckere apfel (-) und gehn is (.) hmm- (--) VOR (-) de:r

[99]	.. 214 [11:54.5] 215 [11:57.4]
Yu [v]	bekannte gemüsegarten- und dann is (-) RECHT. (--) hmmm (.) geh is RECHte

[100]	.. 216 [12:01.8] 217 [12:07.7]
Yu [v]	(.) hmmm. jetzt äh steh/äh steht ich RECHte von INselbesucher. ich steht

[101]	.. 218 [12:11.7] 219 [12:15.5]
Yu [v]	rechts vong (---)- INselbesucher (.) steht LINKS von mir. [JA-]
Malik [v]	INselbesucher?

[102]	.. 221 [12:18.4] 222 [12:21.3] 223 [12:23.4]
Yu [v]	INsel (--) INselbesucher ? [(--) KEIne inselbuher ?]
Malik [v]	[(insbesucher).] [(--) gib/ gibt es (KEIN).]

[103]	.. 224 [12:26.0]
Yu [v]	<<lachend> ach> (-) hmmm-
Malik [v]	(3.5) nach leckere (.) n/nach leckere APFel und

[104]	.. 225 [12:32.3] 226 [12:34.3] 227 [12:35.0]
Yu [v]	JA.
Malik [v]	äh-NICHTrauchercafe? gehst du (-) nach beKANNTer gemusgarten (.)

[105]	.. 228 [12:39.1] 229 [12:40.0]
Yu [v]	JA.
Malik [v]	ok? und NACH (.) bekannter gemüsgarten (.) äh (.) gehst du weiter -

[106]	230 [12:43.4] 231 [12:44.9] 232 [12:47.0] 233 [12:49.5]
Yu [v]	(--)LINKS?
Malik [v]	und gibt es HIER ein icke. und du gehst (-) LINKS. ja LINKS.

[107]	234 [12:50.2] 235 [12:52.3] 236 [12:53.3] 237 [12:58.5] 238 [13:05.4]
Yu [v]	(-) v hmm von MIR ? (2.0) hmmm. (6.0) hmmm- und dann- [(-
Malik [v]	ja (.) von DIR. [(-

[108]	.. 240 [13:08.3] 241 [13:09.5] 242 [13:10.8] 243 [13:12.5]
Yu [v]	)geh is-] [(-)hmm.] (--) äh
Malik [v]	)xxx-] [(-)und daNACH gehst-] du geRAdeause. und gibt es äh:-

[109]	.. 244 [13:15.0] 245 [13:17.8]
Yu [v]	BUShalte ?
Malik [v]	(-) JA (.) aber gibt es äh (3.0) BISschen bisschen icke (.) oder?

[110]	246 [13:22.8] 247 [13:25.0] 248 [13:26.3] 249 [13:27.5]
Yu [v]	[Icke.] ((lacht)) KLEIne ecke? [((lacht))] [(in xx xx semester
Malik [v]	[(bisschen nich)?] KLEIne icke [ja.] [(kleine icke) (.) gibt es

[111]	.. 250 [13:29.9] 251 [13:31.9] 252 [13:32.9]
Yu [v]	genau?)] [(xxx) (nächste genau).] hmmm. [überlege äh-]
Malik [v]	kleine Icke (und danach)-] [JA (.) (gibt es).] [gibt es (ein) (.) ja.]

[112]	253 [13:34.5] 254 [13:36.5] 255 [13:37.4] 256 [13:41.3]
Yu [v]	[((lacht))]
Malik [v]	[bis kleine Icke] kannst du- (-) äh- (---) kannst du weiterspaZIERST. (-)

[113]	.. 257 [13:43.3]
Malik [v]	spaZIEren (.) und danach- (--) kannst du NACHT äh bushaltestelle sehen-

[114]	258 [13:47.2]	259 [13:50.1]	260 [13:53.0]	261 [13:55.4]	262 [13:55.5]	263 [13:55.8]
Yu [v]			(--) LINKS von mir?			BUShalte-
Malik [v]	äh: SIE ist äh-	(--) LINKS von dir?			ja.	

[115]	264 [13:56.7]	265 [13:57.2]	266 [13:59.6]	267 [14:01.2]	268 [14:03.6]
Yu [v]	[stelle?]	BUShaltungstelle?	busHALT.		[(buste)
Malik [v]	[ja.]			NACHT(.)BUS(.)HALTEstelle.	

[116]	..	269 [14:05.7]	270 [14:06.6]	271 [14:08.6]	272 [14:10.1]	273 [14:10.5]
Yu [v]	busHALte-]	stelle.	(--) JA.	[hmm LINKS von mir.]		[ähm-]
Malik [v]	[BUShaltung?]			[(xxx).]	JA.	[und danach-]

[117]	274 [14:11.3]	275 [14:12.8]
Malik [v]	gehst du geRAdeause-	(-) und kannst du sehen jetzt äh einen kaPUTten

[118]	..	276 [14:17.1]	277 [14:19.3]	278 [14:21.1]	279 [14:21.5]
Yu [v]		[(--) ähhh (kann)-]	(-) LINKS von mir?		(-) OK
Malik [v]	fernseher?	[(--) äh LINKS von dir?]		JA.	

[119]	..	280 [14:23.7]	281 [14:26.4]	282 [14:26.9]
Yu [v]	<<lachend> hmm>-	hm bus(.)halte(.)stelle LINKS von mir?		und dann?
Malik [v]			JA.	

[120]	283 [14:28.9]	284 [14:30.7]
Yu [v]		und äh kaput(ter)/kaPUTter fernseher auch LINKS
Malik [v]	(-) und (dann) bin ich DA.	

[121]	..	285 [14:34.4]	286 [14:35.1]	287 [14:36.0]	288 [14:37.0]	289 [14:39.0]	290 [14:41.0]
Yu [v]	von mir?		ah OK.	(-) und DANN?		hmm-	
Malik [v]		JA.			dann(.) du bist DA.		FERtig.

[122]	291 [14:41.7]	292 [14:42.8]	293 [14:44.5]	294 [14:46.5]	295 [14:48.5]	296 [14:49.6]
Yu [v]	ja (.) OK.	hmm- ((pustet))	(-)hmm.		hmm (sehen sie [das)?]	
Malik [v]				(passt das?)		
Moderator [v]					[JA-]	SUper.

Map-Follower

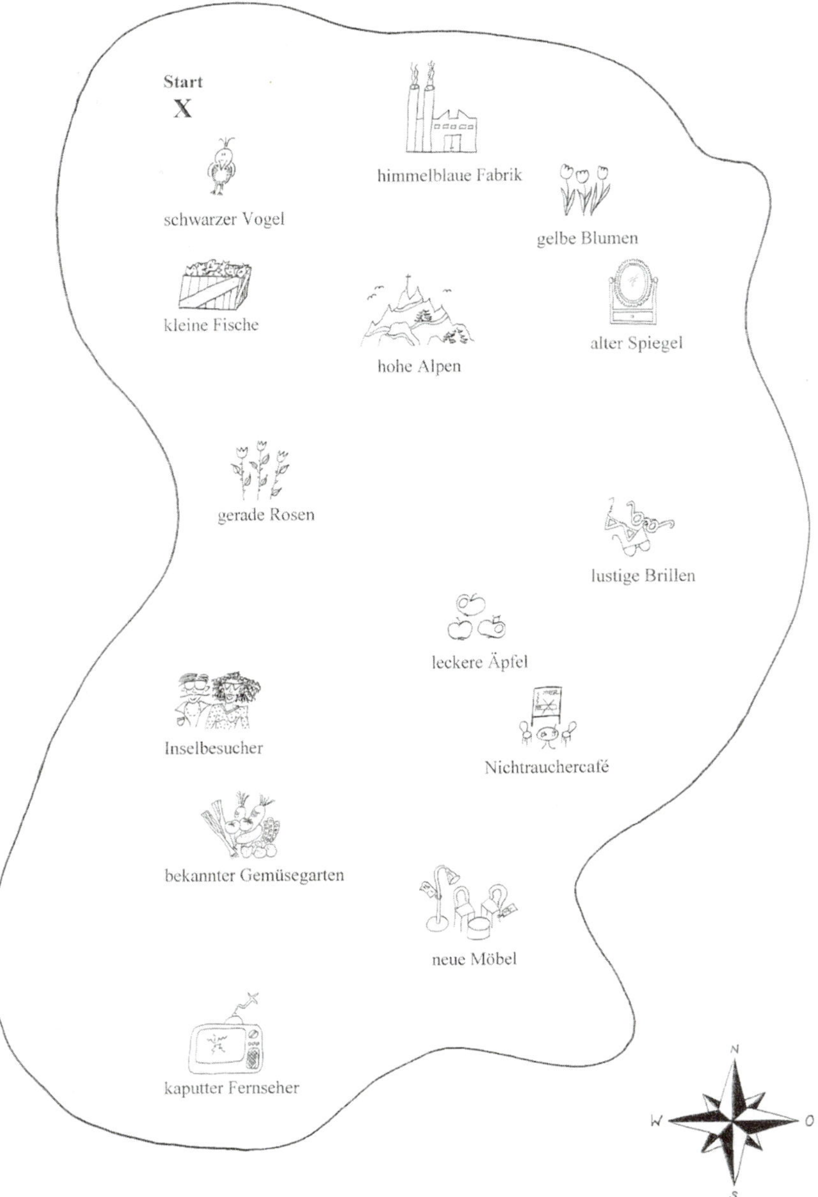

Map-Instructor

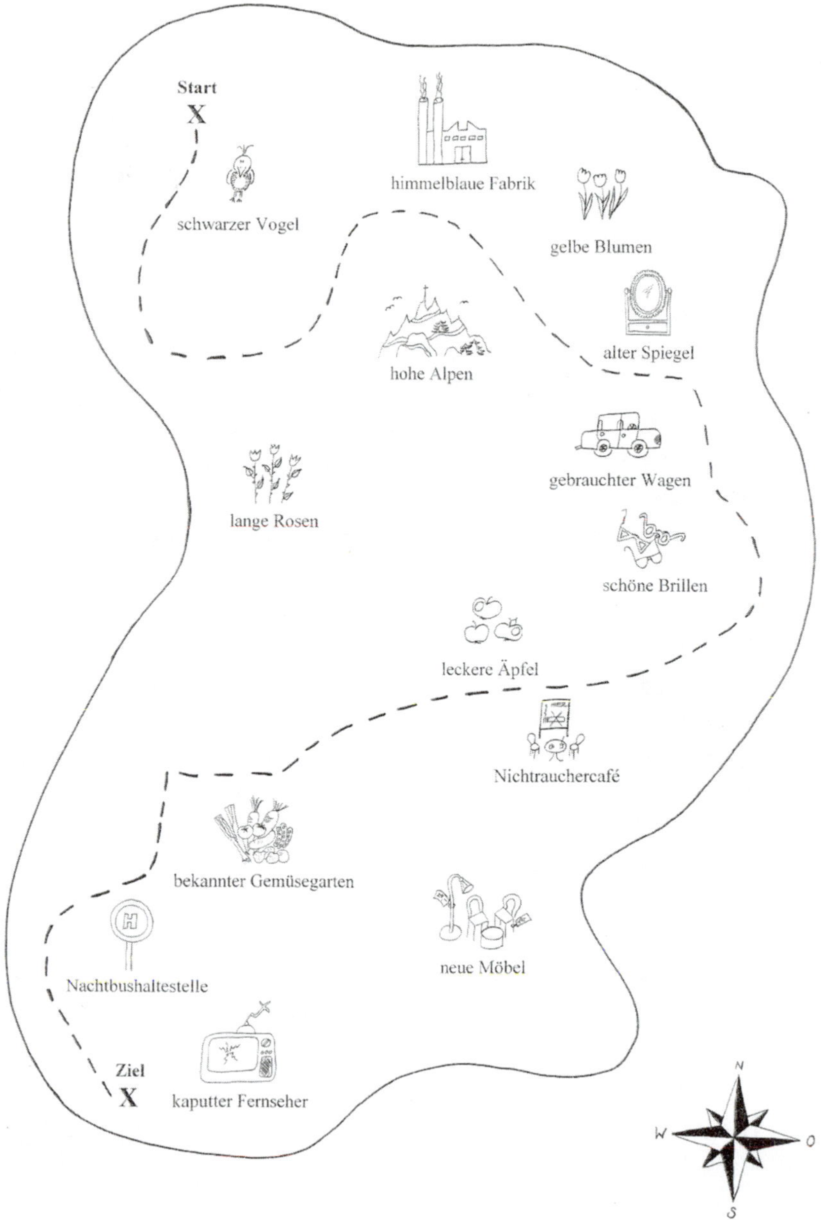

Diagnose-Bogen Aussprache

Diagnosebogen Aussprache
(vgl. Dieling; Hirschfeld 2000: 198)

Name: L1: Datum:

Suprasegmentalia

Melodie
□ immer richtig □ fast immer richtig □ teilweise richtig □ selten richtig

Rhythmus
□ immer richtig □ fast immer richtig □ teilweise richtig □ selten richtig

Satzakzent
□ immer richtig □ fast immer richtig □ teilweise richtig □ selten richtig

Wortakzent
□ immer richtig □ fast immer richtig □ teilweise richtig □ selten richtig

Segmentalia

Quantität und Qualität der Vokale
□ immer richtig □ fast immer richtig □ teilweise richtig □ selten richtig

Ö- und Ü-Laute ([ø:,œ,y:, ʏ])
□ immer richtig □ fast immer richtig □ teilweise richtig □ selten richtig

E-Laute ([e:,ɛ:,ɛ, ə])
□ immer richtig □ fast immer richtig □ teilweise richtig □ selten richtig

R-Laut, vokalisch ([ɐ])
□ immer richtig □ fast immer richtig □ teilweise richtig □ selten richtig

R-Laut, konsonantisch ([ʁ],...)
□ immer richtig □ fast immer richtig □ teilweise richtig □ selten richtig

ich-Laut ([ç])
□ immer richtig □ fast immer richtig □ teilweise richtig □ selten richtig

ach-Laut ([x])
□ immer richtig □ fast immer richtig □ teilweise richtig □ selten richtig

Hauchlaut ([h])
□ immer richtig □ fast immer richtig □ teilweise richtig □ selten richtig

Knacklaut ([ʔ])
□ immer richtig □ fast immer richtig □ teilweise richtig □ selten richtig

L-Laut ([l])
□ immer richtig □ fast immer richtig □ teilweise richtig □ selten richtig

ang-Laut ([ŋ])
□ immer richtig □ fast immer richtig □ teilweise richtig □ selten richtig

Stimmhafte vs. stimmlose Konsonanten

Auslautverhärtung
□ immer richtig □ fast immer richtig □ teilweise richtig □ selten richtig

Assimilation
□ immer richtig □ fast immer richtig □ teilweise richtig □ selten richtig

Aspiration ([pʰ, tʰ, kʰ])
□ immer richtig □ fast immer richtig □ teilweise richtig □ selten richtig

Konsonantencluster; mehrteilige Verbindungen ([pf, ts, pfl, tsv, ʃpʁ...])
□ immer richtig □ fast immer richtig □ teilweise richtig □ selten richtig

Sonstiges:
□ immer richtig □ fast immer richtig □ teilweise richtig □ selten richtig

GAT 2-Transkriptionskonventionen

6. Zusammenstellung der wichtigsten GAT 2-Transkriptionskonventionen

Minimaltranskript

Sequenzielle Struktur/Verlaufsstruktur

[ ] [ ]	Überlappungen und Simultansprechen

Ein- und Ausatmen

°h / h°	Ein- bzw. Ausatmen von ca. 0.2-0.5 Sek. Dauer
°hh / hh°	Ein- bzw. Ausatmen von ca. 0.5-0.8 Sek. Dauer
°hhh / hhh°	Ein- bzw. Ausatmen von ca. 0.8-1.0 Sek. Dauer

Pausen

(.)	Mikropause, geschätzt, bis ca. 0.2 Sek. Dauer
(-)	kurze geschätzte Pause von ca. 0.2-0.5 Sek. Dauer
(--)	mittlere geschätzte Pause v. ca. 0.5-0.8 Sek. Dauer
(---)	längere geschätzte Pause von ca. 0.8-1.0 Sek. Dauer
(0.5) (2.0)	gemessene Pausen von ca. 0.5 bzw. 2.0 Sek. Dauer (Angabe mit einer Stelle hinter dem Punkt)

Sonstige segmentale Konventionen

und_äh	Verschleifungen innerhalb von Einheiten
äh öh äm	Verzögerungssignale, sog. "gefüllte Pausen"

Lachen und Weinen

haha hehe hihi	silbisches Lachen
((lacht))((weint))	Beschreibung des Lachens
<<lachend> >	Lachpartikeln in der Rede, mit Reichweite
<<:-)> soo>	"smile voice"

Rezeptionssignale

hm ja nein nee	einsilbige Signale
hm_hm ja_a nei_ein nee_e	zweisilbige Signale
ʔhmʔhm,	mit Glottalverschlüssen, meistens verneinend

Sonstige Konventionen

((hustet))	para- und außersprachliche Handlungen u. Ereignisse
<<hustend> >	sprachbegleitende para- und außersprachliche Handlungen und Ereignisse mit Reichweite
( )	unverständliche Passage ohne weitere Angaben
(xxx), (xxx xxx)	ein bzw. zwei unverständliche Silben
(solche)	vermuteter Wortlaut
(also/alo) (solche/welche)	mögliche Alternativen

Abb. 3: Transkriptionskonventionen GAT 2, Teil 1 (aus: Selting et al. 2009: 391)

Gesprächsforschung 10 (2009), Seite 392

((unverständlich, ca. 3 Sek))	unverständliche Passage mit Angabe der Dauer
((...))	Auslassung im Transkript
→	Verweis auf im Text behandelte Transkriptzeile

Basistranskript

Sequenzielle Struktur/Verlaufsstruktur

=	schneller, unmittelbarer Anschluss neuer Sprecherbeiträge oder Segmente (*latching*)

Sonstige segmentale Konventionen

:	Dehnung, Längung, um ca. 0.2-0.5 Sek.
::	Dehnung, Längung, um ca. 0.5-0.8 Sek.
:::	Dehnung, Längung, um ca. 0.8-1.0 Sek.
ʔ	Abbruch durch Glottalverschluss

Akzentuierung

akZENT	Fokusakzent
ak!ZENT!	extra starker Akzent

Tonhöhenbewegung am Ende von Intonationsphrasen

?	hoch steigend
,	mittel steigend
–	gleichbleibend
;	mittel fallend
.	tief fallend

Sonstige Konvention

<<erstaunt> >	interpretierende Kommentare mit Reichweite

Feintranskript

Akzentuierung

akZENT	Fokusakzent
akzEnt	Nebenakzent
ak!ZENT!	extra starker Akzent

Auffällige Tonhöhensprünge

↑	kleinere Tonhöhensprünge nach oben
↓	kleinere Tonhöhensprünge nach unten
↑↑	größere Tonhöhensprünge nach oben
↓↓	größere Tonhöhensprünge nach unten

Abb. 4: Transkriptionskonventionen GAT 2, Teil 2 (aus: Selting et al. 2009: 392)

Verzeichnis der Exkurse

Kürzelverzeichnis

Abb.	Abbildung
Adj.	Adjektiv
Akk.	Akkusativ
aktual.	aktualisiert
as.	aserbaidschanisch
Aufl.	Auflage
Ausg.	Ausgabe
Bd.	Band
bearb.	bearbeitet
best.	bestimmter
BICS	engl. *Basic Interpersonal Communicative Skills*
bzw.	beziehungsweise
ca.	circa
CALP	*engl.* Cognitive Academic Language Proficiency
CV	Konsonat-Vokal
d. h.	das heißt
DaF	Deutsch als Fremdsprache
Dat.	Dativ
DaZ	Deutsch als Zweitsprache
def.	definiter (bestimmter) Artikel
Demonstr.	Demonstrativ
Diss.	Dissertation
Dr.	Druck
dt.	deutsch
durchges.	durchgesehen
ebd.	ebenda
E_{dir}	Direktivergänzung
E_{gen}	Genitivergänzung
engl.	englisch
E_{prp}	Präpositionalergänzung
erg.	ergänzt
erw.	erweitert
E_{sit}	Situativergänzung
et al.	lat. *et alinea* und andere
evtl.	eventuell

f.	folgend
ff.	fortfolgend
fem.	Femininum
frz.	französisch
Gen.	Genitiv
GER	Gemeinsamer Europäischer Referenzrahmen
ggf.	gegebenenfalls
Hrsg.	Herausgeber*in/nen
i. d. R.	in der Regel
indef.	indefiniter (unbestimmter) Artikel
insb.	insbesondere
IPA	Internationales phonetisches Alphabet/*International Phonetic Association*
i. S. v.	im Sinne von
Kap.	Kapitel
Kisw.	Kiswahili
KMK	Kultusministerkonferenz
kompl.	komplett
korr.	korrigiert
L1	Erstsprache/Muttersprache
L2	Zweitsprache/(& Fremdsprache)
lat.	lateinisch
mask.	Maskulinum
Nachdr.	Nachdruck
Neuaufl.	Neuauflage
Neuausg.	Neuausgabe
neubearb.	neubearbeitet
neutr.	Neutrum
Nom.	Nominativ
N.Kl.	Nominalklasse
o. Ä.	oder Ähnliches
o. g.	oben genannte
Pers.	Person
Pl.	Plural
Poss./poss.	Possessivität/possessiver Artikel
Präs.	Präsens
Prät.	Präteritum

s.	siehe
S.	Seite
s. u.	siehe unten
Schr.	Schrift
Sg.	Singular
sic	so lautet die Quelle (lat. *sic erat scriptum*)
sog.	sogenannte
Tab.	Tabelle
teilw.	teilweise
türk.	türkisch
u.	und
u. a.	unter anderem/und andere (bei Literaturangaben)
überarb.	überarbeitet
Univ.	Universität/University
unveränd.	unverändert
usw.	und so weiter
v. a.	vor allem
verb.	verbessert
Verl.	Verlag
vgl.	vergleiche
vollst.	vollständig
vs.	versus
westdt.	westdeutsch
Z.	Zeile
z. B.	zum Beispiel
zit.	zitiert (nach)
z. T.	zum Teil

Zeichen:

*	alle Gender / ungrammatische Äußerung / Subjekt (s. Tab. 2, Kap. 11)
?	für Erstsprachler*innen nicht wohlklingend; Zweifel an der Korrektheit einer Äußerung
[ ]	Phon (Laut; phonetische Transkription gemäß IPA)
/ /	Phonem (kleinste bedeutungsunterscheidende Einheit des Lautsystems einer Sprache)
{ }	Morphem (kleinste bedeutungstragende Einheit eines Wortes)
< >	Graphem (Buchstabe)
Ø	Nullartikel

Register